当代道教研究 第三辑

道教戒律的调适与发展

丁常云 主编

上海三联书店

本书编委会

总 序

《当代道教研究》是由上海市浦东道教文化研究所出版的系列研究丛书。它以当代道教作为主要研究对象。预定每年出版一册，每册约30万字。

上海市浦东道教文化研究所，是在上海市浦东新区民宗委的关怀下，经过上海市道教协会批准同意，由浦东新区道教协会发起组织并且直接领导的道教研究机构。浦东道教文化研究所的研究人员主要由道教界从事学术研究的知识分子，学术界对于道教有兴趣、有研究的知识分子以及各界关心道教教理、斋醮科仪、慈善活动和文学艺术的有识之士组成。浦东道教文化研究所由中国道教协会咨议委员会副主席、浦东新区道教协会会长、上海太清宫住持丁常云道长领衔。下设有顾问委员会、学术委员会、图书资料室、办公室等机构。丁常云道长长期主持《上海道教》杂志的主编工作，发表过很多有关当代道教研究的著述，对于当代道教现状及其发展趋势等有许多真知灼见。参与研究所目前学术研究活动的还有：中国道教协会文化研究所的张兴发博士，原上海社会科学院宗教研究所所长陈耀庭研究员，复旦大学郑土有教授，华东师范大学李似珍教授，上海社会科学院哲学研究所白照杰博士，上海社会科学院宗教研究所龙飞俊博士，上海宗教文化研究中心祝逸雯博士，以及毕业于四川大学宗教与道教文化研究所的沈岚硕士等。

浦东道教文化研究所，作为一个由道教界主办成立的道教研究所。其建所宗旨就是在宗教信仰自由政策的指引下，坚持爱国爱教的道教“中国化”的研究方向，遵守国家法律法规，遵守道门清规戒律，以“实事求是”的态度研究道教的历史和现状，研究道教包含的社会、思想、文化、艺术、科技等各种要素，整理道教文化遗产，发扬道教优良传统，广泛团结社会上一切同情道教、热爱道教、关心道教的各界人士，联合海内外一切道教界和学术界的高道大德，为推动当代道教的发展和革新，为保护和弘扬中华传统文化，为实现中华民族伟大复兴的中国梦而奋斗。

当代道教指的是现代中国人信仰的一种民族宗教。它产生于中国本土，植根于中国传统文化，并且已经传播于某些少数民族之中，还被华人移居带到了海外。道教存在已经有几千年，而且至今仍保持有旺盛的生命力。在本丛书中的当代道教，其形态可以是精研思辨的道家哲学，也可以是精研修炼的道家仙学，也可以是在庙观殿堂中无数信众烧香念经、崇敬礼拜的道教。正是因为有这样丰富的形态及其历史变化，中国传统文化之一脉的道家和道教才得以传承和发展，并对历代中国社会和民众以及中国历史文化乃致当代社会保持着深入而持久的影响力。

《当代道教研究》就是一本以当代道教实体及其所包含的丰富内容为研究对象的丛书。它不限制研究对象的学科分类，不限制道教门派和地域的区别，不约束各种研究方法的采用和发挥，只要求能够秉承实事求是和严肃而负责的研究态度，只要求尊重而不伤害道教徒的宗教感情，无论是与当代道教有关的研究课题，或者是当代道教徒信仰和关心的内容，只要是有利于当代道教健康发展有用的课题，都可以研究，其成果也理应获得选择在本丛书中发表的机会。

近代上海道教曾经有过《扬善》半月刊和《仙道月报》，它们对于近代中国道教的发展产生过深远的影响。改革开放以来，在贯彻和执行宗教信仰自由政策的感召之下，上海道教界创办了《上海道教》杂志，至今已经历时三十余年，在海内外、在宗教界和学术界都有良好的声誉。上海道教创办上海道教学院，坚持培养不同层次的道士和皈依信徒，涌现出一批批道教迫切需要的人才，并最终走上了道教组织的各级领导岗位。如今，由上海道教界自己创办研究机构，发表道教界自己的道教研究成果，无疑表现了上海道教界对道家和道教文化的自觉上升到了一个新的高度。浦东道教文化研究所的成立和本丛书的问世和发行，必将有利于提高上海道教徒的信仰水平，有助于上海道教在教义建设、组织建设和社会活动能力等方面的健康发展，并且终将对于中华传统文化的现代化、中华民族的现代化、中华大家庭的现代化发挥积极作用，并为中国参与人类命运共同体的建设事业贡献道教自身的力量。对于这些目标的实现，正是创办和出版本丛书的企望。

陈耀庭

上海社科院宗教研究所原所长

序　言

明清以后，道教戒律日渐松弛，戒律建设更是少有建树。近现代以来，特别是我国市场经济的快速发展，不同程度上影响着道教宫观组织，也影响着道观中的道教徒。于是，一些道教徒出现了“戒律松弛”“信仰淡薄”“世俗化味过浓”等不良现象，严重腐蚀着道教组织的肌体。为此，中国道教协会曾明确指出：“要树立正确和纯洁的信仰……通过不断学习和修持，丰富自己的道教知识，把握道教的精神实质，升华自己的信仰。”① 因此，当代道教徒要树立正确的、纯洁的信仰，要通过自己的修行，淡薄名利、纯洁心灵、与人为善、坚持正信，树立良好的信仰风范和高尚的道德情操。可见，道教戒律建设已成当务之急。

面对新时代，我们必须要制定新的道教戒律，要“探索制定既承继传统，又适用于当今道教现状的清规戒律，进一步规范教徒的言行”。② 从历史看，道教戒律必须要与时俱进、适应时代发展。鉴于道教历史上的传统戒律，有些已经不能适应当今新形势下道教发

① 《中国道教协会第五届理事会工作报告》，《中国道教》1998年第4期，第16页。
② 同上。

展的需要了，有必要加以调整、补充和完善。我们要对历史的、传统的道教戒律进行整理研究，要增加适应现代社会的规戒条文。从现实看，加强戒律建设是当代道教自身建设的重要内容，开展道教戒律研究是当代道教必须完成的时代课题，建立新时代道教戒律是道教事业健康发展的必然要求。当代道教，必须通过建立一整套较为完善的教制规戒，来完善道门的管理制度，肃穆道仪，端正道风，从而促进道教事业的健康发展。

一

综观道教历史，我们会发现自明代以后，道教界自身，特别是正一派在道教戒律建设方面，几乎就没有什么新的发展。著名的道教学者陈耀庭教授认为："自明代天师张宇初《道门十规》之后，正一道也就不再有人撰述阐发规戒之事了。"[①] 只有全真派曾进行过一些努力，如"三坛大戒"就是"王常月在（北京）白云观公开传戒时所制定的戒律"。"清咸丰六年北京白云观有《清规榜》规定共 23 条"，"道光二十三年陕西张良庙《清规榜》共 36 条"。[②] 近代以来，道教戒律建设也逐渐衰落，戒律几乎被人们淡忘，这种状况一直延续至今。就目前道教戒律现状而言，可谓是"喜忧参半"，喜的是现在已经有人意识到戒律建设的重要性，也有人在为道教戒律建设进行着不懈努力；忧的是目前仍然有一部分人戒律意识淡薄，戒律建设松弛。通过对目前道教部分宫观的考察，发现道教戒律的现状主要呈现出以下三种类型：

① 卿希泰主编、陈耀庭副主编：《中国道教》第二册，东方出版中心，1996 年第 2 版，第 347 页。
② 朱越利、陈敏：《道教学》，当代世界出版社 2000 年 6 月版，第 265—266 页。

第一种类型，是戒律意识淡薄，不能正确认识戒律建设的重要性。就目前道教现状来看，有相当一部分道教教职人员缺乏道教戒律意识，或者说根本就不重视戒律问题。这种现象主要表现在两个方面，一方面是道门中有少数教职人员，特别是少数年轻教职人员，由于对道教戒律的学习和认识不够，自然就会对道教戒律不感兴趣。有个别年轻道士不仅不关心道教戒律，甚至还否定道教戒律。我就曾听到有年轻道友说："我们道教没有戒律。"这是一种对道教戒律的错误认识。正是由于这种错误的认识，导致了"目前少数道教徒信仰淡化、戒律松弛、衣冠不整、道不像道。有的追名逐利、见利忘义……败坏道教的名声"。[①] 这是目前道教戒律意识淡薄的一种侧面反映。从表面看，似乎是受社会某些不良风气的影响。李养正教授就曾说："道教教职人员，在社会经济体制转规、公民道德意识发生变化的冲击下，不免也会产生一定的影响。社会上出现的消极因素，在道教界也不同程度的有所滋生。"[②] 但是，如果我们透过现象看本质，就会发现其根本原因还是戒律意识淡薄。另一方面，戒律意识淡薄还表现在道教宫观的管理上。道观是道士修道、祭神和举行宗教活动的重要场所，道观管理是目前道教一项十分重要的工作。然而，就目前道观管理而言，也有许多不尽人意之处，存在很多问题。比如，管理体制相对落后、激励机制没有充分形成、缺乏现代管理意识，等等。中国道教协会顾问、上海市道教协会名誉会长陈莲笙道长所著《重视管理》一文，在肯定目前一些道观管理所取得成绩的基础上，明确指出了有些道观管理工作中的混乱状况，他说：

---

① 叶小文：《在中国道教协会第六届全国代表会议上的讲话》，《中国道教》1998 年第 4 期，第 10 页。

② 李养正：《道教践行"与社会主义社会相适应"务必加强自身建设》，《上海道教》2000 年，第 1 期，第 11 页。

“改革开放这些年来，我参访过全国各地许多道观，看到有的道观窗明几净，一尘不染；看到有的道观修复工作井然有序，一个殿一个殿，一条路一个园逐年修复，可谓年年有进步，岁岁有变化；听到有的道观汇报账目清楚，收支公开，量入为出，既有远期目标，又有近期打算。然而，我也看到有些道观殿宇不洁，垃圾狼藉，有的道观人员混杂，道风不整；有的道观汇报账册不全，管理松弛；有些道观既无远期目标，又无近期打算。”① 这种差别，在有的地区有些道观还表现得很突出。那么，为什么会出现这种差别呢？我想，问题就出在道观管理上，有的道观管理得好，有的道观管理得不好。对于管理好的道观，自然是制度健全，规戒严格；对于管理不好的道观，自然也就是制度混乱，戒律松弛。可见，戒律意识淡薄现象，不仅表现在道教教职人员的认识上，而且也反映在具体的道观管理工作中。

第二种类型，是戒律意识模糊，虽然已经意识到戒律的重要，但却不愿意去做加强戒律建设的工作。这种现象目前在道教界还相当普遍，这也许就是当前道教戒律现状的主流，也是戒律建设中存在的实际困难问题。就如同加强道教人才培养一样，全国道教界有识之士都普遍认识到人才培养是当前道教的重要工作。中国道教协会也曾于 1999 年专门在北京召开“六届二次常务理事会”，就道教人才建设问题进行了专题讨论。中国道协原会长闵智亭道长在会上作了《抓住机遇，育才弘道》的报告，得到与会者的高度重视，大家一致认为：“能不能抓好道教人才培养工作，直接关系道教事业的发展和前途，是当前的头等大事，凡有条件的地方都要抓好道教教

① 陈莲笙：《道教宫观管理讲座》，《上海道教》1997 年第 1 期，第 20 页。

育工作，没有条件的地方，创造条件也要搞好人才的培养工作。”①这种认识很深刻，也很符合道教实际发展的需要，中国道协也明确表示全力支持各地办学。然而，多年过去了，事实并非如想象的那么好，地方办学仍然任重而道远。虽然现在全国开办的道教院校已有一定数量，但是就其办学条件、办学规模、办学理念等还都相对滞后，还不能适应道教事业发展的需要。究其原因，这里最关键的问题还是思想重视程度不够，思想根源中深层次的问题还没有得到根本解决。因此，这种重视也往往只能停留在表面上，一旦遇到困难就会停滞不前。对于道教的戒律建设也是如此，同样存在这些实际问题。根据目前道教宫观调查情况来看，虽然很多地区的很多道观的负责人都已经认识到加强道教戒律建设的重要性，这是时代发展的需要，也是道教加强自身建设的当务之急。但是，要解决从思想认识到具体落实的问题，这就需要我们在实际工作中，将道教的戒律建设真正落到实处。

第三种类型，是已经有了重视戒律的意识，并通过自身的努力学习，积极倡导并践行着道教戒律的建设。这种现象虽然目前在道教界中人数还不是很多，但是我们也由此看到了道教戒律建设的希望。就目前道教宫观而言，至少有一些道观已经开展对于道教传统戒律的学习，并通过学习进一步提高了对于道教戒律的认识。据我所知，目前已经有上海城隍庙、钦赐仰殿道观和江西龙虎山天师府、湖南南岳大庙等道观，先后开展了对于道教戒律的学习，并写出了具有一定深度的体会文章，从而提高了对于道教戒律的认识。当然，其他地区的一些道观也开始重视对于道教戒律的学习，开始关注和重视道教戒律建设问题，这是一个非常可喜的变化。不仅如此，道

①《中国道教》1999年第6期，第4页。

门中也有一些有识之士，看到目前道教戒律松弛的现状，不仅十分重视对于传统道教戒律的学习，而且也在积极倡导和践行着道教的戒律建设。中国道协领导就曾提出当代道教徒要“重视道经研读”[①]的主张，应该说这是很有远见的。因为，道教的信仰建设，道教的戒律建设都包含在道教经典之中，只有通过对道教经典的学习，才能很好地提高对于道教戒律的认识。中国道教协会顾问、正一派大师陈莲笙道长针对道教现状和道门中存在的一些问题，提出当前道教必须要大力加强道风建设，所著《道风集》全面论述了“当代道教之发展与道士之修养”。[②] 道风建设，就包含着道教信仰建设和戒律建设两个内容。陈莲笙道长还明确提出：“鉴于道教历史上的传统规戒，有些已不能适应新形势下道教发展的需要了。因此，有必要加以调整、补充和完善。”同时，他还希望要尽快建立“一整套较为完善的教制规戒，来完善道门的管理制度，肃穆道仪，端正道风，促进道教事业的健康发展”。[③] 同时，南岳大庙和上海浦东新区道教协会还相继制定了现代道教清规榜。这些思想和举措，有力地推动了道门自身对于道教戒律的关心和重视，是倡导戒律和践行戒律建设的一支重要力量。

二

通过以上对目前道教戒律现状的简单介绍，使人们对于道门自身戒律建设情况有了一个基本了解，为进一步加强道教戒律建设提供了理论基础和工作指导。道教戒律，是规范和约束道教徒宗教行

① 《中国道教》2002年第1期，第11页。
② 陈莲笙：《道风集·自序》，上海社会科学院出版社1996年版，第1页。
③ 陈莲笙：《迈向新世纪》，《上海道教》1999年第4期，第30页。

为的警戒条文；道教戒律，在一定程度上对道观的管理和道风建设起到了积极的促进作用，推动了道观管理制度化、规范化的发展。但是，就目前道教戒律的现状来说，道教戒律还没有得到道门中人的普遍关心，还没有充分认识到加强道教戒律建设的重要意义，还没有建立一套适应现代社会的道教戒律。道教戒律的建设问题，任务仍然很艰巨，仍然有许多基础工作要做。

综合分析目前道教戒律建设现状，主要存在以下一些问题：

第一，戒律意识相对落后。目前，道门中有少数教职人员对于道教戒律的关注，基本还停留在起步阶段，对戒律的认识仍然相对模糊，这与现代化社会的发展和道教自身建设的要求相差甚远。

第二，戒律建设的意识尚未充分形成。由于长期不重视戒律建设，特别是年轻一代道教徒缺乏对传统戒律的学习，导致了“道观无戒律、道士不知戒律”的奇怪现象。在道观管理中虽然有一些制度，但由于戒律严重缺乏，监督机制也不健全，这种制度往往总是不能真正落到实处。这是因为道教徒自身的戒律意识不强，对于主观的戒律建设的要求尚未充分形成。

第三，制度建设与戒律建设混淆不清。道观管理是现代道教管理的重要内容。从目前道观管理的现状来看，由于管理者的认识问题，其管理手段基本还是停留在现代制度上，还没有真正把道教戒律纳入道观的管理。这是由于一方面管理者对于道教戒律的认识程度不深，认为制度建设可以取代戒律，甚至还有人认为“既然有了制度还要什么戒律”等。这些都是由于对制度建设与戒律建设混淆不清所造成的。对此，笔者认为制度不能完全取代戒律，特别是对于道教宫观的管理；当然，戒律同样也不能取代制度，特别是在现代社会发展的今天。对于制度和戒律，我们要有一个正确的认识和理解，一方面，戒律建设作为道教传统管理的一个重要手段，是十分重要的，也是很有必要的；另一方面，道教传统的戒律也必须要适应新的时代，戒律建设也要赋予新的时代内容。这样才能使制度和戒律成为优势互补的一种管理制度。

第四，缺乏建立现代道教戒律的行动。从目前道教的总体情况来说，道门自身对于戒律的建设已经给予了一定的关注，也有道教徒对传统戒律的继承和现代道教戒律的建设进行了思考，并形成了一些文章，在道教界也引起了关注。但是，对于道教戒律的建设不仅要有较强的思想意识，而且更为重要的还是要落到实处，要把戒律建设当成一件实事、大事来抓，要把戒律建设与日常的道观管理紧密地结合起来，这是当前我们道教界所缺少的。

第五，缺乏道教戒律建设的组织者。道教戒律建设是加强道教自身建设的一个重要手段，是树立道教形象的一个重要内容。对于道教戒律的建设，并不是一个组织或一个道观能够做到的，也不是某一位德高望重的长者能够说了算的，它是要经过一个认识和发展过程，而在这一过程中，作为戒律建设的组织者是非常重要的，当然也是必不可少的。

三

道教戒律，是规范道教徒宗教行为的警戒条文，也是道教信仰的重要思想内容，更是道教徒坚定信仰、实现信仰的一种手段。于是，道教的规戒建设自然也就成了道教信仰建设的重要内容，成为我们当代道教徒必须认真思考的问题。

第一，要从道教历史发展角度来分析道教戒律的作用，提高对加强教内规戒建设重要性的认识。综观道教历史，我们会发现，道教的戒律是伴随着道教的兴起而问世的，可以说，从道教诞生之日起，就有了道教戒律。早期道教经典《太平经》中就有了所谓的道“诫”，《老子想尔注》更重“道戒”。我们还发现，道教戒律的发展经历了一个由简到繁、又由繁到简的过程，它的这一过程是结合和适应了不同时代、不同道派的发展需要。我们还发现，道教戒律的发展又与这一时期的道教盛衰有着密切关系。大凡道教的鼎盛时期，必定是道教规戒严格、完备时期，反之亦然。唐宋是道教的兴盛期，道教戒律也最为丰富，并出现了一些很有影响的戒律经文。如：唐代朱法满《要修科仪戒律钞》，宋代张君房《云笈七签》等，都是影响后世的重要戒律经文。我们还发现，道教戒律是道门加强自身建设和信仰建设的一个重要抓手。如金元以后，全真道崛起。初创时期的全真道，戒条简单，并无繁文缛节，但贵盛后的全真道就开始有了《全真清规》，并采摭道教传统戒律，制订了初真、中极、天仙“三坛大戒”，用以规范全真道派的教规制度和加强道徒的信仰建设，从而达到维护教团形象和保存宗教特色的有效手段。同时，我们也发现，道教戒律是振兴和发展道教的一个重要条件。明代四十三代天师张宇初掌教后，很快意识到道教所面临的危机，思图整顿革新。他从加强教内规戒入手，继承全真教风，清整清规戒律。针对当时道教组织松散、戒律松弛之弊，强调恪守清规戒律，加强道教规戒建设。为整顿纲纪，重振道风，撰写《道门十规》，以“激励流世，昭宣圣制，永为奕世绳规”[①]成为明初加强道教信仰建设和清整道教问题的纲领性文献。道教戒律，历来就是道教加强自身建设，特别是加强信仰建设的重要手段。历史上的道教如此，现代道教也是如此。对于当代道教的振兴和发

①《道门十规》，《道藏》第32册，第147页。

展，就道教自身而言，信仰建设和道风建设是十分重要的，要解决这一问题，又是离不开道教戒律的。如今，欣逢盛世，道教也迎来了最好的发展时机，加强道教规戒建设自然也成了我们道门中人的重要任务。

第二，要把道门规戒与道教信仰有机结合起来，成为道教徒自觉奉行的一部分。明代四十三代天师张宇初在其所撰《道门十规》中告诫道士“其初入道，先择明师参礼，开发性地，恪守初真十戒”,[①] 以此来“收悉身心，操持节操”。也就是说，学道之人，首要任务是强调信仰，持守规戒。而信仰与持戒又是相互影响的。可以想象，一个没有信仰的道士，是不可能恪守规戒的。所以“凡行持之士，必以戒行为先”。张宇初还从历史教训出发，规诫正一道士：“至若赵归真、林灵素之徒，偶为世主所崇尚敬礼，既为富贵所骄，有失君臣之分，过设夸诞之辞，不以慈俭自守，亦取议当时后世多矣，是切为后戒!”[②] 要求道士要以信仰为重，以持守戒规为要，千万不要过于追求名利富贵，因为这不是一个真正道士所为。张宇初心目中的道士标准，是符合道教教义思想的，他把持守规戒和强调信仰紧密结合，这不仅是当时道教徒应该遵守的，而且也是当代道教徒值得加以提倡的。

道教戒律是坚定信仰、实现信仰的一种手段。道教历来就将持戒与信仰联系在一起，所谓“学道不持戒，无缘登真箓”。将戒律修持作为成仙得道的基本条件。道经种种，以各种不同的说法，一再强调了持守规戒和实现信仰之间的内在联系。具体说来，“道学，当以戒律为先”，“学道当以斋戒为本”，而“若不持戒，道无由得”，

①《道门十规》，《道藏》第32册，第148页。
②《道门十规》，《道藏》第32册，第149页。

也就是说，持戒是得道的根本，只有依戒行持，才有可能实现道教的根本信仰。王常月在《龙门心法·戒行精严》中论述得最为集中，表达得也最为浅显："这个戒字，是降魔之杵，能镇压妖邪；是护命之符，能增延福寿；是升天之梯，能朝礼三清而超凡入圣；是引路之灯，能消除六欲而破暗除昏；是仙舟宝筏，能渡众生离苦海；是慈航津梁，能渡众生出爱河。有通行人之保障，为进道者之提纲。仙佛无门，皆从戒入。"① 可见，戒律在道教信仰中的地位是十分重要的。

第三，道教戒律的建全和完善，是加强道教信仰建设的需要，更是道教自身发展的需要，在当代社会具有十分重要的意义。一方面，戒律从信仰的角度，可以最大限度地维护道教教义、道教经籍、道教科仪、道教活动场所、道士和道教组织等宗教要素的神圣、尊严和崇高，也可以最大限度地肯定道教的信仰与价值，肯定道教的神圣性，进而肯定道教徒的信仰追求和价值选择。另一方面，戒律也可以极力维系道门内部的严肃性、清静性和纯洁性，有助于逐步实现道教徒的人生理想，从而切实体现道教的真正价值。当代道教徒，不仅要主动地、自觉地恪守规戒，而且还要把规戒作为自身信仰的重要思想内容，要把信仰"道"、追随"道"，作为生命的永恒和人间的至善。因此，在漫长的修道路上，要始终坚持做到持戒修行，不断坚定修道者的道教信仰，提高信仰层次，纯洁信仰理念，才有可能最终实现信仰。

四

加强道教戒律建设是时代发展的必然要求，当代道教必须要固

---

①《藏外道书》第6册，巴蜀书社1994年12月版，第735—736页。

本强身，努力加强自身建设，特别是要重视和加强道教的戒律建设。我们要将戒律建设作为坚定道教徒信仰的重要手段，将戒律建设作为加强道教教风建设的重要抓手。只有大力加强道教戒律建设，才能更好地促进道教在今天的社会中健康发展。

为此，浦东道教文化研究所率先提出并开展道教戒律研究，组织邀请教内外专家学者，开展对道教戒律问题的专题研究，撰写《当代道教研究》丛书第三辑，选题为“道教戒律的调适与发展”，本专辑主要关注的是“调适与发展”问题。所谓“调适”，是指调整使其适应，对于传统的道教戒律，必须要作出适应时代进步要求的新阐释；所谓“发展”，是指事物不断前进的过程，这里主要是指道教戒律与时俱进、适应时代发展的过程，而这种发展过程必须要有一种外在的推动力，就是要加强对道教戒律的研究。本专辑的编撰出版，既是道教戒律创新发展的推动力，又是当前道教教制建设的重要内容，涉及道教的信仰建设与制度建设问题。当然，这也是道教戒律理论研究的良好开端，具有重要的时代价值和现代意义。本专辑内容共分三章，全面探索研究了道教戒律的历史传承、现状分析和对策思考等问题，为当代道教戒律建设与发展提供诸多有益借鉴。

其一，道教戒律的历史研究。道教戒律历史悠久，内容丰富，几乎贯穿整个道教历史发展进程，伴随着道教的发展、兴盛和衰微，是道教传承与发展的根本保证。加强对道教戒律的历史研究，就是要以史为鉴，吸取道教历史经验，把握道教戒律发展规律。本章所收文章从道教戒律的历史出发，阐述了道教戒律的基本概述和发展历程，分析了南北朝至隋唐道教戒律的整合过程，探析了宋代以后道教戒律思想以及与道教发展的关系。通过对正一派与全真派戒律的比较研究，加深了对全真派戒律体系的认识，全真清规制度的建立则是道教戒律内容的丰富与发展。道教戒律的历史告诉我们，道教戒律建设与道教的振兴发展紧密相连，探索道教戒律的历史经验，为当代道教戒律建设提供有益借鉴与启示。

其二，道教戒律的现状分析。明清以后，道教日趋衰微，道教戒律也日渐松弛。特别是自明代张宇初天师《道门十规》之后，在道教戒律建设方面就少有建树，并一直处于衰微状态，虽然全真道教戒律在清代时有所发展，但近现代以来仍然是相对滞后。加强对道教戒律现状的研究，就是要客观分析当下道教戒律的真实情况，分析道教戒律滞后的根本原因，寻找解决当代道教戒律建设的有效路径。本章所收文章从探析近现代道教戒律滞后的原因出发，分析了当代道教正一、全真二派的戒律建设情况，特别是正一派授箓、全真派传戒过程中的戒律建设，并指出其戒律建设中存在的诸多问题。同时，还分析了当代道门神职教徒的持戒情况、当代道教教育中的戒律意识等，现实告诉我们，当代道教戒律建设严重滞后。此外，还对近现代道教戒律研究情况进行分析，指出当代道门对于道教戒律的研究也是相对滞后，这种现象也一定程度上制约了道教戒律的建设与发展。通过对道教戒律现状的分析，提出加强道教戒律建设已成当务之急，需要引起我们道门中人的高度重视。

其三，道教戒律的对策思考。当代道教戒律的建设，主要是强调戒律理论的创新和戒律思想的适应。所谓理论创新，就是要在继承传统戒律的基础上丰富和发展道教的戒律；思想的适应，就是现代道教戒律既要与时俱进、适应现代社会，又要结合道教目前现状，有针对性地制定出一套适应现代社会的道教戒律，用于完善道教规戒制度和加强道教自身建设。当代道教戒律的建设，必须要在继承、发展、适应、创新的基础上稳步推进，在加强教风建设和信仰建设的前提下进行完善和发展。本章所收文章从当代道教戒律建设的基本构想出发，提出道教戒律建设的有关思考，分析了戒律建设与道教人才培养、道风建设、宫观管理以及社会伦理建设等方面的关系，这些都是当代道教戒律建设的重要内容。同时，还强调指出加强当代道教戒律建设的重要性，以及发挥道教戒律伦理时代价值的必要性，这既是加强道教自身建设的客观需要，又是坚持道教中国化方向的必然要求。

本书所收文章，以道教戒律的历史、现状为基础，注重加强道教戒律的调适与发展。通过对“道教戒律”问题的分析和研究，我们清楚地看到，加强道教戒律建设是时代发展的客观要求，也是道教自身建设与发展的必然选择。加强道教戒律的调适与发展，是当前道教工作的重要任务，是当代道教健康发展的根本保证。本专辑从道教戒律建设的历史经验出发，客观分析了戒律建设对于规范道教创教、推动道教改革和振兴道教发展的重要作用，提出当代道教必需要建立一套适应时代发展需要的道教戒律，来整顿、规范道门管理和加强自身建设。

道教戒律现状告诉我们，道教戒律的调适与发展，在当代道教戒律建设中具有重要的现实意义。当然，对于道教戒律的建设问题已经得到教内有识之士的关注，本专辑收录的文章既有专家学者的研究成果，又有教内道长的思考文章，教内外人士，尤其是教内年轻道长积极参与，他们都是道教戒律建设的关注者、研究者和推动者。他们对道教戒律的调适与发展，进行了探索、思考与研究，提出诸多富有建设性的意见和建议，皆为当代道教戒律的研究成果。当然，本专辑收录的文章以及所阐述的观点，也仅仅是一家之言，诸多思考和建议还不成熟，我们诚恳地期待道教界同道和学术界朋友的批评指正！对于道教戒律的研究还需要继续深入，我们希望有更多的道长和专家学者参与研究，拿出更多、更丰硕的研究成果，共同为当代道教戒律的建设与发展贡献智慧，助推道教事业的健康发展。

丁常云

中国道教协会咨议委员会副主席

目　录

第三章 对策思考

第一章
历史研究

道教戒律基本概述

丁常云*

摘　要： 戒律是指规范道教徒宗教行为的警戒条文，是道教徒必须遵守奉行的行为准则。其目的就是为了约束道士言行，防止“恶心邪欲”“乖言戾行”。从具体内容看，戒和律又是有区别的，戒是戒条主要以防范为目的，律是律文主要以惩罚为手段。本文在阐述戒律的基本界定后，又分析了与戒律有关的几个概念，并指出其与戒律之间的紧密关系。同时，还从对戒律有重要影响的几个理论问题进行探析，指出其中相关联的戒律思想，进一步拓展了对戒律的认识和理解。

关键词： 道教戒律　基本界定　戒律概念　戒律理论

戒律是一种宗教意义上的行为规范，道教戒律则是规范道教徒宗教行为的一种规定。这种规定，我们可以把它理解为一种纪律和法规，带有明显的约束性和强制性。戒律的作用在于坚定道教徒的宗教信仰，提高信徒的道德水平，维护教团内部的秩序。长期以来，

* 丁常云，中国道教协会咨议委员会副主席，中国宗教学会理事，《上海道教》杂志主编，上海市道教协会副会长，浦东新区道教协会会长，浦东道教文化研究所所长，上海太清宫住持。

道教戒律对于道教自身的发展起到了十分重要的积极作用，成为道教自身建设不可缺少的重要内容。

一、道教戒律的基本界定

戒律在不同的地方有着不同的解释，其涵义也十分广泛。在古代汉语中，戒，指戒备、防备、警惕、警戒、命令、告戒、戒除等；律，指规律、约束、法律条文、律管等。① 在现代汉语中，戒，指防备、警惕、戒除、同“诫”、指禁止做的事情、佛教戒律等；律，指法律、规则、约束等。戒律，多指有条文规定的宗教徒必须遵守的生活准则。②《辞海》对于戒律的解释更为宽泛，其中，戒，指防备、准备、谨慎、命令、告请、斋戒、禁制、通“界”等；律，指法则、规章、按律处治、中国古代主要法律规范的名称、音律、乐律、律诗的简称、古代爵命的等第、指佛教专守戒律的等。戒律，指梵文Sila（音译为“尸罗”）和Sinaya（音译为“毗奈耶”）的意译的合称。佛教泛指为出家、在家信徒制定的一切戒规。或单指“戒”，“戒”是“禁制”的意思。有五戒、十戒及二百五十戒等种类。律，是“调伏”的意思，为戒律中条文的解释等。道教亦有戒律。③ 在《宗教大词典》中，戒，指梵文Sila的意译，意为“惯行”转为“行为”“习惯”“道德”“虔诚”等。广义说，善恶习惯皆可称戒，如善习称善戒，恶习称恶戒。律，指梵文Sinaya的意译，亦译“调伏”“灭”“离行”“化度”“善治”等。佛教对比丘、比丘尼所制定的禁戒，谓能制伏诸魔，故名。戒律，有二解。一是佛教名词，泛指佛

---

①《简明古汉语字典》，四川人民出版社1995年版，第319、427页。

②《现代汉语词典》（修订本），商务印书馆2001年版，第650、828页。

③《辞海》（缩印本），上海辞书出版社1989年版，第650、1522页。

教为出家、在家信徒制定的一切戒规。二是道教名词，为道士修真必须遵守的戒条和法规，奉戒的目的是禁止“恶心邪欲”，不令放逸。[①] 由以上种种解释，我们可以看出：一是戒律的内容十分丰富，涵义也十分广泛，各种解释也多种多样。二是佛、道二教对戒律的解释有些异同。但是，不管怎样解释，其中所包含着的宗教含义还是基本相同的。

道教对于戒律的解释，其宗教含义就更加明确。在胡孚琛主编的《中华道教大辞典》中，戒是制约束道士言行、防止“恶心邪欲”“乖言戾行”的规戒；律是制约束道士言行、防止“恶心邪欲”“乖言戾行”的律文。戒与律常合为“戒律”并作一解。其实，在教门内，戒与律是有区别的。戒是戒条，主要以防范为目的；律是律文，主要以惩罚为手段。律文是根据戒条而建立的。所以，道士除了遵守戒条，还要遵守律文。常见律有：《玄都律文》《女青鬼律》《四极明科》《明真科》《千真科》《女真科》等。[②] 在中国道协、苏州道协编撰的《道教大辞典》中，“戒”为斋戒、规戒自己的行为。“戒律”为道教约束道士行为，以防止违反教规的警戒条文。戒也作“诫”，有劝戒、教戒、戒恶之义；律指条规、律令。戒律系借神的名义约束教徒，作为教徒必须遵守的思想与行为准则，违反了即要受神的谴责、警告。[③] 在《洞玄灵宝玄门大义·释名第二》中，“戒律者，如六情十恶之例是也。戒者，解也，界也，止也。能解众恶之缚，能分善恶之界，防止诸恶也”。[④] 《道教义枢·十二部义第七》称：“第六戒律者，如六情十恶之例也。戒者，解也，界也，止也。能解

① 任继愈主编：《宗教大辞典》，上海辞书出版社 1998 年版，第 384、385、486 页。
② 胡孚琛主编：《中国道教大辞典》，中国社会科学出版社 1995 年版，第 564 页。
③ 中国道协：《道教大辞典》，华夏出版社 1994 年版，第 517 页。
④《道藏》，上海书店出版社（三家本）2010 年版，第 24 册，第 734 页。

众恶之缚，能分善恶之界，又能防止诸恶也。律者，率也，直也，栗也。率计罪愆，直而无枉，使惧栗也。”又称：“戒律者，戒止也，法善也。止者止恶，心口为誓，不作恶也。戒之为义，又有详略。详者，太清道本无量法门百二十条，老君及三元品戒百八十条，观身大戒三百条，太一六十戒之例是也。略者，道民三戒，录生五戒，祭酒八戒，想尔九戒，智慧上品十戒，明真二十四戒之例是也。律者，终出戒中，无更明目，多论罪报刑宪之科，如天师制鬼玄都女青等律，具斯则戒主于因，律主于果，以戒论防恶，律论止罪，故也。”[①]《要修科仪戒律钞》卷四称：“夫经以检恶，戒以防非。”[②] 唐张万福《传授三洞经戒法录略说》称：“凡初入法门，皆须持戒。戒者，防非止恶，进善登仙，众行之门，以之为键。”[③] 以上是部分道教典籍中对于道教戒律的诠释，应该可以作为人们理解道教戒律概念的重要依据。

根据上述关于戒律的各种解释，我们大致可以对道教戒律的基本概念有了一个基本了解。一般来说，戒最通常的含义大概有两条：一是“界”，善与恶的分野界线，即通过道教的戒来划定，道教的戒肯定的言行就是善，道教的戒否定的言行就是恶；二是“防”，如所谓防恶、防外、防邪风之往来、防患、防非等。从“防”或“止”的角度看，律与戒似乎有相同之处，但也不尽相同。其异同主要在于“戒主于因”“戒论防恶”，而“律主于果”“律论止罪”。即戒警戒于事前，而律惩罚于事后。因此，简单的说：所谓道教戒律，就是指规范道教徒宗教行为的警戒条文，是道教徒必须遵守奉行的行为准则。如果再进一步引申，那么道教戒律，就不仅是规范道教徒宗

① 《道藏》，上海书店出版社（三家本）2010年版，第24册，第816、818页。
② 《道藏》，上海书店出版社（三家本）2010年版，第6册，第936页。
③ 《道藏》，上海书店出版社（三家本）2010年版，第32册，第185页。

教行为的警戒条文，是道门中人必须遵守奉行的行为准则；而且也是道教信仰的重要思想内容，是道教徒坚定信仰、实现信仰的一种手段。后世道教又将戒律与修仙联系在一起，所谓“学道不持戒，无缘登真箓”将戒律作为成仙得道的基本条件。因此，道教戒律在广大道教徒心目中具有崇高的地位，并被历代道教徒所重视。

二、与道教戒律有关的几个概念

为确保教团组织的规范与健康发展，实现道教信仰与教化的目的，戒律规范开始形成并逐渐发展。在其发展过程中，又不断吸收世俗的社会规范制度，如“科”“格”等。金元时期，随着全真道的兴起，又出现了“清规”等，这些都是道教戒律的重要内容。

第一，科。东汉魏晋南北朝时期，“科”是极为重要的法律规范。据说“汉代为扩大某些法律条文的适用范围，或改变原来规定的刑罚，常在一些法律条文下面增加有关处刑的规定，这种规定亦称科，成为一种独立的法律形式”。① 道教在建立戒律制度时采用并效仿之。早期道教正一盟威道在三张（张陵、张衡、张鲁）时代就制定了“科”，到了东晋南北朝时期的天师道正一派、上清、灵宝等派进一步制定了诸多科文。现存《道藏》中有《太真玉帝四极明科经》《太上九真明科》《洞玄灵宝长夜之府九幽玉匮明真科》《三洞法服科戒文》② 等，大都属于此类。

第二，格。“格”由“科”发展而来，魏时以格代科，格成为一种新的法律形式。“隋以后，律、令、格、式并行”，“元初的《至元

① 《辞海》，上海辞书出版社 2003 年版，第 571 页，

② 《道藏》第 3 册，415 页；第 34 册，361 页；第 34 册，379 页；第 18 册，228 页。

新格》实即元律”。[1] 这自然也影响到道教的戒律规范。宋以后出现的新道派，如净明道就借用了“格”的形式，该派的《天枢院都司须知格》，内容包括有“死后超度免入狱格”“死后入狱沉滞格”“紫庭真律格”“鬼青真律格”[2] 等，内容同于科律。金代的《太微仙君功过格》[3]（属洞真部戒律类）则开明清各种功过格（如《十戒功过格》《警世功过格》《石音夫功过格》等）之先河，反映出道教戒律规范的通俗化发展趋势。

第三，科戒、科律、科禁。南北朝时期，道教常以“科”和“戒”“律”“禁”等连用，表示对于道士行为的规定。《陆先生道门科略》称：“夫受道之人，内执戒律，外持威仪，依科避禁，遵承教令。”[4] 又称：“虽奉道法，不遵科禁”，“愚伪道士，既无科戒可据”，[5] 等等，均以“科戒”“科禁”作为对于道教徒行为的规定。《老君音诵戒经》称：“今运数应出，汝好宜教诫科律，法人、治民、祭酒，按而行之。”[6] 这里的“科律”，就是戒律。

第四，清规。清规是道教全真派对违反戒律道士的惩处条例。金代以后兴起的全真派以“清规”为其主要戒律，亦成为道教后期重要的内部规范。戒律为警戒于事前的行为准则，清规则为惩处于事后的处罚条例。清规一般由各道观自己订立，轻则罚跪、杖责、逐出教门，重则火化处死。《正统道藏》及《道藏辑要》均收有《全真清规》，其中《教主重阳帝君责罚榜》10 条，按道士所犯过失轻

① 《辞海》，上海辞书出版社 2003 年版，第 325 页。
② 《道藏》，上海书店出版社（三家本）2010 年版，第 10 册，第 494 页。
③ 《道藏》，上海书店出版社（三家本）2010 年版，第 3 册，第 449 页。
④ 《道藏》，上海书店出版社（三家本）2010 年版，第 24 册，第 781 页。
⑤ 《道藏》，上海书店出版社（三家本）2010 年版，第 24 册，第 782 页。
⑥ 《道藏》，上海书店出版社（三家本）2010 年版，第 18 册，第 211 页。

重，分别处以“遣处”“罚出”“罚斋”“罚香”“罚油”“罚茶”“罚拜”[①] 等惩处措施。清咸丰六年（1856 年）十一月，北京白云观所订清规 23 条，则有“跪香”“迁单”“逐出”“杖责逐出”“顶清规火化示众”等处罚名目。道光二十三年（1843 年），陕西张良庙《清规榜》共 36 条，其中的处罚除跪香等以外，还有灸（意“烤”）断眉毛、顶清规等。21 世纪以来，上海浦东新区道教协会和湖南南岳道教协会，先后制定出了正一和全真清规榜，成为当代道教的新戒律。

第五，戒箓。戒是戒律，箓是符箓，是指授箓道士必须要持守的戒律。《上清经秘诀》称：“然戒以防非止恶，制断六情；箓者，进品登仙，远超三界。故《道性品》云：戒行摄众生，箓引归真一。”[②] 历代以来，道教正一派皆以戒、箓同授，二者不可缺一。《三洞珠囊》卷六《清戒品》引《正一法文》下卷云：“凡为道民，便受护身符及三戒，进受五戒、八戒，然后受箓。受箓之前，未受戒者，受箓之后，依此受之。”[③] 所谓“学道不持戒，无缘登真箓”，就是强调持戒的重要性。

第六，戒行。意谓依戒律而行事。元王惟一《道法心传》称：“行持道法，戒行为先，始终如一，指日可仙。”[④] 此所谓戒，包括守忠孝、行仁义、不杀、不盗、不淫、不贪、不垢、不嗔、不惧、不傲十种戒。在王常月《龙门心法》中，戒行分作二解，即，降心顺道唤作戒，忍耐行持唤作行。[⑤]

第七，说戒。谓宣说戒条，是道教斋醮活动中不可缺少的一项

---

①《道藏》，上海书店出版社（三家本）2010 年版，第 32 册，第 159 页。
② 同上书，第 731 页。
③ 同上书，第 326 页。
④ 同上书，第 420 页。
⑤《龙门心法》上卷，千山无量观重印，2005 年版，第 17 页。

仪规。其受众是参加斋醮活动的所有信徒，所以说戒比道门派内所传授的戒律更具有普遍性和适用性。唐杜光庭对道教斋醮仪式进行了清整，使道门法仪更趋于规范。在《道门科范大全集》之《北斗延生仪》中，他删定了十条戒文；[①] 在该集之《东岳济度拜章大醮仪》中，他又删定了七条戒文。[②] 在道教金箓大斋中，则宣授三归戒、五戒、九真戒、十戒、十二戒等道戒初阶。

第八，持戒。谓修道者应恪守戒律。所谓“持戒”，王常月《龙门心法》说：“始终不变唤作持戒。”如何持戒？《道法会元》称：“夫行持者，行之以道法，持以禁戒。明其二字端的，方可以行持。”[③] 持戒对于学道修仙者来说，是至关重要的。唐张万福《传授三洞经戒法箓略说》：“凡初入法门，皆须持戒。戒者，防非止恶，进善登仙，众行之门，以之为键。”[④] 这就是说，持戒是修仙的不二法门。

第九，守戒。守戒与持戒似乎意思差不多，但也略有区别，主要表现在持守的程度上。王常月《龙门心法》将持戒与守戒作了严格区分，即“穷困不移唤作守戒”。[⑤] 可见，守戒在程度上要更加重一点。

第十，违戒。指受戒道士违犯所应受持的戒律。《三洞珠囊》卷六《清戒品》：“凡违戒者，背负鞠言，协道信邪，杂事佛俗，此为不专，中心怀二，愚迷犹豫，或障缠深。师三悔之，必能改革，守一不回，召神有效。三诲不悛，是为叛道。”[⑥] 对于违戒“叛道”的

---

①《道藏》，上海书店出版社（三家本）2010年版，第31册，第890页。
②《道藏》，上海书店出版社（三家本）2010年版，第32册，第947页。
③《道藏》，上海书店出版社（三家本）2010年版，第28册，第678页。
④《道藏》，上海书店出版社（三家本）2010年版，第32册，第185页。
⑤《龙门心法》上卷，千山无量观重印，2005年版，第17页。
⑥《道藏》，上海书店出版社（三家本）2010年版，第25册，第326页。

道士，按照教规，应当“秉逆师尊，法应夺录”，[①] 是要开除出教的。当然，对于初犯而有诚心悔改者，还是可以原谅的，但必须要“立功乞还”，以观后效。

第十一，破戒。谓道士受持戒律后又违犯戒律。其意与“违戒”大抵相同，可能程度稍有不同。就字面来看，似乎是破戒更加罪加一等，但从道经的解释来看，如果违戒而师三诲而不改，就是叛道。《三洞珠囊》卷六《清戒品》称：“戒有别文，精详修习。或有不解，或有遗亡，或有谬误，或冒禁故，或尊上逼迫，活畏死犯之，皆是招愆，悉名破戒。”又称：“破戒之人，吏兵远身，还上天曹，考官便逮，致诸戾疾，公私灾横，坎坷率否，所作不成。”[②] 可见，破戒比违戒更加严重，处罚也更为严酷。

三、与道教戒律相关的几个理论问题

道教戒律的来源是多方面的，其中既有民间世俗的“禁忌”内容，有世俗社会的伦理道德思想，也有宗教所特有的教义思想和神仙信仰理论。这些内容都是道教戒律重要的理论来源，为道教戒律的形成与发展提供了理论思想资源，成为与道教戒律相关联的几个重要理论问题。

第一，禁忌与戒律。禁忌源于原始民族的巫术观，它告诉人们，“别这样做，以免发生什么事”。[③] 因此，禁忌反映人们对想象的因果关系的害怕和抵御。“禁忌是一种奇特而重要的宗教现象”。[④] 禁忌起

---

① 《道藏》，上海书店出版社（三家本）2010 年版，第 25 册，第 326 页。
② 同上，第 326 页。
③ 弗雷泽：《金枝》，中国民间文艺出版社 1987 年版，第 31 页。
④ 罗竹风主编：《宗教学概论》，华东师范大学出版社，2001 年版，第 225 页。

源的心理学基础是人们对某些特定对象的矛盾态度。既爱又恨或既需要又惧怕的紧张心理驱使人们强制性的约束自己的行为。禁忌与其他宗教现象一样，意义在于用共同的道德规范约束人的本能追求，维护一定的伦理秩序。因此，宗教禁忌是对人的行为的一种限制，即人不得接触某项对象的规定。

宗教禁忌，主要是宗教的教规、教义民间化后所成俗的那部分禁忌。因而它一般说来并不具有宗教学意义上的严肃性，而强调的是民间口头和实际上的共知性、通行性，亦即其客观的民俗形态。由此可见，禁忌与民俗之间的一致性和共通性。禁忌不仅是一种具有宗教色彩的强制性的戒规，而且也是一种带有某些民俗特点的约定俗成的规定，它们之间的关系非常密切，主要表现为以下几个方面：

其一，禁忌中包含着戒律的内容。所谓“禁戒”，就是指禁忌和戒律，即禁忌中有戒律，戒律中有禁忌，二者是不可分割的。一般来说，宗教禁忌主要是宗教的教规、教义民间化后所成俗的那部分禁忌，这里的教规就是指的戒律。

其二，禁忌是高于戒律的。所谓“轻则曰戒，重则曰禁”，就说明了这一层意义。戒律是规范和约束宗教徒行为的警戒条文，触犯戒律要受到清规的惩罚。而禁忌则是一种神圣不可侵犯的戒条，一般来说任何人都是绝对不可触犯的，凡触犯禁忌者必定受到神明的严酷惩罚。

其三，禁忌与戒律的区别。从内容上看，禁忌与戒律并无大异，他们都是对道教以为崇高的、神圣的事物的敬奉，和对道教以为危险的、不洁的事物的规避。比较来说，戒律的条文要抽象一些，倾向于道教义理的阐述；而禁忌的文字具象一些，具有较强的可操作性。如果从形式上看，戒律大多是条文状、系统化的，而且不同的道派亦大多有各自不同的戒律；禁忌则不然，除少数比较系统外，其余大多比较散乱，也不专属于某宗某派。身入道门，有时戒也许是可以破的，但禁是绝对不能触犯的。

第二，伦理与戒律。所谓伦理，就是“指人与人相处的各种道德准则”。伦理学则是“关于道德的起源、发展，人的行为准则和人与人之间的义务的学说。”[①] 可见，伦理至少有这样两层含义：一是指被社会和人类所认可的、约定俗成的一种道德规定；二是指维护人类相互交往的行为准则。也就是说，伦理既是一种道德规定，又是一种行为准则。人类社会，除了法律、法规和各种制度以外，主要依靠着伦理来维系着社会秩序。

自古以来，宗教就与伦理有着非常密切的关系。在传统的伦理道德中，既包含了世俗的伦理道德，又包含了宗教的伦理道德。其中，宗教的伦理道德十分丰富，特别是对于道教戒律的影响更是十分深远。卿希泰教授认为：“道教戒律，……在道教建立之后即已产生，随着道教的发展，这种戒律条文也逐步增多和逐渐繁复。在这些戒律条文中，包含了许多伦理道德的内容。”[②] 它们几乎涉及伦理道德的全部内容，至今仍然有着深远的影响。

道教继承了上天能赏善惩恶的神学思想，并加以发挥和发展，形成了自己独具特色的伦理道德体系。一般来说，“伦理化宗教的特征是以神的名义推动社会教化”。[③] 道教的伦理也同样围绕着神仙来进行道德教化，神为人颁布道德条规、监督这些条规的执行、对世人的执行情况进行奖罚。因此，道教的伦理自然也与戒律有着密切的关系。事实上，在道教戒律中本身就包含着许多伦理道德的内容。

① 《现代汉语词典》，商务印书馆 1996 年版，第 832 页。
② 《道家文化研究》第七辑，上海古籍出版社 1995 年版，第 20 页。
③ 赵郭华：《基督教哲学 1500 年》，人民出版社 1994 年版，第 28 页。

道教认为，戒律是防止道士“恶心邪欲”“乖言戾行”的重要手段。其中心思想就是告诫道教徒们：作恶将引起可怕的后果，使之努力趋善、不敢作恶。故许多戒律书在规定各种具体戒律条文的同时，都不厌其烦地反复强调：违背戒律，将受到严厉的惩罚。在这些戒律当中，有所谓“三戒”“五戒”“八戒”“十戒”“一百八十戒”“三百观身大戒”，直到“一千二百威仪戒”等。其思想内容和渊源，都与道教的守清静、戒贪欲有关。例如，“洞神五戒”的内容是：第一戒者，目不贪五色，誓止杀，学长生；第二戒者，耳不听五音，原闻善，从无惑；第三戒者，鼻不贪五气，用法香，遣俗秽；第四戒者，口不贪五味，习胎息，绝恶言；第五戒者，身不贪五彩，履勤劳，以顺道。[①] 又如，“想尔戒”将行为分为上中下三等，其内容是：行无为，行柔弱，行守雌，勿先动，此上最三行；行无名，行清静，行诸善，此中三行；行无欲，行知止足，行退让，此下最三行。这些戒律的基本思想是主张清静无为，体现了道教的本色，可能是早期道教的戒律。

值得注意的是，道教的许多戒律条文当中，都特别强调忠孝的思想。如《正一法文天师教戒科经》中就强调“奉道不可不勤，事师不可不敬，事亲不可不孝，事君不可不忠，……仁义不可不行”。[②] 又如《太上经戒》“十戒”中有“第一戒者，不得违戾父母师长，反逆不孝”，“第三戒者，不得叛逆君王，谋害国家”[③] 等条文。这些戒律都是明显地受到儒家封建伦理道德的影响。在《太上洞玄灵宝智慧罪根上品大戒经》中，更是把许多儒家的封建伦理道德都包括进去，它指出：“与人君言，则惠于国；与人父言，则慈于子；与人师

① 《三洞众戒文》，见《道藏》第3册，第396页。
② 《道藏》，上海书店出版社（三家本）2010年版，第18册，第232页。
③ 同上书，第222页。

言，则爱于众；与人兄言，则悌于行；与人臣言，则忠于君；与人子言，则孝于亲；与人友言，则信于交；与人妇言，则贞于夫；与人夫言，则和于室；与人弟子言，则恭于礼；……与奴婢言，则慎于事。”① 在这里，我们清楚地看到，道教戒律把人与人之间的各种关系的道德准则都讲到了，而且讲得非常集中、非常全面，表明宗教伦理对于道教戒律的影响是十分广泛的。

第三，教义思想与戒律。所谓教义，是指“有关道教基本信仰内容的成文规定”。② 道教的教义思想内容丰富，但总的来说，主要有：道、德、玄、一、自然、无为、清静、寡欲、不争、无极、太极、虚无、重玄、承负，等等。其中，“道”和“德”是道教教义思想的核心，“道”是道教的最高教理，一切道经都宣称以“道”为根本信仰。所谓“德”，道经称“道之在我之谓德”。另外，道经也有将“德”当作社会伦理规范的。在道教教义中，将“玄”称为宇宙的本源实体，成为先天地而存在，产生万物的根本。无为则是道教对待社会人生的处世态度和基本法则。清静的含义为清心寡欲，无为和静。寡欲为道教徒修行和处世应该严格遵循的准则。不争则是道教信徒对待社会人生的基本态度。这些教义是道教最基本的教义，也是道教徒必须要遵守奉行的行为准则。

历代以来，道教以其特有的教义思想规范着道教徒的宗教行为，并一直影响着戒律的形成和发展。早在先秦时道家就提出“天道无亲，常与善人”。道教继承了这一思想，在《太平经》中多次提到“天道无亲，唯善是与”。道教以人的言行是否符合于“道”作为善恶的标准，只有符合天地之道的才是“善”，违反道就是恶。东晋葛

① 《道藏》，上海书店出版社（三家本），2010 年版，第 6 册，第 887 页。
② 胡孚琛主编：《中华道教大辞典》中国社会科学出版社，1995 年版，第 434 页。

洪《抱朴子·内篇》要求“慈心于物”“仁逮昆虫”，就是指的行善之人不要残害生灵，毁坏大千世界。在社会生活中，葛洪也说“积善立功”，强调忠诚、孝亲、严己、俭朴、诚恳、守信。这些内容既是道教的教义思想，又是此后道教制定戒律的理论依据。

道教教义思想是道教信仰的重要内容，它与戒律一样成为道教徒必须遵守和奉行的行为准则。因此，道教戒律在形成和发展过程中，自然就会受到教义思想的影响。时至今日，我们研究道教戒律时，也不能不对道教教义进行一些必要的考察，特别是在加强现代道教戒律建设的过程中，要充分利用或吸收道教教义中的某些内容来丰富和发展现代道教戒律，这也是现代道教戒律建设必须要考察的内容。

第四，神仙信仰与戒律。神仙信仰是道教徒对于道教的最基本的信仰，也是道教徒必须坚定的神圣信仰。从道教神仙信仰的内容看，“道教神仙思想中贯穿着一系列的中国传统伦理道德思想”。[①] 具有一定的“伦理载体”的社会功能，其中包含着：以扬善抑恶之形式，高扬人类伦理思想；崇尚超越精神，倡导追求“更高尚”的生存境界；在本质上以现实人伦的美好和进步为指针等。事实上，道教神仙宣扬着本质上是宗教范围的思想内容。所谓“致仙之要首当修德”，[②] 指出实现生命之转化的关键是人的德行。在道教神仙信仰中，对于积善修仙的思想进行了强调，认为道教后天得道，都是属于行善积德修来的“善报”等。

神仙信仰对戒律的影响是深远的。道教认为，学道之人，首要任务是强调信仰，持守规戒。而信仰与持戒又是相互影响的。历代

① 姜生：《中国神仙思想的伦理功能》，《上海道教》1995 年第 2 期，第 8 页。
② 同上书，第 9 页。

以来，道教始终将持戒与信仰联系在一起，所谓“学道不持戒，无缘登真箓”。将戒律修持作为成仙得道的基本条件。道经种种，以各种不同的说法，一再强调持守规戒和实现信仰之间的内在联系。具体说来“道学，当以戒律为先”，“学道当以斋戒为本”，“若不持戒，道无由得”，因此须“修行顺戒，奉而行之，道立可得”，①也就是说，持戒是得道的根本，只有依戒行持，才有可能实现道教的根本信仰。王常月在《龙门心法·戒行精严》中论述得最为集中，表达的也最为浅显，称：“这个戒字，是降魔之杵，能镇压妖邪；是护命之符，能增延福寿；是升天之梯，能朝礼三清而超凡入圣；是引路之灯，能消除六欲而破暗除昏；是仙舟宝筏，能渡众生离苦海；是慈航津梁，能济众生出爱河。诚修行人之保障，为进道者之提纲。仙佛无门，皆从戒入。”②可见，戒律在道教信仰中的地位是十分重要的。

通过对上述道教戒律的考察，我们发现：一是道教戒律的内容是广泛的，其思想内涵是丰富的；二是道教戒律的概念是多元的，其理论思想来源也是多方面的；三是道教戒律的作用是重要的，其社会影响更是深远的。因此，当代道教必须要在“继承传统”的基础上，通过认真研究传统戒律，实现戒律与时俱进、创新发展，才能建立一套适应时代发展和具有积极成效的道教戒律。

①《道藏》，第25册，上海书店出版社（三家本）2010年版，第161页。

②《龙门心法》上卷，千山无量观重印，2005年版，第15页。

南北朝至隋唐道教戒律整合

白照杰*

摘　要：南北朝中期至唐前期，中古早期产生的多种道教戒文逐渐被整合为统一的、拥有等级次第的戒文系统，这一系统最终成为道士法位制度的重要组成部分。有关道戒的这一系统整合过程，虽然缺少足够丰富的直接材料，但依旧可以凭借传统文献学的方式进行讨论，找到基本的变迁线索。

关键词：戒律　整合

道教学界对不同时期道戒传统的关系问题历来缺少讨论。具体来讲，唐前期道教经法体系中不同法位道士所受之道戒与南北朝各道教派系道戒间的关系如何、唐前期道教对这些早期道戒的整合思路是怎样的，学界对之都还缺少具有解释力的答案。以下尝试探索南北朝到唐前期道教整合过程中对以往戒文的选择问题，希望可以在一定程度上填补这一空白。对此问题的研究依靠传统文献学的方法，凭借对主要文献进行对比和细读来探索此时期道戒整合的脉络和理路。需要特别说明的是，唐前期受戒已融入法位制度，戒文授

* 白照杰，上海社会科学院哲学研究所助理研究员。

受与道经和法箓等要素结合，形成较为严整的仪式程序。这里所讨论的受戒问题，暂不强调其在仪式实践中的实际形态，仅将重点放在道戒种类和内容方面。

一、南北朝中后期的道戒整合

——以《陆先生道门科略》《正一法文天师教诫科经》《无上秘要》为核心的考察

南北朝时期，不同道教传统戒文存在明显互动。随着互动的继续深入，道戒的整合问题也被陆修静等有志道士提上清整或重整道教的日程。与此同时，崇道的世俗政府所编纂的道教类书也具有一定的道教整合意义，其间便常常涉及道戒问题。以下主要以重要的道教文献《陆先生道门科略》《正一法文天师教诫科经》《无上秘要》为例，对道戒的整合问题进行考察。

陆修静，字符德，南朝著名道士。其所撰《陆先生道门科略》一书，学界普遍认为系针对当时道教混乱状况而提出的整顿纲领。书中对当时道教的整顿方法主要沿袭天师道传统，核心为传统天师道的以“功”为衡量单位，以受箓为入道标志，并可逐级递升的严格的道官晋升制度。具体来讲，道士可管理治下百姓，从署散气道士开始，道士可历八级递升，而从受箓到散气道士之间亦存在受学不同数目法箓的多个等级。[①] 秉持着“师古”或“法先王”思想来进行道教整合的陆修静，对当时存在的多种新兴道戒自然不甚感冒。在《陆先生道门科略》中仅提到一种道戒，即天师道的最重要戒文《老君百八十戒》，其称：“故经云：道士不受老君百八十戒，其身无

① 陆修静：《陆先生道门科略》，第781页。

德，则非道士，不得当百姓拜，不可以收治鬼神。”[1] 此书对当时存在的其他有影响的道戒只字未提，而其并非不熟悉当时各个道教派系经典。众所周知，陆修静曾编纂综括多种道教传统的《三洞经书目录》，对当时主要道教传统的经典非常熟悉。显然，陆修静不提其他道戒的原因在于其所承继的主要是天师道传统，因此可能对其他道教传统的信仰体系及包括戒文在内的道学要素持怀疑态度。从以上现象可以发现，陆修静时期的南朝，较为普遍的道戒系统的整合尚未展开。

同时期的北朝是否已经出现道戒系统的整合了呢？对《正一法文天师教诫科经》的考察将给出一个答案。学界有关此经已有较多研究，多数学者认为此经是致力于北朝道教整合的作品。从此经的内容来看，虽然并不完全主张恢复早期正一盟威道的制度和教条，但却明显强调天师道传统，而对当时存在的其他新的道教内容缺少讨论。从这一点来讲，《正一法文天师教诫科经》虽然具有“清整”道教的初衷，但却缺少“整合”道教的尝试。具体来看此经中所提及的道戒，只有正一五戒符合戒文特征，而诸如《大道家令戒》和《天师教》等则是劝诫，而非禁戒，更非授道活动中必须授受的戒文。由此可知，其时北朝的道戒整合亦未完全展开。结合上文所论《陆先生道门科略》，基本可以得出这样一个结论：在六世纪中期以前，虽然南北朝道教的整合运动已经开始，各个道教派系的戒文也已存在明显互动，但当时道教界尚无对道戒系统进行统一整合的明显努力。

较为明显的南北朝道戒整合现象，首先体现在一部重要的道教类书中。《无上秘要》是北周宇文邕下令编纂的道教类书，原书一百

---

① 陆修静：《陆先生道门科略》，第781页。

卷，但很早便已部分散佚，近代敦煌卷子中又发现此书部分内容。《无上秘要》的卷44到46收录了当时存在的主要道戒，具体内容如下表所示：

卷目	戒品
卷44	**洞真三元品诫:** 上元品诫（六十条） 中元品诫（六十条） 下元品诫（六十条）
卷45	**（观身戒：）** 玉清下元戒品 ……观身戒从五戒至一百八十君臣父子之道，名玉清智慧下元品戒。 玉清中元戒品 ……观身戒从第五至二百一十六无上正真之道，名玉清智慧中元戒品。 玉清上元戒品 ……观身戒从第五至三百首太上无极之道，名高上玉清智慧上元戒品。
卷46	**升玄戒品** 升玄五戒 升玄九戒（出《升玄内教经》卷第九） **洞玄戒品** 洞玄十戒（出《洞玄思微定志经》） 洞玄十善戒 洞玄十恶戒（上二出《洞玄智慧经》） 洞玄智慧十戒 洞玄智慧十二可从戒 智慧闭塞六情上品戒 智慧度生死上品大戒 智慧十善劝住上品大戒（出《洞玄智慧上品经》） **洞神戒品** 洞神三界戒 洞神五戒 洞神八戒（出《洞神经》） **正一五戒品**（出《正一法文》）

从以上表格可以发现，卷44和45都只收录一种道戒，但戒条繁多，前者有一百八十条，后者则有三百条之多。紧跟其后的卷46收录了分别归属于四个传统的14种戒文，但其中洞玄戒品中的十善戒、十恶戒、智慧度生死上品大戒、智慧十善劝住上品大戒属于劝诫性质，并非仪式授受使用的戒文。《无上秘要》将当时最重要的12种道教戒文收录在一起，已经具有整合戒文系统的可能，同时我们还可从以上戒文的排列顺序发掘出编者的整合意图。很容易便可发现，其以经群体系为标准的道戒枚举存在前重后轻的特征，即越靠前的戒文越为重要和复杂，而越往后的戒文等级越低，内容也越简单。这一点与下文详论的唐代道戒阶次系统颇有相似之处，甚至阶次排列上都有所雷同。从上表中，我们还可以发现《无上秘要》将"洞真三元品戒"放在最前面，但内容实际是《太上洞玄灵宝三元品戒功德轻重经》中所收的灵宝道洞玄三元品戒；排在第二位的是"观身戒"，内容其实出自当时上清道参考灵宝传统三元品戒而撰作的《上清洞真智慧观身大戒文》。由此可知，《无上秘要》有将灵宝传统重要道戒置于上清道戒之上的意识。这一点符合《无上秘要》主要体现洞玄灵宝传统的普遍认识。事实上，唐代以前灵宝经以自身为中心，融摄上清、天师等传统来对道教经法进行整合的现象十分明显，有关于此可参考王承文等人对敦煌灵宝经的研究。[①]另外，《无上秘要》在灵宝三元品戒之上挂名"洞真"，显然是误提。《无上秘要》卷5中亦有相同错误，[②] 但卷34中则正确的抄写了《洞玄三元品诫经》的名字。[③] 无论如何，我们可以发现，最晚从《无上秘要》编纂时开始，明显的道戒整合运动就已经展开。虽然编订戒文次第的执行者应该是道教内部人士，

---

① 王承文：《敦煌古灵宝经与晋唐道教》，中华书局2002年版。

② 周作明点校：《无上秘要》中华书局2016年版，第5卷，第53页。

③《无上秘要》，第34卷，第516页。

但朝廷的统合要求也在其中发挥了极为重要的作用。

二、隋和初唐的道戒整合

——以道藏本《洞玄灵宝三洞奉道科戒营始》和敦煌本《三洞奉道科诫仪范》为核心的讨论

道藏本《洞玄灵宝三洞奉道科戒营始》（简称《营始》）和敦煌本《三洞奉道科诫仪范》（简称《仪范》）内容基本一致，可判定为同书异名。学界对此经的研究已很丰富，有关其年代问题，学界多有争执，但综合来看将之定为南北朝末至隋及初唐的作品当问题不大。此经托名金明七真所撰，柳存仁认为“金明七真”背后可能存在一个道士团体，希望借七真之口整顿道教内部秩序。[①]孔丽维（Livia Kohn）进而指出，作为想象人物的“金明七真”呈现出融合上清和天师道教说的面相。[②] 常志静（Florian C. Reiter）将此经目为初唐道士的道教建设的憧憬。[③] 当代道教学者研究中古道教法位制度、宫观制度、道教整合等问题时，皆将此经目为最重要材料之一。事实上，如果从长时段道教变迁的角度来看，《营始》或《仪范》的意义主要在于反映了南北朝道教向唐代制度性道教的过度。换言之，此经上承南北朝三洞经法及道教制度，下启唐前期道教整合及制度化模式。

《营始》或《仪范》所反映道教整合体系当然包含对道戒的系统

---

① 柳存仁:《三洞奉道科诫仪范卷第五——P. 2337中金明七真一词之推测》，收中国唐代学汇编:《唐代研究论集》第四集，新文丰出版公司1992年版，第357—396页。

② Livia Kohn, *The Daoist Monastic Manual*: *A Translation of the Fengdao kejie* (New York: Oxford University Press, 2004), 23 - 28.

③ Florian C. Reiter, *The Aspirations and Standards of Taoist Priests in the Early T' ang Period* (Wiesbaden: Otto Harrassowitz, 1998). 书名中“Aspirations”即热望、抱负、憧憬的意思。

化，但其系统与此前和唐前期的正式整合结果皆有明显不同。事实上，这部托名金明七真的道经中似乎同时包含了两个不相统属的经法系统，因此在道戒方面也呈现出两个框架。道藏本《营始》的卷4《法次仪》《灵宝中盟经目》及卷5《上清大洞真经目》与《中华道藏》整理的敦煌本《仪范》卷2《法次仪三》相对应，其中详列经法传授系统的阶次问题。可以发现《营始》中所谓的《灵宝中盟经目》及《上清大洞真经目》其实都应该归属《法次仪》，所列经戒法箓其实正是法位系统中最高的两个阶次所需受学的内容，这一点，两个类目中的小字注“右受，称无上洞玄法师”“右受，称洞真法师”“右受，称无上洞真法师”，以及“右受，称上清玄都大洞三景弟子，无上三洞法师”便可确证。[①] 因此，敦煌本《仪范》将三者作为整体而不分卷，当更符合此书逻辑。以下根据敦煌本《三洞奉道科诫仪范·法次仪》，将道戒整合成果列述如下：

阶次	所需受学的戒目
不入法位	大道弟子、天尊弟子、三宝弟子：不受戒； 清信弟子：受天尊十诫、十四持身，或十二可从、闭塞六情等诫； 男生、女生：不受新戒； 录生：受三归五诫
正一法位	正一箓生弟子：三诫文、正一五诫文； 某治气男官、女官：正一八诫文； 黄赤弟子、赤阳真人：不受新戒； 某治炁，正一明威弟子：不受新戒； 阳平治太上中炁，领廿四生炁，行正一明威弟子，元命真人：不受新戒； 太玄都正一平炁，系天师阳平治太上中炁，领廿四生炁，督察廿四治，三五大都功，行正一明威、元命真人：受老君一百八十诫

① 《洞玄灵宝三洞奉道科戒营始》，第5卷，《道藏》，第24册，第758—759页，第6卷，第760页。

（续表）

阶次	所需受学的戒目
洞渊法位	洞渊神呪大宗三昧法师，小兆真人：受《洞渊神咒经》十卷，而不受戒
高玄法位	老子青丝金纽弟子：受老子金纽青丝十戒、十四持身戒； 高玄弟子：《诫文》一卷； 太上高玄法师：不受新戒； 太上弟子：不受新戒
洞神法位	洞神弟子：三皇三诫、五诫、八诫文； 无上洞神法师：不受新戒
升玄法位	升玄法师：仅受《太上洞玄灵宝升玄内教经》，不受新戒
洞玄法位	太上灵宝洞玄弟子：不受新戒； 无上洞玄法师：受《太上洞玄灵宝智惠上品大诫经》一卷，《太上洞玄灵宝上品大诫罪根经》一卷，《太上洞玄灵宝智惠定志通微妙经》一卷，《太上灵宝三元品诫经》一卷，《太上洞玄灵宝安志本愿大诫上品消摩经》一卷，《仙公请问》二卷
洞真法位	洞真法师：不受新戒； 无上洞真法师：受《洞真观身三百大戒文》一卷
大洞与三洞法位	上清玄都大洞三景弟子，无上三洞法师：不受新戒

如果参考《营始》或《仪范》其他篇节的材料，上表对法次的划分其实并不完善，这里出现的“洞渊法位”和“升玄法位”在《道科诫法服仪品第四》和卷1对道门内尊卑的规定中皆不见踪迹。可以推测的是，托名金明七真的道士群体在编订这一法位体系时面临的状况格外复杂，使其无法制定一个圆融无碍的系统。这一系统的不完善，又表现在无法完全融摄正一天师道传统的“道官”系统。无法否认的是，“金明七真”确实希望将正一道士变成一个低级法位，这一点从《道科诫法服仪品第四》中列述的各阶次法师中，[①] 正一法

① 见孙齐：《中古道教法服制度的成立》，《文史》第4辑（2016），第69—94页。

师法服的“条”最少便可以看得出来。但卷一对不同次第尊卑之分的讨论称道士“凡有七种：第一大洞，第二洞真，第三洞玄，第四洞神，第五高玄，第六箓生，第七清信，即清信不得与箓生同坐，箓生不得与高玄同坐，以此例之”，[①] 其中不见正一法师，可以反映正一法位与其他法位之间是两个独立的系统，因此无法放在一起进行比对或规定。以往有学者认为所谓的箓生是正一法师的代称，但据此法次品目来看，则不太可能以正一法位最低级的“箓生”代指正一法师。又“箓生”在以上表格中两次出现，第一次出现在不入法位的品目中，第二次出现在正一法位里，亦证明金明七真法位系统中其实隐含着两个独立的子系统。《营始》中的一段有关道士称谓的记载亦可确证此观点，如下：

> 科曰：道士、女冠，总兼前法、备修行者，启奏之曰：称上清玄都大洞三景弟子，奉行灵宝自然升玄法师、某岳某帝真人、三皇洞神洞渊神呪大宗三昧小兆真人，臣某上启，或再拜。若正一法备，称太玄都正一平气，系天师阳平治太上中气，领二十四生气，督察二十四治三五大都功，正一盟威元命真人，臣甲再拜上言。若叨僭此位，魂考三官，夺筭总尽，慎之慎之。[②]

从启奏时的自称中可以发现，道士需要将自己的名号由大到小，无有巨细地一一申报清楚。但列述仅从“上清玄都大洞三景弟子”到“小兆真人”而止，并未“下降”到正一法师的层级上。而后，“金明七真”再起一段，列述完备正一法者当如何自述，自述内容与之

① 《三洞奉道科诫仪范》，第 1 卷，收张继禹主编：《中华道藏》，第 24 册，华夏出版社，2004 年版，第 28c—29a 页。

② 《洞玄灵宝三洞奉道科戒营始》，第 5 卷，第 760 页。

前的“三景弟子”等明显不同，且更为复杂，自成体系。显然，“金明七真”确然有将正一道作为基层纳入整合框架的意图，但正一传统的特殊性使七真在整合时显得颇为犹豫，以至于在一个系统中几乎并列呈现出两个子系统。此现象，影响了《营始》或《仪范》的整合效果。

除了有两个子系统并行外，从以上表格还可发现，《营始》或《仪范》中对道戒的整合其实遵循了两个基本原则，第一是以隋唐以前道戒发展最为完善的灵宝道传统为基础构建整个道戒体系。虽然灵宝道戒文和法位没有获得最高法次地位，但其十戒、十四持身品、十二可从戒、闭塞六情戒等却组成了初级戒文，而其传统中较为高级的三元品戒等又组成了地位极高的无上洞玄法师和洞真法师所需受学的戒文。可发现《营始》或《仪范》的戒文系统似乎仅是在前者的框架内填充了若干其他道教传统的戒文，实际上延续了灵宝传统戒文体系的基本轮廓。这一点当然与隋唐以前各道教传统戒文自身发展的程度有直接关系。综合来看东晋南北朝主要道教传统的戒文，只有灵宝道戒建构起从低级到高级的次第体系。而诸如上清、洞神等其他道教传统虽然有戒文，但却不成体系。至于天师道，虽然发展出三归戒、五戒、百八十戒的系统，但其系统既具有一定独立性，又因为天师道传统更主要是以受箓和“功”来区分品次，对戒文的受学相对简单，亦难成就严格系统。在此背景下，“金明七真”以灵宝戒文为基本框架进行道戒方面的整合，显然符合现实需要。《营始》或《仪范》道戒整合的第二个原则是尽量不打乱各道教传统中原有的道戒归属关系，而是将之作为各法次受学内容的一部分，与其传统紧密挂钩。换言之，“金明七真”在排定好法位次序的基础上，将归属各法位传统的道戒直接安插在所对应的法次品目之下。这一特点同样适用于对道经和法箓方面的整合，详见后两章论述。

虽然结果尚不完美，但“金明七真”的《营始》或《仪范》确实接续了北周《无上秘要》对于整个道教界进行整合的宗旨，提出新的整合方案和系统。这一模式将被唐代道教所吸收，最终形成较为严密的道戒授受次第系统。

三、唐前期道戒整合的完成

——以《要修科仪戒律钞》《传授三洞经戒法箓略说》和《三洞众戒文》为核心的考察

有关唐前期道戒整合问题的讨论，将以较具影响力的三部唐代道教文献为核心展开讨论，分别是《要修科仪戒律钞》《传授三洞经戒法箓略说》，以及《三洞众戒文》。

朱法满的《要修科仪戒律钞》是现存唐前期最重要的道教类书，保存了当时的大量道教材料，文献意义重大。但此书编纂的目的在于广泛搜罗，缺少明显的以某一系统框架来规范和整合所搜集到的各种材料的意识，本身并不能算严格的道教整合作品。然而，《要修科仪戒律钞》收集了当时存世的主要道戒，对这些戒文的总结及与两晋南北朝道戒的对比，将使我们发现唐前期哪些传统道戒具有较大影响，而哪些已基本淡出视线。《要修科仪戒律钞》所给出的戒文如下：

卷次	戒目
卷 4	一戒（发无上自然道意） 二戒（二观） 三戒（三舍，案：非三归戒也） 四戒（四寄心）

（续表）

卷次	戒目
	五戒（五念） 升玄五戒 六戒（六度） 七戒（七觉） 八戒（八能，案：非洞神八戒） 闭塞六情戒 六度生戒（六条） 六通三十八戒 太清九戒（出自《升玄经》） 十戒者有五：举《定志》十戒
卷 5	天尊十戒 十善劝住戒 太上十戒（出自《太极仙公请问经》） 十恶戒 十二可从戒（出《大戒经》） 十四治身之法（出《请问上》） 三十六戒（案：即九行与二十七戒，出《老君禁戒》） 十二禁 一百二十九戒（出自《升玄经》） 老君百八十戒
卷 6	三百大戒（案：即智慧观身三百大戒）
卷 7	三元罪戒品目（案：即三元品戒一百八十条）

朱法满在以上四卷书中收录的戒文品目几乎包含了唐前最重要的道戒内容，其编排次序及所录内容皆反映若干重要问题。首先来看朱法满对于以上戒文的编排次序。朱法满对戒文的编排有一个大概的从简到繁、从轻到重的次序。但卷 6 和卷 7 的排序却违反了这一点，条目更加繁复的观身大戒排在了较为靠前的位置。这一现象或许说明，朱法满认为三元品戒在地位上要高于观身大戒。对比下文论及的《三洞众戒文》和《传授三洞经戒法箓略说》将观身大戒列为最高道戒，而将三元品戒列为第二级别的现象来看，《要修科仪戒律

钞》于此明显不符合唐代道教强调上清传统至高地位的特点。事实上，朱法满这一排序甚至违反了前揭“金明七真”的《三洞奉道科诫仪范》的排列，“七真”一早便将观身大戒置于最高道戒的地位上。从这一点而言，朱法满此一排序多少有些滞后于中古道教的整合潮流。那么，如果朱法满《要修科仪戒律钞》中观身戒和三元品戒的排序理论没有继承《三洞奉道科诫仪范》等稍早的材料，那又来自何处呢？事实上，其很可能直接承袭自《无上秘要》。上文已指出，特重灵宝传统的《无上秘要》将三元品戒排列在观身大戒之上。对于志在编纂道教类书《要修科仪戒律钞》的朱法满来讲，更早的道教类书《无上秘要》无疑是一部重要的参考文献，朱法满很可能参详过此作品并从中继承这一观点。

从上文列表可以发现《要修科仪戒律钞》的戒文整理存在三个特点。第一，朱法满罗列的戒目中，不少都不是与仪式相联系的禁戒。这一点集中表现在卷 4 中，其中所谓的一戒（发无上自然道意）、二戒（气观、神观）以至六度生戒等皆非真正的禁戒条目，而六通三十八戒虽然符合道教禁戒的基本特征，但却不见任何与此有关的传授材料。第二，尚有若干重要的早期道戒未被朱法满的《要修科仪戒律钞》卷 4 到卷 7 所收录，而这些戒文亦进入了唐前期道戒整合系统之中，主要包括洞神三戒、洞神八戒、太清阴阳戒、洞神七百二十戒门等（见下文）。第三，朱法满《要修科仪戒律钞》中还放弃收录一些隋唐以前存在，但并没有进入之后的道戒系统的戒文，如化胡经五戒、化胡经十二戒、化胡经十八戒、太一六十戒等。考虑到以上问题，我们可以得出一个初步结论：朱法满《要修科仪戒律钞》虽然不是一个完备的道戒整理材料，但其将唐前期绝大多数最重要的道戒材料进行了汇总，可从材料方面帮助后人完成道戒系统的整合。

接着来看张万福的《传授三洞经戒法箓略说》和《三洞众戒文》，这两部文献代表着唐前期道戒整合的完成。《传授三洞经戒法箓略说》与《三洞众戒文》内容相辅相成，前者提出框架，后者则重点介绍框架中的具体内容，两部道籍需一并而论。首先来看张万福《传授三洞经戒法箓略说》中总结的框架。此框架集中在卷上《戒目》中，为比对方便，我们依旧将之列入表格，如下：

戒目	受学对象
三归戒	此三戒者，初起心入道受，令归依三宝也
五戒	此五戒者，令除五欲、修五德、持五戒，出五浊也
八戒	此八戒者，持八事以契八神。上二戒，箓生所受也
无上十戒	此十戒者，在俗男女所受，断十恶、行十善也
初真戒	此初真戒者，新出家所受，谓始脱俗入道也
七十二戒	此七十二戒者，正一弟子所受，即仙灵箓辈是也
百八十戒重律	此男官、女官、正一道士所受，老君授干吉者也
天尊十戒十四持身品	此清信弟子久志局所受也
太清阴阳戒	此五千文箓弟子受
想尔二十七戒	此太上高玄法师所受
洞神三洞要言、五戒、十三戒、七百二十戒门	此三皇弟子所受
百二十九戒	此升玄内教弟子所受
闭塞六情戒	此灵宝初盟所受，即破自然券也
智慧上品大戒	此灵宝中盟，与入帙经同所受
三元百八十戒	此灵宝大盟所受
智慧观身三百大戒	此上清道士所受

除以上所列《传授三洞经戒法箓略抄》给出的框架外，张万福在《三洞众戒文》的序言中又给出了一个大纲，如下：

聊举大纲，庶通玄觉，即始起心入道，受三归戒；箓生，五戒、八戒；在俗男女，无上十戒；新出家者，初真戒；正一弟子，七十二戒；男官、女官，老君百八十戒；清信弟子，天尊十戒十四持身品；五千文金纽，太清阴阳戒；太上高玄法师，二十七戒；洞神，三道要言、五戒、十三戒、七百二十戒门；升玄内教，百二十九戒；灵宝初盟，闭塞六情戒；中盟，智慧上品大戒；大盟，三元百八十品戒；上清，智慧观身二百大戒。[①]

通过对比，可以发现张万福给出的框架和大纲极其一致。此外尤有三点问题需稍作说明，第一，《众戒文》中称上清道士受《智慧观身二百大戒》，明显是误“三”为“二”。第二，《略说》中受学天尊十戒十四持身品者为“此清信弟子久志局所受也”，[②]“久志局”一语不明所以，又《众戒文》亦只说“清信弟子”受此戒，包括敦煌、吐鲁番十戒经传授盟文等材料中亦未见到“久志局”一语，遍查《道藏》亦不见此词再次出现，故怀疑为传抄之误。第三，“初真戒”前此未见。张万福将之与正一弟子联系在一起，并称其为“新出家”“脱俗入道”者所受之戒，则此戒当为与唐代住观和道籍制度相挂钩的戒文。孔丽维认为《奉道科戒》的法位次第中，正一、太玄、洞神三个法位不住观，三皇、灵宝、上清是住观的，道德法位则标识着转化。如果此说成立，张万福此“初真戒”则显得更为特别。惜乎孔丽维并未给出如此划分的依据，而从《奉道科戒》文本本身来

① 张万福：《三洞众戒文》，《道藏》，第3册，第396页。
② 张万福：《传授三洞经戒法箓略说》，第1卷，第184页。

看，似乎也并没有反映出这一分别。受“初真戒”者，当署名道籍，隶属道观。有关这两部经典中的具体戒文出处，楠山春树、张永龙等人已有说明，又本章第一节亦举出唐代以前戒目可资比对，这里选择较有疑惑者简要说明。张万福所言之三归戒，为皈身太上无极大道、皈神三十六部尊经、皈命玄中大法师。据楠山春树研究指出，道教三皈戒文始见于《三洞众戒文》。[①] 然前引《三洞奉道科诫仪范》中称箓生需受“三归五戒”当即指此而言。箓生所受之五戒、八戒，张永龙认为即唐代以前的洞神五戒和洞神八戒。[②] 在俗男女所受之无上十戒，《三洞众戒文》并未录出具体内容，张永龙怀疑即天尊十戒，[③] 或有未必。受学天尊十戒者为清信弟子，而非在俗男女，敦煌受学十戒盟文中所见之法名亦可证明此点。此无上十戒者，在《要修科仪戒律钞》，甚至《云笈七签》中皆不见收录。然后世道书中保存了称为“无上十戒”的若干种戒条，内容颇不一致，却似乎都与《度人经》及灵宝斋忏有关。如南宋王契真所编的《上清灵宝大法》卷 8 的无上十戒，及《太上灵宝朝天谢罪大忏》卷 9 中的无上十戒等。有关无上十戒的问题，还有待进一步研究。初真戒亦为十条，《云笈七签》卷 40 收录。正一弟子所受七十二戒，《三洞众戒文》未录条目，前此亦未见类似戒目，不详所指。楠山春树等人认为今本《三洞众戒文》中存在佚失现象，因此很多戒文并没有给出具体介绍。[④] 但《三洞众戒文》中所举诸种戒文在唐代都较为流行，又有不少单本流传，张万福是否有必要不厌其烦将之完全录出亦有怀疑。

① 楠山春树：《见于道教戒的儒教思想》，收福井康顺等监修：《道教》，第 2 册，第 69 页。

② 张永龙：《〈三洞众戒文〉所载道教戒律考辨》，第 46 页。

③ 同上。

④ 有关楠山春树等学者相关观点的总结，见张永龙：《张万福道教戒律思想研究》，第 19 页。

故有可能是张万福仅列目录以明大略，正文中仅对有所混淆的几种道戒进行说明，而并无求全之意。此后的老君百八十戒到观身三百大戒，所指明确，无需赘论。

明晓张万福《传授三洞经戒法箓略说》和《三洞众戒文》所录道戒的基本所指后，接下来我们将目光聚焦于道戒整体框架整合的问题上。与之前介绍的《三洞奉道科诫仪范》（或《营始》）相比，张万福的这一整合结果明显更为完善。第一，《传授三洞经戒法箓略说》及《三洞众戒文》基本延续了《三洞奉道科诫仪范》的排序，特别是将智慧观身三百大戒作为最高等的戒文置于三元品戒之上。第二，张万福的体系中出现了以往不常见到的两种戒文，分别是初真戒和正一弟子七十二戒。张万福称初真十戒为"此初真戒者，新出家所受，谓始脱俗入道也。"① 即受此戒则可以成为进入道观系统的正式道士，换言之受学道徒将拥有道籍，名字将被系缚于道观账册之上。这一现象在《三洞奉道科诫仪范》（或《营始》）中并不存在，说明是唐前期道教新发展出的内容。此与唐前期道士基本上都是宫观道士的情况存在关联。正一弟子所受之七十二戒排在此初真戒之后，可见受学正一戒法的道徒也当是住观道士。这一发现引出了张万福《传授三洞经戒法箓略说》和《三洞众戒文》的第三个特点。即与《三洞奉道科戒营始》明显不同，张万福一扫金明七真的"犹豫"，给出的是一个统一的从低到高，逐级递升的系统。具体到道教戒文，则从三归戒开始到三百大戒，形成十数个阶梯，道徒可以依据修行成就，逐级递升，受学新的道戒。这一现象，事实上标志着唐前期道戒受学体系的完全建立及道戒整合的最终完成。

最后还有一点需要补充说明的是，张万福在《三洞众戒文》中

① 张万福:《传授三洞经戒法箓略说》，第1卷，第184c页。

点明了介绍相关戒文的缘由，称："三洞科仪，备有条格，而师资禀训，各据一门，吴蜀京都，相承或异。"[1] 张永龙等学者认为，"道士在经戒传授时候的轻率，持戒不严，道教内部一些人士也是屈服王权，这可能是作为下层道士的张万福整理道教戒律的主要原因。"[2] 此一解释当然是正确的，但亦不能因此而否定唐前期道戒传授存在明确的制度和体系。这正如历代律法制度条文明确，但违法行为仍很常见一样。道教整合与制度化的本身是规范修道者的社会行为和宗教运动，只有当基本制度已经建立后，违反制度的行为才会被立即察觉和纠正。从这一角度而言，张万福对当时传戒中的不良情况的谴责，反而说明了普遍尊奉的体系已然存在，道戒整合已取得一定成就。

小结

通过以上讨论，我们可以发现唐前期道戒整合具有深远的历史背景，与南北朝时期展开的各个道教传统间的交流及整合直接挂钩。由于唐前期的社会和政治环境十分优越，在这一时段内各个道教传统的重要道戒被纳入了一个统一的系统，中古道戒的体系整合正式完成。而唐后期道教戒律，主要沿袭唐前期整合的现成结果，虽并非绝无创造，但总体不出前者范畴。

---

① 张万福:《三洞众戒文》，序，第 396b 页。

② 张永龙:《张万福道教戒律思想研究》，第 12—13 页。

道教戒律思想的研究笔记

——用结构方法研究东汉至明代道教戒律的尝试

陈耀庭*

摘　要：道教戒律是道教的组织要素，包含“戒”和“律”两个子要素。戒是神示的道教徒思想行为的规范条文，律是对违反规戒的惩处规定。因此，道教戒律的研究，既是一项道教理论研究的课题，又是道教组织建设实际的探索。早期道教开始，道教的戒的数量随着社会发展有一个从少到多再精减的过程，其内容则始终覆盖着道教徒的信仰生活和社会生活等两个方面，并发挥着以道教神学思想规范道教和道教徒行为的功能。戒律的发展也显示着道教组织建设的逐渐完善。明代天师张宇初总领道教，发布了道教各宗派应有的十大规戒，开始了道教各派统一教义思想、统一宗教行为的艰难一步。上世纪前五十年后，中国道教协会成立，道教终于有了统一组织的面貌。近十年来，道教公布了《宫观规约》并且成立“道风督导委员会”，都是严格执行规诫的重要步骤。这将为道教主动随着中华复兴而健康发展创造必要条件。

关键词：结构方法　要素　想尔戒　太平经　无上秘要　要修科

* 陈耀庭，上海社会科学院宗教研究所原所长、研究员。

仪戒律钞　云笈七签　道门十规　宫观规约　道风督导委员会

一、道教戒律的研究，既是一项理论研究的课题，又是组织建设实际的探索

其一，道教的“戒律”在道教实体之中，既是教义思想的一个要素，又是教徒行为的一个要素。道教戒律是道教教义思想的重要体现，同时，又是对道教徒的个人行为以及群体行为的规范。因此，对于道教戒律的研究，既是道教教义思想即道教神学研究的组成部分，也是对道教徒群体行为研究的重要课题。所以，研究道教戒律不仅是信仰理论研究的需要，也是对道教活动和道教信徒（道士和一般信众）的行为规范研究的需要。正因为如此，道教戒律的研究不能只是从书本到书本，从条文到条文，也不能仅仅局限于研究戒律条文内容的发展变化，而且要放开视野，探讨道教实体发展变化的实际和道教戒律思想的变化及其实际执行的关系。这就是说，道教戒律研究包含着理论研究和实践研究等两个部分。

其二，如果能够从戒律研究的理论性和实践性出发，那么，我们立刻就会体会到道门祖先早就将“戒律”区分为两个要素。也就是“戒”要素和“律”要素。

“戒”要素的核心就是“诫”。《说文解字》解释“诫”字作“诫，敕也”。而“敕”，则解释为“诫也。臿地曰敕”。[①] 段玉裁《说文解字注》称“诫、敕也，二字互训。《小雅毛传》曰：敕，固也。此谓敕即饬之假借。饬即致坚也。后人用勑为敕，力部。勑，劳也。”对于“臿地曰敕”，段玉裁称“臿者，今之插字”，“此别一义。

---

① 《说文解字》，中华书局 1963 年版，第 52、68 页。

凡植物地中，谓之菑”。① 段玉裁的“互训”和“假借”说，曾为后世诟病。但是，以《小雅毛传》之说来理解，道教以神灵训诫之语教育道教徒，使其信仰得以致坚的意义，还是说得通的，也是可以理解的。所以，“戒”或“诫”的初义就是神灵训诫道教徒的话语和文字。道教的诫，是从道教开始创立的时候，就已经有了。早期道教的正一盟威之道的《老子想尔注》则有句称，“人行道，不违诫，渊深似道”，“今布道诫教人，守诫不违，即为守一矣；不行其诫，即为失一也”。② 因此，在道教初创之东汉时期，“诫”即是创教人传授神灵的言语告诫和文字以鞭策信徒。

“律”要素的核心就是规范。《说文解字》解释“律”字作“律，均布也”。段玉裁《说文解字注》称“律者，所以范天下之不一，而归于一。故曰均布也”。③ 这里的“均布”就是统一规范的行为，用“诫”来规范信仰道教的人的行为，这就是“律”。道教的“律”既是规范道教徒的信仰行为，也包含了对于违反“诫”的惩处规定。早期道教的正一盟威之道的《老子想尔注》和太平道的《太平经》都有“法律”之说。《老子想尔注》有句“王者尊道，吏民企效，不畏法律，乃畏天神。不敢为非恶，皆欲全身，不须令敕而自平均”。④ 这里说到“自平均”就是“法律”的作用。《太平经》的《知盛衰还年寿法》则明确说到，“天之授事，各有法律。命有可属，道有可为”。这里明确指出人世的所有事情都是天授。天授之事各有各的法，各有各的律。授事循法而作，依律而行。那就是“道有可

① 《说文解字注》，卷三下，《续修四库全书》，第 204 册，上海古籍出版社 2002 年，第 873 页。
② 《老子想尔注校证》，上海古籍出版社 1991 年版，第 7、12 页。
③ 《说文解字注》，卷二下，《续修四库全书》，第 204 册，上海古籍出版社 2002 年版，第 687 页。
④ 《老子想尔注校证》，上海古籍出版社 1991 年版，第 41 页。

为”了。

其三，道教教义思想的核心之一是人世间的事，都是天授的。但是，在天授之中，天授的人也能循道而有所作为。道教的“戒律”也是“天授”的。人世间的事，在生产力还十分低下，社会组织化程度还很初级，人际关系比较简单的时候，天授的“戒”和“律”也就十分简单。一般认为，早期的戒律有《老君想尔戒》，也就是后世称为《老君禁戒》的。想尔戒只有三行，每行三点，共九条。“行无为，行柔弱，行守雌，勿先动，上最三行；行无名，行清静，行诸善，中最三行；行忠孝，行知足，行推让，下最三行。右九行第一，八十一章，集合为道舍，尊卑同科。上备者，神仙；六行者，倍寿；三行者，增年不横夭”。[①] 从结构观点分析《老君禁戒》，可以将其分析为二个层次，第一层次是“行”，也就是“面”（戒的层面），第二层次是“条”，也就是“点”（面上的点）。三行九点，就是三个层面，共九点，即九“条”。所谓戒的层面，指的是授戒针对的是守诫信徒的哪一个方面，即信仰生活方面或者社会生活方面。所谓戒的最终对应点，指的是戒的内容具体到守诫信徒的信仰和生活的哪一方面的某个内容。以“老君禁戒”为例，上三行“行无为，行柔弱，行守雌”，是信仰生活面的内容，三个戒条即“无为，柔弱，守雌”等三个点。中三行和下三行，是社会生活的内容，六个戒条即“无名，清静，诸善，忠孝，知足，推让”等六个点。上三行是信仰生活面的三个戒点，守诫的可以升登仙界。中下二行有社会生活面的六个戒点，守诫人只能在人世获得消灾延寿的结果。

早期道教的“太平道”以军队形式作为道教组织编制，其组织

---

① 《要修科仪戒律钞》，卷五，《道藏》，第 6 册，文物出版社、上海书店、天津古籍出版社联合出版，1988 年，第 940 页。

化程度明显高于正一盟威之道。太平道有《太平经》，其中就有《大寿诫》《天咎四人辱道诫》《不忘诫长得福诀》等等，《太平经》授戒的内容比起《道德经想尔注》的《老君禁戒》的思想要繁复得多。《太平经》中有词明确指出，“诫”是天授的是非标准，“天有诫书，具道善恶之事”，“真人持此书以示愚蒙，自改为善”，[①] 人能守诫行善就是符合天意大道。从这些有关诫的阐述，可知早期道教的“诫”的思想是，一“诫”是天授的，是天上的神灵对人间善恶行为作出的判断。其判断的标准是法“道”，或是逆“道”。二“诫”是依靠“真人”在人间传播的，这里的“真人”，就是道门中人。三“诫”在早期道教时期还没有形成像后世那样的有系统和有规则的条文。不过，太平道和正一盟威之道一样，已经将戒律思想明确纳入道教有神论教义思想之中了。

其四，从道教实体结构来看，对于“戒律”的分析，我们可以有以下的认识：道教作为包含多种要素的宗教实体，“戒律”是道教不可或缺的组成要素。道教戒律要素本身也是一个结构体，它由“戒”和“律”等二个要素构成。

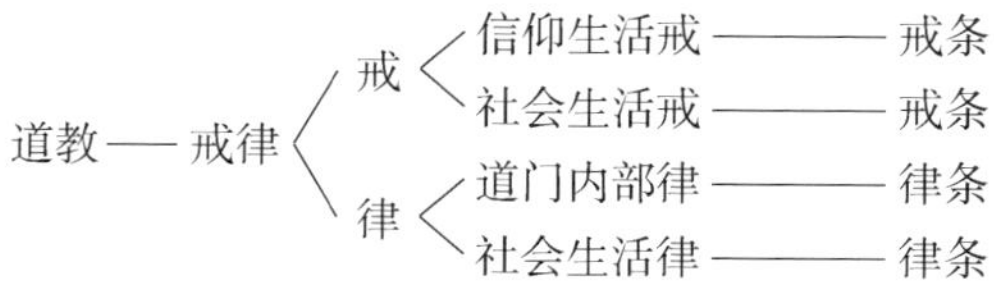

“戒”是天授的禁戒条文，可以从其使用的“面”分析为戒的信仰生活面和社会生活面等两个“面”层次。在两个“面”之下，又可以分析为适用于各个生活面的最终的禁戒点，也就是我们常见的禁戒条文。

① 《太平经合校》，中华书局1960年版，第604、566页。

“律”是天授的禁戒规范手段，对于违反戒律的道教徒，不论是有神职的道士或者普通的道教信徒，都有一系列惩处的规定。以此保护道教实体组织的完整和统一。在漫长的中国封建社会中，对违反家法和国法的行为进行惩处的机构是家长、家族和衙门。因此道教在“律”的要素中也按照社会执法的模式，将行律的权力，交给了道门的授业的师长、宫观的都管、坛场的都讲。对于道教徒超出庙观权柄范围的社会违法事件，则是交给衙门来处理。应该说，限于中国社会发展的特点，道门代天行“律”的职能，并没有充分展开。例如，道教历史上一直没有一个监督执行“戒律”的机构，更没有出现过以民主手段让所有教徒自己监督和管理自己守诫的机构。

二、明代以前的道教戒律发展和变化

其一，道教作为一种中国宗教，其实体在魏晋南北朝时期有很大的变化。道教的戒律思想，随着道教的发展也随之有了相应的变化。因为，这一时期道教得到朝廷既扶植而又有限制的支持，教义思想丰富、经籍著述增多、新教派组织出现以及道教神职人员和信徒增加。就教义思想而言，道教教义出现了“三洞”“灵宝”和“三皇”等三个经系。道教组织出现了北方的楼观道派和南方的茅山道派。不同的道派出现导致了不同戒律的出现。由于信道和从道的神职人员不断扩大，北方有寇谦之、南方有陆修静开创的教务改革，其中就包含了对道教戒律的改革。

相传寇谦之“清整道教”，“除去三张伪法，租米钱税，及男女合气之术”，还颁布了“新科之诫”，“专以礼度为首。而加之以服食闭练”。①

---

①《魏书释老志》，《魏书》，卷 114，第 8 册，中华书局 1974 年版，第 3051 页。

相传陆修静整顿南方道教，包括了道经辨伪和总括三洞，并著有《陆先生道门科略》等。

《道藏》收有《女青鬼律》，据汤用彤先生论述，《女青鬼律》当是寇谦之的《云中音诵新科之诫》的一种。从北周时期起，道门中就有“女青律”。《云笈七签》收有《太玄都中宫女青律戒》。此律有三条，内容都和道教信仰有关。《女青律戒》规定修道时不得轻慢神真，不得脱衣露形，不得吊问死丧等等。如果违反三次或五次就不能入仙。如果违反五次或十次，就要死入地狱，不入人道。

《道藏》收有《陆先生道门科略》。1985 年，我陪同陈国符先生一起到香港中文大学参加“道教仪轨和音乐国际研讨会”。国符先生和我见面后用带常熟口音的普通话考问我：《道藏》有书《陆先生道门科略》，此“陆先生”是何人，哪个朝代的人，什么地方的人？由此可知，《陆先生道门科略》在国符先生心目中的重要性。陆修静时代的南朝地区天师道信仰的规戒已有松懈。《陆先生道门科略》指出“今人奉道，多不赴会”，“高尚酒食，更相衒诱，明科正教，废不复宣，法典旧章，于是沦坠”。因此，陆修静提出信仰的四个方面必须遵守的戒条，就是三会戒条、宅录戒条、靖室戒条和法服戒条。例如，关于三会，“正月七日、七月七日、十月五日，一年三会，民各投集本治”，不赴三会者“师则灭后绝种”，“民则夭横破丧”。关于道家法服，则有“法服皆有威神侍卫”“制作不得法，则鬼神罚人”等规定。①

南北朝的两位高道的文献里，我们还看不到形成条文的戒律。

南北朝时期的道教类书《无上秘要》，虽然已经残缺不全，但

① 《陆先生道门科略》，《道藏》，第 24 册，文物出版社、上海书店、天津古籍出版社 1988 年版，第 780、781 页。

是，现存的明《道藏》本有 44、45 和 46 卷，较为集中地记载了南北朝时期的道教戒律。其内容见下表：

编号	戒律数	所属类	名称	出处和内容	备注
1	60	洞真	洞真三元品诫上元品诫	《无上秘要》卷 44	
2	60	洞真	洞真三元品诫中元品诫	《无上秘要》卷 44	
3	60	洞真	洞真三元品诫下元品诫	《无上秘要》卷 44	
4	84	玉清	玉清上元诫品	《无上秘要》卷 45	出自《玉清智慧上元品诫》
5	36	玉清	玉清中元诫品	《无上秘要》卷 45	出自《玉清智慧中元品诫》
6	180	玉清	玉清下元诫品	《无上秘要》卷 45	出自《玉清智慧下元品诫》
7	5	升玄	升玄五戒	《无上秘要》卷 46	出《升玄内教经》
8	9	升玄	升玄九戒	《无上秘要》卷 46	出自《升玄内教经》
9	10	洞玄	洞玄十戒	《无上秘要》卷 46	出自《洞玄思微定志经》
10	10	洞玄	洞玄十善戒	《无上秘要》卷 46	出自《洞玄智慧经》
11	10	洞玄	洞玄十恶戒	《无上秘要》卷 46	出自《洞玄智慧经》
12	10	洞玄	洞玄智慧十戒	《无上秘要》卷 46	出自《洞玄智慧上品经》
13	12	洞玄	洞玄智慧十二可从戒	《无上秘要》卷 46	出自《洞玄智慧上品经》
14	6	洞玄	智慧闭塞六情上品戒	《无上秘要》卷 46	出自《洞玄智慧上品经》
15	6	洞玄	智慧度生死上品大戒	《无上秘要》卷 46	出自《洞玄智慧上品经》

（续表）

编号	戒律数	所属类	名称	出处和内容	备注
16	10	洞玄	智慧十善劝助上品大戒	《无上秘要》卷 46	出自《洞玄智慧上品经》
17	3	洞神	洞神三界戒	《无上秘要》卷 46	出自《洞神经》
18	5	洞神	洞神五戒	《无上秘要》卷 46	出自《洞神经》
19	8	洞神	洞神八戒	《无上秘要》卷 46	出自《洞神经》
20	5	正一	正一五戒	《无上秘要》卷 46	出自《正一法文》

现存《无上秘要》三卷中收录的戒律有二十种，共计 589 条。从戒律名称及其安排顺序可以知道，从东汉到南北朝时期，道教并没有一个统一的自上而下的组织。当时的道教徒处在各自独立修炼，并且根据自己获得信仰的师承关系形成一个经籍传承系统。这个传承系统，就是后来陆修静总括的“三洞”系统，即洞真、洞玄和洞神系统。不同的系统有不同的经典传承，不同系统的道教徒供奉和祭拜不同的主要神灵。一般认为洞真系统供奉元始天尊，信仰洞真系统经典。洞玄系统供奉灵宝天尊，信仰灵宝系统经典。洞神系统供奉太上老君，信仰道德系统经典。在三洞系统之中，又派生一些支系统，例如，在洞真系统中派生出玉清系统，在洞玄系统中派生出升玄系统，在洞神系统中合并正一盟威之道系统。

因此，从东汉到南北朝时期，信仰道教的人遵循的戒律是各自所属传承系统制定的戒律。当时，道教既没有一个统一的组织，又没有统一的戒律，尽管各系统的戒律彼此有很多共同之处。造成这个局面的是在太平道被镇压和汉中张鲁政权被收降以后，朝廷不允许在郡县管理制度以外有任何自上至下的社会组织存在。从这个意义上说，如果我们称道教是一种有信仰的社会实体的话，那么从南北朝时期开始，中国道教只能称作是一个准实体的社会组织，当时的道教戒律分属各个传承系统。①

其二，隋唐时期，道教获得了长足发展的机会。唐代中国社会无论是经济基础，或者政治制度，比起东汉时期都有了长足的发展和进步。唐代的道教由于得到朝廷的重视，发展具有相当规模，而且完善了以郡县管理制度管理全国范围道教活动的模式。唐五代高道杜光庭在《道教灵验记》中说到，“臣今检会，从国初已来，所造宫观约一千九百余所，度道士计一万五千余人，其亲王贵主及公卿士庶，或舍宅舍庄为观，并不在其数，则帝王之盛业，自古至于我朝，莫得而述也。”② 道教扩大，必然鱼龙混杂，泥沙俱下。因此由于组织建设的需要，必然会加强道教戒律的建设。

杜光庭编订的历代斋醮科仪经本中，出现了“说戒”的节次，也就是在科仪中增加了对于参与道教斋醮仪式的道教信徒宣说戒条的内容。例如，在《北斗延生醮说戒仪》中，宣说十条戒条。“一不得傲忽圣真，二不得轻慢经文，三不得诽谤法门，四不得触秽道场，五不得放纵身心，六不得争竞财利，七不得减省法事，八不得退转道心，九不得错误章奏，十不得扰乱形神。”这十条戒条，其中有关信仰的条目有八条，另外就是有关信徒日常生活的内容了，即第五、第六，或者再加上第十条。在《东岳济度拜章大醮仪》中，杜光庭的经文宣说的戒条共七条，其中有关信徒日常生活的戒条，增加到了五条，即：一不得杀害，二不得嗜酒，三不得生背叛心，言不忠直，四不得无孝顺心，违逆父母，五常行慈心，六不得诽谤三宝及

① 参见《论道教的实体化》，《陈耀庭道教研究文集》，上册，上海书店出版社 2015 年版，第 251 页。

②《道藏》，第 11 册，文物出版社、上海书店、天津古籍出版社 1988 年版，第 7 页。

有道师尊，七不得懈怠，等等。这表明唐代道教对道教徒的信仰修养和人格修养都非常重视，并且在戒律中提出了新的要求。从这个角度观察，唐代道教的组织建设确实有所加强。①

唐代高道张万福是很重视道士应该遵守的规诫的。《道藏》中存有他的《三洞众诫文》《三洞法服科戒文》《传授三洞经戒法箓略说》等多种。其中《三洞众诫文》的《序》说到规诫制订的目的："夫戒者，戒诸恶行，防众行之最。若不持戒，道无由得，然道经不师受，则行之不神。"如果将张万福的著述和杜光庭的著述加以比较，人们可以明显感觉到张万福论戒主要针对道教内的神职教徒即道士授戒，而杜光庭的著述则让人感觉他是在对一般的道教信徒说戒。张万福说到当时道门中规诫繁多的现象，指出"三洞科仪，备有余格，而师资禀训，各据一门。吴蜀京都，相承或异"。因为规诫众多，学习感悟也多有不同，所以张万福要对道门内的规诫进行清理。他说："今又依经箓出戒文，附诸法次受法之日，随法转授，令道士诵习，防非止恶，以制六情，进品上仙，远超三界，自浅之深，非无优劣。"张万福文章里提到道教徒可以传授的戒文，包括有"起心入道，受三归戒、箓生五戒八戒、在俗男女无上十戒；新出家者，初真戒；正一弟子，七十二戒；男官女官，老君百八十戒；清信弟子，天尊十戒、十四持身品，五千文金纽，太清阴阳戒，太上高玄法师二十七戒，洞神三道要言、五戒、十三戒、七百二十戒门、昇玄内教百二十九戒、灵宝初盟闭塞六情戒、中盟智慧上品大戒、大盟三元百八十品戒、上清智慧观身三百大戒"。② 由此可见，唐代的戒律

①《道藏》，第31册，文物出版社、上海书店、天津古籍出版社1988年版，第897、946页。

②《三洞众戒文》，《道藏》，第3册，文物出版社、上海书店、天津古籍出版社1988年版，第396页。

已经形成一个遍及教内不同层次、不同宗派和不同使用场合的戒律系统。其内容已经覆盖了道教组织的上下左右各方成员。唐代道教戒律系统已经适应了道教实体在发展壮大时组织建设的需要，以及成为越来越多的道教神职信徒和普通信徒行为规范。

唐代玉清观道士朱法满编撰的《要修科仪戒律钞》，是一部汇抄道教科仪和戒律经典的类书。其中卷四至卷六就汇集了当时可见的各种戒律（包括愿念）的材料。朱法满称“经以检恶，戒以防非，总任枝流，难以取用，撮其机要，易可寻求”。[①] 其中收集的戒律种类及其包含的戒律数如下：

编号	数量	戒律名称	出处	备注
1	1	一戒	《要修科仪戒律钞》卷四	发无上自然道意
2	2	二戒	《要修科仪戒律钞》卷四	二观，气观，神观，即定慧
3	3	三戒	《要修科仪戒律钞》卷四	三舍，舍身命财
4	4	四戒	《要修科仪戒律钞》卷四	四寄心，慈爱善忍
5	5	五戒	《要修科仪戒律钞》卷四	五念，思道清静，思离诸欲，思与俗反，思无禁忌，思非形声法
6	5	升玄五戒	《要修科仪戒律钞》卷四	掩目，塞耳，杜口，挫心，折足
7	6	六戒	《要修科仪戒律钞》卷四	六度，勤信雌，终拣争，离酒色

① 《要修科仪戒律钞》，卷四，《道藏》，第 6 册，文物出版社、上海书店、天津古籍出版社 1988 年版，第 936 页。

（续表）

编号	数量	戒律名称	出处	备注
8	7	七戒	《要修科仪戒律钞》卷四	七觉，知一知三知凶知吉知俗知道知有无
9	8	八戒	《要修科仪戒律钞》卷四	八能，能受非，能让德，能不欲，能不争，能远无道，能不达心，能不负经戒，能不伐口
10	6	闭塞六情戒	《要修科仪戒律钞》卷四	目无广瞻，耳无乱听，鼻无广丰，口无贪味 手无犯恶，心无爱欲
11	6	六度生戒	《要修科仪戒律钞》卷四	度其死厄，布施饥寒， 救急横恶，施惠有生， 度诸众生，常行慈心
12	9	太清九戒	《要修科仪戒律钞》卷四	出自《升玄经》
13	10	十戒	《要修科仪戒律钞》卷四	出自《定志经》
14	10	十戒	《要修科仪戒律钞》卷五	出自《大戒经》
15	10	十助劝善戒	《要修科仪戒律钞》卷五	出自《太上洞真智慧上品大诫》
16	10	太上十戒	《要修科仪戒律钞》卷五	
17	10	十恶戒	《要修科仪戒律钞》卷五	
18	11	十二可从戒	《要修科仪戒律钞》卷五	出自《大戒经》
19	12	十二禁	《要修科仪戒律钞》卷五	
20	36	三十六戒（包括老君禁戒）	《要修科仪戒律钞》卷五	《老君禁戒》的三行九戒，加上九戒，中九戒，下九戒。
21	45	四十五念	《要修科仪戒律钞》卷五	出自《法轮经》

（续表）

编号	数量	戒律名称	出处	备注
22	52	五十二愿	《要修科仪戒律钞》卷五	出自《消魔经》
23	129	一百二十九戒	《要修科仪戒律钞》卷五	出自《昇玄经》
24	180	老君一百八十戒	《要修科仪戒律钞》卷五	本为盟威之说，正一道士奉行持戒
25	200	百病（百药）戒	《要修科仪戒律钞》卷五	出自《老君虚无经》
26	300	三百大戒	《要修科仪戒律钞》卷六	玉清智慧下元品戒一百八十，中元三十六戒，上元戒八十四。

《要修科仪戒律钞》是唐代玉清观道士朱法满编撰的类书。其中卷四、五、六等三卷汇集的戒律共计 26 种，收录戒条共计 1077 条（包括“愿、病、药”等）。

以此书汇集的戒律同北朝时期《无上秘要》汇集的戒律相比较，从数量上看，唐代道教戒律的种类要多于北朝时期戒律。从戒律包含的戒条来看，北朝时期戒律列项最多的是《洞真三元品诫·上元品诫·中元品诫·下元品诫》共 180 条，而唐朝的《三百大戒》则有戒项 300 条。这些表明，随着社会生活的变化，道教徒修炼的环境更加复杂，道士和一般道教信众需要抵制的诱惑增多，以致需要规范的行为也就更加多了。

在《无上秘要》中，戒律的分类是根据传承体系来排列的，也就是按照三洞经系的传承区分为不同的戒律。尽管三洞戒律大多传承到了唐代，但是，传承到唐代的这些三洞戒律的名称或者内容有了变化，有的已经不再使用原来的名称了。以下是部分《无上秘要》戒律和《要修科仪戒律钞》戒律的名称和内容的比较。

《无上秘要》戒律名称	《要修科仪戒律钞》戒律名称	比较提示
升玄五戒（卷四十六）	升玄五戒（卷四）	名称同，文字略有不同
升玄九戒（卷四十六）	太清九戒（卷四）	名称不同，文字略有不同
洞玄十戒（卷四十六）	十戒（卷四）	名称不同，文字同
洞玄智慧十戒（卷四十六）	十戒（卷五）	名称不同，文字同
智慧十善劝助上品大戒（卷四十六）	十助劝善戒（卷五）	名称不同，文字同
洞玄十善戒（卷四十六）	太上十戒（卷五）	名称不同，文字同
洞玄十恶戒（卷四十六）	十恶戒（卷五）	名称不同，文字同
洞玄智慧十二可从戒（卷四十六）	十二可从戒（卷五）	名称不同，文字同
（无）	一百二十九戒（卷五）	
洞真上中下三元品诫（卷四十四）	老君一百八十戒（卷五）	条目数同，名称不同，文字不同
（无）	三百大戒（卷六）	

唐代道教戒律种类增加了，戒律条文总数增加到了上千条，但是，其戒条内容覆盖的范围，还是两个方面，即道士和一般信众的信仰生活层面和社会生活层面。戒律的主要内容是要求道教徒在宗教修持行为中加强信仰的忠诚，保持清心寡欲，行为谨慎节俭。这和道教徒的社会生活内容正在扩大有关。唐代道教徒，因为社会发展，除了学道和修炼以外，他们的社会生活中各种物质和精神的诱惑不断增多，这些对道教徒的信仰坚定性和凝聚力都有腐蚀可能，需要在戒律中提出新的规范要求，制订新的条文。

戒律名称的变化，表明道教三洞传承系统逐渐模糊，甚至出现了相互混淆和替代的情况。这与中国社会郡县制管理方法进一步加强，郡县管理的制度深刻影响到了道教的组织管理方式有关。道教的准实体组织服从于地区政权管理模式，道教宫观归属地方衙门道会司等机构管理，散居正一道士服从衙门管地区、家族管家庭的模式。道教传承关系仅仅体现在道教信仰和斋醮法术能力传授之上。师徒间除了传授道业的联系外，不再具有经济或人事上的关系。

其三，宋代是中国几千年历史发展长河中一个十分重要的时代。因为，宋代是继汉唐以后中国历史上又一个经济和文化获得较大发展的时期。宋代朝廷推行崇文抑武的国策，以朱熹为代表的儒家理学得到了前所未有的重视，印刷业和教育事业都得到了大发展。宋代中国的国民经济发展规模，名列世界各国的前列。著名的《清明上河图》描写了宋代汴梁帝京的贸易、运输、市场等一派繁荣景象。《东京梦华录》的《序》中描绘了大宋"太平日久，人物繁阜"，"举目则青楼画阁，绣户珠帘，雕车竞驻于天街，宝马争驰于御路，金翠耀目，罗绮飘香"。[①] 但是，由于重文轻武，中原王朝对于北方少数民族的经济发展和骑兵壮大，缺乏足够的警惕。于是，宋代末年和元明清时期，中原的步兵难以阻挡北方异族的铁骑，中国社会经过多次反复的战争动荡，经济和政治经历了从高处反复跌落的较大曲折。

宋代的道教，乃至于后续的金元明清时期的道教，也在这一时期中，出现了一系列的变革。诸如，宋代南方道教分化繁衍出一系列新道派，除了龙虎山和茅山的道派以外，出现了神霄派、天心派、东华派、金丹南宗等。元代北方道教中，出现了太一教、真大道教、

①《东京梦华录笺注》，中华书局 2007 年版，第 1 页。

全真道等。各地反复出现道教组织内部分裂支派又再度统一的趋向。道教隐修诸派的教义思想融合三教、注重心性修炼的倾向逐渐突出，但是民间对于道教的信仰的需要始终保持在济度和救续的层面上，并且推动各地道教出现了一批符法和炼度等新科仪。各派出于组织建设的需要，继续有选择地沿用历史上的各种戒律。

宋代张君房编撰了《云笈七签》，世称宋代的小《道藏》。在《云笈七签》的第38至40卷中，集中收载了宋代的戒律共计二十五种，收录有戒条共597条（包括“愿、病、药”等）。

编号	戒律数	名称	出处和内容	备注
1	5	五戒	《云笈七签》卷37	出自”洞玄灵宝”
2	10	十戒	《云笈七签》卷37	出自“洞玄灵宝”
3	10	十戒	《云笈七签》卷38	出自《玉清经本起品》
4	60	智慧本愿大戒	《云笈七签》卷38	出自《大戒上品》
5	10	十善劝戒	《云笈七签》卷38	出自《真人口诀》
6	10	太霄琅书十善十恶	《云笈七签》卷38	出自《上品戒》
7	10	思微定志经十戒	《云笈七签》卷38	出自《思微定志经》
8	27	妙林经二十七戒	《云笈七签》卷38	出自《妙林经》
9	27	老君二十七戒	《云笈七签》卷38	即三十六戒减去《老君禁戒》三行九戒
10	180	老君说一百八十戒	《云笈七签》卷39	同《太上老君经律》所载

（续表）

编号	戒律数	名称	出处和内容	备注
11	5	老君说五戒	《云笈七签》卷 39	
12	12	化胡经十二戒	《云笈七签》卷 39	出自《化胡经》
13	10	修斋求道当奉十戒	《云笈七签》卷 39	
14		说戒喻	《云笈七签》卷 39	出自《海空智藏经》，无条文式戒律项
15	100	说百病	《云笈七签》卷 40	非条文式戒律项，列各种罪错
16	100	崇百药	《云笈七签》卷 40	非条文式戒律项，列各种罪错治理
17	10	初真十戒	《云笈七签》卷 40	
18		清戒	《云笈七签》卷 40	出自《老君传授经戒仪注诀》《正一法文》，无条文式戒律项
19		太玄都中宫女青律戒	《云笈七签》卷 40	无条文式戒律项
20		太上黄素四十四方经戒	《云笈七签》卷 40	无条文式戒律项
21		金书仙志戒	《云笈七签》卷 40	出自《正一法文》《太上黄素四十四方经》，无条文式戒律项
22		上清大洞戒	《云笈七签》卷 40	无条文式戒律项
23		灵宝戒	《云笈七签》卷 40	出自《真仙内科》，无条文式戒律项
24	8	陆修静受持八戒	《云笈七签》卷 40	出自《洞神经》

从早期道教只有几种戒律，到北朝《无上秘要》记载戒律有 20

种589条，到唐代《要修科仪戒律钞》记载的戒律有26种1065条，再到宋代《云笈七签》记载的戒律减至24种594条。从数量上看，道教戒律的发展经历了产生、增加、扩大到再精减的过程。这个过程是符合人的认知要求行为要求简略可行的自然规律的。道教从无到有，道教徒从少到多，必然会出现违反教义的行为逐渐增加的现象，于是，道教规范教徒思想和行为的戒律就会增多，条文覆盖社会生活的面也会扩大。但是，在戒律实施的过程中，人们又会要求简便易行，于是，自然会要求戒律不要过多，并且实施方便，这样就会在增多以后再变成减少。

从戒条的覆盖面来看，早期的戒律都和道教修持和道教活动有关。《本相经》说到“斋有二种，一则拯道，二则济度”。这里的“拯道”，就是讲修持，要求“发心学道，从初至终。念念持斋，心心不退”，意思是对守戒人自己的要求，要专心一致地学道，勤奋而不变。这里的“济度”，就是讲服务信众的道教活动，要求“回心至道，翘想玄真”，“救济存亡，拔度灾苦”，[①] 意思是守戒人对其他信徒的态度的要求，要随心分力地帮助他人，勤做功德。所有这些思想和行为，都体现了戒律所具有的神学要求。

三、明代道教戒律思想的发展和变化

明代道教戒律发展的代表作，无疑就是第四十三代天师张宇初（1359—1410）的著作《道门十规》。《道门十规》虽然是天师定在五百年以前，但是，在近四十年道教恢复振兴过程中，曾经发挥过很好的作用。它为道教的恢复和振兴指明了标准，让我们的努力有了方向。

---

①《云笈七签》卷三十七，《道藏》，第25册，258页，文物出版社、上海书店、天津古籍出版社联合出版，1988年。

张宇初所处的时代，是宋朝灭亡以后，中国社会连续受到代表北方游牧文明的金元两朝的统治，中国社会传统的农耕文明和经济基础受到较大的破坏，同时中国的社会管理模式也受到一定的损坏。道教作为汉民族的宗教信仰，在朱元璋登基的时候也处在百废待兴的局面。因此，张宇初时代的道教和四十年前经过“文化大革命”摧残后的道教情势，有某些相似之处，也因此，《道门十规》颇受当代道教界的重视。

《道门十规》并不是一个条文式的戒律文件，而是一篇从十个方面论述道教应该具有哪些规诫内容的文章。其内容表明，张宇初是一位对于道教实体的多要素、多层次以及与社会多方面的联系有清醒认识的道门领袖。《道门十规》主要谈了十个方面：

第一，“道教源派”。张宇初站在历史的高度，面对各派道门人士，指出各人都有道教宗派源流的归属，但是道教的根源是一个，那就是“道”。各派都属道教。因此，学道的人要学习道教的根本，不论何宗何派，都是道教徒，都是组成道教实体的一员。

第二，“道门经箓”。张宇初知道道教的价值就在于道教信仰，而道教信仰就包含在道门的经箓里。道门中人有信仰就应该读经、念经。如何读，如何学，就应该有规诫。

第三，“坐圜守静”。坐圜就是在封闭的环绕起来的地方修炼、静思。张宇初将道教的修持行为作为第三项重要规诫。

第四，“斋法行持”。科仪斋醮就是“济度”，它既是道士自身修炼的行为，又是为道教信众服务，消灾延寿，拔度济苦。

第五，“道法传绪”。讲的是道法传承的规诫，维系道门传承，保持道法的纯真。

第六，“住持领袖”。张宇初看到了道教实体组织需要各个层次的领袖，故而指出道教领袖的任职条件以及应该遵守的规诫。

第七，“云水参访”。张宇初将云水参访突出为一个要素，他既看到云水是对道士信仰的一种磨炼，又看到道门彼此缺少沟通，实体难以凝聚的问题。参访就是给各地道士横向沟通、增强道教实体力量的一个途径。

第八，“立观度人”。张宇初知道道教实体的基层要素是宫观，道教徒能够集中的据点也在宫观，因此，道教宫观对道教实体的生存和维系具有重要价值。创建道观和保护道观必须有明确的规诫，发挥其度己度人的功能，展现道教存在的价值。

第九，“金谷田粮”。张宇初明白在人世间道士的生存，宫观的维系，没有经济实力是做不到的。因此，道观需要有金谷田粮，但是宫观又不同于世俗产业。道教宫观管理必须有自己的规诫。

第十，“宫观修葺”。名山福地的宫观既然是道教实体的基层，道教要长久为信众服务，宫观就要经常修葺，不能倾废。

这十项道门规诫，大致包含了道教实体的各种要素，覆盖了道教徒信仰生活的各个方面。

因此，可以认为张宇初的《道门十规》，是道教历代戒律思想发展的完整总结，又是根据道教实体各项要素的发展要求和道士信仰生活的基本内容，针对明代道教的实际情况，发展了道教规诫的思想。直到今天，我们读《道门十规》，不仅感到它具有理论意义，而且能够联系道门实际，具有鲜明的指导价值。

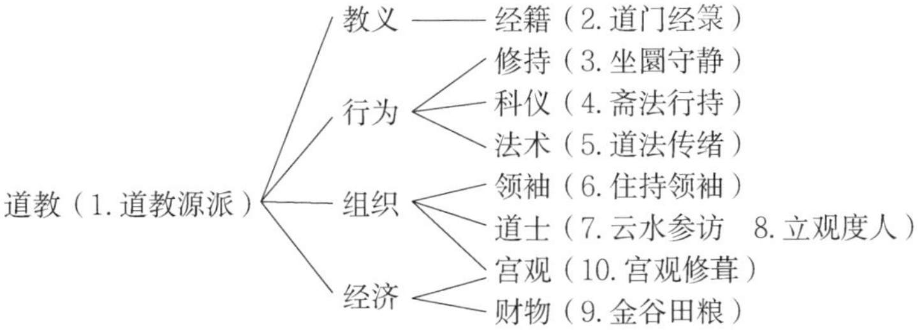

张宇初的《道门十规》在道教戒律史上的意义在于：

第一，它是张天师第一次以道教各宗派共同领袖的身份发表指导道教发展观点的历史文件。张宇初是龙虎山的在任继位天师，他写的《道门十规》高屋建瓴地回顾了道教历史上各个派别。在“道教源派”中，张宇初称：“迨我祖天师立教于东汉，葛仙公、许旌阳演派于吴晋，曰教，则有正一、全真之分，曰法，则有清微、灵宝、雷霆之目。”对于各派历代祖师，张宇初都冠之以尊称，在“坐圜守静”中，他还尊称“重阳王祖师遇钟吕之传，始立全真之教。盖本经曰：‘养其无体，体故全真’。是教则犹以坐圜守静为要。五祖则太上、东华、钟、吕、海蟾也。七真则丘、刘、谭、马、郝、孙、王也。其下绵延，暨王、苗、祈、完之辈”。在“斋法行持”中，尊称“自太极徐真人、仙翁葛真人、朱阳郑真人三师而下，则杜、葛、陆、宁、项、寇又其最名世者。由是而分，则有林、田、金、白诸师，遂有东华、南昌之分，派虽不同，而其源则一”。张宇初尊重历史上各派的存在，尊称各派祖师，彰显了张宇初天师是古今道教的当代最高代表。因此，他发布的《道门十规》文件，自然也具有权威性和代表性的意义。

第二，历代道教戒律文件都是条文式的，其发展的模式也是将条文从少演变至多，以致从一戒发展成一百八十戒和三百戒。学习戒律的道士，只能从头到底，死记硬背，不能给人一个系统性的概念。张宇初不走传统戒律文书的老路，他以自己熟悉的道教内部结构为基础，按照道教结构各要素对于道教发展的影响为先后次序，分别列出十个关键要素，指出在各要素发展中必须注意加强的要点或者必须注意避免的问题。正因为张宇初的分析是科学的、正确的，虽然文件制作时间已经过去六百年了，但是，他对道教结构要素的分析，对各要素层次脉络揭示，至今仍然令人感到有十分重要的启发意义。

第三，张宇初的《道门十规》并非由嗣汉天师府向全国道门颁布，而是作为呈送朝廷的文书送呈明代皇帝批阅。《道藏》编定的《道门十规》作者署名为“正一嗣教道含无为阐祖光范真人、领道教事、臣张宇初撰进”，[①] 这表明，张宇初写好后是送给皇上批示的，张宇初的意图不言而喻，就是希望皇上批示后，下发各地县，由各地地方官吏支持道教遵照执行。张宇初这一做法也显示了他对中国历代皇朝治理国家体制的深刻了解和遵从，也表明张宇初深刻了解道教只是一个准实体，它没有一个自上而下的组织系统，嗣汉天师府和张天师只是道门的精神领袖，天师府只有在朝廷允许的范围里颁发神职经箓，却没有统率全国道教界的职能和力量。这还表明张宇初了解中国皇朝的治国体系是郡县制，要让《道门十规》的思想贯穿道教界各地各宗派，除了获得朝廷的支持，获得郡县官吏的协助，没有其他捷径可走。尽管《道门十规》送呈以后并无下文，加上张宇初本人不明不白地卷进了一起公案，回山居住。于是《道门十规》只能收存于明版《道藏》内传世。但是，张宇初的送呈朝廷的做法，无疑给后世道教界很大的启示。中国宗教如果想脱离中国社会治理制度，必然会与中国社会格格不入。需要指出的是，后世的道教领袖有时会忽视张宇初这一做法，会错误地估计自身的力量，妄图自建独立的道教组织系统，这些做法最后都难以成事。民国初期的北方全真教派各宫观组建道教会，南方正一教派各宫观组建道教会前后都不了了之，其原因之一恐怕就是没有吸取张宇初的经验。

四、结束语——戒律的监督和奖惩的执行

其一，戒律是一种规范道教徒信徒行为的手段，因此，研究戒律

① 《道门十规》，《道藏》，第 32 册，文物出版社、上海书店、天津古籍出版社 1988 年版，第 146 页。

还要认真探讨戒律的实行和奖惩处罚的执行问题。不然，戒律公布只是一纸空文，不会获得代天行戒的实际效果。

历代有关戒律的文献，对于如何执行都是语焉不详的。这是因为，前辈道长认为，道教戒律来自神的意志，人违犯了戒律自会由神来惩处管理。人改正了罪错，也会有神来奖励除罚。《玄都律文》中有句称："有为善者，得福自天祐之"，"违律者为天所刑"。因此，道教徒自己只要自律就可以了。[①] 为了帮助道士自律，后来就有了《功过格》这样的自律工具。《太微仙君功过格》之《序》称："修真之士，明书日月，自记功过。一月一小比，一年一大比，自知功过多寡，与上天真司考校之数昭然相契，悉无异焉。"[②] 所有这些都说明戒律的监督，历来主要依靠道士和道教徒的自律。但是，自觉监督戒律毕竟只能约束少数信仰坚定的人、能够遵守戒律的人。大多数道士和道教徒，不能自觉抵制各种诱惑者，还是需要第三者监督和帮助的。

说到监督，又要说到监督的权威性和公正性。谁来监督，又监督谁；怎么监督，又如何保证监督公正。

署名陆修静撰的《洞玄灵宝斋说光烛戒罚灯祝愿仪》中说到道教斋仪坛场中三法师之一"监斋"的职能，就是"司察众过，弹纠愆失，秉执科宪，随事举白，必使允当，不得隐滥"。[③] 这里说的是科仪坛场法师之一，就是让一个人来行使坛场监督的职能。

全真派的宫观设有"监院"一职。"监院"之名虽有"监"字，但是实质上"监院"却是"总理"的职能，也即俗称的"常住""当

---

① 《玄都律文》，《道藏》，第 3 册，文物出版社、上海书店、天津古籍出版社 1988 年版，第 456 页。

② 《太微仙君功过格》，《道藏》，第 3 册，文物出版社、上海书店、天津古籍出版社 1988 年版，第 449 页。

③ 《洞玄灵宝斋说光烛戒罚灯祝愿仪》，《道藏》，第 9 册，文物出版社、上海书店、天津古籍出版社 1988 年版，第 825 页。

家”。按照全真道观执事职能来看，能够行使监督职能的应该是“都管”。由中国道教协会编的《道教手册》界定“都管”职能称，“都管乃常住之统理”，“一应大小事务，一年四季散发单钱，出入账目，往来人情，无不提理。运度检点，净心无私”，一旦发现“徇私懈怠，方丈率众升堂，依规公论，轻则罚斋，重则抽单”。[①] 这里说的还是任命一个人来行使监督的职能。

从当代的实际来看，任命一个人来行使监督戒律实行的职能，显然是不够的，也无法保证其公正。现在一些道观，在管理委员会中，设置专职的监督，并且使用了一些监督手段，例如用上下班和离职时间的打卡机械确保作息时间的公正记录、让值殿道士在胸前或者在殿上挂道号铭牌、在道观显著地方设立香客和游客的意见箱、接受信众的投诉监督并在处理投诉中执行奖惩，等等。这些都能加强监督的权威性和监督的公正性。

2015 年 6 月举行的中国道教协会第九次全国代表会议上通过了《道教宫观规约》，这个规约是当代道教各宗派的道观和道士都必须遵守的道教戒律。研究学习和认真实行这一《道教宫观规约》应该就是遵守当代道教戒律和监督这一戒律的实施。

过了五年，2020 年 11 月举行的中国道教协会第十届全国代表会议上成立了由一位副会长挂职的专门委员会，称为“教风监督委员会”。这个委员会的职能应该就是监督当代道教戒律执行的实际状况，并向十届理事会述职。教风监督委员会的成立表明，道教戒律的建设不会停留在理论研究和戒律颁布的阶段，道教的戒律必须落实执行，并且开始监督执行以及违戒惩处的实际过程。从这个意义上来说，根据道教近二十年发展的实际，道教需要加强对清规戒律实际执行中的

① 李养正主编《道教手册》，中州古籍出版社 1993 年版，第 232 页。

成绩以及问题的研究和探讨。

我以为，有一个全国性的道风监督机构来监督戒律执行，总比没有要好。我真诚希望这一个机构在主任的正确领导下，能够勤奋工作、发挥作用，防止再出现身居高位的道教领导人物或者不同层次的道教徒违反戒律，希望道门中人都能修身节廉，不被金钱、女色和权势诱惑，不致落得一个上下惋惜、内外不齿的人生结局。

当然，新成立的道风监督机构，如果要真的有所作为，还必须有职有权，有头有脚，政府支持，上下贯通。否则，这个机构只会是一个好门面、空架子。

其二，至于戒律的奖惩实施。清代开始，随着戒律的推行，各宗派和各地宫观又立了一些清规。清规是配合戒律执行的一些奖惩措施的规定，例如：忏悔、跪香、诵经、罚香、罚油、迁单（驱逐出道门）等。道门中人对于违反戒律的处分历来是一人作主，最高的处罚则是迁单了事。我希望，在道风监督实现权威和公正的基础上，道教实体组织也要有一个对违反戒律的现象作出惩处的明确规定，这个规定不是道教内的法律，而是道教实体组织的内部纪律。这些内部纪律还要同国家有关法律相衔接，使得一些严重违反纪律、违反国家法律的行为，有一个移交国家司法机关处理的明确的执行规定，使得戒律和清规能够覆盖各种轻重罪错行为。有了这样系列的惩处规定，就能够使得道教实体内部的正气得到鼓励、邪气得到压制，才能吸引有信仰之才，重用德才之人，淘汰不具有道教信仰的蜕变败类，能上能下，能进能出，让道门戒律在道教恢复振兴过程中发挥更大的作用。

道教戒律建设的发展历程

丁常云*

摘　要：早期道教就已经开始重视戒律建设了。一般认为，《老子想尔注》的出现，标志着早期道教戒律的正式形成。南北朝以后，随着新道派的纷呈和宫观制度的兴起，规范与约束道士言行的戒律也逐步完善。唐宋时道教进入了它发展史上的全盛时期，这一时期的道教戒律空前周详。明清以后，道教开始日趋衰微，戒律建设也日渐松弛。本文以传统道教戒律建设为视角，对传统道教戒律建设的发展历程进行考察和研究，阐述道教发展与戒律建设的关系，希望对当代道教戒律的建设有所启迪和借鉴。

关键词：道教戒律　早期戒律　唐宋戒律　明清戒律

道教戒律建设，是道教教制建设的重要内容，是加强道门自身建设和提高信仰水平的有效手段。一方面，戒律从信仰的角度，可以最大限度地维护道教教义、道教经籍、道教科仪、道教活动场所、道士和道教组织等宗教要素的神圣、尊严和崇高，也可以最大限度

* 丁常云：中国道教协会咨议委员会副主席，中国宗教学会理事，《上海道教》杂志主编，上海市道教协会副会长，浦东新区道教协会会长，浦东道教文化研究所所长，上海太清宫住持。

地肯定道教的信仰与价值，肯定道教的神圣性，进而肯定道教徒的信仰追求和价值选择；另一方面，戒律也可以极力维系道门内部的严肃性、清静性和纯洁性，有助于逐步实现道教徒的人生理想，从而切实体现道教的真正价值。因此，历代道教徒都十分重视道教的戒律建设。本文将以传统道教戒律建设为视角，对传统道教戒律建设的发展历程进行一些考察和研究，希望对当代道教戒律的建设有所启迪和借鉴。

一、早期道教的戒律建设

道教正式创立于东汉，随着太平道和正一盟威道的出现，标志着早期道教正式形成。这里所说的早期道教主要指道教创立至魏晋南北朝时期，这一时期的道教已经基本完成了它的创教阶段，并逐步走向了成熟期。早期道教，就已经开始注意和重视道教的戒律建设。这一时期的道教戒律建设主要分为三个阶段：一是早期道教戒律的雏形期；二是早期道教戒律的正式形成期；三是早期道教戒律的发展期。

第一，早期道教戒律的雏形。道教初创时，正一盟威道就规定了一些内部的组织纪律，名曰科律。《太平经》中大多为“道诫”，《老子想尔注》则更重“道戒”，认为“戒为渊，道犹水，人犹鱼”，强调无戒则道不存，无戒则人不存。《三国志·张鲁传》《后汉书·刘焉传》及注引《典略》等称：“教以诚信不欺诈，有病自首其过”；“置义米肉，悬于义舍，行路者量腹取足；若过多，鬼道辄病之”；“有小过者，当治道百步，则罪除”；“又依《月令》，春夏禁杀；又禁酒”[1] 等。虽然，这些都还不是正式的道教戒律，但是却已经形成

---

[1]《三国志》卷八《张鲁传》，第1册，第263—264页。

了早期道教戒律的雏形。

根据朱越利先生等研究认为："原始道教已有戒律。初期有些戒律与斋合在一起。所谓节食斋、心斋，要求祭祀必恭敬清洁，要求去欲除秽，实际上就包含着戒。"[①] 陈耀庭先生则认为："道教从它创立之初就制定了严格的规戒制度。例如《老君想尔戒》《老君说一百八十戒》等。"[②] 可见，道教戒律的起源是很早的，它几乎与道教创立是同步的。也就是说，我们的道教先辈在创立道教时就已经意识到戒律的重要性，并在创教过程中就开始注意加强道教的戒律建设。那时的道戒，虽然只是一种道教戒律的雏形，但却为后世道教戒律的建设奠定了基础。

第二，早期道教戒律的正式形成。根据现有的研究成果，也根据道教历史发展情况，我们一般认为，道教最早的正式戒律应当是以想尔九戒等为典型的一类道教戒律。《道教义枢》卷二《十二部义》称："戒之为义，又有详略"，"略者，道民三戒，箓生五戒，祭酒八戒，想尔九戒"。[③]《三洞珠囊》卷六《清戒品》引《正一法文》云："凡为道民，便受护身符及三戒，进受五戒、八戒，然后受箓。"[④] 可见，早期道教就有所谓三戒、五戒、八戒、想尔九戒等戒律。但此三戒、五戒、八戒究竟指的是何种戒律呢？根据卿希泰先生的研究认为，这里的三戒、五戒、八戒，当为"洞神三戒，洞神五戒，洞神八戒；想尔九戒即《太上老君经律》之道德尊经之想尔戒"。[⑤] 我们认为这是有一定道理的。因为这些戒律的基本思想主要

① 朱越利、陈敏主编：《道教学》，当代世界出版社 2000 年版，第 261 页。
② 卿希泰主编：《中国道教》，东方出版中心，1996 年版，第 2 卷，第 235 页。
③《道藏》，第 24 册，上海书店（三家本）2010 年版，第 818 页。
④《道藏》，第 25 册，上海书店（三家本）2010 年版，第 326 页。
⑤ 卿希泰主编：《中国道教史》，第 1 卷，四川人民出版社 1996 年版，561 页。

来源于老子《道德经》，体现了《道德经》“守清静、戒贪欲”的精神。如《洞神五戒》的基本内容是：“目不贪五色，耳不听五音，鼻不贪五气，口不贪五味，身不贪五彩。”① 道德尊经想尔戒的内容是：“行五为，行柔弱，行守雌，勿先动，此上最三行；行无名，行清静，行诸善，此中最三行；行无欲，行知止足，行推让，此下最三行。”② 从上述部分戒律，可以看出其基本内容都充分体现了老子的思想。想尔戒之名，也源出于《老子想尔注》，体现了老子《道德经》的宗旨。所以，我们认为“洞神三戒，洞神五戒，洞神八戒和想尔九戒”，最有可能是早期道教的戒律。它们的出现，标志着早期道教戒律的正式形成。

第三，早期道教戒律的发展。随着道教正一盟威道的发展，早期道教也逐步走向成熟，而道教戒律的内容也更加具体和繁复。刘宋时期出现的《三天内解经》说：“（老君在汉安元年）付张（陵）正一盟威之道，新出老君之制。罢废六天三道时事，平正三天，洗除浮华，纳朴还真，承受太上真经，制科律。积一十六年，到永寿三年，岁在丁酉，与汉帝朝臣，以白马血为盟，丹书铁券为信，与天地水三官、太岁将军，共约永用三天正法，不得禁固天民，民不妄淫祀他鬼神，使鬼不饮食，师不受钱，不得淫盗，治病疗疾，不得饮酒食肉，民人唯听。”③ 东晋南北朝时，天师道还撰写了一些戒律专著，如《太真科》《玄都律》等，对道教组织、纪律和道士的言行作了更为详细的规定。但是，遗憾的是这些道书皆已亡佚，只有在《三洞珠囊》《要修科仪戒律钞》《一切道经音义妙门由起》等道书中保存有部分佚文，从中可见到《玄都立身行道律》《入治律》

---

①《道藏》，第3册，上海书店（三家本）2010年版，第399页。

②《道藏》，第18册，上海书店（三家本）2010年版，第218页。

③《道藏》，第28册，上海书店（三家本）2010年版，第414页。

《上章律》等方面的部分律条。这些戒律的相继出现，标志着早期道教戒律得到了一定的发展。

魏晋南北朝时期，是道教分化、发展和改造、充实阶段，这一时期的道教已经得到初步发展。主要表现是天师道已由原来的局部地区传播到大江南北，继之而起的上清派和灵宝派，又于东晋后期产生于江南。这就为道教的进一步发展打下了初步的基础。① 因此，早期道教戒律在南北朝时期，也得到了很大的发展，具体表现为大量道教戒律书籍的出现。除上述所列部分亡佚的戒律经书外，现存明版正统《道藏》中，还收录:《老君想尔戒》《老君音诵戒经》《赤松子中诫经》《太上经戒》《女青鬼律》《玄都律文》《老君说一百八十戒》《太上老君戒经》《太上老君经律》《正一法文天师教戒科经》等戒律经书，这些道教戒律经书，都是早期道教戒律，出于魏晋南北朝时期，现分别作一简要介绍，以窥早期道教戒律的发展情况。

《老君想尔戒》是早期道教的戒律。其戒文分上中下三行，每行三条共九条，故又称老君二十七戒，即“行无为，行柔弱，行守雌，勿先动，此上最三行。行无名，行清静，行诸善，此中最三行。行无欲，行知止足，行推让，此下最三行”。该经称:想尔戒为“道舍尊卑同科”。若“九行备者，神仙；六行备者，寿；三行备者，增年”。② 根据现代道教学者研究，“老君想尔戒是五斗米道《老子想尔注》戒律思想的集中体现”。③ 因此，想尔戒是早期道教最具有代表性的戒律条文，它的出现标志着道教戒律规范条文的正式形成。

《老君音诵戒经》为北魏著名道士寇谦之撰，收入《道藏》洞神部戒律类。据《魏书·释老志》称:北魏初道士寇谦之托太上老君降

① 卿希泰主编:《中国道教史》，第1卷，四川人民出版社1996年版，第398页。
②《道藏》，第22册，上海书店（三家本）2010年版，第269页。
③ 卿希泰主编:《中国道教》，第2卷，东方出版中心1996年版，第346页。

临嵩山，“赐汝《云中音诵新科之诫》二十卷”。令其“宣吾《新科》，清整道教，除去三张伪法，租米钱税，及男女合气之术”。[①] 此《云中音诵新科之诫》即为《老君音诵戒经》。该经全篇各条，大多以“明慎奉行如律令”结尾，表示其内容是必须奉行的戒律。陈耀庭教授认为：“贯穿全篇的是‘并教生民，佐国扶命’的儒家伦理观，主张臣忠子孝、夫信妇贞、兄敬弟顺、安贫乐贱、信守五常。”[②] 可见，该戒经是当时清整道教的戒律条文，也是寇谦之改革天师道的重要举措。

《赤松子中诫经》约出于魏晋时期，葛洪《抱朴子·微旨篇》所引用《赤松子经》，当即此书。原经一卷，收《道藏》洞真部戒律类。经文为轩辕黄帝与赤松子问答，讨论祸福报应之理。经称：世上之人皆与天上某一星辰相应，星辰主管人贫福生死，随人言行之善恶而予以祸福报应。[③] 可见，此经是一本劝善修仙的规戒著作，对后世道教修持理论有重要的影响。

《太上经戒》约出于南北朝，收入《道藏》洞神部戒律类。该书从早期道教经典中摘录六种戒律，汇集成编。包括玉清经十戒、智慧上品大戒、太霄琅书十善十恶、思微定志经十戒、妙林经十戒、老君二十七戒等。六种戒律大旨皆劝人行善去恶，奉守戒律，勿杀戮、偷盗、贪淫、欺诈、违逆父母师长等。

《女青鬼律》从内容看，应为魏晋南北朝时天师道戒律，收入《道藏》洞神部戒律类。书中宣称：自后天皇元年以来，天下有无数恶鬼伤害人民。太上不忍见之，乃于后天皇二年七月七日，“下此《鬼律》八卷，记天下鬼神姓名、敕天师张道陵，使敕鬼神不得妄转

① 中国道教协会研究室编：《道教史资料》，上海古籍出版社 1991 年版，第 140 页。
②《中国学术名著提要》，复旦大学出版社，1997 年版，第 747 页。
③《道藏》，第 3 册，上海书店（三家本）2010 年版，第 445 页。

东西南北”。书中记录各种鬼神姓名，并假托太上和张天师劝导信道男女行持戒律，念诵鬼名，如此则可趋吉避凶，“万鬼不干，千神宾伏”。①

《玄都律文》是早期天师道重要的戒律之一，约出于南北朝后期。原书卷数不详，北周《崇文总目》著录《玄都律编》八卷；南宋《秘目》著录《玄都律》十五卷；《通志·艺文略》著录《玄都律》二十五卷。今《道藏》本仅存一卷，收入《道藏》洞真部戒律类。残本辑录道教戒律，分为六品，即虚无善恶律、戒颂律、百药律、百病律、制度律、章表律。律文主要宣传善恶报应观念，劝导道教信徒遵守道门律例，行善济世，去除恶行。

《老君说一百八十戒》是早期天师道重要的戒律之一，约出于南北朝时期，《云笈七签》收录卷三十九。全篇包括叙文及老君所说戒律一百八十条。叙文重点告诫天师道男女祭酒当督率道民奉守戒律，行善积德，死后方可升仙。老君一百八十条，包括不得多蓄仆妾，不得淫人妇女，不得偷盗人物，不得杀伤一切生命，不得妄取人钱财等。

《太上老君戒经》约成书于南北朝。唐王悬河《三洞珠囊》卷九引《老子戒文》，当即此书；《云笈七签》卷三十九亦节录此书，题作《老君说五戒》，原书一卷，收入《道藏》洞神部戒律类。此书记述老子西游天竺，路经函谷关，授尹喜《道德经》五千言。尹喜授经之后，又请问持身奉经之法。老君乃授尹喜五戒，并为之解说持戒方法及重要性。五戒，即戒杀、戒盗、戒淫、戒妄语、戒酒。据称此五戒乃持身之本，持法之根，奉持五戒可得道成真，失戒则受种种报应。

---

①《道藏》，第18册，上海书店（三家本）2010年版。第239页。

《太上老君经律》约成书于南北朝时期，一卷，收入《道藏》洞神部戒律类。本书为早期天师道戒律汇编。据编首目录介绍，原书有“道德真经戒”“老君百八十戒”“太清阴戒”“女清律戒”“道德真经想尔戒”等五种戒律。现《道藏》本仅存前两篇。[①] 可见，该书包含了早期道教的主要戒律内容，是早期道教一部比较全面的戒律著作。

《正一法文天师教戒科经》约出于南北朝，一卷，收入《道藏》正一部。本书原为早期天师道经典《正一法文》残卷之一，书中辑录五篇天师道戒科教令，即老君戒经、大道家令戒、天师教、阳平治、天师五言牵三诗。该书叙说说戒，解释奉道持戒之理，劝人修持天师道五戒；还针对当时（曹魏时）正一盟威道组织混乱，科律废弛，要求诸道官道民清整道治，奉守教令，行善积德，以求太平长生。可见，《正一法文天师教戒科经》主要是从加强道教自身建设出发，利用戒律来进行道教内部的整顿。

通过对上述早期道教戒律建设的内容考察，我们看到南北朝是早期道教戒律的发展时期；我们也看到初创时期的道教是离不开道教戒律的，也只有戒律建设才能很好地规范道教和发展道教；我们还看到道教戒律对于早期道教的发展所起的作用是巨大的，其影响也是十分深远的。

二、全盛时期道教的戒律建设

魏晋南北朝时期，由于葛洪、寇谦之、陆修静、陶弘景等先后对道教加以整顿和改造，使道教逐渐从分散的原始状态进入了相对统一的成熟阶段，由民间宗教逐渐趋向贵族宗教，并在一定程度上

---

①《道藏》，第 18 册，上海书店（三家本）2010 年版，第 218 页。

得到统治者的扶植和崇奉，逐步成为具有一定社会地位和影响的传统宗教，为隋、唐道教的进一步发展和繁荣奠定了基础。

南北朝以后，随着新道派的纷呈和宫观制度的兴起，规范与约束道士言行的戒律也逐步完善起来。唐宋的道教进入了它发展史上的全盛时期。这一时期的道教戒律也得到了空前的加强，具体表现为重视道教戒律建设的高道辈出、道教戒律的经书发展迅速。根据道经“三洞”“四辅”的记载，我们大致可以窥见魏晋南北朝乃至唐宋时期各道派的戒律受持情况。在明《正统道藏》中，三洞部戒律类共收道教戒律类经文 29 种，其中洞真部戒律类 12 种，即《太上洞真智慧上品大戒》《三洞众戒文》《太微灵书紫文仙忌真记上经》《虚皇天尊初真十戒文》《太上九真妙戒金箓度命拔罪妙经》《太上十二上品飞天法轮劝戒妙经》《太极真人说二十四门戒经》《太真玉帝四极明科经》《赤松子中诫经》《太微仙君功过格》《太清五十八戒文》《玄都律文》等。洞玄部戒律类收有 11 种，即《太上洞玄灵宝上品戒经》《太上玄一真人说三途五苦劝戒经》《太上洞玄灵宝三元品戒功德轻重经》《太上洞玄灵宝智慧罪根上品大戒经》《上清众真教戒德行经》《洞玄灵宝天尊说十戒经》《太上洞玄灵宝宣戒首悔众罪保护经》《上清骨髓灵文鬼律》《太上洞玄灵宝法身制论》《要修科仪戒律钞》《斋戒箓》等。洞神部戒律类收有 6 种，即《太上老君戒经》《老君音诵戒经》《太上老君经律》《太上经戒》《三洞法服科戒文》《正一法文天师教诫科经》等。太玄、太平、太清、正一四辅没有分类，其中涉及道教戒律的经书主要有太玄部的《云笈七签》；太平部的《洞玄灵宝三洞奉道科戒营始》《道门经法相承次序》《道教义枢》《无上秘要》等；正一部的《太上出家传度仪》《三洞修道仪》《传授经戒仪注诀》《正一修真略仪》《传授三洞经戒法箓略说》等。以上每一种戒律经文中都有很多非常具体的戒律条文，且内容十分丰富，范围也非常之广。

从上述诸多戒律及其历史背景来看，我们发现道教戒律的发展经历了一个由简到繁，又由繁到简的过程，它的这一过程结合和适应了不同时代、不同道派的发展需要。我们还发现，道教戒律的繁简又与这一时期的道教盛衰有着密切关系。唐宋是中国道教发展的高峰，道教戒律也最为丰富，并出现了一些在戒律建设方面很有影响的高道和戒律经文，如唐代朱法满的《要修科仪戒律钞》、唐代张万福的《三洞众戒文》、宋代张君房的《云笈七签》等，都是影响后世道教的重要戒律经文。

第一，朱法满与《要修科仪戒律钞》。朱法满是唐代玉清观的著名道士，所编撰的《要修科仪戒律钞》一书，是唐代道教戒律建设的代表之作。该书约出于唐代初期，为道教科戒的类抄，摘引了50余种道书，主要有《九天生神章》《真藏经》《太真科》《太平经》《本相经》《升玄经》《本际经》《明真科》《四极明科》《登真隐诀》《玄都律》等。① 全书共十六卷，收入《道藏》洞玄部戒律类。书中分类抄录道教各种科仪戒律，所引道书皆为六朝至唐初之三洞经戒科仪。其中，卷一至卷二辑录道士传授、讲诵道经之科仪；卷三录道教弟子奉师礼仪；卷四至卷七辑录各种戒律愿念；卷八至卷九辑录各种行斋科仪；卷十至十一辑录治屋、治名、治所属、治室之法，以及各种上章奏表科仪；卷十二至十四抄录各种行道结缘之杂仪；卷十五至十六辑录道士及各种人等疾病丧葬之仪。“全书征引广博，编次有序，是研究六朝隋唐道教科戒制度的重要典籍”，② 也是南北朝至隋唐时期道教戒律建设的重要标志。

① 卿希泰主编：《中国道教史》，第2卷，四川人民出版社，1996年版，第286页。
② 胡孚琛主编：《中国道教大辞典》，中国社会科学出版社1995年版，第298页。

第二，张万福与《三洞众戒文》。张万福是唐代长安清都观著名道士，又称张清都，后授大德称号。玄宗时亲为金仙、玉真二公主授道录，为三洞高功法师。著有《三洞众戒文》《三洞法服科戒文》《传授三洞经戒法录略说》《醮三洞真文五法正一盟威灵立成仪》《洞玄灵宝无量度人经诀音义》《太上洞玄灵宝三洞经诫法录择日历》《洞玄灵宝三师名讳形状居观方所文》等。① 在张万福众多著作中，又主要是以戒律著作为主，其中《三洞众戒文》《三洞法服科戒文》《传授三洞经戒法录略说》都是具有一定影响的道教戒律著作。《三洞众戒文》原书二卷，《道藏》本合为一卷，收入洞真部戒律类。卷首作者自序称："三洞诸经，说戒多矣！学道求真，莫不先持斋戒。故《灵宝升玄不虚章》云'皆从斋戒起，累功积宿缘'"。② 可见，《三洞众戒文》是作者从诸经中录出的戒文，旨在方便道士诵习持守，戒除恶行。书中所录戒文有：始起心入道三归戒文、灵宝初盟闭塞六情戒文、三戒文、五戒文、三诀文、八败文、十三禁文、七百二十门要戒律诀文等。作者在编录戒文的同时，还略说受戒持戒之法次要旨，强调以守心制心为奉戒之本。因此，《三洞众戒文》是一本方便道众使用的戒律手册，具有很强的针对性和实用性。《三洞法服科戒文》系抄录道经《天师请问法服品》而成。经文假托太上授天师张道陵法服、法具，为之解释各等仙真所穿法服之区别。太上又为天师说科戒四十六条，规定道士穿戴、脱去、制作、放置法服之规章禁戒。据天师称，凡不依科戒，"应服不服，非服而服，皆四司考魂，夺算一千二百"。③ 可见，《三洞法服科戒文》是对于规范道士法服方面的戒律条文。《传授三洞经戒法录略说》共二卷，收入

① 胡孚琛主编：《中国道教大辞典》，中国社会科学出版社 1995 年版，第 96 页。
②《道藏》，第 3 册，上海书店（三家本）2010 年版，第 396 页。
③《道藏》，第 18 册，上海书店（三家本）2010 年版，第 231 页。

《道藏》正一部。该书主要述说了传授道教经戒法录之阶次，并解说其要旨。谓道士“凡初入法门，皆须持戒。戒者，防非止恶，进善登仙。众行之门，以之为键”。又称：“学道不修斋戒，徒劳山林。”①书中最后记录唐代金仙、玉真二位公主在长安两次接受道教法录之盛况，具有十分重要的史料价值。

第三，张君房与《云笈七签》。张君房是宋代著名道士，为宋真宗时进士，曾任尚书度支员外郎，集贤校理、御史台等职，后谪官。大中祥符五年，被荐主持编修校正秘阁《大宋天宫空藏》4585卷，天禧三年写录成七藏以进之。张君房从中又择其精华，编成《云笈七签》120卷，该书“是研究北宋以前道教经典教义及其方术、历史之重要资料”。②《云笈七签》卷三十七至四十专门介绍道教戒律，是宋代道教最全面的戒律著作。主要有五戒十善、玉清经本起五戒、智慧本愿大戒、十善劝助戒、太霄琅书十善十恶、思微定志经十戒、妙林经二十七戒、老君想尔戒、老君二十七戒、老君说一百八十戒、老君说五戒、化胡经五戒、大戒经十戒、百病百药、初真十戒、清戒、女真律戒、太上黄素四十四方经戒、金书仙志戒、上清大洞戒、灵宝戒、八戒，等等，可谓是宋代道教戒律的集大成著作。

从唐代朱法满《要修科仪戒律钞》和《云笈七签》所收的戒律中，我们大致可以看出，十善劝助戒、定志经十戒、大戒经十戒、玉清经本起五戒、老君想尔九戒、老君二十七戒、老君百八十戒、百病百药戒等，为唐宋时期道教的基本戒律。由此我们也看出，道教在全盛时期的戒律建设情况是空前的繁荣，这一时期的许多道教戒律至今仍然具有十分重要的现实意义。

---

①《道藏》，第32册，上海书店（三家本）2010年版，185页。
② 胡孚琛主编：《中国道教大辞典》，中国社会科学出版社1995年版，第230页。

三、明清时期道教的戒律建设

和唐宋时期的道教相比，明清时期则是道教逐步走向衰落的时期。主要原因是“道教本身创新方面建树不多，故道教逐步衰落”。[①]明清以后，道教日趋衰微，道教戒律也日渐松弛，曾经纷繁、复杂、苛酷的道门戒律渐不为人知，失去了它的约束力、影响力和宗教意义。于是，道内有识之士，又力图在整顿革新中重整道教，他们的共同做法，又都是强调规戒、坚定信仰。这里仅举明代天师张宇初和清代龙门“中兴之主”王常月二例来加以说明，并从中窥见明清时期道教的戒律建设情况。

第一，张宇初与《道门十规》。四十三代天师张宇初掌教后，很快意识到道教所面临的危机，思图整顿革新。针对当时道教戒律松弛、道风不纯的问题，撰成《道门十规》，以“激励流世，昭宣圣制，永为奕世绳规”。[②]他从加强教内规戒入手，继承全真教风，清整清规戒律。针对当时道教组织松散、戒律松弛之弊，张宇初提倡初期全真派的道风，强调恪守清规戒律，这是重整道风的首要任务。他在《道门十规》中告诫道士“其初入道，先择明师参礼，开发性地，恪守初真十戒”，以此来“收悉身心，操持节操”。[③]也就是说，学道之人，首要任务是强调信仰，守持规戒。而信仰与持戒又是相互影响的。可以想像，一个没有信仰的道士，是不可能恪守戒规的。所以“凡行持之士，必有戒行为先”。同时，张宇初还从历史教训出发，规诫正一道士说：“至若赵归真、林灵素之徒，偶为世主所崇尚敬礼，既为富贵所骄，有失君臣之分，过设夸诞之辞，不以慈俭自

① 朱越利、陈敏：《道教学》，当代世界出版社2000年版，第106页。
②《道藏》，第32册，上海书店（三家本）2010年版，第147页。
③ 同上书，第148页。

守，亦取议当时后世多矣，是切为后戒!"[①] 要求道士要以信仰为重，以持守戒规为要，千方不要过于追求名利富贵，因为这不是一个真正道士的所为。张宇初心目中的道士标准，是符合道教教义思想的，这不仅是当时道教徒应该遵守的，而且即使当代道教徒也是值得提倡的。

第二，王常月与《碧苑坛经》。全真派在明代虽然较为沉寂，但清初却稍有中兴之象，涌现出一批高道，其学说有人发挥，教理、教义有人阐扬，其中最有影响的首推著名道士王常月。王常月自幼喜好读书，于《老》《庄》、经史无不涉猎。二十岁外出求师时，两遇龙门六祖赵复阳，授其"天仙大戒"，后隐居华山。明末，至北京白云观，被推任为住持。清世祖顺治时封为国师，赐紫衣，开坛传戒。收授道徒千余人，"是全真教教门内公开传戒的第一人"。[②] 后又至南京，在江浙一带传戒收徒；又往武当山传授道戒。所传戒法分"初真、中极、天仙"三等，亦称"三坛大戒"，为全真教派授戒法规。通过王常月的努力，使久衰的全真龙门派得到恢复和发展。

王常月有感于明季"玄风颓敝，邪说流行"，以振宗兴教、光复全真祖风为自任，以清整戒律为中兴龙门的主要措施，他在继承《全真清规》等戒律思想的基础上，著《初真戒说》，其弟子根据他在南京说戒的记录整理而成《碧苑坛经》。王常月的道教戒律思想主要体现在《碧苑坛经》和《初真戒说》二书中。全真道初创时期，戒条简单，尚无繁文缛节。据《钵鉴续》载，赵真嵩对王常月说：龙门戒法自丘处机以来，代代皆"单传秘授，不能广行"，四百年来未显于世，致使道门戒律威仪衰颓不振，特以"三百年来独任之事"

① 《道藏》，第32册，上海书店（三家本）2010年版，第149页。

② 胡孚琛主编：《中国道教大辞典》，中国社会科学出版社1995年版，第196页。

咐嘱王常月，命他待时而出，传戒宏教。于是，他清整戒律，端正道风，强调“戒行精严”，并对此作了诠释，即“降心顺道唤作戒，忍耐行持唤作行，一丝不染唤作精，一毫不犯唤作严。始终不变唤作持戒，穷困不移唤作守戒”。《碧苑坛经》共22篇，既讲修炼次第，又讲修炼方法。提出入道学仙，须按皈依三宝、忏悔罪业、断除障碍、舍绝爱缘、戒行精严、忍辱降心、清静身心、求师问道、定慧等持戒二十要，以此修行；并须严持初真、中极、天仙三极道戒，以戒、定、慧为渐进之基。实际上，王常月是将内丹修炼理论贯穿于戒律说中，强调明心见性，认为“命在性中”，明心见性须从持戒降心、日用常行中去朴实用功，性见则命在，亦是得道。因此，王常月的说戒，重点强调“戒行精严”。并认为“仙圣无门，皆从戒入；圣贤有路，皆自戒行”。[1] 还认为“持戒在心，如持物在手，手中之物，一放即失，心中之戒，一放即破。世间王法律例，犯则招刑；天上道法，女清戒律，犯则受报”。[2] 可见，在王常月的心目中戒律占有十分重要的地位。因此，王常月中兴龙门的一个有力武器就是道教戒律建设，他不仅十分看重道教戒律的作用，而且还丰富和发展了道教戒律。

由此可见，明清时期的道教戒律建设的代表作主要是《道门十规》和《碧苑坛经》。经张宇初和王常月在戒律建设方面的努力，虽然在加强道教自身建设方面起到了一定的积极作用，但是由于道教总体已趋于衰落趋势，所以对于道教的发展起效甚微。当然，他们在道教戒律建设方面所取得的成就是值得我们当代道教徒学习的，他们为道教戒律建设不懈努力的精神是值得加以弘扬的。

---

①《藏外道书》，第10册，巴蜀书社，1994年版，第168页。

② 同上书，第169页。

全真派丛林清规制度

施　义*

摘　要： 道教戒律是对道教人士言行、思想的规定，包含有戒、律、科、清规等多种形式。元明之际，全真派在戒律之外又制定出清规，对犯律道士进行惩处，作为对戒律的补充。全真派清规制度的出现是道教戒律成熟完备的产物，梳理全真派清规制度的发展历史，有助于进一步了解全真派和道教戒律，有助于我们进一步思考道教戒律应如何与社会主义社会相适应，从而为实现民族自信、文化自信，乃至在中华民族伟大复兴中更好地发挥积极作用。

关键词： 道教戒律　全真派　清规

成熟的组织化的宗教都有自己的一套宗教道德，这些宗教道德主要体现在戒规中。作为条文内容的戒律，是道教徒必须遵守的思想行为准则，其在道教内部结构的重要性仅次于教义。道教的戒律书可分为戒、律、科、清规、功过格和善书六类。① 本文侧重于对全真派的清规制度展开分析与考察，梳理其发展历史，论述它对现代

* 施义，四川省社会科学院民族与宗教研究所，助理研究员。

① 丁培仁：《道教戒律书考要》，《宗教学研究》2006 年第 2 期，第 4 页。

的价值与意义。

一、道教的戒律与清规

戒律是宗教的重要构成之一，一般宗教都有戒律。戒律由戒和律组成。戒，梵文 Sila 的意译，意为“惯行”，转为“行为”“习惯”“道德”“虔敬”等。广义说，善恶习惯皆可称戒，如善习称善戒（善律仪），恶习称恶戒（恶律仪）。一般作善戒、净戒使用，特指为出家和非出家的信徒制定的戒规，用以防非止恶。[①] 在《中华道教大辞典》中，对戒和律进行了区分：戒，约束道士的行为，“禁恶止邪”的规戒，主要以防范为目的；律，约束道士的行为，“禁恶止邪”的律文，主要以惩罚为目的。[②]

从上述戒和律的定义可知，两者是不同的：戒是戒条，具有禁制的意思，是指教徒们为了摆脱烦恼所必须遵守的规则，用于预防犯恶，主要以预防为目的；律是律文，是教团所必须遵守的共同准则，用于惩罚犯恶，主要以惩罚为目的。戒和律连在一起成为“戒律”。在佛教中，戒律泛指为出家、在家信徒制定的一切戒规，按内容分为两大类：一是止持戒，指止非防恶诸戒，教人“诸恶莫作”[③]；二是作持戒，指教人“奉行众善”的戒。[④] 在道教中，戒律指道士修真必须遵守的戒条和法规，奉戒的目的是禁制“恶心邪欲”，不令放逸。[⑤]

道教戒律历史悠久，内容丰富，而且各个朝代皆有发展。元明

---

① 任继愈主编：《宗教词典》，上海辞书出版社 1981 年版，第 498 页。
② 胡孚琛主编：《中华道教大辞典》，中国社会科学出版社 1995 年版，第 554 页。
③ 任继愈主编：《宗教词典》，上海辞书出版社 1981 年版，第 182 页。
④ 同上书，第 542 页。
⑤ 同上书，第 499 页。

之际，戒律之外又出现清规。戒律为警戒于事前的行为准则，清规则是对犯律道士的惩处条例。《正统道藏》和《道藏辑要》所收《全真清规》与清代北京白云观所定清规，均按道士所犯过失之轻重，分别处以跪香、催单（劝离）、革出（逐出）、杖革（杖责逐出）以及火化（处死）等。[①] 需要指明的是，虽然清规和戒律不同，但是在谈及时，往往连用。

现存道教戒律主要收入《正统道藏》三洞之“戒律类”。《云笈七签》和《道藏辑要》亦有收录。其著作有《太上经律》《洞百灵宝天尊说十戒经》《太上老君经律》《初真戒》《中极戒》《天仙大戒》等。[②]

纵观古今中外的宗教历史，我们得知，人为的宗教戒律是由原始的宗教禁忌发展而来的，其中有些还采用了禁忌的表达形式，如：“不可……”“勿……”“切莫……”，等等。恩斯特·卡西尔（Ernst Cassirer）认为，禁忌体系是人迄今所发现的唯一的社会约束和义务的体系，它是整个社会秩序的基石。对宗教来说，取消这种复杂的禁止体系是不可能的，取缔它就意味着完全的无政府状态。[③] 因此，戒律之于宗教的重要性不言而喻。作为对犯律道士的惩处条例的清规，则是对戒律的补充，也是道士日常修行的规式，它是由宫观住持及道众对犯过道士予以惩罚，和以往的科律相比，清规决定赏罚的主体不再是高高在上的神，不再由神于冥冥之中给人以赏罚，或增年延寿乃至升仙，或减少寿算乃至夺命，清规突出了人的

① 黄信阳：《道教全真派的传戒科仪》，《中国宗教》2009 年第 8 期，第 45—46 页。
② 曾召南：《道教戒律》，《宗教学研究》1983 年第 2 期，第 62—63 页。
③［德］恩斯特·卡西尔：《人论》，西苑出版社 2003 年版，第 151 页。

因素。[1] 了解全真清规制度，对于我们全面把握全真派的本质具有重要意义。

二、全真派清规制度的发展历史

全真派亦称“全真教”“全真道”，为道教的主要流派。创始人王嚞，号重阳子，即王重阳。金世宗大定七年（1167 年）王重阳到山东传道，以全性返真为宗旨，主张功行双“全”，以期成仙证“真”，真行即外修，济世度人。名其讲道处曰“全真庵”，入道者为“全真道士”。

王重阳有七大弟子，号称“北七真”。金大定十年（1170 年）王重阳羽化后，七人弘扬师教，各立宗派。马丹阳建遇山派，谭处端立南无派，刘处玄立随山派，丘处机立龙门派，王处一立嵛山派，郝大通立华山派，孙不二立清静派。其中唯龙门派最盛。13 世纪 20 年代，成吉思汗命丘处机掌管天下道教，并免去宫观道士的差役赋税，从此全真道士久居丛林宫观，注重清整戒律。长春门下赵道坚强调持戒，开“龙门律宗”，为第一代律师。[2]

人们通常将“戒律清规”连用，实际上二者是有区别的。戒律警戒于事前，清规处罚于事后。早期道教没有清规，但也有处罚规定。到两晋南北朝时，出现了道教清规的一些萌芽。如《洞真太上太霄琅书》卷四《为师诀第十》云：“弟子有失，随事罚之，或言、或杖、或礼、或闭，目限多少，依《太真科》。罚以督怠，使其改恶，制伏心形，令其思善。”

---

① 唐怡：全真道戒律的发展历史与特征》，《云南民族大学学报》2006 年第 2 期，第 96 页。

② 任继愈主编：《宗教大辞典》，上海辞书出版社 1998 年版，第 576 页。

促使道教清规的萌芽成熟的是佛教的清规。佛教刚传入中国时，并无清规，随着丛林[①]制度的建立，为适应住持说法和集体修行生活，唐代禅宗名僧怀海折衷大小乘戒律，率先创意厘定了丛林清规。因怀海居江西奉新百丈山，所以后人称他为“百丈禅师”，称他制订的清规为《百丈清规》。南宋时期全真派兴起，至元明之际，全真派渐趋壮大，道教徒从零散的单个修行变为集体住观，宫观四立，建立起发达的丛林制度。为适应道士集体生活的需要，全真派仿效佛教清规订立全真清规，作为戒律的补充，以约束道士，维持道观的正常活动和生活秩序。影响最大的是元朝全真派道士通玄子陆道和编集的《全真清规》，收在明正统年间（1436—1449）编成的《道藏》之中。此书是仿禅宗《百丈清规》制定的，它辑录了全真道部分戒规、礼仪和杂文，分作12篇。[②]《全真清规》是全真派特有的，只适用于全真道士，而全真派的规戒就是重清修，不娶妻室，不茹荤腥，必须出家住丛林。归结起来，其教义教规的重心是要求信徒绝世欲、炼心性。

《全真清规》内容包括：指蒙规式、簪披次序、游方礼师、堂门戒腊、坐钵规式、祖师则例、三不起身、全真体用、钵室赋、教主重阳帝君责罚榜、了算子升堂文、长春真人清规榜和郎然子家书等。其中“指蒙规式”是指导初入道的童蒙的规戒；“簪披次序”厘定

---

① 丛林，又称十方丛林。“十方”指四方、四隅、天上、地下；“丛林”原指树木生长茂密旺盛的森林，比喻人才济济之处。后指管理规范、清规戒律已成为固有制度、有资格和实力举办大型宗教活动的寺庙宫观场所。一般而言，丛林宫观古来财产公有，常住道士就是主人；宫观就是所有常住道士栖身修持之所；用人制度则是民主选举，唯才是用；丛林宫观的人员（常住道士）来自四面八方，注重民主公议，实施制度管理；宫观人员中不得相互拜师授徒，亦不得以师徒相称，宫观常住道士均为道祖“太上爷”的弟子，相互地位平等。

② 唐怡：《全真道戒律的发展历史与特征》，《云南民族大学学报》2006年第2期，第97页。

“弃俗簪披”的先后次序；“游方礼师”是对游方道士的礼仪规定；“堂门戒腊”是对道士在宫观中行止的礼仪规定；“坐钵规式”是对于全真道士坐钵修持的规定；“祖师则例”和“三不起身”是对全真道士在宫观内起居安排和礼仪的规定；“全真体用”则是阐述全真清规体现的教义思想，称“祖师设教，仙圣度人，开大乘之门径，通众妙之要津，俾旧元而造理，警心妄以全真，贵忠心于清静，务圆性于淳朴，深明短景，至乐长春”。

在《教主重阳帝君责罚榜》中，明确规定了对于违反清规的道士的处罚标准：“一犯国法，遣出；二偷盗财物、遣送尊长者，烧毁衣钵，罚出；三说是谈非、扰堂闹众者，竹篦罚出；四酒色财气食荤，但犯一者，罚出；五奸猾慵狡、嫉妒欺瞒者，罚出；六猖狂骄傲，动不随众者，罚斋；七高言大语、作事躁暴者，罚香；八说怪事戏言、无故出庵门者，罚油；九干事不专、奸猾慵懒者，罚茶；十犯事轻者，并行罚拜。”①

清规作为道士集体宫观生活的行为准则，是维持道观正常活动和生活秩序的有效准绳。可以说，它的出现，使原有的道教戒律内容更丰富，涉及更广泛，有力地加强了对道徒行为的约束力。

明初，全真派因与蒙元政权关系密切，被统治者忌讳，太祖朱元璋对道教基本采取抑制政策，全真派的政治地位和经济力量一落千丈。终明之世，全真道徒乃至历代传人（传戒律师）浪迹各地，居无定所，甚至没有形成一个较为稳固的传播点，全真派一直处于沉寂消减的状态。明清鼎革之际，连年的战乱，人们为逃避现实苦难，宗教需求持续上升；另有大批遗民在清初“留头不留发，留发

① 《道藏》，第32册，文物出版社、上海书店、天津古籍出版社1988年版，第156—157页。

不留头”的剃发令下，为保存汉家衣冠而入道者众多。清政府为稳固全国政权，采取三教并重的政策，为全真派发展提供了机会。[①]

清顺治年间（1644—1662），全真龙门派第七代律师王常月方丈创全真丛林，在北京白云观开坛传戒。他承袭全真派戒法科仪，讲说《初真戒》《中极戒》《天仙大戒》，合称“三堂大戒”，又称“三坛大戒”。至此，全真派完成了由丹法清修为主向严持戒律为主的转变。清康熙皇帝从王常月受方便戒，全真教风大振，王常月被称作全真派“中兴之祖”，其制定的“三坛大戒”也一直沿用至今。[②]

“三坛大戒”是道教戒律长期发展的结果，是道教戒律成熟、完善的表现，在道教历史上产生了深远影响，并直接影响到今天全真道的授受戒律等方面。

清朝后期，全真派清规再次得到发展。最广为人知的是，清道光二十二年（1842 年）陕西张良庙和咸丰六年（1856 年）北京白云观的《清规榜》。这两份清规都是《道藏》中《全真清规》的《教主重阳帝君责罚榜》的衍生和发展，只是其所作的各种处罚规定更加具体和明确，其处罚的方式、方法和轻重标准也更加多样和区分细致。北京白云观的《清规榜》除了有《全真清规》中规定的罚出、罚斋、罚香、罚油、罚茶和罚拜以外，还增加了迁单、头顶清规，乃至火化示众的严厉措施，称“违犯国法，奸盗邪淫，坏教败宗，顶清规，火化示众”。张良庙的《清规榜》则还有炙断眉毛、摘去衣领、打扁拐等当地流行的处罚方式，称“违犯国法，奸盗淫杀，玷辱道风者，按清规重责四十，炙断眉毛逐出”。

---

① 张巍青：《王常月戒律思想研究》，西南大学 2010 年硕士论文，第 6 页。
② 张兴发：《道教全真派的传戒仪式》，《中国宗教》2005 年第 1 期，第 25 页。

时至近代，北京白云观安世霖[①]制定《白云观全真道范》，这是近代乃至道教史上极为重要的宫观改革文本。虽然安世霖的历史命运与结局极为悲惨，但是他革新白云观的实践，不仅仅在白云观历史，而且在全真道教史上都有重要的历史地位与深远影响。

重定清规是安世霖在规范白云观纲领文件之一。在安世霖之前，白云观曾践行多个清规，如《教主重阳帝君责罚榜》《全真道范清规》、明代的《京都白云观全真清规》以及咸丰六年的《清规榜》等。安世霖重定清规32条。与旧规相比，安世霖的清规强调了传统道教清规戒律与国法的结合，重视官方与国法在宫观治理中的力量，制定了送究官方惩治违法清规道众的条款，除了将违反清规特别是贪污、盗窃、聚众扰乱、假冒道士募集骗财等违法行为者直接送官方惩处外，安世霖还严令道士不得妄谈国政、不得干犯国法，否则杖革送究；另一重要改变就是废除了头顶清规焚烧的规定，也没有像张良庙一样有炙眉迫令还俗、逐出道界的条文。[②] 然而，安世霖改革道范，重建白云观宫观秩序，导致不少道士不堪受苦，纷纷离去。1946年安世霖被反对者以他所废弃的清规活活烧死，这个事件提醒宫观、民众、管理者注意到清规与国法存在冲突与挑战的可能。惨案的发生也沉重地打击了白云观，白云观日渐荒凉。安世霖重订清规从国家管理、宫观改革角度而言，显示安氏确为有才的一面，然而反对者所指出的安氏的诸多罪行，弱化了他作为改革者的光彩。

① 安世霖作为北京白云观方丈，存在争议。1989年11月10日，北京白云观再次举行方丈升座典礼，延请西安八仙宫王理仙道长接任为“北京白云观第二十二代方丈”，承袭的是安世霖师父陈毓坤，这实际上就是否定了安世霖作为白云观方丈的资格。

② 付海晏：《安世霖与1940年代北京白云观的宫观改革——以“白云观全真道范”为中心的探讨》，《华中师范大学学报》2013年第52卷第1期，第125页。

安世霖所推行的改革也就有意无意地被遗忘。① 但是，他对全真清规制度的推行是值得肯定的。

及至当代，道教宫观在健全管理制度中，大部分亦已恢复了宫观清规，但是，其形式和内容均已采用当今道众习惯的公约的形式，并在正式实行前，经过全道观道士民主讨论和通过。以咸阳地区为例，2015 年，咸阳道教协会正式颁布实施《咸阳道教清规榜》，并以碑刻、拓片的形式下发到咸阳各个宫观。清规共 15 条，处罚规定有劝退、跪香、催单、逐出，最为严重者可报案送官、交司法部门处理，称“凡公报私仇、吵闹斗殴，轻则逐出，重则报案送官，按律处置”“凡违犯国法、怙恶不悛，败太上之律法、坏玄门之宗风者，革出道门，交由司法部门处理”。② 这体现了清规的制定与当前社会发展相适应，国法在清规之上。

纵观全真派的发展历史，清规的作用不可忽视，历次兴衰在某种程度上都与清规的张弛有关。可以说，清规是道教加强自身建设的重要措施。在新时代，道教戒规也需要不断完善，与现代社会相适应，以求在现代社会中为修道之士提供有力的思想保证和适宜的修道空间。

三、全真派清规制度的当代价值与发展方向

道教作为一种宗教，它是一种特殊的社会文化现象，其清规戒律蕴含着诸多道德的内容，在某种程度上，就是一种道德建设，用

---

① 付海晏：《清规还是国法：1946 年北京白云观住持安世霖火烧案再研究》，《南京社会科学》2016 年第 3 期，第 150 页。

② 贺信萍：《诚守祖训修道证真〈咸阳道教清规榜〉》，《中国道教》2015 年第 2 期，第 41 页。

来规范着信徒们的行为和思想，并对现实社会生活做出反映。

改革开放以来，随着宗教信仰自由政策的贯彻落实，中国道教出现了半个世纪以来从未有过的生动局面：各地道观修复开放，道教活动得到恢复，道教人才得到培养，道教发展进入近百年来最好的时期。但道门内部开始出现严重的“世俗化”倾向，具体表现为“信仰淡化、戒律松弛”和“教风不正”等不良现象，甚至有的还出现“争名逐利、拉帮结派”等不良行为，严重影响了道教的形象，出现这些问题的内在根源是当代道教徒的自身修养问题。重塑道教的社会形象，保持道教信仰的神圣性，需要大力加强信仰建设和戒律建设，通过纯正信仰、持守规戒，广大道教教职人员才能真正成为有道之士。[①] 由此可以看出，加强道教清规制度建设，是道教内部自身选择的结果。

道教清规制度的健全和完善，是加强道教信仰建设的需要，更是道教自身发展的需要，在当代社会具有十分重要的意义。一方面，清规戒律从信仰的角度出发，可以最大限度地维护道教教义、道教经籍、道教科仪、道教活动场所、道士和道教组织等宗教要素的神圣、尊严和崇高，也可以最大限度地肯定道教的信仰与价值，肯定道教的神圣性，进而肯定道教徒的信仰追求和价值选择；另一方面，清规戒律也可以极力维系道门内部的严肃性、清静性和纯洁性，有助于逐步实现道教徒的人生理想，从而切实体现道教的真正价值。当代道教徒，不仅要主动、自觉地恪守规戒，而且还要把规戒作为自身信仰的重要内容。[②]

① 丁常云：《当代道教徒亟需提高自身修养》，《中国民族报》2015 年 3 月 3 日，第 7 版。

② 丁常云：《当代道教戒律建设：现状与对策》，《中国民族报》2016 年 4 月 26 日，第 7 版。

从历史上来看，全真派清规制度对惩治教团腐败和力教戒律松弛之弊，是有一定积极作用的，即使在今天看来，仍有其借鉴意义。因此，要对其进行整理、研究，梳理其中适应当今时代发展的内容，为制定当代道教戒律提供借鉴。[①] 同时，对道教戒律进行适应时代性的创新发展，要在坚持信仰的基础上，使道教戒律逐渐融入社会生活之中，成为道教徒的一种生活准则和自觉行为。也就是说，加强道教清规戒律建设，是道教界主动调适，适应当前社会发展的结果。需要指出的是，道教与当今社会的调适，应是主动而不是被动，只有自我调适，道教才能长足发展。当代道教徒，一方面要从思想观念上充分认识到道教清规戒律建设的重要性，要认识到其与道教发展的关系，可以说，道教清规戒律的建设与道教事业的振兴息息相关；另一方面，道教的发展也离不开道教徒的自身建设，道教徒的自身建设又离不开道教清规戒律的建设。作为信徒，要把自己的信仰，通过宗教修持、纯洁心灵、与人为善，树立良好的信仰风范和高尚的道德情操，使自身能够与社会道德发展方向相容；要把握自身的形象问题，通过自己的宗教修持，发扬道教优良道德传统，提升道德观念，才能在构建社会主义和谐社会的大背景下积极地回应社会主义建设，并且又能保持固有传统的生机和活力。[②]

在进行调适的过程中，我们要将道教中的优良资源纳入社会主义道德体系，通过教育与宣传来丰富社会主义道德教育内容。但要防止两种倾向：一是用社会主义伦理道德来完全取代宗教道德，结果只会是欲速则不达，这种倾向容易发生在干部队伍和信教群众之间，这是不可取的；二是人为的降低社会主义道德的层次，把它同宗教

① 丁常云：《道教的创新发展之路》，《中国宗教》2017 年第 3 期，第 48 页。

② 石艳霞：《道教伦理思想与社会主义和谐社会的构建》，河北师范大学 2008 年硕士论文，第 40 页。

道德等同起来，用宗教道德代替社会主义道德，这种倾向容易发生在宗教教职人员和信教群众之中。这两种倾向都是错误的、有害的，必须认真加以克服，才能保证社会主义道德建设沿着正确的方向发展，才能实现社会主义和谐社会的目标。[1]

---

① 石艳霞:《道教伦理思想与社会主义和谐社会的构建》，河北师范大学 2008 年硕士论文，第 42 页。

正一派与全真派戒律比较

张兴发*

摘　要：戒律是宗教固有的特色，用以维系宗教自身的生存与发展。道教自产生伊始便重视戒律建设与传承，以此来维持教团的发展与信徒的教育。道教诸多教派在元以后皆合流于正一与全真两大派，两派自建立教团时便制定有严格的清规戒律，在历史发展的长河中，两派的戒律彼此借鉴、相互融合、有益补充，共同构成了内容丰富的道教戒律。尽管如此，两派的戒律仍然存在着历史、传承方式和重视程度上的不同。比较看来，存在的不同并没有影响两派宗教情感，反而助推了道教的健康发展。

关键词：道教　正一　全真　戒律

道教是中国的传统宗教，传衍至今，形成了正一和全真两大派。道教正一派的最终形成，以元成宗大德八年（1304 年）敕封张陵 38 代孙张与材为“正一教主”为标志，是年元成宗在已授张与材管领江南诸路道教的基础上，加授其为“正一教主，主领三山符箓”①。

* 张兴发，中国人民大学 2017 级宗教学博士生。

①《元史》，第 15 册，中华书局 1976 年版，第 4526 页。

张与材主领的三山符箓，是以龙虎山、茅山、阁皂山为主，集合了江南各符箓道派的一个符箓大派正一派，包含天师、上清、灵宝、清微、净明等诸派。全真派继承道祖老子遗教、秉承东华帝君（王玄甫）演教、承钟吕（钟离权、吕洞宾）传教，开宗于辅极帝君王重阳，以全老庄之真，苦己利人为宗旨。王重阳收马丹阳、谭处端、刘处玄、丘处机、王处一、郝大通、孙不二等七大弟子，建立全真教派。全真派在元代前期，以成吉思汗之召见，崇奉丘处机为契机，在丘处机及其弟子们的推动下，全真派发展至鼎盛。明末清初的著名道士抱一高士昆阳王常月真人，提出了“戒行精严”的修道思想，整顿教门，开创“龙门中兴”，促进全真派在明清道教衰落时期一度复兴。道教作为一种宗教，自建立教团形成教派伊始，便有了管理教团和约束教民的戒律，使得道教作为中国传统文化的重要组成部分得以繁衍生息。

一、道教戒律发展概况

道教思想来源于中国古代黄老道家学说，道教戒律中体现了黄老道家的思想观念，尤其是以老子和庄子为代表的道家学说。清代全真龙门派戒学大师龙起潜说：“道家以律名，其仪何居？昔太上老子宣五千言之秘，首以道德二字名篇。道者，天性也。德者，人心也。教人尽人以达天，存心以全性。虽未设立有律之名，若观妙、观窍，即所以律心。柔弱谦下，即所以律身。”①

1. 早期黄老道德教化中的戒律思想

早期黄老道德教化中的戒律思想以老庄为基础，杨朱以继承，关尹和列子加以传承的思想脉络发展，使得道教戒律在他们的思想

①《初真戒·序二》，二仙庵刻本。

基础上发扬光大。

老子的戒律观以“道”“德”为标准，以“善”“恶”为准绳，告诫世人“不知常，妄作，凶”；“不自见，故明；不自是，故彰；不自伐，故有功；不自矜，故长。夫唯不争，故天下莫能与之争”；“是以圣人去甚、去奢、去泰”。[①]“一曰慈，二曰俭，三曰不敢为天下先”；“多言数穷，不如守中”；“罪莫大于可欲，祸莫大于不知足，咎莫大于欲得”。[②] 同时老子还告诫统治者要严守道德的底限，把社会治理好。老子说：“失道而后德，失德而后仁，失仁而后义，失义而后礼。夫礼者，忠信之薄，而乱之首。”[③]“天下多忌讳，而民弥贫。民多利器，国家滋昏。人多伎巧，奇物滋起。法令滋彰，盗贼多有。”[④]“不尚贤，使民不争；不贵难得之货，使民不为盗。”[⑤]“我无为而民自化，我好静而民自正，我无事而民自富，我无欲而民自朴。”[⑥] 以上种种老子均是以道德教化的口吻来告诉人们为人处世的道理，并不是以命令式的戒条来约束人们，但仅此已经开启了道教戒律的智慧之门。

庄子的戒律观继承了老子的思想，但是他没有像老子一样向人们提出具体的思想道德教化，而是通过寓言故事来告诉人们生活的准则。比如他告诉人们要像大鹏鸟一样逍遥自由，要像鱼儿一样快乐，要像庖丁解牛一样游刃有余，要像君子一样不溜须拍马，总之其不为五斗米折腰的气节深刻表达了他的人格追求。

关尹即是在函谷关迎接老子西行的尹喜，受老子的影响，尹喜

---

① 陈鼓应:《老子今注今译》，商务印书馆2003年版，第188页。
② 同上书，第245页。
③ 同上书，第215页。
④ 同上书，第280页。
⑤ 同上书，第86页。
⑥ 同上书，第280页。

喜欢“清静无为”，把人生的追求概括为“贵清”，追求人生的清白，认为：“人爱我，我必爱人；人恶我，我必恶之。”① “存亡兴废而非由此道者，未之有也。”② 尹喜认为爱人要顺应自然的本生，不要加上任何外界的行为，别人不爱我，不要强求，不要把自己的意愿强加给别人。

2. 正一派的戒律发展

正一派戒律经历早期形成、初期建立、中期改革、后期完善、继续巩固、走向融合的发展历程。

早期形成的正一派戒律主要体现在早期道教经典《太平经》中，因为《太平经》中大量提出了“戒”或“诫”的概念。如《太平经》卷一百一十二中已有《贪财色灾及胞中诫》《七十二色死尸诫》《写书不用徒自苦诫》《有过死谪作梁诫》《衣履欲好诫》《不忘诫长得福诀》等，并且卷七一《致善除邪令人受道戒文》还解释了受道为什么要持戒的原因，文曰：“道乃有大戒，不可不慎也。夫且得道，临且成之时，乃与诸神交结也。与精神为邻里，出入相见睹，与人相爱，若父子也。夫道，乃重事也。或悔与人，且欲夺人道，故先试人，视人坚不，共来欺人，使人妄语。得其辞语，坚闭之，慎无传之也，即可得寿也，久可得真道矣。”③

道教建立教团伊始便重视戒律教育，张道陵一方面用《老子河上公章句》来教化信徒，一方面著《老子想尔注》来宣扬道教戒律思想。任宗权认为：“《河上公章句》中有《立戒》《戒强》二戒。并且有《制惑》《贪损》《守微》《谦德》《守道》《忘知》《鉴远》《去用》《俭武》《偃武》《俗薄》《异俗》《韬光》《易性》《无用》《厌耻》

① 王强模：《列子全译》，贵州人民出版社 1993 年版，第 19 页。
② 同上书，第 230 页。
③ 王明：《太平经合校》，中华书局 1960 年版，第 285—286 页。

等等治身戒律规条。”[①]《老子想尔注》中直接提倡修道“布道诫”“奉道诫”“守道诫”等思想，如《想尔注道经》曰：“人欲举动，勿违道诫，不可得伤王气。”[②] 此外，《道藏》中的《太上老君经律》还收有《道德尊经想尔戒》九条，是天师道尊奉《道德经》的产物。

魏晋南北朝时期，道教一方面充实发展自己的戒律，一方面对已有戒律存在的问题进行变革与改进。天师道张鲁降曹北迁后，为了稳定局势，使得天师道在中原地区大范围传播，张鲁在张陵盟威之戒、天地券、二十四治等规定的基础上，制订《大道家令戒》，继承和发展张陵天师律统。同时，还颁布《阳平治》，对祭酒、治头、道民发出了“道诫”性的警告。《大道家令戒》和《阳平治》被辑集在《正一法文天师教戒经》中，收录于《道藏》之中，成为道教首次将劝道、修道与持戒合而为一的经典。

道教戒律的充实与改进是伴随着道教教制的变革进行的，当时有北方的寇谦之在清整道教，除去三张伪法的过程中，制订和颁布《云中音诵新科之诫》，提倡“专以礼度为首”[③] 的戒学思想，进一步完善了道教的戒律与科仪。同时还有南方陆修静整顿改革道教组织，搜集整理道教经典，在建立健全道教斋醮科仪的基础上，著作《陆先生道门科略》，对道教的“宅录”“靖室”“法服”“道官祭酒晋升”“斋醮科仪”等进行了全面规定，使得这些戒条的内容有了全新的发展。

隋唐是道教戒律编纂及戒学体系日趋完善的时期。隋代《洞玄灵宝大义》一书，对先前道教制定的戒律进行了总结，该书认为道

---

① 任宗权：《道教戒律学》，宗教文化出版社 2008 年版，第 92 页。

② 饶宗颐：《老子想尔注校证》，上海古籍出版社 1991 年版，第 11 页。

③《魏书·释老志》，中国道教协会编《道教史资料》，上海古籍出版社 1991 年版，第 140 页。

教戒律“详者：太清道本无量法门，百二十九条老君及三元品戒，百八十条观身大戒，三百条太一六十戒之例是也。略者：道人三戒，录生五戒，祭酒八戒，想尔九戒，智慧上品十戒，明真科二十四戒之例是也。”[1] 同时隋代有《洞玄灵宝三洞奉道科戒营始》，对用戒条的方式管理道观的日常进行了规范。唐代的道教戒律一方面对魏晋以后到唐初的戒律进行汇总，比如王悬河的《三洞珠囊》，其中《长斋品》《斋会品》《舍失戒品》《清戒品》等，收录道戒甚多。另一方面唐代朱法满、张万福、孟安排等高道编纂制订的戒律极大地丰富了道教戒学体系。如《三洞众戒文》《太上灵宝三洞经诫法箓择日记》《传授三洞经戒法箓略说》《三洞法服科戒文》等。

宋元是道教戒律继续巩固和发展的时期，也是历史上编纂戒书最多的时期。比如至今仍然影响很大的劝善书《太上感应篇》《玉微仙君功过格》《文昌帝君阴骘文》《玉历钞传》等都出自这一时期。这一时期道教戒学的特点是一方面由南宋王朝支持并崇信的符箓派戒学体系的发展与变革，一方面即北方全真派新的戒学体系的出现，为道教戒学注入新的内容。正一派除了旧有的龙虎山天师道、茅山上清派、阁皂山灵宝派、三皇派、楼观道等以外，还有神霄派、天心派、清微派、东华派、净明派等，它们在传授符箓的同时，同样重视道教戒律的建设。

明清以后道教走向衰微，其中一个根本的原因就是正一派教团戒律松弛，导致教团日趋腐化，于是正一派张宇初天师提倡学习和发展全真派的教风，强调遵守清规戒律，著述《道门十规》来规范约束正一道徒，使得正一戒律与全真戒律趋向融合。

---

①《道藏》第 24 册，文物出版社、上海书店、天津古籍出版社 1988 年版，第 664 页。

3. 全真派的戒律发展

全真派是金元时期形成的道教新派，其戒律经历了金元创立、明代融合和清代中兴三个阶段。

全真道派是在金元时社会上战争连连、思想纷乱之际产生的，修道人王重阳于金正隆四年（1159 年）在甘河桥酒肆遇钟、吕二仙点化，得其妙道，在终南刘蒋村结庵筑墓，悟得道妙，创立全真道。后到山东宁海一带收马丹阳、谭处端、丘处机等门徒，建立“三教七宝会”“三教金莲会”“三教三光会”“三教玉华会”等教团组织，宣传“三教合一”、出家修真的思想。在建立教团传播全真道的时候，王重阳便十分重视戒律建设，他著《立教十五论》，从住庵、云游、学书、合药、盖造、交友等方面阐明全真教的宗旨和入教的基本规则。此外，其论著《重阳全真集》《重阳教化集》《重阳分梨十化集》《重阳真人金阙玉诀》等中也包含有大量的戒学思想。在此基础上，丘处机在北京白云观创立了全真龙门派传授戒律的法统，建立了全真丛林制度，形成了龙门律宗。

虽然在元代全真派依靠出家独身的丛林制度繁衍宗派，其三教合一学说繁荣，但是到了明代，这种学说显然不适合明政府的需要，导致明王室冷落全真教，使全真教政治地位逐渐下降，而此时的正一派因为天师在朝廷的影响，时常帮助全真派。两派的教务和思想融合也体现在戒律上相互学习、利用和推崇，使得朱权在编纂《天皇至道太清玉册》时能够将明以前正一与全真的戒律进行了归类与整理，其中正一派的戒律有《醮事仪范》《道门官制》《赤文天律》《斋醮仪范》等，全真派的戒律有《宫殿坛制》《奉圣仪制》《天乐仙仗》《全真仪式》等，内容丰富详实。

明末清初，高道王常月生当明季之乱，慨然有出尘之心。中年时拜龙门派六世祖赵复阳（即赵真嵩）为师。赵授以戒律，嘱之曰：

"成道甚易，然亦甚难。必以苦行为先。种种外务切须扫除，依律精炼，潜心教典，体《道德》自然之奥，探《南华》活泼之真机，方为稳当。"又曰："吾三百年来独任（即律宗三坛大戒）之事，再传于子，时至而兴，大阐宗风。"[①] 王常月牢记其师振"宗风"之训诫，毅然以振兴龙门派为己任。清世祖十二年（1655 年）秋，王常月北上京师，挂单灵佑宫。适全真道祖庭北京白云观，在明末李自成破北京后已荒芜，仅一俞姓居士留居其中。俞居士请常月住白云观，任方丈。次年三月，奉旨说戒于白云观，开坛说戒凡三次，收弟子千余人。陶守贞（号靖庵）、黄守元（号赤阳）等先后入其门下。三次公开传戒，表明其已获清朝统治者的保护和支持，这对龙门派的复兴具有重大意义。他为顺治帝所器重，被赐为"国师"，三次受紫衣。康熙二或三年（1662 年或 1663 年），王常月亲率弟子詹守春、邵守善等南下，在南京、杭州、湖州和武当山等地开坛授戒。一时之间，南方道士纷至门下。由此，龙门派在当时整个道教日趋衰颓的情势下，呈复兴之象，并成为全真道中势力最大、影响最深的一个支派。闵一得在《金盖心灯》中称其"是我朝高士第一流人物"。[②] 晚年曾先后南下至南京隐仙庵、杭州宗阳宫、湖州金盖山等地收徒传戒，再到湖北武当山收徒传戒，度弟子甚众，使久衰的全真龙门派逐渐复兴，被后世道士誉为龙门中兴之臣。卒后敕赠抱一高士。他在南京收徒传戒后辑有说戒记录《碧苑坛经》（或称《龙门心法》）二卷，既讲修炼次第，又讲修炼方法。提出入道学仙，须按皈依三宝、忏悔罪业、断除障碍、舍绝爱缘、戒行精严、忍辱降心、清净心身、求师问道、定慧等持等二十要，依次修行，并须严持初

---

① 《藏外道书》，巴蜀书社 1994 年版，第 592 页。
② 同上书，第 184 页。

真、中级、天仙三级道戒，以戒、定、慧为渐进之基。

4. 新中国成立后的道教戒律

新中国建立后，道教宫观内过去实行的封建性规制以及与新中国法律相抵触的某些违害人身的“清规”条款，道众均自动作了适当的改变，如宫观事务实行民主管理，大事由宫观民主管理组织决定；“清规”中的“罚跪”“鞭责”“火化”等被取消，又增订了“爱国爱教公约”。又如，揭露和打击少数披着宗教外衣的反动分子与坏分子，用客观事实教育了道教界，使他们擦亮了眼睛，提高了爱国主义与社会主义觉悟，在政治上分清大是大非，坚定地维护社会主义祖国的利益，和全国人民团结一致，同呼吸、共患难；在宗教信仰方面，划清正常的宗教活动与封建迷信活动的界限，发扬道教的优良传统，抵制一切非法、违法活动。改革开放后，为了弘扬全真优良传统，1989 年在北京白云观举行了建国后第一次全真传戒活动。有 75 名全真道士参加了受戒活动，其中乾道占 60%，坤道占 40%，绝大部分为青年道士。通过传戒活动，使戒子们学到了道教知识，提高了道德素质，有益于个人修持和道风的弘扬。[①] 为适应新时期全真派发展的需要，中国道教协会于 1995 年 11 月在四川青城山举行了建国后第二次传戒活动，全国各名山宫观的求戒弟子 400 余人参加了这次传戒活动。这次传戒活动历时 20 多天，规模空前。经过戒坛审核，发给戒子“净戒牒”，以及《初真戒》《中极戒》《天仙大戒》《守戒必持》等经书律文。[②] 到目前为止道教全真派丛林宫观举行方丈升座和传戒活动已经成为常态，有千山五龙宫、武汉长春观、

① 陈雄群:《北京白云观解放后首次开坛传戒》，《中国道教》1990 年第 2 期，第 4 页。

② 王纯五:《中国道教隆重举行全真道建国以来第二次传戒法会》，《中国道教》1996 年第 1 期，第 7 页。

崂山太清宫、嵩山中岳庙、吉林玄帝观、南岳大庙、武当山紫霄宫等举行方丈升座和传戒活动。1995年正一派授箓活动在江西龙虎山天师府恢复，到目前为止亦成为道教正一派的教务活动的常态，于每年的下元节前后在龙虎山举行，在授箓中的一个重要环节就是授受戒律。

二、道教戒律的主要内容

道教戒律由正一和全真两派戒律构成，在金元全真派产生之前，尤其是唐以前道教诸派的戒律，可视为正一派戒律，择要叙述如下：

1. 正一戒律的主要内容

对正一派的戒律唐张万福《三洞众戒文》有一个高度的概括，他说："夫戒者，戒诸恶行，防众行之最，若不持戒，道无由得……今又依经，箓出戒文，附诸法次，受法之日，随法转授，令道士诵习，防非止恶，以制六情，进品上仙，远超三界，自浅之深，非无优劣，从凡入圣，各有等差。聊举大纲，庶通玄觉，即始起心入道，受三归戒；箓生，五戒、八戒；在俗男女，无上十戒；新出家者，初真戒；正一弟子，七十二戒；男官、女官，老君百八十戒；清信弟子，天尊十戒、十四持身品；五千文金纽，太清阴阳戒；太上高玄法师，二十七戒；洞神，三道要言、五戒、十三戒、七百二十戒门；升玄内教，百二十九戒；灵宝初盟，闭塞六情戒；中盟，智慧上品大戒；大盟，三元百八十品戒；上清，智慧观身二百大戒。凡受法，各授法服，宣示法服科戒，简授法位，乃授天尊要戒，及劝戒三日后，设斋谢恩，授三师名讳形状，居观方所，并具之于左。"①

（1）三皈即皈依道、经、师三宝。唐张万福认为："然道经不师

① 《道藏》，第3册，1988年版，第396页。

受，则行之不神。"[1] 于是订下三皈依戒："第一戒者皈身，太上无极大道。第二戒者皈神，三十六部尊经。第三戒者皈命，玄中大法师。"[2] 同时张万福对此还配有戒文："第一戒者，谛识因缘，勿忘本逐末。第二戒者，谛守少私，勿利我损物。第三戒者，谛习勤行，勿混俗失真。"[3]

（2）五戒：即老君五戒，托称太上老君演说之戒。第一戒杀，第二戒盗，第三戒淫，第四戒妄语，第五戒酒。道教规定，箓生弟子受三戒后，再受五戒，五戒与三戒会为八戒。五戒在天为五纬，天道失戒则视灾异；在地为五岳，地道失戒则百谷不成；在数为五行，五数失成则水火相薄，金木相伤；在治为五帝，五帝失戒则祚夭身亡；在人为五脏，五脏失戒则性发狂。五戒失一则命不成。《太上老君戒经》中说："是五戒者持身之本，持法之根。善男人，善女人，愿乐善法，受持终身不犯，是为情信。"即清信弟子、清真弟子所受戒律。

（3）八戒见于《三洞众戒文》，张万福三五已参，宜受八戒："第一，星解五行，备修五德。第二，习五事，不可无恒。第三，平理八正，行藏顺时。第四，明识五纪，与炁同存。第五，精审皇极，上下相和。第六，修三德，期会三清。第七，决定疑惑，化伪为真。第八，考校征验，消祸降福，炼凡登圣，无负三尊。"[4]

（4）想尔九戒：即《老君想尔戒》，又称《道德尊经想尔戒》。戒文源出于《老子道德经想尔注》，分上中下三品，共九条。上品戒文是：行无为；行柔弱；行守雌勿先动。中品戒文是：行无名；行清

---

① 《道藏》，第 3 册，1988 年版，第 396 页。
② 同上书，第 397 页。
③ 同上书，第 399 页。
④ 同上。

静；行诸善。下品戒文是：行无欲；行知止足；行推让。[1] 想尔九戒体现了老子《道德经》的宗旨。正一法师认为，能持上品戒者，可望位登仙班；能持中品戒者，可以延年益寿；能持下品戒者，可以避免夭伤。想尔九戒成为正一派的主要戒律之一。

（5）九真戒：亦称“九真妙戒”，为亡者所持之戒。系九天帝君亲口宣说，佩奉者升入九天，轻侵者堕入九地。《道法会元》卷二十称，“九真戒者，宣告亡灵，奉戒专心，克臻妙道。”据《太上元始天尊说北帝伏魔神咒妙经》卷六称，此戒内容为：“一者敬让，孝养父母；二者克勤，忠于君王；三者不杀，慈救众生；四者不淫，正身处物；五者不盗。推人损己；六者不咳，凶怒凌人；七者不诈，谄贼害善；入者不骄，傲忽至真；九者不二，奉成专一。”[2]《无上玄元三天玉堂大法》卷二十谓：“世人若能受九真妙戒，佩受救苦长生宝箓，生在之日，受之福报，寿龄绵远，运尽数终，不趋轮回，迳上丹天。”[3]

至于十戒、十三戒文、七十二戒、老君百八十戒等，皆是据前者演化而来，由于篇幅问题，滋不详述。

2. 全真戒律的主要内容

全真派道士出家，初入道观者为道童，在子孙庙拜师学经，等到了十方丛林开坛传戒之时，子孙庙的师父便荐其赴丛林受戒。道教全真传戒，是从金元全真教出现以后，长春真人丘处机遂根据道教已有的戒律，订立了道教全真传戒仪范。清顺治年间，全真龙门派第七代律师王常月方丈又创全真丛林，在北京白云观首次公开设

① 《道藏》，第18册，1988年版，第218页。
② 《道藏》，第34册，1988年版，第419页。
③ 《道藏》，第4册，1988年版，第69页。

坛传戒。他承袭全真派戒法科仪，讲说《初真戒》《中级戒》《天仙大戒》，合称“三坛圆满大戒”。王常月说：“学道不持戒，无缘登真箓。”所以全真派的戒律内容从三坛大戒中可以略窥一斑。

（1）初真戒：初真戒是人道者必须遵守的金科玉律，是人道的门户，是修道的起点。初真戒有五戒、八戒、十戒和女真九戒等。《初真戒说》里就制定初真戒的意义说得很详细，目的就是树立道心，弘道立德。初真戒要求十恶不生，无思无为，一念修道，去掉凡心，以戒为师。清代王常月著的《初真戒律》中，让人道者先受三皈依戒：第一皈身，太上无极大道。永脱轮回，故曰道宝；第二皈神，三十六部尊经。得闻正法，放日经宝；第三皈命，玄中大法律，不落邪见，故曰师宝。

初真五戒：初真五戒是初真戒的根基，是入道之初门，清心之良方，是出俗与入俗的关键，每入道者，必须牢牢领会其意。五戒指：一、不得杀生；二、不得荤酒；三、不得口是心非；四、不得偷盗；五、不得邪淫。这五戒是持身之本，护法之根，如果能以此五戒为对照，就能益算延龄，天神护佑，永脱五刑之苦，世世不失人身。五戒后来发展成“八戒”。陆修静在《受持八戒》中说：在五戒之外加：六、不得杂卧高广大床；七、不得普习香油，以为华饰；八、不得耽着，以作倡伎。

女真九戒：王常月在初真戒后面，还加上了女真九戒，作为道教信女修持之戒，九戒为：一曰，孝敬柔和，慎言不妒；二曰，贞洁持身，离造秽行；三曰，借诸物命，慈愍不杀；四曰，礼诵勤慎，断绝荤酒；五曰，衣具质素，不事华饰；六曰，调适性情，不生烦恼；七曰，不得数赴斋会；八曰，不得虐使奴仆；九曰，不得窃取人物。道教经书上讲只要能持戒修持，必生十善之家，不经地狱之若，精进修道，则名登紫府，位列仙班。

初真十戒：持五戒者，校正身心，去除杂念，许受虚皇天尊所命初真十成。十戒为：第一戒者，不得不忠不孝，不仁不信，当尽节君亲，推成万物；第二戒者，不得阴贼潜谋，害物利己，当行阴德，广济群生；第三戒者，不得杀害含生，以充滋味，当行慈惠，以及昆虫；第四戒者，不得淫邪败真，秽慢灵气，当守贞操，使无缺犯；第五戒者，不得败人成功，离人骨肉，当以道助物，令九族雍和；第六戒者，不得谗毁贤良，露才扬己，当称人之美善，不自优其功能；第七戒者，不得饮酒食肉，犯律违禁，当调和气性，专务清虚；第八戒者，不得贪求无厌，积财不散，当行节俭，惠恤贫穷；第九戒者，不得交游非贤，居处秽杂，当慕胜己，栖集清虚；第十戒者，不得轻忽言笑，举动非真，当持重寡辞，以道德为务。这十戒，托虚皇天尊所命，能做到者，天神护佑，永脱一切苦脑。“十戒”注重道教徒的品德修养，道教徒要做到忠、孝、济世、守身、节俭、利人、清修，“十戒”作为修道养性的前提，洁身戒行的道德规范，能使道教徒品行端正，世人竟向慕之、归之。

（2）中极大戒：中极戒是元始天王授给太上高圣道君，以传太微天帝及太极高仙。此戒共三百条，称“中极三百大成”。中极戒的内容非常详细，从言行举止到传授戒第，无所不包，可谓道教最为详细的戒律之一。但中极戒中有的内容已不适应时代要求，则应区别对待。持初真戒时能毫无过犯，方许接中极戒。

（3）天仙大戒：天仙大戒是三坛圆满的最后一个大戒。三坛圆满即为全真传戒时以初真戒、中极戒、天仙大戒三戒为主的三坛传授方式。持三百中极大戒毫无过犯者，方授天仙大戒。道书上讲受天仙戒者称妙道师；受中极威者称妙德师；受初真戒者称妙经师。

三、正一与全真戒律之比较

察考正一与全真戒律发展与内容，不难发现虽然道教有正一与全真派别之分，但是从戒律上看二者没有多大区别，毕竟同为道门弟子，一门二宗，有信仰上的一致性，所以戒律上有许多共融共通之处，只是在传授和修持上略有些差别。

第一，共同点：

1. 思想的一致性。道教建立教团伊始，遵循太上思想，设立戒律亦循此规矩。张道陵著《老子想尔注》称："分布道诫，守诫不违，即为守一矣。不行其诫，即为失一也。世间常伪伎指五藏以名一，瞑目思想，欲从求福，非也。去生遂远矣。"[①] 并订立《想尔九戒》，是为正一天师派所奉《老子五千言》的继承和发展，也是道教对道家思想的继承与弘扬。全真派的道统传承，据《金莲正宗记》曰："道无终始，教有后先。或曰：道与教不同乎。曰：不同。湛寂真常道也，传法度人教也。道之为体，虽经无数劫，未尝少变。教之为用，有时而废，有时而兴。或曰：教之兴也，自何而始。曰：轩辕黄帝铸鼎之后，乘火龙而飞升太虚，然后知有长生久视之说。"[②] 可见正一、全真思想皆来源于太上大道，所以它们在制订戒律时都遵循太上的思想。

2. 目标的一致性。制订戒律的目标就是让修道人不要违过，一心向道，这一点正一与全真的出发点是一致的。如正一经典《洞玄灵宝玄门大义》曰："戒法者，即止恶也；止者，止恶心口，为誓不作恶也。"[③] "律者，率也，直也，栗也，率计罪愆直而不枉使惧栗

① 饶宗颐：《老子想尔注校证》，上海古籍出版社 1991 年版，第 108 页。
②《道藏》，第 3 册，1988 年版，第 343—344 页。
③《道藏》，第 24 册，1988 年版，第 664 页。

也。"[①] "律者，终出戒中，无更别目，多论罪报宪法之科，如天师老君《玄都律》《女青等律》是也。斯则戒主於因，律主于果；戒论防恶，律论与罪故也。"[②] 宋路时中《无上玄元三天玉堂大法》卷二《真师戒律品》云："师曰：戒律者，乃初学之范防也。上古无戒，修道成真。中古无律，悟真证道。后世人心，为物欲所汩，天性为妄念障遮，由是戒律所由出也。然戒尤初学之难行，故前圣先以律威之，律既不犯，然后可言奉戒。今嗣教者，将跻仙域，岂患不能奉戒耶，今故书戒而不书律也。夫不见可欲，使心不乱，则犹待於戒也。及夫虽见可欲，心亦不乱，则又何戒之有哉！"[③]

3. 作用的一致性。无论是正一还是全真的戒律，它所起的作用都是劝人为善，以此能够修道成仙。如《正一法文天师教戒科经》曰："人能修行，执守教戒，善积行者，身与天通，福流子孙。"[④]《老君音诵诫经》说："吾出诵戒，咸使知闻，好加思寻，努力修善，修善功成，可得遇真延年益算。"[⑤]《教主重阳帝君责罚榜》曰："夫道之理者，杳冥太极之上，岂可易见。故天下寻者多语者少。空虚无为之道，乾坤浩浩，自然之气，阴阳光而生物像有作，奈何今万古远矣！且惟藤纳孤行，而自分也，动止形仪，不可违也。兹者，以得居善地，私结圣堂，率千里而来之善侣，会十方有信之良朋，故立教规，幸希笑览。……右伏以遍请知音，今依此法，三人行必有我师。一室而居与燕子，勤劳言化而自我。法不加于上善，则不过于至柔。圣人三省其身，可谓大矣！幸遇明师，善逢圣教。若不

---

①《道藏》，第24册，1988年版，第664页。
② 同上。
③ 同上书，第4册，1988版，第3页。
④ 同上书，第18册，1988版，第232页。
⑤ 同上书，第212页。

教行，岂为上善。晓示合堂，常加觉察，毋致违犯。依此禁戒之后，不得男女混杂，纵心恣意。切恐十方施主，饭食难消，不念寸阴可惜，不可虚度。谨慎修待，庶得道心坚固，不戒恐失前程，请细思详。谨榜。”①

第二，不同点：

1. 产生的时代背景不同。正一派的戒律起源尚早，可以追溯到远古的原始宗教时期，正式产生于早期道教时期，在张道陵建立道教教团之前便在早期道教经典中传播，如《道德经》《南华经》《太平经》等。全真派的戒律则起源稍晚，正式产生于王重阳建立全真教时，如《重阳立教十五论》《重阳分梨十化集》《重阳教化集》等。

2. 传授的方式不一样。正一派的戒律是通过传度授箓传承的。“箓”通常指记录有关天官功曹、十方神仙名属，召役神吏，施行功法的牒文。正一道士只有得受法箓，才能名登天曹，才能有道位神职。有了道位神职的道士，其斋醮中的章词，才能奉达天庭，才能得到神灵护佑，反之斋醮章词无效。道士受箓之后，箓牒拨付受箓者护身将帅，协助受箓者在主持斋醮时，斩妖除邪，拔度生灵，救济困厄。未受箓受职，就无权遣神役鬼。“受箓”的意义是“戒除情性，止塞愆非，制断恶根，发生道业，从凡入圣，自始及终，先从戒箓，然始登真”。② 可见在授箓的过程中也要受戒，内容通常为九戒：第一戒克勤，忠于国家，是念真戒，受持之后获禄位清显果；第二戒敬让，孝养父母，是初真戒，受持之后获端正长寿果；第三戒不杀，慈救众生，是持真戒，受持之后获富贵豪胜果；第四戒不淫，正身处物，是守真戒，受持之后获吉祥安乐果；第五戒不盗，推义

---

①《道藏》，第 32 册，1988 年版，第 159 页。

②《洞玄灵宝课中法》，《道藏》，第 32 册，1988 年版，第 229 页。

损己，是保真戒，受持之后获清静善胜果；第六戒不嗔，凶怒凌人，是修真戒，受持之后获聪明智慧果；第七戒不诈，陷贼害善，是成真戒，受持之后获俱足十相果；第八戒不骄，傲忽至真，是得真戒，受持之后获大道正法果；第九戒不二，奉戒专一，是登真戒，受持之后获正大法王果。全真派的戒律是通过传戒来传承的，自元朝丘长春真人订立传戒仪范始，已有七百多年历史。清康熙年间王常月方丈在白云观开"三坛大戒"，广度弟子，全真道风大振。后来由于战乱，一度停止。1947 年在四川成都二仙庵举行过后，一直未举行。

3. 传承的侧重点不一样。元朝以后，道教的诸多教派都逐步归入正一和全真二大派。由于追求的侧重点不一样，导致教团组织管理也不尽相同，从而在戒律传承与持守上也出现了不一样。正一派由于注重斋醮符箓的传承，不太重视戒律的传承，于是导致教团组织较为松散、戒律松弛。全真派注重清静修持，不尚符箓，讲求清规戒律，于是产生了戒律精密的丛林制度以及传受戒律的传统。

四、结语

正一、全真蔚为道教的两大派别，在共同信仰太上大道的前提下，均制订有各自的清规戒律，并规定在特定的日子来学习修持。虽然两派的戒律在产生的时代背景、传授的方式和传承的侧重点上不尽相同，但是他们制订戒律初衷、目标和所达到的效果都是一样的。并且还共同规定了日子来修持戒律，这就是道教的斋日。斋日是一月之中道教徒应持斋戒的日子。这一天必须严格遵守道教戒律，这样举行仪式时才能有天神护佑，才能有求必应，心神感应。道教的斋日有十直斋日、八节斋日、三元斋日、四始斋日、三会斋日。十直斋日：每月一日，八日，十四日，十五日，十八日，二十三日，二十四日，二十八日，二十九日，三十日（小月可取二十七日）。八节斋日：立春日，春分日，立夏日，夏至日，立秋日，秋分日，立冬日，冬至日。三元斋日：正月十五，七月十五，十月十五。四始斋日：正月一日，四月一日，七月一日，十月一日。三会斋日：正月七日，七月七日，十月五日。现在各全真庙宇中的斋日与传统定制有些变化，十方丛林主要以农历初一、十五及祖师圣诞日等作为斋日，子孙庙里还以传统定制斋日为主。这些斋日是持戒做斋的特定时间，斋日里道教徒必须严格持戒，这样才能真正以身正教化世人，以净心感化世人。

道教戒律体系建设及其历史经验

王文东*

摘　要：戒律体系不仅是道教信仰者行为应该如何的规范之学，也是修行者初学入道之门必须修持的根本，是构成道教伦理的重要内容。中国道教戒律体系建设，大致经历了萌生和初步创制、完善和持续发展、多样化和系统建设、趋于衰落和重振四个阶段。道教戒律体系建设内含体用合一、与时俱进、实事求是、适应社会之历史经验，当为中国特色的道德规范体系建设提供有益的借鉴和启示。

关键词：道教　戒律体系　建设　历史经验

道教是唯一源于中国本土文化的宗教，绵延发展数千年而不辍，原因之一在于其基于中国固有的伦理资源而形成了富有活力、系统严整的戒律体系并使之深入中国文化之根脉。道教戒律包含了道教道德规范的基本内容，某些方面甚至超出了道教道德规范内容范畴，涉及修道者或信众遵守的生活准则或禁止的某些不当行为的法规。这些内容或准则、规范，体现了道教的基本思想和精神追求，在一

* 王文东，哲学博士，中央民族大学教授、博士生导师，中华经典研究中心研究员，从事宗教伦理学、中国哲学（先秦两汉）、伦理学理论的教学与研究工作。

定意义上含有中华民族传统文化积极因素的某些因子，需要在宗教坚持中国化方向的过程中，与当今社会核心价值观相结合，与社会主义文化相适应，作出符合时代需要和人类社会进步方向的阐释与发展。道教戒律体系建设，对于构建中国特色的道德规范体系的作用和意义是不可忽视的。

一、道教戒律体系建设的历史过程

戒律作为设定道教内部行为应该如何的基本规范，既是信众伦理行为应该如何的规范之学，也是修行者初学入道之门必须修持的根本。中国道教源远流长，戒律体系建设由简到繁，从零散到系统，由无序到有序，显示出其规范系统层积累加、渐次发展、多方完善的规律性。从历史来考察，道教戒律体系建设经历了如下阶段：

第一，萌生和初步创制阶段。戒律萌生于道教初创时的禁制律例，汉末太平道初立，奉行《太平经》提出的“不孝不可久生戒”“贪财色灾及胞中戒”等针对下层信众提出的劝谏式禁制。萌生阶段有些戒律甚至与斋戒祭祀条规混合在一起，“所谓节食斋、心斋，要求祭祀必恭敬清洁，要求去欲除秽，实际上就包含着戒”[①]。《老子想尔注》云：“今布道戒教人，守戒不违，即为守一矣；不行其戒，即为失一也。”“人不行戒守道，道去则死。”[②] 其中提出守“道”，“道”是一，守“道”即“守一”，也就是遵守道戒才可达到修道成仙目的，道戒实为实践“道”及其他仙道纲领的具体要求或条目。正一盟威道还制定了如像“诚信不欺诈，有病自首其过”等基本科律，

① 朱越利、陈敏《道教学》，当代世界出版社 2000 年版，第 261 页。
②《藏外道书》，第 21 册，巴蜀书社 1988 年版，第 273—285 页。

"依《月令》，春夏禁杀又禁酒"[1]。《老子想尔注》提出九条"老君想尔戒"，分上中下三品：上品戒是行无为、行柔弱、行守雌，中品戒是行无名、行清静、行诸善，下品戒是行无欲、行知止。持上品戒者可望位登仙班，持中品戒者可以延年益寿，持下品戒者可以避免夭伤。想尔戒后来具体化、世俗化并发展为老君二十七戒、老君说一百零八戒，成为正一派的主要戒律。

北魏寇谦之改革天师道，专以礼度为首，唯贤是尊，选才授戒，儒、道兼修，创立斋戒符制度，推动了南北朝道教戒律的建设。《太上经戒》募集上清、灵宝及天师道戒律六种，将人品与戒品相联系，认为下品中之下品人无人心，受戒无益，下品中之上品人应受一百九十九戒、观身二百大戒或受千二百威仪戒；中品之人受十戒、五戒；上品之人无犯故无所持戒。这里显示出戒律系统已具雏形，其十戒首条"不得违戾父母师长，反逆不孝"[2]既发扬了《孝经》之"百善孝为先"的思想，又将纲常名教与道戒相结合，肯定戒律之目的在于成仙，表明持守以忠孝仁恕信义和顺等规范为基础之禁戒而后乃"求仙可冀"[3]之理。东晋上清派、灵宝派突出吸收儒家思想并且提出"三合成德"即德、仁足方能合道，斋戒礼拜仪式在道教中最为完备。初创阶段的道教戒律已有三戒、五戒、八戒、九戒，当为"洞神三戒，洞神五戒，洞神八戒；想尔九戒即《太上老君经律》之道德尊经之想尔戒"。[4]这些戒律既依据道教信仰之思想理论和独特精神，又吸收中国传统信仰文化和伦理规范，是早期道教戒律体系萌生和初步创制阶段的标志性成就。

---

① 《张鲁传》，《三国志》卷八，中华书局1982年版，第263页。
② 《太上经戒》，《道藏》第18册，上海书店（三家本）1988年版，第222页。
③ 卿希泰：《中国道教史》第1卷，四川人民出版社1996年版，第324页。
④ 同上书，第561页。

第二，完善和持续发展阶段。道教在隋朝以后戒律体系建设趋于完善并持续发展。张万福编撰并成书于唐玄宗先天元年（712 年）的戒律要典《传授三洞经戒法箓略说》，依据人有贤愚不等及法门顿渐分等之理念，清理、整顿并开列出十六种戒目①，标明其所传授之不同对象，使当时发展庞杂的各教派戒律变得主次分明、要点突出、清晰完善、富有条理。中唐时人朱法满撰《要修科仪戒律钞》（16 卷）摘引 50 余种道书，抄录十三禁文，其内容与《无上秘要》《三洞众戒文》之十三禁文完全相似，使当时戒律从内容到形式趋于简洁、通俗，比其他两种更易于为人理解、通晓。朱法满汇总各教派戒律及愿念一千一百条，以“经以检恶，戒以防非”理念为基础，归纳出戒律条目之形而上意涵，使该书成为汇集、发展和研究六朝隋唐道教科戒制度的重要典籍。② 同时，上清派潘师正以一切有形皆含道性之理念会通诸派戒律，总结划分了两大类戒律，即一是有文字可寻持之戒目，二是纯靠道性的解悟之戒目。③ 司马承祯以儒、佛并论为基础提出修道五渐门（斋戒、安处、存思、坐忘、神解）、七阶次（信敬、断缘、收心、简事、真观、泰定、得道）、三戒（简缘、无欲、静心）理论④，谋求持戒不拘于文字教条而将重心放于无得无失之功夫，由此凝练了道戒行持之观念并以有步骤、有系统的层积累进、渐次提升方法促进了戒律建设。唐末杜光庭更结合传统斋戒观与道戒，全面推动道场戒律以约束参与道场之道士。可见，完善和持续发展阶段的道教戒律体系从戒律数目、理论依据、可实

---

①《道藏》，第 32 册，上海书店（三家本）1988 年版，第 184—185 页。

② 胡孚琛主编:《中华道教大词典》，中国社会科学出版社 1995 年版，第 561 页。

③《道门经法相承次序》，《道藏》，第 24 册，上海书店（三家本）1988 年版，第 786 页。

④《坐忘论》，《道藏》，第 22 册，上海书店（三家本）1988 年版，第 89 页。

践性诸方面使初创阶段的道戒更具理论的完善性、系统的周全性和操作的方便性，更注重从内在性以及与传统的会通层面加强信众对戒律的持守。

第三，多样化和系统建设阶段。宋、元道教同唐代道教一样官方性质殊为明显，上层人士的崇奉助长了民间信仰之风，支派繁盛、宗派分立，戒律遂之趋于多样化和多元化，不仅继承消化发挥前代道戒，新的戒律亦屡屡创制、层出不穷。如宋真宗时张君房编辑的《云笈七签》素有“小道藏”之称，其中集合汉魏六朝至北宋初的大量道书而奉上清派为正宗，汇编化胡经十二戒、初真十戒、清戒、上清大洞戒、灵宝戒、八戒等①多种道教戒律，大有超迈前朝《要修科仪戒律钞》之风范。

彼时南宋金国道教支派突起并崛起太一教、大道教和全真教，南方有内丹派南宗、净明道以及新的符箓道派。全真教《重阳立教十五论》设立全真道士修行之戒规及内丹修炼、修真成仙之理论，规定苦己利人的准则，实为全真教立戒纲领。金丹南宗白玉蟾的《道法九要》以立身、求师、守分、持戒、明道、行法、守一、济度、继袭为戒律要点，其《持戒第四》提出“夫行持者，行之以道法，侍以禁戒。明其二字端的，方可以行持”，要求不仅注重内在精神境界养成，也要强调外在禁戒的不可或缺，教化道门学道从道、遵守规戒。

元朝建立后大道教与金丹南宗并入全真道，太一道和符箓道派并入正一道，从而形成晚期两大道教宗派。全真道更重教制与戒律，《重阳金关玉锁诀》自谓修天仙之道，第一先须持戒清净；陆道和编

① 《云笈七签》卷四十，《道藏》，第 32 册，上海书店（三家本）1988 年版，第 275—280 页。

《全真清规》提出“迁出”“罚香”“罚油”等罚戒。全真戒律在初期仅要求遵守如杀盗酒肉戒之类的传统戒规，如《重阳教化集》卷二《读晋真人语录》云：“大凡学道，不得杀盗饮酒食肉破戒犯愿。”丘处机制定“三堂大戒”开始传授戒法，内容由“初真戒”“中极戒”与“天仙大戒”组成，是全真道授受传承的根本戒律。明代正一派天师张宇初、张宇清主持编修《正统道藏》，其《三洞部·戒律类》收有戒律类经文29种、《洞真部》戒律类12种、《洞玄部》戒律类11种、《洞神部》戒律类6种。永乐四年（1406年）张宇初撰《道门十规》（1卷），制订十项规章，检束道教，其中言“凡行持之士，必有戒行为先，次以参究为务”，蓄众之方应“先严戒行，规矩为要，警以罪福因果之报”，推广全真教旨及宗风于诸派。《道门十规》实为明初道教权威戒律之一，是整顿道教的纲领性文献。至明中叶前，道教戒律体系建设依宗派发展空前周详，可谓真正达到了多样化和系统性。

第四，趋于衰落和重振阶段。明中叶以后的封建政体、社会制度渐趋僵化落伍，道教亦故步自封，总的创新与建树不多，故逐步衰落，[①] 其戒律体系亦随之不振。革新之举仅见于天师、全真两派，天师派继《道门十规》后对于道教渊源和流派、立教本旨以及戒律持守过程之种种问题和今后应当遵守之原则均有一定程度的改进。著名者当推全真道龙门派“中兴之祖”王常月，他的戒律建设思想主要体现于《碧苑坛经》和《初真戒说》二书，其中针对明末清初戒律松弛、道风衰败之世相，慨然以弘律为己任，不仅承接传统三坛大戒，建立公开传戒制度，而且将戒行精严的核心主张融入修行理念以救道教颓废之弊；王常月从戒律行持的角度强调悟道以修正

① 朱越利、陈敏：《道教学》，当代世界出版社2000年版，第106页。

心性为先，阐释了全真北宗先性后命的修道思想，不仅提出“持戒在心，如持物在手，手中之物，一放即失，心中之戒，一放即破”[1]之教理主张，而且将内丹修炼理论贯穿于戒律体系而强调内、外并修，其中尤重内修，强调明心见性、命在性中，性见则命在即能得道，俾使明心见性须从持戒降心、日用常行中朴实用功之理成为强固戒律根本之基础。可以说，明清道教戒律建设以《道门十规》《碧苑坛经》《初真戒说》为代表，虽起到了短时的积极作用，但是总体大势趋于衰落，因此收效甚微。

道教步入近代，自然和新时代、新社会生活变化相结合，不仅在宇宙观、社会观、善恶观和神仙观等方面回答信众所关心的问题，对道教如何适应新社会做出新的教义解释，而且还积极应对如何对宗教生活作出新调整、如何对科仪和道德内容作出取舍的时代课题，根据社会要求和教义思想制定符合实际的新道戒，使戒律体系顺应变革社会而与时进步发展。20 世纪 80 年代末，全真道恢复了十方丛林宫观所传“初真戒”“中极戒”和“天仙戒”体系，正一道也恢复了向道众宣扬各种自律规戒的制度和仪式，标志着道教戒律体系在新时代的复兴和重振。

二、道教戒律体系建设的历史经验

道教强调个人修持、教众努力以追求人生、社会和宇宙的和谐，期望由此获得“与道合真”之最高觉悟，其戒律体系自然特重人的觉悟、人性完善以及社会和谐，表明道教是道德品性极为浓厚、内涵非常丰富的伦理型宗教。综括道教戒律体系建设的历史经验，主要当有如下方面。

① 《碧苑坛经》卷上，《藏外道书》，第 21 册，巴蜀书社 1988 年版，第 273—285 页。

第一，把道德本体论、规范论和修行论结合起来坚持体用合一。任何一种系统的宗教都是一种伦理价值体系，而一种完备的伦理价值体系既包含某种基本理论，也包含体现基本理论的规范系统和实践方法。基本理论、规范系统和实践方法三个方面是伦理价值体系的中心部分。道教戒律体系以其道德本体论为基本理论提供其赖以建立的依据和基础，修行论既是落实道教戒律体系的实践方法，也是把戒律要求付诸实际的具有可行性和操作性的践行方式。作为规范论的戒律体系把作为“体”的道德本体论与作为“用”的修行论结合起来，道教伦理价值体系因此具有系统性、完善性和现实性。

道教以尊道贵德为道德本体论，其戒律体系建设由此具有最大限度的普遍性基础和连续一贯的指导思想和发展原则，并且自始至终奉道家提出和论说的“道”与“德”为根本原理，崇拜对象、修持要理、教戒仪轨等在逻辑上均是以道德本体论为依据推演而来的。道教把“道”一方面解释为宇宙的本原、主宰者、开始者和演化的动力，另一方面又解释为理极无为、生生成成之规律；把“德”解释为“道”之在我者亦即事物具有的赖以生存的灵性禀质或为社会规范、人的品德。吴筠《玄纲论》总括“道德”含义说：“道德者天地之祖，天地者万物之父。”一切戒律无不以“道”“德”为依归。法自然以顺道，顺乎阴阳五行变易即可谓得道之“德”。道教追求长生久视，信仰尊“道”贵“德”，因此戒律之目的便是修道积德、得道成仙。

戒律以道德本体论为“体”，以修行方法为“用”，统合“体”“用”为一。例如天师道戒律体系有想尔九戒，即行无为、行柔弱、行守雌勿先动（此上最三行）、行无名、行清净、行诸善（此中最三行）、行无欲、行知止足、行推让（此下最三行），这些戒条或将老子思想直接作为戒律，或以《老子想尔注》立戒，其落实或具体化为对信众言简意赅、易于实行的行为要求即是修行方法。再如老君二十七戒提出勿喜、勿轻躁、勿强求富贵、勿食含血之物、勿求名誉、勿与人争曲直、勿慕功名、勿杀、勿贪高荣、勿恣身好衣美食等，实为想尔九戒之世俗化、具体化，显示出尊崇道德为戒律之本体，其中又引申出可行的道德之修行要求。这里体现出道教在多种观念的冲撞、融合发展中始终把道德本体论、规范论和修行论结合起来，从而使戒律体系具有实践性和生命活力。

第二，把继承与创新结合起来坚持与时俱进。道教既继承了中国民间信仰、先秦诸子多种学说因素，最大限度地接纳了传统伦理文化，在此基础上又在适应广大民众精神需要、世俗王法和封建纲常之道的历史演进过程中使戒律体系自我整饬、革新扬弃，从而不断发展改进、与世偕行。

道教戒律体系所继承之重点有三：一是在普世层面对民间互助、慈爱、孝悌、敬让、诚信等基本道德和善良习俗惯例的接受和传承，作为吸引和约束底层信众的基本戒律要求；二是在学理层面对道、儒、阴阳等学说中具有普遍价值和超现实意义的天道人伦、道德仁义理论的融合和吸收，作为论证和确立戒律体系的理论依据；三是在官方意识形态层面对秦汉以来宗法伦理观念和政治秩序由拒斥变为认同和维护，作为支持和促进戒律体系运作的制度保障和现实条件。道教在魏晋以后多次被尊奉为国教，其戒律任务与儒、佛伦理规范一样服务于巩固经济基础和政治秩序，但其形式和内容随社会基础和秩序的变化而变迁。例如天师道在张鲁降曹北迁之后，道教组织一度陷于混乱，教戒松弛，导致已有戒律系统无法持续。除了老君说一百八十戒是应当时为清整纲纪之需而制，北魏时寇谦之亦对弊端百出之教团组织予以改革。全真道在立教之初为规范教门而有《立教十五论》，依道教传统戒法行持，随着教团组织、宫观等日渐扩大，为适应道士集体生活的需要而陆续制定清规，遂陆续有

《全真清规》《道门十规》与公开传授三堂大戒之制问世，此皆为适应不同时代背景与社会环境，自我改进、创新发展以应对外界挑战的结果。这种与时俱进的精神使道教戒律随教派的兴衰适时发挥其稳定教团及发展之功能，或在立教之初或在衰颓之际，对个人修持或教团组织皆起到了无法替代的作用。

第三，把先进性与广泛性结合起来坚持实事求是。道教制定戒律依据信众实际情况和具体条件，针对其根器、学行修养诸方面之差异、层次，既提出简约的、一般的规定，也强调复杂的、特殊的要求，前者针对普通信众的实际思想、文化、教育和道德水平进行普及，后者则面向高层次教徒的心理、精神、境界需求进行规约和引导。

戒律作为思想和行为的规范要求包含着少数信众才能做到的先进性要求和大多数信众都能做到的广泛性要求两个层面的内容，实践戒律之结果是达到不同的修行境界。广泛性要求注重信众的整体性，是先进性要求的基础和前提；先进性要求强调层次性、变化性，是以广泛性要求为基础对戒律内涵的提升和超越。早期道教戒律多针对根器较浅者的真实需求，形式简约、内容质朴且易于领会实行，如太平道教人周穷救急、自责改过、有财相通，天师道注重叩头思过、取予合道为戒律之要。随着道教向知识阶层、官僚集团等有较高文化教育程度的人士发展，戒律相对复杂、多样而完善，如寇谦之清整道教后北天师道专以尊礼、仁义（义舍）、禁杀为戒，提出较多涉及思想、精神的特殊戒律；陆修静吸收佛学理念、仪节、斋戒仪范创立的南天师道已针对高层信众提出了复杂戒律。较早有系统的道戒为想尔九戒，三行九条为道俗同尊。六朝道经《玉清经》的戒律直接糅合儒、释说教，《本起品第一》借元始天尊之口训曰："第一戒者，不得违反戾父母师长，反逆不孝；……第三戒者，不得叛逆君王，谋害家国"；而不孝父母师长者则死入地狱，万劫不出，纵生人中也将受人凌刺，常居卑贱。至于大逆不道之人、反逆君王者更是万劫受苦，出生边地无主之域，常被攻劫，晨夕恐怖。儒家的入世和道、佛二家的出世作为不同的两方力量在戒律体系内协调发挥作用。《太上洞玄灵宝智慧罪根上品大戒经》通过大量的复杂戒律进行教化，如言“与人君言，则惠于国；与人父言，则慈于子；与人师言，则爱于众；与人兄言，则悌于行……与人奴婢言，则慎于事”，如此等等，甚至较之儒家伦理规范的有关要求更加系统完备。正一法文经之“正一五戒品”直接把“五常”纳入修行要道，但其所谓仁、义、礼、智、信在儒家伦理的基础上已赋予了新内涵，有了新的发展：所谓“仁”，是慈心于物、仁爱不杀、放生度化，滋养、护育己身，使肝魂相安；所谓“义”，是赏善罚恶、谦敬礼让、公私分明，不犯窃盗之戒，使肺魄相安；所谓“礼”，是敬老恭少、阴阳静密、贞正无淫，不冒犯冲撞理法，使心神相和；所谓“智”，是明理处世、不怀疑惑、化愚学圣、节酒无昏，使肾精相合；所谓“信”，是守忠抱一、真实无妄、幽显效微、始终无忘，使脾志相成。人体“五脏”的存在状况、健康与否同信众在社会中所履行的五常规范被附会在一起而赋予互相制约的关系，从而使道教戒律体系的形上内涵同形下的生命需求之间形成了某种独特的结合。隋唐道教全盛之际，道教戒律依身份、地位、学识、个人根器不同立有不同戒品，如张万福《传授三洞经戒法箓略说》中整理的戒律有十六种之多。正一道士受三皈戒和正一戒、正一法师受二十七戒、三十六戒、一百八十戒，天师道男、女弟子受十戒方为正一弟子；上清道士受三皈戒、洞真法师受洞真观身三百大戒；[1] 灵宝派初盟弟子受闭

① 刘锋：《中国道教发展史纲》，文津出版社 1994 年版，第 234—238 页。

塞六情戒、中盟受智能上品大戒、大盟受三百八十戒。[1] 宋明后道教衰微，戒律虽化简如全真道的三堂大戒，形式由简到繁，但从整体概观，内容上既有面向俗世大众的，也有针对专门修行者、社会上层和少数精英的，所以形式、内容亦趋于复杂、多样。因此，道戒之发展随道教教派之兴衰，在规范上逐渐使形上精神与具体方法相融通、简约要求与深刻含义相结合，由此而能从现实出发观照底层信众、知识阶层和官僚集团等不同层次信众的思想、行为、精神、境界等多方需要和要求。

第四，把超越性与世俗性结合起来坚持适应社会。道教戒律体系一方面是修道的阶梯、成仙的向导，服务于修道成仙之信仰，因此具有超越性的追求；另一方面，道教戒律体系又是修道者过好现实生活、谋求生存发展的行为应当如何而不该如何的基本规范要求，它针对信众现实需要和可能违反的问题，提出既切合人性且实际有实效，又有别于世俗社会生活行为的具体要求，因此它能较好地处理一切宗教面临的超越性与世俗性关系问题，使道教能够经历千年历史、历经变难而能绵延发展下来。

道教戒律的超越性是其体现宗教的特点所在，超越性在于强调它所贯穿的道法，在严格要求道法的层面，道教戒律具有突出要求的超越性内涵和追求。以全真教《初真戒说》为例，它认为持五戒者，校正身心，去除杂念，许受虚皇己尊所命初真十戒。十戒为：第一戒者，不得不忠不孝，不仁不信，当尽节君亲，推成万物；第二戒者，不得阴贼潜谋，害物利己，当行阴德，广济群生；第三戒者，不得杀害含生，以充滋味，当行慈惠，以及昆虫；第四戒者，不得淫邪败真，秽慢灵气，当守贞操，使无缺犯；第五戒者，不得败人

---

①《道藏》，第32册，上海书店（三家本）1988年版，第185页。

成功，离人骨肉，当以道助物，令九族雍和；第六戒者，不得谗毁贤良，露才扬己，当称人之美善，不自伐其功能；第七戒者，不得饮酒食肉，犯律违禁，当调和气性，专务清虚；第八戒者，不得贪求无厌，积财不散，当行节俭，惠恤贫穷；第九戒者，不得交游非贤，居处秽杂，当慕胜己，栖集清虚；第十戒者，不得轻忽言笑，举动非真，当持重寡辞，以道德为务。《初真戒说》解说全真十戒表面上看似乎就是做人的品行规则，实则内含对天道运行之真理的探索，另外与个人道业精进，教团力量，社会准则世范，皆有裨益无穷。其阐述戒学理论云："……戒律者，于三教典籍旨本一也。唤是道教，恰是儒规；唤为道法，即是王法。人能受持者，非仅欲人尽心尽性，抑且欲人知命知天。出世于入世之中，达身于省身之内，实有佐于王化，绳人于众善也。法中之戒，即正心诚意之学；戒中之法，即治国齐家之化。不过欲人循文归正，借此知玄，希圣希贤，为仙为佛，无不从此戒法而出。故正心诚意，离此戒而何造？治国齐家，舍此法而何化？诚为三教梯航，万不可阙然。仙佛之教幽而灵，儒之教张而固。皆益于人而行于世者，实天道也。明有王法，幽有道法，道律治已，王律治人，二者表里，以扶世教。今若只知有王纲之律，不知道法之戒，只知道法之戒，不知王纲之律者，是谓偏见也。殊不知仙佛之戒，与王纲之律，治己治人，其理一也。三教圣人，无不谆谆言之者，盖谓非此不足以明达至道也。夫至道者，有天道也，人道也。所以诚者，天道也；思诚者，人道也；诚者无为也，自然而然，非有为使然，故谓天道，非假人力也。所以无思无为，无安排作用，存想布置，顺天道而逆人道。"[①] 这里的"法"，是"道法"，道法显然超越了戒律体系的具体内涵，而与王法

① 《初真戒说》，《藏外道书》，第12册，巴蜀书社1988年版，第15页。

结合起来，因此道法与王法是一体的，当然此“道法”与“王法”都是具有超越的高度。戒律在一定意义上使人升华品格，炼化气质，超越常态化堕落中的社会和人心。这样的戒律使人生命得到升华，活得健康、愉快，超越诸多自然约束并延长生命，同时戒律使人深入祖师经典内核精神，彻底改造自己并道化世界，脱胎换骨，使自己成为不断更新、日新无疆的前进中的新人。

道教戒律在世俗性的层面，突出自身的道德性，道德性是道教戒律趋善求善的特色。道教是尊道贵德的宗教，自身十分重视道德思想和实践，重视以道德宗教的形象面向整个社会大众，它具有以超越的神道的方式容纳古代社会主流的和普遍性的道德、道德践行与仙道修炼紧密结合，吸收道家贵柔守雌的精神、重视生命伦理、倡导世俗生活与自我解脱、多教融合汇通、与民间道德教化相结合等特色。道教戒律体系涉及的道德内容非常丰富，诸如爱惜众生、慎于起居、心怀慈善、行为端正、孝敬老者、和睦亲邻、禁止斗殴、反对词讼、不祀鬼神、远离巫觋等，几乎涉及一个人社会生活、家庭生活、国家社会乃至精神生活的所有方面。这些方面中的某些内容有适应时代要求，具有永恒价值的因素，可以继承完善、推陈出新。如戒杀生、戒邪淫、戒偷盗、戒怨恨、戒纷争、戒贪欲、戒嫉妒、戒偏私、戒诽谤，以及重慈善、讲诚信、倡大同、尽忠孝，等等。以戒杀生而言，道戒看重戒杀生，因为“生为大德之王，仁为儒道之尊，慈为福端，杀为罪首，立功树德，莫如去害，故济生之苦，皆由慈心于物”。[①] 再以讲忠孝而言，道戒经讲元始天尊述十戒，将“不得违戾父母、师长，反逆不孝”[②] 作为首条戒律，还讲“不得

---

①《太上洞玄灵宝法身制论》，《道藏》，第 6 册，上海书店（三家本）1988 年版，第 921 页。

②《太上经戒》，《道藏》，第 18 册，上海书店（三家本）1988 年版，第 222 页。

慢老欺人”，倡言忠孝仁义，如此等等，充分表现出其道德宗教的特征。

道教无论是在超越层面还是在世俗性层面，能够并且可以发挥其道德宗教的功能和作用，使其固有的道德内容与现实社会结合起来，这是道教发挥自身特色与社会发展相结合与相适应的一个重要方面。道教戒律体系蕴含的道德优良传统的发扬，有益于人性的改善，有益于社会的进步，有益于宗教的健康发展。

综上所论，道教戒律体系建设及其历史经验，是在道教戒律创建、发展、繁盛、衰落、重振之历史过程，以及近代以来道教建设中逐步积淀而成的，它不仅与其教团所处环境、组织兴衰、教派分合等因素联系密切，与道、儒、释相互融通息息相关，也与其适应历史和现实环境而不断变革、发展相关。实事求是体现出伦理价值体系注重信众的层次性、差异性、变化性和整体性，道德规范系统因此能够在一定程度上较为合乎实际地观照社会各阶层的多方面需要。适应社会则体现出伦理价值体系与社会组织、文化体系其他部分之间的交合性、互通性和融合性，道德规范体系因此能够在与社会其他要素的有序互动中保持持续不断的发展活力。这一重要的历史经验应当可以为中国特色的道德规范体系建设提供有益的借鉴和启示。

道教戒律与传统法律的关系

刘绍云*

摘　要：无论是世俗法律还是宗教戒律，本质上都是基于一定文化价值观的规范择拣的结果。肯定世俗伦理价值的倾向在道教内是居于主流地位的，随着道教的发展，世俗伦理观念越来越多地涉入戒律之中，道教戒律的伦理价值观既基于道教教义，也渊源于世俗伦理，其取向与传统法律存在着一致性，从内容看，道教戒律与传统法律之间是存在着一定关系的，二者间既有共通类似之处，也有相互吸收之处，这使道教得以戒律途径协助传统法律弘风阐化，安定秩序。

关键词：道教　戒律　法律

中国古代法律基本上是伦理型的法律，[①] 与西方古代法律相比，它较少宗教的意味，然而正如相关学者所指出的，这并不意味着它就没有一点宗教气息，事实上它也具有一定的宗教性。[②] 中国传统法

---

* 刘绍云，山东大学历史学博士，安徽省法治宣传和研究中心主任。

① 此点瞿同祖先生在《中国法律与中国社会》（中华书局，1981）一书中已有论述。

② 关于此问题，可参王立民《古代东方的宗教与法律》（《法学》1994 年第 5 期）、《中国古代刑法与佛道教——以唐宋明清律典为例》（《法学研究》2002 年第 3 期）、李光昱《浅谈中国古代法律的宗教性》（《中外法学》1999 年第 2 期）、谷东燕《古代中国的宗教与法律：从法律的宗教性角度谈》（《当代法学》2002 年第 12 期）等文。

律虽不是神降之法，但却以法天类物为法理基础，实乃神学之一种，因为此“天”并非自然之天，而为神圣之天。从现存法典来看，中国古代统治者惯用刑法来规范与宗教有关的一些问题，而且法律在诸多方面曾接受过道教等宗教的实际影响，也采纳过道教戒律等的某些因素。本文通过思想价值观、制度内容、约束机制等方面的探讨，来尝试揭示道教戒律与传统法律之间实际存在过的互动关系，并在此基础上讨论道教戒律在法律制度层面上对社会秩序的形成与维护的参与。

一、道戒与传统法律伦理价值观的一致性

无论是世俗法律还是宗教戒律，本质上都是基于一定文化价值观的规范择拣的结果。作为封建统治阶层价值观体现的传统法律与作为道教内部主流价值观体现的戒律，都是在同一社会环境下诞生的，有着共同的社会基础和共同的文化境域，这使得二者涵蓄着近亲的价值特质。伦理价值的同源性与类似性应该成为分析道教戒律与传统法律间关系的一个基点。

中国传统法律的最大特征是儒家化和伦理化。自汉代以经注律、引经决狱开始，封建法律经历了一个漫长的伦理化过程，唐代则是这一过程的成熟阶段，形成“准礼制法”的中国传统法典《唐律疏议》。在立法理论上，传统法律接受儒家伦理的影响而反对重刑，强调宽仁慎刑，推崇以教辅刑。在内容上，汉律以孝治罪，一些直接体现和维护孝伦理的制度，如“亲亲得相首匿”的诉讼制度，[①] 子孙代刑制、宽宥为亲复仇等司法制度，专门设立三老、司徒等官职推行孝教及以孝举官等行政法制度，都相继确立下来。晋律以五服制

① 其适用范围在隋代扩大为“同居相为隐”，唐律承用之。

度为参照实行差别性的量刑原则，北齐继之立《五服制》。

凡是严重违背儒家基本伦理纲常的行为，都被传统法律特列为重罪，汉代有“不道”“不敬”“大不敬”“禽兽行”等条，北齐律中正式提出“重罪十条”，隋《开皇律》提出了完整的“十恶”条目，至唐“十恶”罪名的法律设定最终完成并稳定下来：“五刑之中，十恶犹切，亏损名教，毁裂冠冕，特标篇首，以为明诫。”[①]“十恶”包括谋反、谋大逆、谋叛、恶逆、不道、大不敬、不孝、不睦、不义、内乱等，其主旨一是维护以忠德为核心的皇权至上的政治伦理秩序，二是维护以孝义为核心的家族伦理秩序。唐律称“为子为臣，唯忠唯孝”，不忠不孝乃是“规反天常，悖逆人理”[②]，可见，忠孝仁义等儒家道德是传统法律的价值内核，而三纲五常的伦理规范则逐渐深化为传统法律的立法指导原则。

道教内部对于伦理价值存在两种倾向，一种是始于鲍敬言、承继发展于无能子的思想倾向，他们本于老、庄自然无为、返朴归真的哲学主张，否定世俗伦理及其价值，认为世俗道德规范不合人类的本质属性，只不过是“络马首、穿牛鼻”之类戕害本性的东西，主张摒弃伦理规范，恢复“相忘于江湖”的自由[③]；另一种倾向是始于《太平经》、承继发展于各主要道派的思想倾向，他们将世俗的伦理与出世的仙学思想协调统一起来，逐渐建立起道德与修真之间的一致关系，从而肯定并推崇、实践着世俗伦理道德。

肯定世俗伦理价值的倾向在道教内是居于主流地位的。随着道教的发展，世俗伦理观念越来越多地涉入戒律之中，产生于东汉末年的道经《太平经》重视孝亲与长生的联系，认为不孝不可久生，

① 《唐律疏议·名例》“十恶”条，中华书局1983年版，第6页。
② 《唐律疏议·名例》“十恶”条，中华书局1983年版，第7页。
③ 《无能子·质妄》，《道藏》，第21册，第710页。

故有《不孝不可久生诫》，此外《太平经》也强调仁、义等伦理价值。晋代葛洪开始深入地将儒家伦理阐发为修道成仙的必要条件，《抱朴子内篇》说："欲求仙者，要当以忠孝和顺仁信为本。若德行不修，而但务方术，皆不得长生也。"① 而《抱朴子外篇》则从天尊地卑论的世界观出发，坚持并发展了君臣父子的名教理论，坚定地认为儒家尊卑贵贱的人伦观是符合自然秩序的："乾坤定位，上下以形。远取诸物，则天尊地卑，以著人伦之体；近取诸身，则元首股肱，以表君臣之序。"②

此后，道教戒律中开始大量融摄儒家伦理。约出于南北朝的《正一法文天师教戒科经》说："欲奉道，不可不勤，事师不可不敬，事亲不可不孝，事君不可不忠……仁义不可不行，惠施不可不作。"③ 约出于唐初的《虚皇天尊初真十戒文》之第一戒即为"不得不忠不孝，不仁不信，当尽节君亲，推诚万物"④。而宋元时期的净明道则完全以忠孝为宗旨立派，倡"忠孝神仙"。其他道教戒律所体现的伦理价值取向也同传统伦理大体一致，如《正一五戒品》完全以儒家伦理核心的"五常"仁、义、礼、智、信来立戒。可见自早期始，道教戒律便援用儒家仁、忠、孝、悌、爱、惠、恭、和等伦理道德范畴来作为道德修真的信条，并用之作为协调各种人际关系的准则。

由上述比较可知，道教戒律的伦理价值观既基于道教教义，也渊源于世俗伦理，其取向与传统法律存在着一致性，共同的指向都是以儒家伦理为核心的道德原则，"这两种社会控制规范的价值观基础以及这些规范的社会目的，具有共同一致的取向，某些规范甚至

① 王明：《抱朴子内篇校释》，卷三《对俗》，中华书局 1985 年版，第 53 页。
②《抱朴子外篇》卷四十八《诘鲍》，《道藏》，第 28 册，第 331 页。
③《正一法文天师教戒科经》，《道藏》，第 18 册，第 232 页。
④《虚皇天尊初真十戒文》，《道藏》，第 3 册，第 403 页。

达到了完全一致”[1]。在传统社会中，道教通过戒律对传统法律形成强大的伦理信念支持，对传统社会伦理价值信条的稳定起到了巨大的支持功能，道教正是以此实现济世度人的宗教信念，实现其“助国扶命”[2] 的宗教理想。宋元以后，道教更加注重道德修真和戒律约束，戒律开始向社会普化，并与文学形式相结合而形成劝善书，推动了劝善思想的广泛传播，这些都促进了法律价值观念基础的巩固。

二、道戒与传统法律内容规定上的相关性

中国古代社会中，君主始终掌握着最高的祭祀通神权。自“绝地天通”[3] 以来，神权在事实上已被收为世俗权力加强统治的工具。因此，古代社会始终不曾产生出能与世俗政权相抗衡的宗教力量，没有出现过古代西欧宗教与政治之间的那种关系模式。中国宗教的戒律也不曾上升为具有普遍强制力的法规，宗教法在古代中国基本上未曾出现过，故此中国古代宗教与法律的关系也往往不被研究者所重视。但从内容考察，道教戒律与传统法律之间是存在着一定关系的，二者间既有共通类似之处，也有相互吸收之处，这使道教得以戒律途径协助传统法律弘风阐化，安定秩序。

（一）道戒时节禁忌对传统法律的影响

因自身的教义信仰和法术修炼思想，道教对时间有着独特的观念，无论是在其宗教活动中还是在日常活动中，道教都有很强的时日选择的意识和相关规范，并由此形成了道教戒律中时节禁忌的内容，这也是传统社会里岁时风俗的主要根源之一。道教戒律中的时

① 参见姜生《论宗教伦理向类法律型态的演变》，《世界宗教研究》1997 年第 1 期。

②《正一法文天师教戒科经·大道家令戒》，《道藏》，第 18 册，第 237 页。

③《国语·楚语下》，四部丛刊本。

节禁忌内容也部分地涉入到了世俗法律中，成为法律规范与司法程序的内容，这主要有十直、三元、八节等方面的影响。

《斋戒录》等道教戒律经典规定，每月有“十直斋日”，此斋戒时间至迟在隋唐已被纳入法律，如《唐律疏议》规定“其所犯虽不待时，若于断屠月及禁杀日而决者，各杖六十”，禁杀日“谓每月十直日，月一日、八日、十四日、十五日、十八日、二十三日、二十四日、二十八日、二十九日、三十日，虽不待时，于此月日亦不得决死刑”。[①] 可见唐律将道教的主要斋戒时间之一——十直日列为了司法与行刑的避忌时间，在此时间里不得执行死刑，因为道教在此时间严格戒杀。法律为尊重这一宗教精神，并体现好生之意，故不许在此时间内执行死刑。一般司法程序所产生出的判决结果必须结合这一规定进行，否则司法官将受到杖责六十至八十的严厉惩罚。除正律之外，唐代又经常以诏、敕的形式强调遵守十直日，如高祖武德二年正月诏“自今以后，每年正月九日及每月十斋日，并不得行刑。所在公私，宜断屠钓”；玄宗天宝七载五月敕“自今以后，天下每月十斋日不得辄有宰杀”；肃宗乾元元年四月敕“每月十斋日及忌日，并不得采捕屠宰。仍永为式”。[②]

三元日是道教又一重要节日。道教认为，正月、七月、十月的每月十五日是天、地、水三官校对善恶、宣断奖惩的日子，在此三元日人们应当行斋守戒，检点行为，以免招怒天神，并祈求赐福。唐开元二十二年十月，玄宗发布《禁三元日屠宰敕》，其文曰：

道家三元，诚有科诫，朕尝精意，祷亦久矣，而初未蒙福，

① 《唐律疏议·断狱》“立春后不决死刑”条疏议引《狱官令》，中华书局，第571—572页。

② 以上引文见《唐会要》，卷四十一《断屠钓》，影印文渊阁四库全书本。

念不在兹。今月十四日、十五日是下元斋日，都城内应省屠宰。宜令河南尹李适之勾当，总与赎取。其百司诸厨日有肉料，亦责数奏来。并百姓间是日并停宰杀渔猎等，兼断肉食。自今以后，两都及天下诸州，每年正月、七月、十月三元日，起十三日至十五日，兼宜禁断。①

唐玄宗以行政命令的方式推行道教三元斋日的戒规，甚至指定专门官员用政府资金大量赎生。其主要用意在于借此体现李唐王朝推行仁政的决心，将李唐皇帝打扮成仁圣君王的形象，以此获取民心，实是以宗教的方式达到贯彻儒家仁政的政治伦理。三元斋日也被唐代国家仪典所承认，《唐六典》曰："三元斋：正月十五日天官为上元，七月十五日地官为中元，十月十五日水官为下元，皆洁身自忏愆罪焉。"② 其功能主要被定为忏悔罪愆。另据敦煌写本文书 S. 6537V14 号——郑余庆奉宪宗命所订《大唐新定吉凶书仪》载，三元日律准休假，道教宫观须举行投龙简的法事："上元准令格各休假三日，下元日休假一日，并宫观行道，设斋投金龙。"③

二十四节气中最重要的八个也被道教视为天神下降的日子，"四立、二分、二至为八节日也，皆诸天大庆吉会之日，检勾学者功过之辰"，④ 道教戒律规定，"勿以八节日行威刑"，⑤ 南朝陈律则规定："当刑于市者，夜须明，雨须晴，晦朔、八节、六齐、月在张心日，

---

①《唐大诏令集》卷 113《政事·道释》，影印文渊阁四库全书本。

②《唐六典》卷四《尚书礼部·祠部郎中》，影印文渊阁四库全书本。

③ 见周一良、赵和平：《唐五代书仪研究》附录，中国社会科学出版社 1995 年版，第 185 页。

④ 陈景元集注：《元始无量度人上品妙经四注》，《道藏》，第 2 册，第 197 页。

⑤《太微灵书紫文仙忌真记上经》，《道藏》，第 3 册，第 402 页。

并不得行刑。”[①] 其他一些道教节日也被法律纳入规定，如二月十五日为玄元皇帝老子的“降诞日”，依唐律，这一天人们可以“休假一日行香”[②]。据《高上玉皇本行集经》《搜神记》及《诸神圣诞日玉匣记等集目录》等载，正月初九为玉皇圣诞，武德二年正月唐高祖诏定每年正月九日不得行刑，官府及民间皆须断屠钓[③]。

可见，道教戒律时节禁忌内容对传统法律的影响主要在于两个方面，一是司法程序，二是断屠禁杀。尤其在断屠禁杀方面，因戒律的影响，法律禁杀的思想内涵发生过深刻的变化。道教戒律规定不得杀生，在斋戒等特殊时间里尤其要严格地守戒勿杀，“不得杀生屠害，割截物命”[④]，“不得探巢破卵，伤胎堕子，非理枉横，截断生路”[⑤]，“不得杀害含生，以充滋味，当行慈惠，以及昆虫”[⑥]。这种珍视一般生命物的观念渐渐渗入法律中，唐高祖武德二年正月《禁正月五月九月屠宰诏》说：

> 释典微妙，净业始于慈悲；道教冲虚，至德去其残杀。四时之禁，无伐麛卵；三驱之化，不取前禽。盖欲敦崇仁惠，繁衍庶物，立政经邦，咸率兹道。朕祗膺灵命，抚遂群生，言念亭育，无忘鉴寐。[⑦]

---

①《隋书》卷二十五《刑法志》，中华书局1973年版，第703页。
②《大唐新定吉凶书仪》，周一良等：《唐五代书仪研究》，中国社会科学出版社1995年版，第185页。
③《唐会要》卷四十一《断屠钓》，影印文渊阁四库全书本。
④《太上大道玉清经》卷一《本起品·十戒》，《道藏》，第33册，第283页。
⑤《太极真人说二十四门戒经》，《道藏》，第3册，第413页。
⑥《虚皇天尊初真十戒文》，《道藏》，第3册，第403页。
⑦《唐大诏令集·政事·道释》，影印文渊阁四库全书本。

法律禁杀原本主要指人与人之间，而道教戒律“无伐麛卵”“言念亭育”的戒杀好生思想促使俗法将禁杀的对象由人自身扩大到了一般生命物，对一般动植物的保护成了传统法律的内容之一。唐武德三年四月《关内诸州断屠杀诏》，再次严厉斥责“刍豢之畜靡供，肴核之资、胎卵之群莫逐蕃滋之性”的现象[①]。景龙元年曾遣使江淮，分道赎生，以所在官物充值，次年九月八日复敕：“鸟雀昆虫之属，不得擒捕，以求赎生。犯者先决三十，宜令金吾及县市司严加禁断。”[②] 道戒称：“牛之有功，犬之有义，雁之有序，鲤鳝朝斗，此等之肉，又安忍食之。”[③] 玄宗先天元年十二月《禁屠杀鸡犬诏》则称“犬以守御，鸡以司晨，有用于人，不同常畜。好生之德，遍宜令及，自今并不得屠杀”。开元十一年又下《禁屠杀马牛驴诏》，令“州县及监牧使诸军长官切加禁断，兼委御史随事纠弹”。[④] 可见道教戒律对于法律特质的某些影响。

（二）关于道教戒律的类法律化等问题

当代学者认为，宗教伦理与法律均属人类社会控制手段，但各自所产生的社会控制功能则殊有不同，总的来看，上古人类社会宗教伦理和法律的关系十分密切，甚至达到了近乎一体化的程度，但随着宗教伦理的成熟和社会形态演进，宗教伦理的社会控制功能逐渐强化并迅速向类法律化的形态演变，“可以说，国家法典所规定的社会准则，在道教神学戒律中用信仰的手段不仅得到了保护，而且将在人们的灵魂深处产生强大的观念和行为控制效应。在这里，

---

①《唐大诏令集·政事·禁约上》，影印文渊阁四库全书本。

② 见《唐会要》卷四十一《断屠钓》，影印文渊阁四库全书本。

③《虚皇天尊初真十戒文》，《道藏》，第3册，第405页。

④《册府元龟》卷四十二《帝王部·仁慈》。

宗教伦理与国家法律走上了一条共通之路”。[①]根据这一理论进行考察可以发现，作为道教伦理载体的道教戒律有着突出的类法律化现象，这种现象以价值观念的趋同为主，也包括外在形式上的类似。

1. 道教戒律对传统法律某些思想、原则的袭取

无论是法律还是道教戒律，它们都服务于某种价值秩序，道教戒律的类法律化发展，首先在于其伦理价值观念与传统法律的一致化，此点参见本文第一部分的论述。此外，道教戒律对传统法律其他某些思想、原则也有袭取，例如以下两个方面。

其一，道教戒律对春夏庆赏、秋冬行刑传统司法观念的接受。受阴阳五行思想影响，传统法律具有一定的自然法的特征，将神圣化的自然规律视为法律准则的根源，向来重视月令与四时禁忌。春夏是万物生长勃发时节，象征着生机与生命。传统法律思想认为此时应该应天地长养万物的精神，推行庆赏为主的政策，以体现好生与仁慈，合乎天地自然之道，故春夏宜行庆赏。秋冬时节万物肃杀，象征着天地主宰对自然的整饬。此时应严肃法纪，打击犯罪，清除恶患，故秋冬宜行刑。“刑德合于四时则福”，“德始于春，长于夏；刑始于秋，流于冬”[②]。春夏庆赏、秋冬行刑成为传统法律的重要理论，并实施成具体的制度。“刑罚威狱，以类天之震曜杀戮也；温慈惠和，以效天之生殖长育也。”[③] 后魏“原稽周典，近采汉制，天下断狱，起自初秋，尽于孟冬，不于三统之春行斩绞之刑”[④]。南朝陈天嘉元年十二月诏曰：“自今孟春，讫于首夏，罪人大辟，事已款

① 姜生：《论宗教伦理向类法律型态的演变》，《世界宗教研究》1997 年第 1 期。
②《管子·四时》，四部丛刊本。
③《汉书》卷二十三《刑法志》，中华书局 1962 年版，第 1079 页。
④《魏书》卷六十二《李彪传》，中华书局 1974 年版，第 1387 页。

者，宜且审停"[①]，唐律规定"立春以后、秋分以前决死刑者，徒一年"[②]。道教戒律吸取了这种思想，并贯彻为戒律内容。《三国志·张鲁传》中已记载天师道"依月令，春夏禁杀"[③] 的戒律，其后的戒律对此则一以贯之。

其二，道教戒律对传统法律贱讼思想的接受。古代对于民事类的纠纷称为"讼"，刑事类的纠纷多称为"狱"。对于通过狱讼途径实现纠纷协调的方式，自先秦便不重视，《周易》曰："讼，终凶"，"以讼受服，亦不足敬也"[④]。《论语·颜渊》载孔子语，"听讼，吾犹人也，必也使无讼乎"[⑤]，不鼓励兴讼成为传统法律思想的重要内容。道教戒律完全接受了这种贱讼思想，并斥诸于戒律，规定甚多。如《道德尊经戒》曰："戒勿与人诤曲直，得诤先避之。"[⑥]《初真十戒》曰："不得阴贼潜谋"，"阴贼潜谋者，是暗中使人为非，教唆词讼之谓也"[⑦]。《太微仙君功过格》规定："教唆人官门斗讼，死刑为三十过，徒刑为二十过，杖罪为十过，笞刑为八过。"[⑧]

2. 道教戒律对传统法律形式的袭取

以《上清骨髓灵文鬼律》为例，此经由北宋天心派道士饶洞天、邓有功所作，收载"上天"法律科仪一百二十余条，它在形式上典型地模仿了国家法律，形成包括鬼律、玉格、仪、式四部分，其中上卷鬼律分为法道门、太甲门、太戊门、正一门、亡祟门、国祀门、

---

① 《陈书》卷三《世祖纪》，中华书局 1972 年版，第 52 页。
② 《唐律疏议·断狱》"立春后不决死刑"条，中华书局 1983 年版，第 571 页。
③ 《三国志·魏书·张鲁传》，中华书局 1982 年版，第 254 页。
④ 《周易》"讼"卦卦辞及《象》传，四部丛刊本。
⑤ 朱熹：《四书集注》，岳麓书社 1997 年版，第 198 页。
⑥ 《太上老君经律》，《道藏》，第 18 册，第 218 页。
⑦ 《虚皇天尊初真十戒文》，《道藏》，第 3 册，第 403 页。
⑧ 又玄子：《太微仙君功过格·不义门》，《道藏》，第 3 册，第 452 页。

飞奏门等七门。宋代的法典主要是宋太祖建隆四年（963年）编成的《宋建隆重详定刑统》，简称《宋刑统》。其条文只是《唐律疏议》的翻版，篇目仍是12篇、502条，每条律令以“诸”字领起，但在每篇下设有门，合计213门，在律条后附以令、格、式、敕条和起请等法条。由此比较而知，《上清骨髓灵文鬼律》正是仿照宋律的形式制定的，分卷、分门，包含律、格、式等部分，每一条条文也同唐、宋律一样，以“诸”字领起。其序言曰：“祖仙（饶）洞天以谓，天人虽异，理则一致，仿以国家法律，参校深得轻重之意，而定其刑罚之例”①。可见这种模仿是有意识地进行的。

《上清骨髓灵文鬼律》还模仿了唐、宋律的五刑体系。传统法律的刑罚体系一般由笞、杖、徒、流、死五种组成，每种又各分数等，笞刑分十至五十五等，杖刑分六十至一百五等，徒刑分一年至三年五等，流刑分二千里至三千里三等，死刑分绞、斩二等。宋律还增加了刺字、充军、凌迟等刑种。《上清骨髓灵文鬼律》中设立了杖刑、徒刑、流刑和死刑，笞刑对于鬼神来说太轻，且“鬼神有影响而不可执着，无所施其鞭扑”，故此刑未设。但鬼律中却相应地增加了针对于鬼神特点的刑种，如“《九地律》云，无上灭形，则若世之处置也；《玄都律》云，分形散影即若世之法外也”②。鬼律以“灭形”之刑对应世之绞、斩死刑，以“分形散影”对应世间法律的法外酷刑。此外还有“针决”“除筭”或“减寿”等刑罚，“诸正神抗拒正法者，分形”，“诸土地出游而分割良民者，针决，流八千里”，“诸正神妄受人间咒诅以至病于人者，处斩；损一人者，灭形”③，

① 邓有功撰：《上清骨髓灵文鬼律序》，《道藏》，第6册，第909页。
② 以上引文见北宋邓有功撰《上清骨髓灵文鬼律序》，《道藏》，第6册，第909页。
③《道法会元》卷251《太上混洞赤文女青诏书天律》，《道藏》，第30册，第537—540页。

“诸法官弟子骂度师者，减寿半纪；知而故犯者，加一等”。此外，在刑等上《上清骨髓灵文鬼律》基本同于唐、宋律，但其他律文中却有变化，如《太上天坛玉格》中徒刑上限达到九年，流刑上限达到九千里。刑罚的适用方法上，道律也采用了俗律的两刑同罚，把两种刑罚同时适用于一种犯罪。唐律只在少数情况下使用，明、清律则广泛使用，如大明律规定“白昼抢夺人财物者，杖一百，徒三年”，将杖刑与徒刑配合施用，道律中两刑并用的情况较多。如“诸土地出游而分割良民者，针决，流八千里”，“法官非利害紧大祟不得轻召景阳宫四神，违者去寿一年，流一千里”。①

3. 道教戒律对传统法律概念、语言的承用

道教戒律对传统法律概念、语言的承用使得戒律语言呈现出类法律化的特点。道教戒律不同于佛教戒律的一个特点是大量借用法律的概念和语言，各种道教戒律中，除“戒”外，“律”“令”“格”“式”“科”“诰”等概念都是来自法律。“律”始于秦，商鞅改法为律，遂为国家基本大法之称，道教戒律以“律”为称者很多。汉代针对某类事的一个方面制定的法律文书称为“科”，曹魏以“科”取代汉律而作正律之称。《大唐六典》载：“魏武为相，造甲子科”，又载“晋贾充等撰律令，并删定当时制诏之条为《故事》三十卷，与律令并行。梁易《故事》为梁《科》三十卷，蔡法度所删定。陈依梁”。② 自此至南朝都重视“科”。而此阶段正是道教戒律创设阶段，新出之戒律往往以“科”为名。如《正一法文天师教戒科经》《太真玉帝四极明科经》以及北魏寇谦之新造《云中音诵新科之戒》、南朝宋陆修静所撰《陆先生道门科略》，等等。再如“格”，东魏时“格”

① 《道法会元》卷265《造令式》，《道藏》，第30册，第627页。
② 《大唐六典》卷六《尚书刑部·刑部尚书》，影印文渊阁四库全书本。

开始取代“科”的地位，第一部最重要的“格”——《麟趾格》的出现使“格”上升至了独立法典的地位。唐代“格”与律、令、式共同成为四种主要的法律形式。金朝道士又玄子撰写了《太微仙君功过格》这部戒律经典，从而发展出功过格这一重要的道教戒律类型。此经包括功格三十六条（分为救济门、教典门、焚修门、用事门四类），过律三十九条（分为不仁门、不善门、不义门、不轨门四类），不仅使用了“格”的法律名称，也遵循了宋律的编制形式。除此之外，传统法律中的基本术语如知情、同罪、赦罪、原罪、加一等、失入、失出、从轻、原情定罪等等，也都频频出现在道教戒律之中，使得道教戒律，尤其是“律”，体现出浓厚的法律语境。这种语境的产生正是袭取法律概念与话语的结果，导致了道教戒律语言上的类法律化特征。

传统法律也存在袭取戒律之名的情况，比如“十恶”。道教戒律中有多种十恶戒，但都出现于晋末以后，是在晋代佛教律典译入并传播的情况下模仿或袭取佛教“十恶业”的结果。约成书于东晋末南朝初的古灵宝经《太上洞玄灵宝智慧罪根上品大戒经》载有《灭罪根十恶戒》，该戒摘取汉魏道教戒律内容而模仿佛教“十恶”戒形式，此戒又载东晋末《太上洞玄灵宝本行宿缘经》、北周《无上秘要》、唐《要修科仪戒律钞》等经，沿用较久。《太上经戒》等南北朝道经则直接袭取佛教以杀、盗、淫、贪、嗔、痴、妄言、绮语、恶口、两舌为主要内容的“十恶业”来丰富道教戒律，并进一步将佛教十恶与道教原有戒律相组合或融合，以发展戒律，如《太上老君大存思图注诀》将道教的早期戒律“九行”与佛教“十恶”直接相组合。传统法律将十类被视为最严重的罪行列入常赦不原的范围，并袭取自佛、道教戒律中的“十恶”之称以名之，但内容则实际不同。法律“十恶”是礼法结合的结果，它渊源于汉代“不道”“不敬”等罪名，“汉制九章，虽并湮没，其‘不道’‘不敬’之目见存，原夫厥初，盖起诸汉”①。北朝时《北齐律》中正式提出了“重罪十条”，基本上形成了“十恶”罪的雏形。西魏《大律》始立“十恶”之名，但还没有详细完整地规定“十恶”内容。隋《开皇律》继承了“十恶”之名，并完整地提出了“十恶”条目，“十恶”罪名的法律设定至此完成。唐后的诸代法律相延不辍。后期道教“十恶”戒也向法律“十恶”趋同，将作为“王法”的“十恶”纳入戒律：“不忠不孝，反逆父母，杀害君主，谓之十恶。生犯王法，死人地狱受考，永无出期”。②

故法律“十恶”虽袭戒律之名，但与道戒“十恶”有很大不同，其差异的产生在于宗教神律与世间俗律服务目的上的本质不同。道律服务于修道成仙的信仰，故视邪见与恶业产生的根源为十恶，颇受佛教戒律影响；俗律服务于社会权力结构的稳定，故视威胁皇权与宗法基础的不忠不孝为十恶，渊源于秦汉法律与政治传统。不过，据本文第一部分所述，法律“十恶”与戒律的整体伦理精神是一致的。

三、道戒精神约束对法律刑罚约束的弥补

法律也具备教育的功能，而且先教后刑、明刑弼教一直是中国传统法律思想的特征，但在现实中，法律的主要力量仍在于其刑罚威慑，故传统法律一方面以儒家思想为理论指导，强调宽仁慎罚、以教辅刑，但另一方面又保留了法家以刑禁奸、以刑去刑的思想，

---

①《唐律疏议·名例》“十恶”条，中华书局1983年版，第6页。

② 见《洞玄灵宝道要经》，《道藏》，第6册，第305页。撰人不详，从内容文字看似为隋唐道士所作。

重视刑罚的强制性社会协调作用，“以刑止刑，以杀止杀。刑罚不可弛于国，笞捶不得废于家”①。它或者从以刑辅德的角度论述刑法的必要性：“爱待敬而不败，德须威而久立，故制礼以崇敬，作刑以明威也”②；或者从神道设教角度阐述刑法的合理性：“春夏以生长之，秋冬以杀藏之。斯则德刑之设，著自神道”③。其目的则都是为了“制死生之命，详善恶之源，翦乱除暴，禁人为非者也。”④ 而现实社会中层出不穷的恶乱和对等级礼制的频频威胁，更迫使统治者求助于严刑峻法，“大刑用甲兵，其次用斧钺；中刑用刀锯，其次用钻凿；薄刑用鞭扑”。⑤ 如宋初“承五季之乱，太祖、太宗颇用重典，以绳奸慝”。⑥

为了增强刑罚的约束力量，历代创设了诸多严厉的刑罚措施，希图以此建立起强大的威慑。秦朝设有戮、车裂、枭首、具五刑、髡、耐等酷刑。汉代设有枭首、要斩、弃市三种死刑，黥、劓、刖左右趾、宫刑等肉刑。族诛是中国古代因一人犯罪而诛灭其亲族的刑罚制度，汉、魏、晋有夷三族，北魏有诛五族，隋代有诛九族，明代甚或有十族之诛。隋唐大幅度改革刑制，确立了笞、杖、徒、流、死五刑体系，并废除了墨、劓、刵、宫等肉刑，只对个别重罪保留族诛，但其后不久酷刑又被采用，如五代时“凌迟”入律，宋、元、明、清司法史上均不乏其例，另外还有刺配、枭首、戮尸等肉刑的设立，刑罚又复酷滥。封建酷刑的发达及其废立的反复，其实都是刑罚约束存在局限性的结果。

---

①《唐律疏议·名例》疏议，中华书局 1983 年版，第 1 页。
②《汉书·刑法志》，中华书局 1962 年版，第 1079 页。
③《魏书·刑罚志》，中华书局 1974 年版，第 2871 页。
④《隋书·刑法》，中华书局 1973 年版，第 695 页。
⑤《汉书·刑法志》，中华书局 1962 年版，第 1079 页。
⑥《宋史·刑法志》，中华书局 1977 年版，第 4961 页。

与传统法律相比，道教戒律虽然也具有强制的约束性，但主要是通过信仰来调动人的精神自律而达到维护社会秩序的目的。“戒”是假借天神之意所作的劝说，是皈教入道时立下的与神的约；“律”则是对违戒的惩罚，道教后期有更严格的清规、清约。戒律清规在道教内部有一定的强制性，但总体上说，仍是通过建立思想行为与信仰追求之间的联系来发挥精神约束力，也即充分利用基于厌死求生的神仙信仰来鼓励人向善，通过承负、轮回报应思想禁人为非。道戒说：“天师设教施戒，奉道明诀。上德者神仙，中德者倍寿，下德者增年不横夭也”。[①] 而且，是否守戒不仅关乎夭寿灾福，也决定着人自身的存在意义，只有做到守戒合道才能使生命存在具有意义：“不持戒行，假使长寿，犹如老树，有何殊别？若持戒行，死补天官，升仙自在”。道教告诉信徒：天道平正，以生赏善，以死罚恶，守戒可以增福寿、登仙箓，破戒则要遭灾祸、夺年命，乃至流恶后代，“人之行恶，莫大于嫉、杀、贪、奢、骄、淫也。若此一在心，伐尔年命矣”。[②]

道教有完整的天官审判神学理论，认为神界中有专司人间善恶的大神，会在三元日、八节日等专门的日子下降，考录善恶，宣施奖惩。而身神说更使人时刻处在神的监控之下，使每个人的行为与结果之间都有着有效的关联，真是“善恶之报，如影随形”，[③] 无可逃脱。故“宗教还为社会控制过程增添了超自然的‘侦查’力”，[④] 弥补了只有在有人觉察并举报的情况下犯下越轨行为的人才会受到

① 《正一法文天师教戒科经》，《道藏》，第 18 册，第 232 页。
② 《太上经戒》，《道藏》，第 18 册，第 225 页。
③ 李昌龄注、郑清之赞：《太上感应篇》，《道藏》，第 27 册，第 6 页。
④ ［美］戴维·波普诺：《社会学》，李强等译，中国人民大学出版社 1999 年版，第 455 页。

社会的惩罚的局限。如此，道教戒律便将社会的它律转化为信仰的自律，使约束力内移到了人的内心，后期道教的功过格更是自律自控的强化。另外，如戴维·波普诺所指出的，严格的斋戒可以洗罪，为越轨者提供了赎罪并重新加入社会的方法，从而缓解了社会紧张，使社会控制得以维持。①

戒律约束重视内心自律，强调主体自觉性，要求从意识根源上着手来祛除离道背德的思想行为，以绝恶于未萌。因此，戒律重视内心的检省和照察。世俗法律只是根据人的行为结果来进行判断和发生作用的，在事实上并不涉及也无法不限制人的“意识犯罪”问题，但戒律则不同。它是神律，具有神圣权威，神鬼的监视是深入人的内心的，人的精神活动也在戒律的规范之内，“意识犯罪”也将无逃于司戒神的监察和惩罚，故“阴律”较“阳律”具有更深的控制性：

> 阳律多论迹，所以甚疏；阴律惟论心，所以甚密。但知治身口之恶而不知治意念之恶，逐末忘本，阳虽为君子，阴实为小人，譬之瓶花，香色皆备而根本实无，何由结果哉？故求福报者必修实行，欲修实行者必起实心，欲起实心者必祛妄念，而欲起实心、祛妄念者必考核于阴律。知阴律之轻重然后知立心之诚伪，知立心之诚伪然后知功行之虚实，知功行之虚实然后知福报之有凭无凭。②

① [美] 戴维·波普诺：《社会学》，李强等译，中国人民大学出版社 1999 年版，第 455 页。

② 《十戒功过格序》，《藏外道书》，第 12 册，第 41 页。原署纯阳子（唐吕洞宾），盖为明末清初道书。

宗教的目的在于通过内心的引导使人向着至善的境界接近，而法律则是道德的底线，它只能限定某些恶事是人们所不能做的，但却无法规定人们应该去做哪些善事，这是法律边域上的局限性。孟德斯鸠认为："宗教和法律主要的倾向应该是使人成为好公民，所以如果其中有一方背离了这个目标，另一方就更应坚持。宗教的约束越少，法律的约束就应越多。另一方面，在法律力量微弱的时候，宗教是能够支持国家的。"① 道教依托信仰，将某些规范和价值观念神圣化，通过戒律调动人的内在自制力，发挥出精神约束的力量，以一种内在的方式完成了信仰与行为、个体于社会之间的协调，成为一种潜在的社会控制方式。这样就在弥补传统法律依靠刑罚约束局限的同时，更弥补了传统法律在边域上的局限。

总之，道门戒律与世俗法规之间有着密切的关系，因为二者在本质上虽有差异性的一面，但却也有相同性的一面。二者都是使人返本归性的导引，都是建立社会秩序的范则，本质上都服务于人的自我控制需要。故道经《初真戒说》云："戒律者于三教典籍旨本一也，唤是道教恰是儒规，唤为道法即是王法。人能受持者非仅欲人尽心尽性，抑且欲人知命知天，出世于入世之中，达身于省心之内。实有佐于王化，绳人于众善也。法中之戒，即正心诚意之学；戒中之法，即治国齐家之化，不过欲人循文归正，借此知玄。"② 作为一种制度化的宗教伦理，古代道门戒律与国家法律之间所存在的诸多直接和间接关系，使得它在社会制度层面上实际发挥着一定的社会秩序控制功能，这是它的社会秩序意义得以实现的一个重要途径。

---

①［法］孟德斯鸠：《论法的精神》（下），张雁深译，商务印书馆 1963 年版，第 147、150 页。

②《初真戒说》，《藏外道书》，第 12 册，第 15 页。

第二章
现状分析

近现代道教戒律滞后的原因探析

丁常云[*]

摘　要：近现代以来，特别是改革开放后，中国道教得到快速发展，但就道门自身戒律建设而言，几乎是停滞不前，不能适应道教事业发展的需要。其主要原因还是道教人才匮乏，尤其是缺少戒律建设的人才，加上道门自身重视不够，缺乏戒律建设的自觉意识，致使戒律建设严重滞后。本文就当代道教戒律建设情况，从历史和现状等方面进行分析，阐述道教戒律滞后的主要原因，为当代道教戒律建设提供理论借鉴和启示。

关键词：道教戒律　历史原因　现状分析　戒律人才　现代启示

古老的中国道教，伴随着人类社会的发展，已经走过了两千年多年的历史，甚至更加久远。在其漫长的历史发展进程中，既有它的鼎盛时代，又有它的衰微时期，这虽然是历史发展的必然，但是也有自身的人为因素。近现代以来，道教人才匮乏，道教发展缓慢，这其中的原因是多方面的，但是就道教自身而言，除人才培养之外，最为重

* 丁常云：中国道教协会咨议委员会副主席，中国宗教学会理事，《上海道教》杂志主编，上海市道教协会副会长，浦东新区道教协会会长，浦东道教文化研究所所长上海太清宫住持。

要的就是道门自身建设问题，其中又以信仰建设和戒律建设更为重要。因为，信仰的淡化直接导致戒律的松弛，戒律的松弛又加剧了信仰的淡化，这种状况已经直接影响到当代道教事业的健康发展。

道教历史表明，戒律建设与自身发展是相互制约和相互影响的，凡戒律完备之日，必定是道教发展之时，反之亦然。明清以后，道教日趋衰微，道教戒律也日渐松弛。特别是道教自明代张宇初天师《道门十规》之后，在戒律建设方面就少有建树，并一直处于衰微状态，虽然全真道教戒律在清代有所发展，但近现代以来仍然是相对滞后。因此，当代道教戒律建设已成当务之急，因为道教的戒律建设直接关系到道教的教风问题，关系到道教的神圣性，也直接关系到道教自身的形象和社会影响，这是道教赖以生存和发展的重要根基。改革开放以后，道教开始出现严重的“世俗化”“商业化”倾向，具体表现为“信仰淡化，戒律松弛”和“教风不正”等不良现象。国家宗教局王作安局长曾明确提出，要“制定既承继传统，又适应当今道教发展的清规戒律，规范道众言行，整顿道风道貌，树立道门良好形象”。[①] 为此，当代道教所面临的一项重要任务就是要大力加强戒律建设，努力提高广大道教徒的戒律意识和信仰修持。本文就当代道教戒律建设情况，从历史和现状等方面进行分析，阐述道教戒律滞后的主要原因以及存在的主要问题，为当代道教戒律建设提供诸多理论借鉴和实践启示。

一、明清时期道教戒律建设情况

和唐宋时期的道教相比，明中叶后的道教“走完了向上发展阶

① 王作安：《在中国道教协会第八次全国代表会议上的讲话》，《中国道教》2010 年第 3 期，第 7 页。

段”，开始“进入其衰落时期”，“从总体上显现出明显的衰落景象”。[①] 究其原因主要是“理论教义发展停滞”“教团势力日渐衰弱”“对社会的影响力减弱”[②]，还有“道教本身创新方面建树不多”[③] 等原因。明清以后，道教日趋衰微，道教戒律也日渐松弛，曾经纷繁、复杂、苛酷的道门戒律渐不为人知，失去了它的约束力、影响力和宗教意义。于是，道门有识之士，又力图在整顿革新中重整道教，他们的共同做法，又都是强调规戒、坚定信仰。这里仅举明代天师张宇初和清代龙门中兴之主王常月二例来加以说明，并从中窥见明清时期道教的戒律建设情况。

第一，明代道教戒律的建设情况。从道教发展历史来看，“明中叶以前，道教仍继续处于兴盛时期，到嘉靖年间达到高潮”。[④] 但是，自明中叶以后，道教开始由盛而衰。明代道教衰落的原因是多方面的，但是从道教自身建设情况来看，道教戒律建设的严重滞后是其中一个重要因素。纵观明代道教历史，我们发现整个明代新出的戒律经典非常少，其中较有影响的主要有二部：一是流行于民间的《功过格》，二是明代张宇初撰写的《道门十规》。

针对明代道教由盛转衰的现状，道门有识之士希望通过加强戒律建设来重振明代道教。鉴于明代新出的戒律经典极少，道门就借用当时流行的“功过格”，劝人行善积德，防止为非作恶。所行之事分别“善恶”逐日登记，借以考查功过而故名。该书起源于宋范仲淹、苏洵等，自明代袁了凡倡导，功过格遂大行于世。道教沿用此法，做成定式。《道藏》收录之，称为《太微仙君功过格》，共有立

① 卿希泰主编:《中国道教史》，第 1 卷，四川人民出版社 1996 年版，第 1 页。
② 同上书，第 12—13 页。
③ 朱越利、陈敏:《道教学》，当代世界出版社 2000 年版，第 106 页。
④ 卿希泰主编:《中国道教》，第 1 卷，东方出版中心 1996 年版，第 63 页。

“功德”三十六条，“过律”三十九条。规定：治人疾病、救人性命、传授经教、为人祈禳、劝人行善等皆记功，行不仁、不善、不义、不轨之事皆记过，逐日登记，一月一小比，一年一大比，善多者得福，过多者得咎。① 借以鼓励道士行善避恶。

明代四十三代天师张宇初掌教后，就很快意识到道教所面临的危机，思图整顿革新。针对当时道教戒律松弛、道风不纯的问题，撰成《道门十规》，以“激励流世，昭宣圣制，永为奕世绳规”。② 他从加强教内规戒入手，继承全真教风，清整清规戒律。针对当时道教组织松散、戒律松弛之弊，张宇初提倡初期全真派的道风，强调恪守清规戒律，这是重整道风的首要任务。他在《道门十规》中告诫道士“其初入道，先择明师参礼，开发性地，恪守初真十戒”，以此来“收悉身心，操持节操”。③ 也就是说，学道之人，首要任务是强调信仰，守持规戒。而信仰与持戒又是相互影响的。可以想象，一个没有信仰的道士，是不可能恪守戒规的。所以“凡行持之士，必有戒行为先”。同时，张宇初还从历史教训出发，规诫正一道士说：“至若赵归真、林灵素之徒，偶为世主所崇尚敬礼，既为富贵所骄，有失君臣之分，过设夸诞之辞，不以慈俭自守，亦取议当时后世多矣，是切为后戒！”④ 要求道士要以信仰为重，以持守戒规为要，千万不要过于追求名利富贵，因为这不是一个真正道士的所为。张宇初心目中的道士标准，是符合道教教义思想的，这不仅是当时道教徒应该遵守的，而且即是当代道教徒也是值得提倡的。但是，由于当时的社会环境和道教自身等原因，特别是“道教至此，积弊已

① 《太微仙君功过格》，《道藏》，第 3 册，第 449 页。
② 《道门十规》，《道藏》，第 32 册，第 147 页。
③ 《道门十规》，《道藏》，第 32 册，第 148 页。
④ 《道门十规》，《道藏》，第 32 册，第 149 页。

深，精神已衰”，很难“彻底见效”。[①] 因此，《道门十规》提出的诸多措施，对于道教教团组织的自我整顿，产生过一定作用，但是总体效果不太明显。

第二，清代道教戒律的衰微。清代是道教开始走向衰落的时期，故被称为“江河日下的清代道教”。主要因为“入清以后，由于清统治者素无道教信仰，便逐步采取种种限制措施，从而加速了道教衰落的进程”。[②] 加上道教不注重自身建设，没有教义思想的创新，跟不上时代发展的步伐。事实上，明代自张宇初天师《道门十规》之后，正一派戒律建设就少有发展，致使道教正一派的社会地位和影响日渐下降。与此同时，全真派自初创时期的《全真清规》之后，全真派的戒律建设得到发展，特别是经过清代龙门祖师王常月的开坛传戒，留下许多戒律方面的著作，有力推进了清代全真派戒律的建设。

据史料记载，全真派在明代虽然较为沉寂，但清初却稍有中兴之象，涌现出一批高道，其学说有人发挥，教理、教义有人阐扬，其中最有影响的首推著名道士王常月。王常月自幼喜好读书，于《老》《庄》、经史无不涉猎。二十岁外出求师，两遇龙门六祖赵复阳，受其“天仙大戒”，后隐居华山。明末，至北京白云观，被推任为住持。清世祖顺治时封为国师，赐紫衣，开坛传戒，收授道徒千余人，“是全真教教门内公开传戒的第一人”。[③] 后又至南京，在江浙一带传戒收徒；又往武当山传授道戒。[④] 所传戒法分“初真”“中极”“天仙”三等，亦称“三坛大戒”，为全真教派授戒法规。通过王常

① 卿希泰主编：《中国道教史》，第3卷，四川人民出版社1996年版，第457页。
② 卿希泰主编：《中国道教》，第1卷，东方出版中心1996年版，第69页。
③ 胡孚琛主编：《中国道教大辞典》，中国社会科学出版社1995年版，第196页。
④ 卿希泰主编：《中国道教史》，第4卷，四川人民出版社1996年版，第80页。

月的努力，使久衰的全真龙门派得到恢复和发展。王常月有感于明季“玄风颓敝，邪说流行”，以振宗兴教、光复全真祖风为自任，以清整戒律为中兴龙门的主要措施，他在继承《全真清规》等戒律思想的基础上，著《初真戒说》，其弟子根据他在南京说戒的记录整理而成《碧苑坛经》。王常月的道教戒律思想主要体现在《碧苑坛经》和《初真戒说》二书中。全真道初创时期，戒条简单，尚无繁文缛节。据《钵鉴续》载，赵真嵩对王常月说：龙门戒法自丘处机以来，代代皆“单传秘授，不能广行”，四百年来未显于世，致使道门戒律威仪衰颓不振，特以“三百年来独任之事”付嘱王常月，命他待时而出，传戒宏教。于是，他清整戒律，端正道风，强调“戒行精严”，并对此作了诠释，即“降心顺道唤作戒，忍耐行持唤作行，一丝不染唤作精，一毫不犯唤作严。始终不变唤作持戒，穷困不移唤作守戒”。《碧苑坛经》共22篇，既讲修炼次第，又讲修炼方法。提出入道学仙，须按皈依三宝、忏悔罪业、断除障碍、舍绝爱缘、戒行精严、忍辱降心、清静身心、求师问道、定慧等持戒二十要，以此修行；并须严持初真、中极、天仙三极道戒，以戒、定、慧为渐进之基。实际上，王常月是将内丹修炼理论贯穿于戒律说中，强调明心见性，认为“命在性中”，明心见性须从持戒降心、日用常行中去朴实用功，性见则命在，亦是得道。因此，王常月的说戒，重点强调“戒行精严”。并认为“仙圣无门，皆从戒入；圣贤有路，皆自戒行①”。还认为“持戒在心，如持物在手，手中之物，一放即失，心中之戒，一放即破。世间王法律例，犯则招刑；天上道法，女清戒律，犯则受报”。② 可见，在王常月的心目中戒律占有十分重要的

①《碧苑坛经》卷上，《藏外道书》第10册，第168页。
②《碧苑坛经》卷上，《藏外道书》第10册，第169页。

地位。王常月中兴龙门的一个有力武器就是道教戒律建设，他不仅十分看重道教戒律的作用，而且还丰富和发展了道教戒律。

总之，明清时期的道教戒律建设的代表作主要是《道门十规》和《碧苑坛经》。经张宇初和王常月在戒律建设方面的努力，虽然在加强道教自身建设方面起到了一定的积极作用，但是由于道教总体已经趋于衰落趋势，所以对于道教的发展起效甚微。当然，他们在道教戒律建设方面所取得的成就是值得当代道教徒学习的，他们为道教戒律建设不懈努力的精神是值得加以弘扬的。

二、当代道教戒律建设的现状

近代以来，道教戒律日趋衰微，原来严酷、苛刻的戒律几乎被人们所淡忘，这种状况一直延续至今，与当代快速发展的道教相比已经严重落后了。就当前道教戒律现状而言，可谓是“喜忧参半”，喜的是现在已经有人意识到戒律建设的重要性，也有人在为道教戒律建设进行着不懈努力；忧的是目前仍然有一部分人戒律意识淡泊，根本就不重视戒律建设。这种现象，不仅体现在道教团体组织建设上，体现在道教宫观管理上，而且还体现在道教院校的教育之中。

第一，道教团体组织的戒律现状。根据目前道教团体组织情况来看，道教戒律建设主要呈现以下两个方面内容：一是道教团体领导班子对于戒律建设的关注。全国宗教工作会议明确指出：宗教团体是党和政府团结、联系宗教界人士和广大信教群众的桥梁和纽带，要为他们开展工作提供必要的支持和帮助，尊重和发挥他们在宗教内部事务中的作用，努力建设政治上可信、作风上民主、工作上高效的高素质领导班子。这是对宗教团体积极作用的充分肯定，是对新时期宗教团体建设提出的新要求。这就要求道教团体领导班子成员要“想做事、敢做事、能做事”。只有这样的领导班子，才能很好地发挥其桥梁纽带作用，才能很好地引领广大道教徒走与社会主义社会相适应的道路，才能很好地规范道教管理、促进道教事业的健康发展。事实上，改革开放以来，道教团体负责人就开始注重自身建设，尤其是关注戒律建设。中国道教协会曾明确指出：“要探索制定既承继传统，又适用于当今道教现状的清规戒律，进一步规范道教徒的言行。”① 道教正一派大师陈莲笙道长也明确提出：当代道教，必须要建立一套完整的规戒制度。这是新时代赋予我们新一代道教徒的责任，也是道教健康发展的迫切要求。② 这就表明，无论是道教团体组织，还是道教团体负责人，都在积极主动地关注道教的戒律建设。但是，就目前道教团体组织情况来看，关注戒律建设的团体还不多，关注戒律建设的道教领袖更是凤毛麟角。就全国各地道教团体而言，多数道教团体班子并不重视戒律建设，有的团体负责人公然排斥戒律，认为我们现在有制度了，还要什么戒律。正是由于这种不正确的认识和做法，把团体的戒律建设推向了社会的边缘，致使道教团体积极作用的发挥难以为继，严重影响了道教的自身建设与发展。二是道教团体管理制度中的戒律现状。从目前道教团体制度建设来看，总体情况是好的，各地道教团体大多比较注重制度建设，也都有一套相对较为完善的管理制度。但是，道教团体是不同于其他一般的社会团体，在执行过程中由于缺乏信仰修持的根基，有时会导致现代管理制度难以落到实处。因此，规戒制度是道教所特有的管理制度，当然也是道教团体不可缺少的重要制度。从目前道教团体规戒制度建设来看，已经由上海浦东新区道教协会和湖南

①《中国道教》2010 年第 4 期，第 16 页。
② 陈莲笙：《道风集》，上海辞书出版社 2006 年版，第 23 页。

南岳道教协会，先后制定了《道教清规榜》，并在团体管理中贯彻执行，并取得一定成绩。随后，上海市道教协会也在浦东道教协会《清规榜》的基础上，制定了上海道教《清规榜》，率先在省级道教团体中开展戒律建设。此后，有部分道教团体开始进行戒律建设的探索，制定了相应的规戒制度。但是，就目前总体情况来看，道教团体在管理制度中还没有真正重视戒律制度，即使制定了《清规榜》等戒律制度，但是在具体贯彻中明显滞后，其中主要原因还是思想重视不够，戒律制度的时代性、可操作性不强，致使戒律制度在道教团体制度建设中难以推行。

第二，道教宫观管理的戒律现状。道教宫观，是道士修道、祭神和举行宗教活动的重要场所，也是道教树立自身形象和联系信教群众的重要窗口。改革开放之后，随着宗教信仰自由政策的贯彻落实，全国各地道教宫观相继恢复开放，基本满足了广大道教信徒过好宗教生活的需要。但是，随着我国社会和经济的快速发展，在给当代道教发展带来新机遇的同时，也对道教宫观管理提出了新要求。当代道教宫观的管理除了常规的管理制度之外，还必须要有戒律制度的管理。根据对部分道教宫观的调研，我们发现已有部分教职人员有了重视戒律的意识，并通过自身的努力学习，积极倡导并践行着道教戒律的建设。这种现象虽然目前在道门中人数还不是很多，但是我们也由此看到了道教戒律建设的希望。就目前道教宫观现状而言，至少有一些道观已经开展对于道教传统戒律的学习，并通过学习进一步提高了对于道教戒律的认识。据我所知，目前已经有上海城隍庙、钦赐仰殿道观和江西龙虎山天师府等正一派道观，先后开展了对于道教戒律的学习，并写出了具有一定深度的体会文章，从而提高了对于道教戒律的认识。就目前道教宫观管理而言，凡是管理好的道观，必然是制度健全、规戒严格；凡是管理不好的道观，则往往是制度混乱、戒律松弛。因此，戒律建设在宫观管理中的作用是十分重要的。

第三，道教院校教育的戒律现状。改革开放以来，全国各地道协积极开办道教学校，培养道教事业接班人。经过近二十年的努力，道教后继乏人的局面得到了根本改变，道教人才培养也取得了一定成绩，一大批优秀的年轻道长脱颖而出，在今天全国各地道教工作岗位上发挥着重要作用。与此同时，道教教育事业也得到了较好发展，目前在全国各地已经有十所道教学院，在硬件建设上已经有了很大的提高，在发展道教教育方面也积累了许多宝贵经验，这是前辈道长们对道教教育事业的贡献。但是，就目前全国各地道教院校的戒律建设情况来看，相对其他课程的教学安排是严重滞后的。一方面，在宗教课程设计中，戒律课的内容很少。据初步统计，目前道教院校正式开设戒律课的还不到一半，而且还没有规范的戒律课教材，仅仅只是讲课老师自编的讲义。同时，讲课老师的水平也是参差不齐，教学目标很难实现，致使戒律课的教学无法取得实质性进展。主要原因，是道教院校负责人缺乏对戒律建设重要性的认识。当然有些道教院校的负责人并非教界人士，自然对戒律课程不感兴趣，致使多数道教院校认为戒律课是可有可无的。同时，道教院校的教学目的大多注重实用型，有的重视斋醮科仪、有的重视管理、有的重视养生、有的重视术数等。他们认为道教院校本身就是为本地区培养教职人员，加上有些地方教职人员的紧缺，更多的考虑则是实用主义，并没有长远的战略目标。另一方面，道教院校的戒律人才严重缺乏，难以担任教学任务。改革开放以来，由于道门自身不注重戒律建设，不注重戒律学的研究，也不重视戒律人才的培养，长期以往就形成了恶性循环。就目前道教教育现状来看，师资力量仍然严重不足，各地道教院校宗教专业课教师普遍缺乏，精通戒律学的教师更是凤毛麟角。当代道教，虽然有人提出要大力加强戒律建设，积极培育戒律学人才，但是始终缺乏行动的落实。这种现状如果不能得到根本改变，道教戒律学人才就很难涌现出现，道教院校的戒律教育也不会有很大的改变。

三、道教戒律建设滞后的原因分析

自明代以后，道教界自身、特别是正一派在道教戒律建设方面，几乎就没有什么新的发展。陈耀庭教授认为：自明代天师张宇初《道门十规》之后，"正一道也就不再有人撰述阐发规戒之事了"。[①] 只有全真派曾进行过一些努力，如"三坛大戒"就是"王常月在（北京）白云观公开传戒时所制定的戒律"。"清咸丰六年北京白云观有《清规榜》规定共 23 条"，"道光二十三年陕西张良庙《清规榜》共 36 条"。[②] 近代以来，道教戒律建设少有建树，已经不能适应时代和道教自身发展的需要。就当前道教戒律建设情况来说，可以用"严重滞后"来形容。究其原因，主要是戒律思想落后、戒律理论模糊、戒律行动滞后、戒律责任缺乏和戒律人才匮乏，这些问题的存在严重制约了道教戒律的建设与发展。

第一，戒律建设"思想"相对落后。就目前道教现状来看，有相当一部分道教教职人员缺乏道教戒律意识，或者说根本就不重视戒律建设，这也许是道教戒律建设中的难点问题。究其原因，主要是道门中人对道教戒律建设的认识不够，戒律建设的思想意识严重缺乏，自然就会对道教戒律不感兴趣。有少数年轻道长不仅不关心

---

① 卿希泰主编、陈耀庭副主编：《中国道教》，第 2 册，东方出版中心 1996 年版，第 347 页，

② 朱越利、陈敏：《道教学》，当代世界出版社 2000 年版，第 265—266 页。

道教戒律，而且还否定道教戒律。我就曾听到有年轻道友说："我们正一道教没有戒律"。这是由于当前道教正一派戒律滞后所造成的，长期的戒律松弛已经"习惯成自然"，这是一种认识上的误区。正是由于这种错误的认识，导致了"目前少数道教徒信仰淡化、戒律松弛、衣冠不整、道不像道。有的追名逐利、见利忘义，为贪图钱财大搞看相算命一类的迷信活动，败坏道教的名声"。[①] 这是当代道教戒律意识缺乏的一种侧面反映。从表面看，似乎好像是社会某些不良风气的影响。李养正教授就曾说到："道教教职人员，在社会经济体制转规、公民道德意识发生变化的冲击下，不免也会产生一定的影响。社会上出现的消极因素，道教界也不同程度的有所滋生。"[②] 但是，如果我们透过现象看本质，就会发现其根本原因是由于戒律建设"思想"落后所造成的。因此，当代道教徒必须要大力加强戒律学习，通过系统学习和广泛宣传，使广大道教徒充分认识到戒律建设的重要意义，从而在思想上引起高度重视。

第二，戒律建设"理论"相对模糊。就目前道教戒律现状看，由于缺少对传统道教戒律经典的学习，使少数教职人员一定程度地存在着戒律理论模糊问题，这种现象主要表现在两个方面：一方面，是对传统戒律的功用缺乏正确认识，这是造成戒律理论模糊的主要原因。一般来说，传统戒律主要是用于道门"自律"的戒条，是约束道士行为，以防止违反教规的警戒条文。其中，戒是约束道士言行、防止"恶心邪欲""乖言戾行"的规戒；律是约束道士言行、防止"恶心邪欲""乖言戾行"的律文。戒是戒条，主要以防范为目

① 叶小文：《在中国道教协会第六次全国代表会议上的讲话》，《中国道教》1998年第4期，第10页。

② 李养正：《道教践行"与社会主义社会相适应"务必加强自身建设》，《上海道教》2000年第1期，第11页。

的；律是律文，主要以惩罚为手段。戒律的功用主要是约束教徒，作为教徒必须遵守的思想与行为准则，违反了即要受到神的惩罚。另一方面，是对现代管理制度缺乏研究，甚至把现代管理制度与传统戒律混淆不清。从目前道观管理的现状来看，由于管理者的认识问题，其管理手段基本还是停留在现代制度上，还没有真正把道教戒律纳入道观的管理中来。这是由于道观管理者对于道教戒律理论缺乏学习，有人认为制度建设可以取代戒律，甚至还有人认为“既然有了制度还要什么戒律”等，这些都是由于对制度建设与戒律建设混淆不清所造成的。

第三，戒律建设“行动”相对滞后。就目前道教戒律现状看，已有部分教职人员有了重视戒律的意识，并通过自身的努力学习，积极倡导并践行着道教戒律的建设。这种现象虽然目前在道门中人数还不是很多，但是我们也由此看到了道教戒律建设的希望。就目前道教宫观而言，至少有一些道观已经开展对于道教传统戒律的学习，并通过学习进一步提高了对于道教戒律的认识。据我所知，目前已经有上海城隍庙、钦赐仰殿道观和江西龙虎山天师府等正一派道观，先后开展对于道教戒律的学习，并写出了具有一定深度的体会文章，从而提高了对于道教戒律的认识。正一派大师陈莲笙道长在其所著《道风集》中明确提出：“鉴于道教历史上的传统规戒，有些已不能适应新形势下道教发展的需要了，因此有必要加以调整、补充和完善。”同时，他还希望要尽快建立“一整套较为完善的教制规戒，来完善道门的管理制度，肃穆道仪，端正道风，促进道教事业的健康发展”。[①] 这是当代道门的呼唤，也是高道的远见卓识。这里需要特别指出的是，2007 年在苏州召开的“长三角地区道教论

---

① 陈莲笙：《道风集》，上海辞书出版社，2006 年 9 月版，第 23 页。

坛”，首次以“戒律建设与宫观管理”为主题，并形成了“长三角道教《清规榜》”，在长三角地区开始施行，这是正一道教戒律建设的良好开端。这些思想和举措，有力地推动了道门自身对于道教戒律的关心和重视。但是，这种做法仅仅只是“星星之火”，还没有形成气候，更没有得到教内多数人的关注。虽然如此，这种戒律建设的“行动”也没有持续下去，所起到的作用也是十分有限的。因为，到目前为止，道门中人还没有觉醒，戒律建设还没有引起真正的重视，当代道教戒律建设仍然是任重而道远。

第四，戒律建设“责任”严重缺乏。就目前道教戒律现状看，虽然有些教职人员已经意识到戒律建设的重要性，但却不愿意去做加强戒律建设的工作，或者说还缺乏加强戒律建设的热情。这种现象目前在道教中还相当普遍，这也许可能是当前道教戒律现状的主流，也是戒律建设工作难以推行的主要原因。就如同加强道教人才培养一样，全国道教界有识之士都普遍认识到人才培养是当前道教工作的重点。中国道协也曾于 1999 年专门在北京召开“六届二次常务理事会”，就道教人才建设问题进行了专题讨论，得到与会者的高度重视，一致认为：“能不能抓好道教人才培养工作，直接关系道教事业的发展和前途，是当前的头等大事，凡有条件的地方都要抓好道教教育工作，没有条件的地方，创造条件也要搞好人才的培养工作。”① 这种认识很深刻，也很符合道教实际发展的需要，中国道协也明确表示全力支持各地办学。然而，二十年过去了，事实并非想象的那么好，地方办学仍然任重而道远。这里最关键的问题还是思想重视程度不够，思想根源中深层次的问题还没有得到根本解决。因此，这种重视往往只能停留在表面上，一旦遇到困难就会停滞不

① 《中国道教》1999 年第 6 期，第 4 页。

前。对于道教的戒律建设也是如此，同样存在这些实际问题。根据目前道观管理情况来看，虽然很多地区的很多道观的负责人都已经认识到加强道教戒律建设的重要性，这是时代发展的需要，也是道教加强自身建设的当务之急。然而，由于当代道教徒戒律责任意识的缺乏，严重制约了道教戒律的建设，具体表现为团体管理不重视戒律，宫观管理也同样不重视戒律。但是，从深层次来看，最大的问题还是道门自身缺乏戒律建设的责任。当代道教，有人提出“精严戒律”的建议，即对传统戒律进行“精选”，去除一些不适应时代发展的戒律内容，然后严格执行。当然，还应该增加当代社会发展需要的戒律内容，符合道教现状，具有一定的可操作性，如果一个戒律不能很好的贯彻执行，那也只能是徒劳的。

第五，戒律建设“人才”严重匮乏。道教历史发展表明，道教的弘扬关键是人才，道观的管理关键也是人才。所以，宗教界前辈、佛教协会前会长赵朴初先生在谈到佛教界的首要任务时一再强调：第一是培养人才，第二是培养人才，第三还是培养人才。同样，当代道教的首要任务也是培养人才。从道教现状看，道教戒律人才的匮乏，是制约道教戒律建设的主要原因，具体表现为道教徒的持戒意识淡化、戒律松弛，缺少道教戒律人才的引领，也缺少道教组织的持戒氛围。

因为，戒律不只是一种知识，更是一种修持、一种信仰。戒律虽然只是道教徒个人的“止恶行善”的修持，但必须要有团体的持戒做后盾。离开了信仰，离开了团体组织的持戒氛围，谈学戒、持戒都只是一句空话。另一方面，还表现在道教界领袖人物的持戒动力不够，没有起到率先垂范作用。有人说，当前道教界领袖人物是率先违反戒规的，此话不是空穴来风。比如，全真派传戒、正一派授箓，本身就是提升信仰、强化戒律建设的重要抓手。据说，如此神圣的法务活动，竟然也有“大师”不遵守坛场规戒，严重影响坛场威严。还有，在道教宫观管理中，宫观负责人不带头持戒现象普遍存在，所产生的影响肯定是负面的。因此，当代道教必须要重视培养戒律人才，营造良好的持戒环境，确保戒律建设的顺利实施。

综上所述，道教戒律是当代道教自身建设的重要内容，也是确保道教事业健康发展的根本保证。当代道教徒要深入学习道教戒律，不断提升对戒律建设重要性的认识，要针对当前道教戒律建设存在的问题，大力培养道教戒律学人才，积极探索当代道教戒律建设的有效途径，要把戒律与制度有机结合，实现“它律”向“自律”的自然过渡，不断强化道教戒律建设，促进道教事业健康发展。

当代道教正一派戒律建设情况

侯　程*

摘　要: 戒律建设是新时期道教发展的必然选择，是道教加强自身建设、提升道教徒自身修养的重要抓手。本文就正一派道教戒律建设情况出发，对当前正一派戒律建设存在的问题进行分析，指出正一派戒律滞后的相关原因，并就当代道教戒律建设问题提出了有关思考。当然，就目前现状来看，当代正一派戒律建设仍然是任重而道远，必须要引起我们道教界的高度重视。

关键词: 当代道教　正一派　戒律建设

道教戒律是道教教制建设的重要内容，也是道教信仰的重要体现，其伴随着道教的诞生而一直存在。道教戒律历来的表现内容与形式虽然多样，但对于道教徒而言，一直有着十分重要的权威性与神圣性。《老子想尔注》中则记载："戒为渊，道犹水，水犹鱼。鱼失渊去水则死，人不行戒守道，道去则死。"[①] 因此，道教戒律是道教体现核心教义思想、信仰的重要方式；同时也是道教徒修道、悟

* 侯程，上海市浦东新区道教协会副秘书长兼办公室主任。

① 饶宗颐:《老子想尔注校证》，上海古籍出版社1991年版，第46页。

道、得道的重要条件，其对道教的传承与发展有十分重要的作用。

纵观道教历史，凡道教戒律发展之时，必定是道教兴盛之时；凡道教戒律衰微之时，也必定是道教衰落之时。所以，道教戒律是道教振兴和发展的重要条件，是世代道教徒赖以修道弘教的重要内容，更是新时期道教发展和道教加强自身建设、提升道教徒自身修养的必然选择和重要抓手。在当代社会，经济发展迅猛，但随之而来的社会问题也不少，人心浮躁、诚信缺失、道德滑坡等等。作为本土的道教，也同样面临这样的问题，世俗化问题突出。就目前道教界而言，已经出现信仰淡化、道心不坚、世俗味重等现象，虽产生背景复杂，但戒律松弛无疑是直接的原因之一。所以对于当今道教发展而言，道教戒律的建设已刻不容缓，是当代道教发展工作中的重要任务。

一、正一派戒律及主要特点

何谓戒律？《洞玄灵宝玄门大义》中说：“戒，解也，界也，止也。能解众恶之缚，能分善恶之界，防止诸恶也。”[①]《道教义枢》中云：“戒止也，法善也。止者止恶，心口为誓，不作恶也。”[②]《要修科仪戒律钞》卷四称：“夫经以检恶。戒以防非。”[③] 所以道教的戒，是禁止性的戒条，主要以防范为主；而道教的律，是律文、约束条文、处罚方式等，如“律者，终出戒中，无更明细，多论罪报，刑宪之科”[④]。由上可以得知，律文是根据戒条而建立的惩罚手段。戒

① 《洞玄灵宝玄门大义》，《道藏》，第24册，上海书店（三家本）1988年版，第734页。

② 孟安排：《道教义枢》，《道藏》，第24册，第816页。

③ 朱法满：《要修科仪戒律钞》，《道藏》，第6册，第936页。

④ 孟安排：《道教义枢》，《道藏》，第24册，第818页。

与律的主要异同在于“戒主因”“戒论防恶”，而“律主果”“律论止罪”。即戒警示于事前，而律处罚于事后。

因此，道教戒律对于教徒来说，一方面划分了善恶的分界线，即道教戒律肯定的言行就是善，道教戒律否定的言行就是恶，依此去恶从善；另一方面要求信众做到防恶、防非，如有违背依律惩罚。道教戒律强调自律与他律的结合，以此来约束道教徒的思想言行。

从道教历史来看，道教的戒律众多。在明《正统道藏》中，三洞部·戒律类共收道教戒律类经文 29 种，其中洞真部 12 种，洞玄部 11 种，洞神部 6 种。① 每一种戒律经文都内容丰富，范围也非常之广。而且这些戒律具有很强的时代性，可以说都是依道说戒的时代产物、是对具体时代道教信徒系统化和细致化的要求。虽存在产生年代与时代观念的不一、部分高道们对于戒律认识体悟的不同，但道教戒律的主旨内容与最终目的是一致的。《三洞众戒文》说：“戒有多种，大小异同，究竟归根，同成正道。”② 所以，从戒律根本上来看，正一派戒律主要有以下几个特点：

第一，约束道教徒思想行为。道教戒律，对道教徒的宗教生活和道德要求作出具体的规定，是必须遵守的日常准则，也是信仰的基础。也就是说一名道教徒，他的身心、处事方法、生活饮食、社会交际行为等等，都应受戒律约束而影响，并处处奉道而行，惟道是从。《陆先生道门科略》称：“夫受道之人，内执戒律，外持威仪，依科避禁，遵承教令。”③《道门十规》告诫说：“其初入道，先择明师参礼，开发性地，恪守初真十戒。”④ 可见，持戒是道教徒的首要

① 丁常云：《道教与当代社会》，中西书局 2018 年版，第 264 页。
② 张万福：《三洞众戒文》，《道藏》，第 5 册，第 216 页。
③ 陆修静：《陆先生道门科略》，《道藏》，第 24 册，第 781 页。
④ 张宇初：《道门十规》，《道藏》，第 32 册，第 148 页。

任务。

第二，规范道教教团整体形象。从早期道教发展情况来看，戒律就代表了道团，是道团被人认识、接受、信奉最明显的标志。《三洞珠囊》卷六《清戒品》引《正一法文》云："凡为道民，便受护身符及三戒。"[①]《传授三洞经戒法箓略说》中称："凡初入法门，皆需持戒。"[②] 这两句经典意思就是强调守戒即入道、入道必须受戒。随着道教的发展，其思想一直存在。并从更为具体、多方面的角度（内外丹、斋醮科仪、法术等）来说明道教戒律代表、规范着道教的整体形象。

第三，通过持戒以获正法。道教强调，若守一分戒便得一分道，若守十分戒便得十分道。得道就是获得了正法，修对了法门。《无上秘要》卷46中记载："若不持戒，道无由得。修行顺戒，奉而行之，道立可得。"[③]"道士不受老君百八十戒，其身无德，则非道士，不得当百姓拜，不可以收治鬼神。"[④] 这就说明，道教徒若需得正道、术法灵验、弘道度人或者达到终极目标而长生成仙、位列仙班，都必须通过持守道教戒律以实现。

第四，进行社会道德教化。从道教教义思想来看，道教文化对中国社会影响很深。其中，道教戒律对社会道德教化功能尤为突出。比如，道教五戒中的"不杀、不偷盗、不邪淫、不妄语、不嗜酒"，即是道教徒守戒的核心，同时也是净化社会环境，提高人们的道德修养，促进社会道德伦理的发展和维护社会稳定的重要内容。又如，戒纷争、戒贪欲、戒嫉妒、戒诽谤及讲诚信、尽忠孝等社会教化内

---

① 《三洞珠囊》，《道藏》，第25册，第326页。
② 张万福：《传授三洞经戒法箓略说》，《道藏》，第32册，第185页。
③ 《无上秘要》，《道藏》，第26册，第161页。
④ 陆修静：《陆先生道门科略》，《道藏》，第24册，第781页。

容，都是社会道德教化的内容。

二、正一派戒律建设的现状分析

从道教历史来看，明清以后道教日渐衰微，道教戒律也日趋松弛。著名学者陈耀庭教授指出：自明代天师张宇初《道门十规》后，正一道也就不再有人撰述阐发规戒之事了。[①] 近代以来，虽然有些地方宫观在阐述重立戒规，但对于整体正一派而言，道教戒律建设依然没有很多建树。

改革开放以后，特别是进入21世纪，道教得到了前所未有的发展机遇，道教文化的弘扬、道教经典的整理、道教教制建设的推动、道教教义思想的构建等都在陆续开展并取得了一定成绩，部分道教有识之士，组织制订了新的规戒制度，但作为道教戒律建设问题，依然严重滞后，存在问题也很多，道教戒律建设的任务依然任重而道远，具体表现为以下几个方面：

第一，道教戒律内容发展遇到瓶颈。对于道教戒律本身，如何面对与处理繁多的历史戒律和新时代正一派应拥有怎样的道教戒律是避免不了的话题。当然对于这些前人已经做了很多的工作和论述，本文不再进一步阐述。总的来说，当今道教戒律内容发展遇到瓶颈，严重影响和制约了正一派戒律的发展。

一是当代道教戒律针对性不够。目前，正一派戒律虽处于从戒律意识淡薄、模糊到清晰的过渡期，但依然存在“戒律松弛”“信仰淡薄”“世俗化味过浓”等不良现象，人们对于为什么要持戒、持守什么戒律还比较模糊。也就是说道教戒律对于当今正一派教徒持守情况的针对性还不够，加上缺乏权威的戒律条文，导致很多信徒持

① 卿希泰主编：《中国道教》，第2册，东方出版中心1996年版，第347页。

戒信心患得患失，造成戒律难以真正落到实处。

二是当代道教戒律操作性不够。道教戒律作为道教约束教徒重要方式，它首先得具备易操作的属性。而当今正一派道教戒律在戒律内容的操作性上，没有很多建树，对于如何持戒、怎么持戒的操作性不明朗。加之组织管理力度不够，怎么管理，谁来管理，谁来执行违戒处罚等等，这些问题导致戒律建设进退两难，举步维艰。

三是当代道教戒律指导性不够。道教戒律是教徒生活的规范，是修道的扶梯，对于教徒来说应该有很强的指导性。当今正一派教徒，很多无法从道教戒律中获得生活、修道上的指导，其中很大一部分包括道教适应社会的问题。当然这原因有多方面，但戒律适应性不强导致的指导性不够也是其中重要原因。

四是当代道教戒律宗教性不够。从历史上来说："戒律条文的多少，戒律品秩的高低，都是有着一定的宗教意义的。"[①] 这里所谓的宗教意义，就是指的道教信仰。所以，道教戒律应是道教徒信仰的体现。而当今道教戒律由于自身认识不够，缺乏宗教性和神圣性，这对于道教戒律建设和道教发展都是很不利的。

第二，道教戒律建设的贯彻落实举步维艰。对于现有的道教戒律在贯彻落实中如何推进也是问题所在。比如部分地区制定的《道教清规榜》，已然是当代正一派道教戒律建设的重要举措，但依然存在贯彻落实的问题，还需要进一步来推动解决。

一是当代道教戒律建设缺乏引领者。当前正一道派，无持戒、守戒的整体氛围，缺乏戒律建设的领军人物。所以在落实"清规榜"的时候，要求不应该一直放在基层、年轻的道教徒身上，必须要有

① 吴亚魁：《宗教戒律的宗教意义》，《弘道》2001 年第 11 期，第 30 页。

示范引领作用，特别是道教界代表性人士，更是要以身作则、率先垂范。同时，我们还要学习祖师爷、效法大道、效法经典，向他们学习，以此来形成持戒的良好氛围。

二是当代道教戒律建设宣传力度不够。比如目前道观的“清规榜”，由于道观、道长自身不够重视，甚至有的还不以为然，自然就造成戒律宣传力度不够，导致多数道长，尤其是年轻道长，不注重持戒修持的习惯。再加上社会组织缺乏一定的监督力度，致使现有的规戒条文名存实亡。

三是当代道教戒律建设奖惩机制不够。陈莲笙大师曾明确指出：“要用一整套较为完善的教制规戒，来完善道门的管理制度，肃穆道仪，端正道风，促进道教是业的健康发展。”① 这其中“完善的教制规戒”，就包括戒律本身以外的奖惩机制。就目前施行的“清规榜”来看，很少涉及戒律持守的奖惩问题，实施细则还不完善，制约了戒律实施的权威性。

四是当代道教戒律建设中持戒之次第不明。历史上的道教戒律，大多是有持戒阶梯的，就是按道士的不同道阶，传授不同经戒，这种持戒的阶梯性是道教健康发展的重要原因。而当今正一派戒律建设中存在次第不明的情况，出一个“清规榜”，人人奉行，没有持戒次第的要求。所以会存在建设推行中难以针对、难以落实、难以管理。

三、正一派戒律建设的几点思考

从道教历史来看，道教戒律建设是道教发展的制度保障。从上述正一派戒律建设现状来看，戒律建设在当代已刻不容缓，且需要

---

①《陈莲笙文集》，上海辞书出版社 2009 年版，第 23 页。

有重大力度的“变革”来推进。从上文指出的一些存在问题来看，戒律建设已不是个人问题，已经成为正一道派必须解决的重要课题，关乎着新时代道教正一派的生存与发展问题。

国家宗教局原局长叶小文在中国道教协会第六届全国代表大会上讲话指出：目前“有部分宫观组织上不健全，规章制度不完善，规戒不严，道风不振，要及早予以整顿、改善，切实加强管理”。① 时至至今，叶局长所讲的这种现状依然不容乐观。所以，当代道教戒律建设对于正一派道教的发展意义重大，对当前正一派道教组织、宫观的管理和信徒教风的建设、信仰的树立都有着重要、积极的引领作用。

针对以上现状分析，为更好地加强当代正一派戒律建设，提升各宫观、各组织戒律建设水平，规范和约束道教徒的宗教行为，特提出如下几点思考。

第一，正一派戒律建设要对历史戒律进行梳理和研究。根据目前《道藏》所载的有关戒律来看，不仅戒律经文繁多、戒律条文具体，而且内容十分丰富，范围也非常之广。传统的道教戒律中，有许多至今仍有其积极作用，有的甚至直接影响着当代道教戒律，也应该是现代道教戒律加以继承的。如道教传统戒律中，有关于一般社会公德的，有关于爱护自然环境的，还有关于道德信仰的，这些内容都是当代道教戒律应该继承的。我们要对传统戒律进行研究，并根据时代要求扬长避短、适应社会，整理出次第明确、操作性强、针对性强的戒律内容，拥有奖惩机制，并形成共识，推广持守。卢国龙教授在《道教戒律学》序言中说：“要有效地维护戒律，首先就必须准确地了解戒律，既要了解戒律的种种条文，更要了解戒律条

①《中国道教》1998 年第 4 期，第 10 页。

文背后的宗教意义。”[①] 所以，“执古之道，以御今之有”依然是道教戒律建设的重要课题。

第二，正一派戒律建设要富有时代性和教派特征。历史告诉我们，道教戒律的建设不能离开社会环境、时代背景，简单说就是要有时代性和教派特征。从早期道教的《想尔戒》到《老君音诵戒经》《陆先生道门科略》再到《要修科仪戒律钞》再到《道门十规》，无疑都是各朝代的历史产物，富有时代性。所以，当代道教戒律应关注和涉及：重视环境保护、关心社会弱世群体、反对贪污受贿行为、反对黄赌黑毒、制止和抵御邪教等等话题。除此之外，也应有道教正一派特色的戒律条文，明确明显。同时，我们还要学习与借鉴现代社会管理制度，把戒律建设与制度建设有机结合起来，取长补短，凸显特色。

第三，正一派戒律建设要与道教徒自身的修持结合起来。道教戒律发展表明，道教戒律建设始终与道教徒的自身修持密不可分。有一位老道长介绍何为“道”时说：道字由“首”和“走之底”组成，就是在强调学道以践行、实践为首要任务。所以说，一个道教徒离开、背离自身的学修去谈道教的发展、道教的管理是属于“离经叛道”的行为。同时，如果道教徒没有一定的学修，自然会对道教戒律、道教戒律建设不重视。丁常云道长指出：“道教徒素质的高低直接关系到现代道教戒律的顺利实施问题，只有道教徒整体素质得到了全面提高，道教戒律的实施才能得到根本保证。”[②] 陈莲笙大师强调指出：我们要做到“人行道不违戒”。[③] 这就是说，当代戒律

---

① 任宗权：《道教戒律学》序言，宗教文化出版社 2008 年版。
② 丁常云：《道教与当代社会》，中西书局 2018 年版，第 420 页。
③ 陈莲笙：《陈莲笙文集》，上海辞书出版社 2009 年版，第 23 页。

建设必须以提升道教徒的道学修为为首要工作。

第四，正一派戒律建设必须要大力培养道教戒学方面的人才。当前，我们通过道教学院和各种培训组织培养了一大批道教接班人，但是就目前现状来看，道教戒学方面人才严重缺乏，制约了当代道教戒律的建设。由于时代原因造成道教人才“青黄不接”的现实问题，道教院校培养方向偏向于实用性，戒学方面的教育比较缺乏。再加之，戒律建设在宫观管理中不受重视，导致如今现状。所以当代道教，我们要有计划、有远见的大力培养道教戒学人才，营造良好的持戒、守戒氛围，重树道门良好的社会形象。同时，我们还要大力弘扬道教戒律思想，积极服务当代社会，充分发挥道教应有的时代价值。

第五，正一派戒律建设要有众多的领路人来率先垂范。一般来说，戒律建设离不开生活环境、生活氛围，如果离开了实际生活，离开了团体的持戒氛围，谈学戒、持戒都只是一句空话。当然，当代道教的戒律建设和持戒修持，需要一批引领者来营造良好的氛围，并率先垂范，才能达到理想效果。历史上的高道，都持戒精严，著书立说，教化引领后学。当代的高道也必须如此，要效仿祖师，传承祖风，不断推进当代道教戒律建设。同时，宫观的榜样性也非常重要。一个地区拥有“持戒精严”的宫观，对周边地区宫观的戒律建设将会起到很好的引领示范作用。

综上所述，就当前正一派道教戒律建设情况来看，与当前道教发展境遇基本是一致的，都不容乐观。对于道教自身发展和时代要求来说，戒律建设还是严重滞后的。当然，我们也看到道教戒律建设的希望，当代道教有识之士已经在不懈的努力，推动当代道教的戒律建设。我们相信，在“大道”的引领下，在一代一代道教徒的共同努力下，道教的戒律建设一定会与时俱进、得到新发展。

当代道教全真派戒律建设情况

贺信萍*

摘　要： 道教戒律具有宗教的神圣性，但也并非一成不变，而是随着时代的发展而发展，体现了变通精神。道教全真派戒律的历史传承和当代建设，深刻地反映了道教既坚持教义原则又与时俱进的精神特质。当代全真派在道风建设方面取得了可喜的成绩，诸多大德的戒律精研风貌展现了全真派道士一贯素朴虔诚的社会形象。对当代道教全真派戒律的现代化讨论，契合新时代"宗教中国化"的理论探索和实践，也必然为道教教义的现代建构提供理论和现实的依据。

关键词： 当代　全真派　戒律建设

戒律是宗教制度和宗教伦理的核心内容，在维系宗教组织和促进社会伦理建设中发挥着重要作用。世界各大宗教都有属于自己的戒律体系，但诸宗教最为核心的戒律却有着高度的一致性，比如不偷盗、不奸淫、不说谎等，这也充分体现了宗教戒律所具备的世界普遍价值。道教同世界主要宗教一样，历来重视戒律建设，道教

* 贺信萍，陕西省道教协会副会长，咸阳中五台道观住持。

“戒律类”经典众多，南北朝时期的道经分类法中，“戒律类”道经已被列为十二部之一。道教戒律具有宗教的神圣意义，但也并非是一成不变的僵化体系，不同时代道教戒律所涉及的具体条目，不仅体现道教教义的传承和改革，还与当时社会的发展进步密切相关。道教全真派戒律的历史传承和当代建设，就深刻地反映了道教既坚持教义原则又与时俱进的精神特质，当代道教全真派戒律的现代化探索，契合了新时代“宗教中国化”的理论和实践，也必然为道教教义的现代建构提供理论和现实的依据。

一、全真派对道教戒律的继承和发展

道教戒律实际上包含了戒和律两方面的内容。据《道教义枢》“十二部义第七”曰：“戒者，解也，界也，止也，能解众恶之缚，能分善恶之界，又能防止诸恶也。律者，率也，直也，慄也，率计罪愆，直而不枉，使惧慄也。”[①] 即是表明戒之义在禁恶，律之义在惩罪。《洞玄灵宝玄门大义》“释戒律第六”亦曰：“戒主于因，律主于果。戒论防恶，律论兴罪。”[②] 也同样表明了戒之义在于防恶，律之义在于惩罪。六朝道经已出现戒律合用的情形，综合了防恶和惩罪在内的所有宗教律令，并且还有戒律与斋醮、科仪等道教仪式相联系，故道经中常有斋戒、科戒等不同的用法。

从字源学上考察，“戒”为会意字，小篆字形即双手捧“戈”，因此“戒”的本意是持械警戒，以防不测，引申为告谕、告知、告诫等，道经中有不少戒律类经典以“戒”命名，如《太上老君戒经》《洞玄灵宝天尊说十戒经》等。“戒”有时候也作“诫”，如《太上洞

① 孟安排：《道教义枢》卷 2，《道藏》第 24 册，1988 年版，第 816 页。
② 《洞玄灵宝玄门大义》，《道藏》第 24 册，1988 年版，第 734 页。

真智慧上品大诫》《老君音诵诫经》等。“律”为形声字，《说文解字》卷二下“文十三·新附”曰：“律，均布也，从彳聿。”段玉裁注曰：“律者，所以范天下之不一而归于一，故曰均布也。”“律”有规范统一的意义，引申为法令、律令，道教中“律”就也成为天尊等神圣命令的代名词，不少戒律类经典就是以“律”命名的，如《玄都律文》《女青鬼律》《太上老君经律》等。

道教的戒律源于天尊说教，《道德经》中已包含道教戒律之雏形，如第67章曰“吾有三宝，持而宝之：一曰慈，二曰俭，三曰不敢为天下先”，便是太上老君所说最为基础的戒条。汉末流行的《太平经》，戒律条目更为细致完备。张道陵创立的天师道教团，就是天师秉承老君说戒而建立的道教组织，想尔九戒、老君五戒为天师道最根本的戒律。曹操占据汉中之后，张鲁的天师道教团北迁，戒律也出现了废弛的情形，南北朝时的天师道徒寇谦之、陆修静，分别在北方和南方进行了教制改革，主要是重建废弛已久的道教制度和戒律，重塑道教的崭新形象。经过一番教制重建的道教又迎来了新的发展，上清、灵宝、楼观等新道派也在此时得以形成和壮大。六朝道教教制中的经戒箓为一体，道士修行次第不同，其所授的经、戒和箓都不同，随着修行次第的不断提升，从清信弟子到三洞大法师，其所授的道经更多，符箓等级更高，应该遵奉的戒律也更为严格。唐代长安太清观张万福编录的《三洞众戒文》，就明确了当时道士在不同修行次第所授戒律由少至多的层次：“始起心入道，受三归戒；箓生，五戒、八戒；在俗男女，无上十戒；新出家者，初真戒；正一弟子，七十二戒；男官、女官，老君百八十戒；清信弟子，天尊十戒、十四持身品；五千文金纽，太清阴阳戒；太上高玄法师，二十七戒；洞神，三道要言、五戒、十三戒、七百二十戒门；升玄内教，百二十九戒；灵宝初盟，闭塞六情戒；中盟，智慧上品大戒；

大盟，三元百八十品戒；上清，智慧观身二百大戒。凡受法，各授法服，宣示法服科戒，简授法位，乃授天尊要戒。”①

全真派兴起于金元之际，是在传统道教基础上创立的“新道教”。王重阳创立的全真派脱胎于传统道教，以唐五代的钟吕内丹术为基础，并吸收佛教、儒学的心性学说，在修炼方式转向内在追求，全真教提倡苦行简约和性命双修，实践上更重性功，在传统道教戒律基础上，对于修道者有着更高的行为规范和修炼要求。《重阳立教十五论》对于全真道士在住庵、云游、学书、合药、造盖、合道伴、打坐、降心、炼性等各个方面都有严格的规定，并言：“入圣之道，须是苦志多年，积功累行，高明之士，贤达之流，方可入圣之道也。”② 全真教打破了传统的住观制度，要求道士居住简陋的茅菴草舍，尤其强调苦行，并且吸收汉传佛教戒律中的相关禁欲色彩的戒条，这对道教传统是个非常大胆的改革。经过历代全真祖师的苦心经营，全真教迎来了发展的鼎盛时期，成为道教最有影响的教派之一。但元代中后期，上层全真道士因受皇室的优崇而在戒律持守上有所松弛，又因佛道辩论失利焚经而受到重创，全真派也由此而进入一个相对沉寂的自我调整时期。

明太祖朱元璋重用善于祭祀和斋醮的正一道士，而对全真道士则颇为不屑，他在《大明玄教立成斋醮仪》的御制序文中说：“禅与全真务以修身养性，独为自己而已；教与正一专以超脱，特为孝子慈亲之设，益人伦，厚风俗，其功大矣哉！”③ 从中可以看出明代朝廷对正一、全真两教截然不同的态度，全真教发展之困境亦可见一斑。朱元璋还曾严厉批判了当时佛道教“不务祖风”的情形：“今之

① 张万福：《三洞众戒文序》，《道藏》，第3册，第397页。
② 《重阳立教十五论》，《道藏》，第32册，第154页。
③ 宋宗真等编：《大明玄教立成斋醮仪》，《道藏》，第9册，第1页。

学佛者曰禅、曰讲、曰瑜珈，学道者曰正一、曰全真，皆不循本俗，污教败行，为害甚大。”[①] 元明之际全真道士陆道和深切反思全真教戒律废弛的乱象，编集了《全真清规》，旨在重振全真教风。《全真清规》在指蒙规式、簪披次序、游方礼师、堂门戒腊、坐钵规式等方面做了具体的规定，并且附录了《教主重阳帝君责罚榜》《长春真人规榜》等宫观清规戒律的条款，对明清乃至当代道教的影响深远，在重建全真戒律中发挥了重要作用。

清代统治者亦不重视道教，全真教之发展举步维艰。清初的全真派因其所保留的中华传统文化的因素，吸收了不少不愿入仕的明代遗民知识精英的加入，由此开启了一场振兴全真教的“全真运动”，全真中兴由此开始。雍正年间第七代全真龙门派道士王常月改革过去全真教的传戒方式，在全真教推行“三坛大戒”的大规模公开传戒，建立了以戒律传承为道统的新教派，称为“龙门律宗”。为了重振全真宗风，在社会上树立全真道士的新形象，王常月对全真派戒律再次进行了系统的整理，制定全真教的初真戒、中极戒、天仙戒三坛大戒，戒条数量更为繁多，戒律更为严格。乾隆年间，第十一代龙门道士闵一得（号懒云）又对全真戒律进行了重大改革，开启了龙门方便法门——嗣龙门派，提倡神仙与忠臣孝子不二，出家与在家、出仕与入山各随方便的思想。据《觉云本支道统薪传·后跋》云：“自闵祖居方便法派而来，半多出自俗居有志之士，于是儒而道者日愈多，推行教法日益广，今者云坛竟遍布于江浙。”[②] 闵一得的嗣龙门派的建立，突破了全真道士独身住观的限制，吸收了更多在家信众的加入，扩大了全真教的社会影响，在龙门派发展史

---

① 《明太祖实录》，洪武二十四年六月。

② 《藏外道书》，第 31 册，第 473 页。

上可谓史无前例。闵一得还对全真戒律进行了增删，编订了《清规元妙》，成为全真道士持守戒律的重要范本，清代中后期陕西留侯祠方丈律师任永真所辑的《三乘集要》，其戒律部分即多半采录自《清规元妙》。清代以至民国，龙门律宗在江南、华北、西北、西南等地大规模开坛传戒，以戒律为核心，以律师为传承，代代相传，全真戒律亦由传戒活动而得以持守和传承不息。

二、当代道教全真派戒律建设实践

1. 当代全真传戒活动

全真派戒律建设的重要内容当为全真传戒活动。自清雍正王常月开坛传戒以来的三百多年，全真派历次传戒都是全真戒律演练和传承的重大活动，成为维系全真教团发展的重大教务活动，历代传戒律师作为全真派的精神领袖和修行楷模，为求戒之戒子们展示全真教的风貌和形象。自民国三十六年（1947），成都二仙庵放戒以后，因各种原因，全真传戒活动已中断了四十多年，直到1989年北京白云观再次开坛传戒，开启了当代全真派戒律建设的新篇章，至今全真传戒活动已经举办六次，历次受戒弟子已达千余人。

1989年6月，中国道教协会颁布《关于全真派道士传戒的规定》，全真派得以恢复传统的传戒制度。1989年11月北京白云观传戒时，宗教政策刚刚恢复不久，道教人才十分匮乏，曾受过三坛大戒的道长已经寥寥无几，戒坛八大师都很难凑齐，其中保举大师黄信阳、纠仪大师李高智、提科大师阎兴隆还是在传戒前临时受方便戒而就职的。传戒大律师王理仙，吉林怀德县泰家屯人，生于1913年，11岁入私塾，24岁出家于怀德县杨大城子无量宫，1943年受戒于黑龙江双城县无量观金崇泽方丈名下，为“天字第一名”戒子。

1980 年任西安八仙宫民主管理小组组长，1989 年被白云观礼请为方丈，同年开坛放戒，任传戒大律师，1995 年羽化。此次受戒弟子有 75 人。

1995 年 11 月，中国道教协会主办的第二次全真传戒活动在四川青城山举办，天师洞第二十三代方丈傅圆天被礼请为传戒律师。傅圆天，四川简阳县九龙场人，1925 年出生，1946 年因体弱多病出家于成都灌县水磨乡黄龙观，1955 年至青城山拜谒易心滢大师，1964 年被选举为青城山上清宫住持，1980 年起先后当选青城山道教协会、成都市道教协会、四川省道教协会会长，1989 年担任中国道教协会副会长，同年倡议恢复道教全真派传戒传统，并担任传戒小组组长，同年北京白云观传授全真三坛大戒担任传戒演戒大师，1992 年担任中国道教协会会长，1995 年中国道教协会全真派第二次传戒活动在青城山天师洞举行，被礼请为传戒大律师。1998 年羽化于青城山天师洞。鉴于 1995 年青城山传戒时，在 1989 年北京白云观传戒中的八大师多半已羽化或年迈不能临坛，除登箓大师江至霖是 1929 年成都二仙庵的戒子，在 1989 年白云观传戒中曾担任监戒大师，其余七位大师都来自于 1989 年的戒子中。此次受戒弟子多达 400 人。

2002 年 8 月，辽宁千山五龙宫举行第三次全真传戒活动，千山五龙宫方丈王诚林被礼请为第二十四代传戒大律师。王诚林，道名王全林，全真金山派，吉林省辽源市东辽县人，1928 年出生，13 岁出家为全真道士，25 岁开始遍访名山大川，寻仙求道，1952 年返回沈阳太清宫，1953 年到千山无量观，1984 年受鞍山市道教协会委派住持五龙宫，1995 年受戒于傅圆天方丈座下，2002 年中国道教协会第三次全真派在千山五龙宫传授三坛大戒被礼请为传戒大律师。2007 年羽化。参与本次传戒活动的戒子达 400 人。

2016 年 11 月，湖北长春观举行第四次全真传戒活动，长春观方丈吴诚真被礼请为第二十四代传戒大律师，是全真教历史上第一位坤道方丈律师。吴诚真，武汉新洲人，1957 年生，1984 年在武汉市长春观出家，2009 年 11 月升座为武汉长春观方丈，2016 年 11 月，中国道教协会第四次全真派在武汉长春观传授三坛大戒被礼请为传戒大律师，戒坛八大师外，此次戒坛还增加了两位总理大师和 10 位护坛大师，受戒弟子达 300 多人。

2017 年 8 月，山东崂山太清宫举行第五次全真传戒活动，崂山太清宫李宗贤被礼请为传戒大律师，受戒弟子近 200 人。

2018 年 10 月，湖南衡山道院举行第六次全真传戒活动，衡山道院方丈黄至安被礼请为传戒大律师。受戒弟子 184 人。

自 1989 年恢复全真派传戒活动，中国道教协会至今已组织了六次传戒活动，引领了当代全真戒律的传承和持守，为当代全真派戒律的建设和发展奠定了坚实的制度和人才的基础，当代全真派传戒活动已经进入正常化的发展轨道。经过传戒活动的正常开展，当代全真道风为之面貌一新，全真丛林制度得以逐渐恢复传统，全真方丈律师、戒坛大师和戒子们坚定信仰，法戒精研，堪为道门表率。

2. 全真宫观的教风建设

教风建设为道教信仰的核心，宫观为全真道士安身修道之基，尤其是全真丛林的教风建设，对全真道士戒律修持有着重要影响。自上世纪 80 年代宗教政策恢复以来，宫观的道教活动得以逐步恢复，教风建设也得以逐步推进。

北京白云观作为全真派的第一祖庭，同时也是中国道教协会的所在地，历来高道辈出，其教风建设为全国之楷模。20 世纪 60 年代以来，北京白云观先后有蒋宗翰、王理仙、谢宗信等当代道门大德担任方丈，以他们自身的修行为大众的表率，引领宫观教风建设走入正常化的轨道，各项丛林清规也得以恢复。1989 年北京白云观全真传戒活动的开展，再次确立了白云观在教风建设的引领地位。西安八仙宫为西北地区全真教的重要丛林之一，在恢复宗教活动之后，各项制度逐渐得以建立，1990 年闵智亭道长担任八仙宫监院以后，厉行宫观教风的整顿改革，制定丛林制度，宫观道风为之一新。

近年来，中国道教协会积极引导全国道教宫观的教风建设，2015 年 6 月中国道教协会第九次全国代表会议通过了《道教全真派冠巾活动管理办法》《道教宫观规约》《关于道教协会和宫观负责人带头加强道风建设的若干意见》等文件。此后各省市道教协会也分别制定了教风建设的相关文件，并在各个宫观推行《清规榜》，极大地改善了全真宫观的教风，陕西道教界率先行动，各协会和宫观相继出台了《清规榜》，道风亦为之纯正。2015 年，咸阳市道教协会继承祖师爷所留仙家仪范，借鉴兄弟道协清规榜，并结合咸阳道教的实际情况，制定《咸阳道教清规榜》，力求端正道风，明畅道旨，发扬道心，把道教戒规与信仰践行结合起来，让每一位道教徒自觉奉行道教的思想准则、行为规范和戒律清规，对全市道教教风建设发挥应有作用。2016 年，西安道教协会在第三届理事会第六次会长会议通过《西安道教清规榜》，该清规榜尊重国法，体现教法，既继承传统道教戒律精神，又体现了时代发展进步，取消了某些违背法律不合时宜的惩罚性条款，在指导全市全真宫观教风建设上发挥了重要作用。

3. 全真道士的戒律修持

历代全真祖师持戒精严，当代全真大德亦能持守清规，为玄门后学做出了表率，试举几例。中国道教协会第一届理事会会长岳崇岱道长，1921 年出家，此后一直常住沈阳太清宫，1949 年沈阳解放，持戒修行皆为道众的表率，经道众推选任太清宫方丈。在党和政府的宗教信仰政策下，岳崇岱主张道教界应修持与劳动生产两不误，一方面过正常宗教生活，一方面应自食其力，积极开展自养，引领道众参加生产劳动，1956 年发起筹备中国道教协会，众望所归被推选为筹委会主任，1957 年当选为中国道教协会第一届会长。

北京白云观地 22 代方丈王理仙道长，1926 年出家怀德县杨大城子无量宫，1943 年在黑龙江双城县无量观受戒，为天字第一号戒子。受戒之后的王理仙道长云游参访天下名山以寻师问道，一簏一钵一笠一衲，踏遍万水千山，坚心求道，遇名师指点而道行精进，成为一位有道教学识、有高尚道德、有修持成就的全真道士。1952 年在西安八仙宫常住修持，并参加生产劳动。1966 年“文革”爆发，八仙宫部分宫殿被砸毁和强占，道士被迫离开。王理仙处此逆境，仍然坚持信仰，以庙为家，得以留在改做工厂的八仙宫内。王理仙道长为求能栖身道观，虽箪食瓢饮，安之若素，他为人沉默寡言，神情祥和，和光同尘，与人无争，工作尽其职守，闲暇则手不释卷，故而在十年动乱中他也还能侥幸平安度过。1980 年宗教政策恢复，八仙宫恢复为道教场所，道众纷纷返回，共推王理仙为管理小组组长。1989 年北京白云观全真传戒，王理仙被礼请为传戒方丈律师，成为当代全真派恢复传戒活动的第一位律师，也是北京白云观法统继承的一代全真宗师。

中国道教协会第六届理事会会长闵智亭道长，1941 年在华山入道，1945 年任八仙宫知客、行堂执事，1946 年任武汉长春观高功、巡寮等执事，1947 年任杭州玉皇山福星观知客，研习书画及古琴弹奏。1950 年，先后住西安八仙宫和华山玉泉院。闵智亭道长在担任西安八仙宫监院时，以身作则，身先示范，推动八仙宫丛林制度的完善和教风建设。他奉行全真家风，衣食俭朴，与世无争，精研道学，才华横溢，是许多年轻道士敬仰和学习的老师，1987 年被选为西安市道教协会会长。1990 年闵智亭道长主持中国道教学院的教务工作，在此期间他专心研究道教戒律，编写了《道教仪范》《全真高道传》《全真正韵谱辑》等道教著作。

1989 年恢复全真传戒以来，在众多道门大德的引领和感召下，全真派道风建设取得了可喜的成绩，展现了当代全真道士的良好形象。咸阳道教界遵循祖师教导，严格戒律修持，健全宫观清规，中五台自 1998 年恢复开放道教场所以来，就一直将道风建设放在宫观建设的首位，中五台重建之初，道士们住在简陋的土窑里，一边奉戒修行，一边募化重建。如今的中五台重焕风采，园林幽雅，宫阙庄严，住观道士信仰坚定，宫观道风日益纯正。

三、当代道教全真派戒律建设的思考

道教有着悠久的历史，全真派至今也有八百多年的历史。古老的道教传统如何面对不断变化的时代，不断挖掘道教的智慧并引领时代的发展，道教现代化成为摆在当代道教徒面前十分迫切的问题。纵观道教的历史，道教是开放的文化系统，作为中华文化的精神核心，道教在不同的历史时代都深切关注时代发展，并在整合社会文化等方面发挥着重要的作用，因此道教一直坚持着现代化方向并与时代共进。然而，近代特别是晚清以来，道教在现代化进程中失语，未能跟上时代发展的步伐，也未能参与时代进步的讨论，错失了迈入现代化的良机。民国时期，陈撄宁先生提倡仙学运动，希望通过丹道的研究和实践推动道教与科学的接轨，但因为种种原因而失败。上世纪 80 年代以后，道教活动逐渐得以恢复，虽然道教呈现了最好的发展态势，但人才匮乏、组织不健全、教义缺乏系统整理等问题，成为制约道教现代化的关键问题所在。近年来，正一派在人才建设、文化建设和组织建设等方面开展了许多有益的探索，并取得了一些重要的成果，“长三角道教论坛”等为当代正一派的现代化建设提供了学术平台，上海、江苏、江西、福建、浙江、广东等地正一派积极探索道教的现代化，在教风建设、组织建设、文化建设、人才建设方面都有重要的进展，相比较来说，全真派更多保留了道教的传统，在走向现代化的新时代依然任重道远。

回顾道教历史，道教戒律的发展和变化是与时代相适应的。道教诞生于中国古代的农业社会，发展在漫长的封建时代，道教戒律除了道教自身的教义原则，也浸染了农业社会和封建时代的痕迹，在当今生态文明和社会主义的新时代，这些旧时代的痕迹显然已经不合时宜了。

纵观当代全真派发展的缓慢，究其原因，主要有以下三个方面：第一，传播方式的单一化。道教思想虽然博大精深，但在文化传播方式多样化的现代社会，如果不能紧跟时代步伐，就很难对年轻人产生吸引力。第二，戒律过于繁琐，操作性不强。全真派的一些戒律不能与时俱进，随着时代的发展，有些戒律显然已经不能适应时代与道教自身发展的需要。大道至简，当代全真派戒律建设，应在尊重传统教义精神的基础上，研究和梳理道教戒律体系，在戒律建设上更多地体现时代精神。第三，道教教义体系尚不够健全。道教杂而多端，体系博大，但系统性显然不够，在对外传播时，常常会出现“教内人不知道怎么说，教外人不知道说什么”的窘境。

以上这些，已经成为制约道教未来发展的瓶颈。当代全真派如何做到一方面继承祖师家风，另一方面又能够顺应时代的发展变化，值得道教界人士的深思。探索当代全真教戒律建设之路，已经成为当前全真派发展面临的重大课题。他山之石，可以攻玉。当代道教如果能够借鉴其他宗教的现代化之路，在新时代更好地加强自身戒律建设，加强道教教义的现代建构，重建道教的优秀传统并融入时代精神，必将能够以深邃的智慧引领时代前进，发挥道教作为传统文化核心的重要作用，更好地诠释“中国根柢全在道教”的深刻内涵。

正一派授箓与道教戒律建设

孔祥毓* 江少华**

摘　要：本文首先就道教法箓的起源进行了概述和简介，说明了它与东汉谶纬神学之间的关系；并且，考察了早期道教从人际结盟到人神结盟的制度发展与变化，从而论证了法箓授受的目的是为了服务教团的组织建设；因此，根据道教传统，法箓与戒律是同步相授的；然后，根据相关学者的考证，将五阶授箓系统当中相对应的戒律文本提了出来，并重点考察了《想尔九戒》和《老君百八十戒》，希望能够对道教的戒律建设提供一点思路。

关键词：谶纬　神授教权　内箓　戒律　监管

一、正一派授箓的基本情况

1. 正一派授箓的道教传承

箓，又名法箓、经箓、秘箓、宝箓等，其字义约等同“录”，指记录神仙名讳、形象、神咒、部属将吏、符图、经文等内容的文书

* 孔祥毓，江西龙虎山天师府道长。

** 江少华，贵州大学哲学硕士，江西龙虎山道教协会研究人员。

或簿籍。根据《正一修真略仪》载，授箓之后可“检劾三界官属”“鉴骘罪福，考明功过”；可以“诏令天地万灵，随功役使”；可以“从俗登真，永保生道”“不为下鬼，轮转不灭，与道有缘”，是道士名登仙界、提升修行的重要法务活动。①

道教的授箓传统，古已有之。根据道书载，祖天师“感太上授以经箓之法”，并“精思炼志，作道书二十四篇”。此外，在《太上正一法文经》有记载：东汉恒帝永寿二年张道陵“以盟威都功诸品经箓、玉册、剑印付子衡，与夫人雍氏升仙而去，年一百二十三岁”②。这说明早在祖天师创教之初，天师经箓已经形成，并授受有制，盛行于时。

南宋嘉熙三年（1239 年），宋理宗命三十五代天师张可大“提举三山符箓”③，之后数代帝王均敕命天师“统领三山符箓”或“掌江南道教事”④。至元代设立“万法宗坛”⑤，元大德八年，朝廷册封三十八代天师“正一教主”⑥，这两件历史事件，标志着两宋以来各种符箓道派的大整合，三山符箓统归龙虎山张天师治下，寓意着万法归宗的龙虎山万法宗坛成为道教正一派的共同法坛。至明代，授予天师“永掌天下道教事”⑦，六下上谕严禁私出符箓，以此来维护天师在社会当中授箓的权力。

正一派授箓制度除了盛行于民间之外，也深受历代皇家的欢迎。历史上第一个为皇帝授箓的是北魏的寇谦之：

---

①《道藏》，第 32 册，上海书店（三家本）2010 年版，第 175 页。
②《道藏》，第 28 册，第 410 页，第 411 页。
③《道藏》，第 34 册，第 829 页。
④ 同上书，第 819 页。
⑤ 同上书，第 840 页。
⑥ 同上书，第 832 页。
⑦ 同上书，第 833 页。

真君三年，谦之奏曰："今陛下以真君御世，建静轮天宫之法，开古以来，未之有也。应登受符书，以彰圣德。"世祖从之。于是亲至道坛，受符录。备法驾，旗帜尽青，以从道家之色也。自后诸帝，每即位皆如之。①

唐代，皇室尊老子为始祖，是为道教的鼎盛时期，因此，唐代皇帝受箓的情况也最为盛大隆重。除了皇帝，还有公主，也有受箓的记载。皇帝的受箓是象征性的，而公主受箓有时与出家为女冠相联系，是真正的受箓入道。宋代，宋真宗的皇后刘氏曾在茅山受上清毕法箓。② 进入明代，皇家崇奉正一道教，有六帝七授箓的记载，以及明孝宗孝康皇后曾经受箓。③ 清朝乾隆以后，正一张天师的地位日益下降，但是贵族亲王受箓的事，还是偶有发生。清乾隆十九年，和硕諴亲王允祕奏授上清三洞宝箓，法名冲穆，法职"太极始祖御前都雷帝省神霄东臺上仙，兼统六阙判官，总判五雷便宜行事"。和亲王弘昼与龙虎山法官娄近垣同样交往密切，来往频频。④

至于授箓品级，从古到今的发展更易的内容很值得探讨。按《三洞修道仪》列正一盟威、金刚洞神、太上高玄、太上升玄、中盟、三洞、上清大洞共七等宝箓共八十四阶品，其中正一盟威箓二十四阶品。又据《授箓次第法信仪》载，受法职位又依次有正一法位、道德法位、洞神法位、升玄法位、洞玄法位、五符法位、河图

①《魏书》。

②《正统道藏·洞神部·谱箓类·章献明肃皇后受上清毕法箓记》，第 18 册，第 42 页。

③《中国道教》2012 年第 5 期。

④ 王见川、高万桑：《近代张天师史料汇编》，博扬文化事业有限公司 2013 年版，第 85—93 页。

法位、洞真法位、毕道法位共九个等级，名目繁多，规仪烦杂。到明清以来，才形成当今的五阶规制。[①]

正一派授箓盛行于社会，这个情况一直持续到近代。此后，由于各种历史原因和政治运动，使得龙虎山天师府的授箓活动几乎消失殆尽。直至20世纪80年代以后，龙虎山逐渐恢复宗教活动，并着手收集和整理遗存法箓，再加上相关学者的努力，方才使得正一法箓能够从历史的浩劫当中复生回来，是为道教传承当中的主要内容之一。

2. 当代授箓制度恢复情况

1991年10月，随着改革开放的不断深入，龙虎山宗教活动的逐渐恢复，中断了半个多世纪的授箓活动在龙虎山嗣汉天师府举行。这次授箓基本上依据《天坛玉格》的规仪，由“三大师”（传度师、保举师、监度师）主持，历时三天，取得了圆满成功，在港澳台和东南亚以及国内各宫观道院引起了轰动。此后，1995年下元节期间，新中国成立以来首次对内地正一派道士授箓活动在天师府举行，来自上海、江苏、浙江、江西、安徽、福建、广东、四川、湖北、河南、吉林、甘肃、贵州等全国各地的200余名弟子参加授箓大典。尔后，道教正一派授箓逐步走向制度化、常态化、规范化。截止到目前，共举办了40余届次，其地域分布众多国家和地区，影响非常广泛。

除此之外，在教内组织授箓的基础之上，又传承发展了专门针对教团组织关系之外的“外箓”：诸如保佑小孩身体健康的“童子箓”，保佑妇女产后康复的“血湖箓”，保佑老人延年益寿的“预修箓”，保佑成年人学业、事业有成的“文昌箓”“财神箓”，等等。

① 张兴发：《道教法箓体系和奏职体系考辨》，《宗教学研究》2019年第2期。

“外箓”主要是为了保佑信士对于福禄寿财的追求和实现，在许诸神灵保佑的同时，也要求信众履行相应的社会责任，诸如行善去恶、克律本分等等，也是一种传道化民的方便手段，既满足了信众的信仰需求，同时也在授箓过程当中于社会教育系统之外对信众进行了道德教化。正一派“外箓”授箓活动的推广，根本而言，乃是道教正一派宗教文化的内在转化。所谓“内在转化”，就是将正一派自身的宗教文化理念以“外箓”这样一种形式在社会生活当中进行推广和实践，以期在这个过程当中感召更多的信徒，把道教的价值理念进一步深入到人们的日常生活当中去。就此而论，“外箓”的推广，与正一派自身的道教文化建设是紧密相连的，在道教文化上更好地满足信众的信仰需求。

而正一派自身的道教文化建设，则直接体现在正一派教职人员于社会生活的一言一行当中，换句话说，加强正一派自身的道教文化建设，首先需要加强正一派道士的道风道貌建设——这就直接涉及正一派授箓系统当中的戒律建设问题。

二、正一派授箓中的道教戒律建设

1. 充分认识正一派授箓的重要意义

与“外箓”不同，“内箓”是针对教团内部的组织管理而设置的，名义上是受箓者与天庭的神仙神将神兵结盟，从而增添受箓者（道士）的法术效能，如果我们单从宗教社会学的视角来进行考察的话，会发现，内箓授箓的社会意义乃在于：从教团核心向外分配行法权。

这样一种行法权的分配，是双向的。一方面，可以加强教团的核心凝聚力，因为如果没有教团行法的“授权证明”（内箓的授箓），原则上而言，一个正一派教职人员在社会上便不具备宗教事务功能，无法给人举行斋醮科仪；另一方面，也是同时加强了教团在社会范围内的扩张力，凡有志入道者，都需要从正一派授箓系统当中获取社会证明。总而言之，通过内箓的授箓，亦即行法的“授权证明”，使得核心与外围，集体与个体紧紧地联系到了一起。

所谓“宗教”者，乃是一个地区的具体的文化现象，其特点是提供对生命终极问题的应对方案，诸如：人生意义为何？灵魂是否不灭？死后通往何方？等等。在这些应对方案得到社会人群的普遍认可之后，就会形成实体化的组织：教团。

教团的形成，接踵而至的就是教团的管理，在《祭酒张普碑》的碑文当中，我们可以看到，原始道教的组织管理方式主要是依赖于人际信用：结盟。

> 熹平二年三月一日，天表鬼兵胡九，仙历道成，玄施延命，道正一元，布于伯气。定召祭酒张普，萌生赵广、王盛、黄长、杨宗等，谕授微经十二卷。①

祭酒、鬼卒等，是为教职称呼，“萌生”应是“盟生”的异写，而早期正一盟威道的入教制度，应是以“盟约”为主：鬼兵胡九入教，经由赵广等盟生作证。

盟威者，盟而有威，盟而成威。这威，对内，是信众畏其誓，不敢乱行，也不敢违背；对外，则可以降服外邪。因此对内是一种组织约束，而对外则是行使各类法术及修行方术的权力，也就是说，

① 陈垣编纂：《道家金石略》，文物出版社 1988 年版，第 4 页。

这一盟誓，将信徒们的义务和权利都肯定了下来。[①]

这样一种依赖于人际信用而组织起来的社会团体，颇有些江湖好汉聚众结社的味道，或可应用于教团创立初期，人数少，范围小，然而，随着教团的逐渐壮大，人数越来越多，管理范围也越来越大，就必须在最基础的“人际信用”之上，再建立一层监督力更强的“神圣信用”——授箓制度：从人对人的监管，上升为神明对人的监管。

正一盟威道的法箓，是最早的道教法箓，称为《太上三五正一盟威箓》，根据《正一修真略仪》的注释，其来源如下：

> 太最尊也。太也，极也。通也，三界独尊，众圣之极，即所谓道君也。于理即天尊、道君、老君一也。以三清应化之阶，即有方品之异矣。今于此箓而言，老君也。授正一盟威箓于三天法师，以传于世，使过度众灾，落除黑簿，召鬼役灵，进品仙职，古曰三五正一盟威宝箓。三者，三才各备，五者，黄中总数，统御生死，以摄万灵，按镇人身，元精固守也。又以三五为日月之数，戊己配于坎离。人禀阴阳正气，三元五运，万象必全，由心而正，心正则神精不亏，与我为一，然后全日月之明，合五灵之本，故能死生无变于己，何邪异之所能干。由是焕照群阴，威伏六贼，是谓正一盟威。

因为法箓由太上老君所授，所以通过受箓，入教者能够与道祖太上老君——结盟立誓，进而强化了这份盟约的神圣性和权威性，从而将整个教团的组织关系进行了宗教式的神圣升华，在进一步巩

① 刘仲宇：《道教授箓制度研究》，中国社会出版社 2014 年版，第 37 页。

固教团凝聚力。

从社会组织关系上来看，这既是一种古老而传统的教团组织管理手段；从个人修行的角度来看，同时又涉及了正一派道术修炼当中炼炁、存想、遣将等具体方法。通过受箓获取召神护命的超自然法力，进而登仙入道、长生不死，乃是道教正一派对于生命终极问题所给出的应对方案——这是对人生终极问题的宗教人文关怀，也是信众、道众建立信仰，入道信教的根本动力，传承1800余年，是为道教正一派宗教生活当中的重要内容。

2. 要大力加强正一派授箓中的戒律制度建设

（1）建立“箓牒”的周期性考评制度。从受箓者（箓生）个人的角度来看，参加正一派受箓活动乃是个人修道由凡入圣、从俗登真的转变，是进入神仙世界的保证。但是，这样的一份保证，并不是必然的，依旧需要受箓者自身保持精进的修持。三十代天师张继先曾经在箓坛上对箓生讲了这么一段《开坛法语》：

> 君不见千丈梯，倚于峻岭，蹑之可至颠峰，临于陆地，则数尺墙不可越。梯非不及，所立者非。万斛之舟，安于大川，济之可涉江海，委于潄水，则数步溪不可渡。舟非不能，所安者非。
>
> 吾家法箓，上可以动天地，下可以撼山川，明可以役龙虎，幽可以摄鬼神，功可以起朽骸，修可以脱生死，大可以镇邦家，小可以却灾祸。然得之在修，失之在堕。
>
> 故匠者与规绳，不能使必巧；师者与模范，不能使必行。但人之恩情魔阻，名利障难，罪衅日增，未尝少息。生形无父母，身外谁亲？度日不过衣粮，积之何用？荣华富贵，秉烛当风，恩爱妻儿，同枝宿鸟。高车大马，难将长夜之游。美妾艳

妻，宁救九幽之苦。雕墙峻宇，白玉黄金，偶尔属君，不可长守。

茫茫三界，碌碌四生，一逐逝波，永沉苦海。莫待酆都使至，黑簿勾名。到此悔之，何及今日。汝去父母国，来亲师匠门，蹑蹻担簦，冲霜冒雨，倾肝涤胆，来瞻太上之真风，赍信投名，拜受天师之秘箓。

从兹已去，革故日新，名虽奏于高穹，身尚拘于世网。从前恩爱，割绝渐休，日后冤憎，相逢莫结。惟是解纷挫锐，济物救人，养性安恬，存神静虑。攀绿既断，火必息于心猿；妄想不生，内自停于意马。知身是患，见命为真，阳不煦生，阴不幽死。自是大风不动，劫火难烧，念既绝于三尸，性岂著于五欲。瑶台阆苑，为自己之家乡；爱海恩山，是他人之活计。

人生何定，白首难期，日月迅速，下手犹迟，若更蹉跎，空成潦倒。此生幸到宝山，不得回时空手。伏愿皇基永固，圣寿延长，四夷不战，来王万国。无私自化，然后十方三界，六道四生，一切有情，俱登道岸。今则玄坛已就，开度俄临，不敢久立。学人伏惟珍重。

这段话除了赞扬法箓的神奇之外，重点在于，张继先天师特别指出“得之在修，失之在堕”——如果一个道士放弃修持，那么即便拿了法箓，也无法发挥法箓的效力。从我们今天这样一个现代社会的语境来看，所谓受箓道士的修持，其最基本的要求就是要看破世俗名利，就是要在价值观上发生根本性的转变。若是经过受箓，虽然已经名奏仙界，如果自己仍然困于名利世俗当中，那么仍旧是无济于事。

因此，张继先天师指出：受箓道士必须心怀国家，慈悲六道，发愿让一切有情同登道岸，全面加强并提高自身的道教素养建设，才能真正受之无愧；其次，道士受箓之后需要保持修行，方能受之有效。

就此而论，我们其实能够从张继先天师对于授箓系统的论述当中找到足够的理论支撑，从而在道教正一派授箓系统当中建立周期考评制度。

（2）在正一派教团的监管制度与组织关系上加强建设。在中国古代，道教正一派授箓仪式的传统是“经、戒、箓”合并相授，十分强调戒律的重要性，诸如唐张万福《传授三洞经戒法箓略说》：“凡初入法门，皆须持戒，戒者防非止恶，进善登仙，众行之门以之为键”。同时，道教戒律经典也很多，明代《道藏尊经历代纲目》中说“道门戒品一千五百二十七戒，随法所受，检制修行”，可见道教戒律内容丰富，种类繁多。

但是，这些种类、条例繁多的道教戒律，事实上并不具备现实性的威慑力。

从魏晋南北朝时期开始，就有受箓后不持戒修行，或者借箓敛财的现象，所以北魏寇谦之在《老君音诵戒经》中曰：“道官祭酒，授人职、治符箓，但与其道，受佩之后，不能精进，违科犯约，用行颠倒，奸怨非法，游行民间，读伪科律，诈惑万端。”到了明朝，四十三代天师张宇初撰《道门十规》，也是为了整顿道教内部存在的戒律松散问题。

在今天，除了江南地区一些比较大的宫观之外，全国范围内的大多数正一派道士是散居于社会各地，并没有固定的宗教活动场所，因而造成了监督、管理上的一系列问题，所以道经上的戒律无法落实到日常生活当中，从而导致了正一派道士戒律松散的现象。因此，如欲加强正一派的戒律建设，必须在正一派教团的监管制度与组织关系上加强建设，通过授箓制度来推动和加强戒律建设。

3. 当代道教正一派授箓中戒律建设的几点思考

近年来，龙虎山天师府授箓制度日趋规范，其影响也不断扩大，吸引着海内外道教徒和广大道教信徒，道教正一派授箓仪典也得到有序传承。但是，就目前授箓现状来看，授箓传度主要是初授和升授二种，初授箓为“太上三五都功经箓”，升授箓则为“正一盟威经箓”，而相应的戒律是初授箓生持守“九真妙戒”，升授箓生持守“老君一百八十戒”，后面的加授、加升箓等，还没有相应的戒律条文。这就是说，目前授箓活动中的戒律建设仍然是相对滞后的，必须要引起高度重视。

（1）要解决授箓活动中戒律制度的整体规划问题。目前，初授箓所采用是九真妙戒：第一戒者，克勤，忠于国家；第二戒者，敬让，孝养父母；第三戒者，不杀，慈救众生；第四戒者，不淫，正身处物；第五戒者，不盗，推义损己；第六戒者，不嗔，凶怒凌人；第七戒者，不诈，陷贼良善；第八戒者，不骄，傲忽至真；第九戒者，不二，奉戒专一。此九真戒是初授箓道士必须要遵守的戒条，这是没有问题的。关键就是“升授箓”戒律为《老君一百八十戒》，好像有点过多，而且很多内容与现代社会不相适应，加上戒条繁多，内容繁琐，实在是难以执行，也没有可操作性的特点。为此，必须要有整体考虑，统筹安排。为方便箓生持戒修行，建议以“九戒”为基础，此后每升一阶再增加九戒，以此类推，这样既有利于箓生持守，又有利于戒律的传播与监管。

（2）要解决授箓活动中戒律制度的时代适应问题。当代道教的戒律建设，必须要与时俱进，适应时代发展和道教自身的需要，正一派授箓中的戒律建设也是如此。“九真妙戒”是对传统授箓戒律的继承和发展，从九戒的内容来看是符合时代发展要求的。比如，第一戒，克勤，忠于国家。强调的是“爱国爱教”思想，忠于自己的祖国，是道教徒的本分，也是道教的优良传统。第二戒，敬让，孝养父母。强调的是孝道，这是人类社会的优良传统，也是当代社会需要大力倡导的。这些内容仍然是时代和社会需要的，我们应该很好的传承与弘扬。对于新增加的戒条，必须要有新的时代内涵。比如，要有促进社会伦理道德的内容，有维护生态环境的内容，有推动社会公益慈善的内容等，这是道教戒律发展的新要求，也是箓生持戒修行需要的戒条。

（3）要解决授箓活动中戒律制度的持戒修行问题。箓坛规定，箓生授箓是有等级制度的，而且每一阶位都有一定的持戒要求和功德修行，所谓“无功不授箓”，讲的就是没有功德、不持守戒规是不能继续升授箓的。道教正一派从初授太上三五都功经箓，升授正一盟威经箓，加授上清五雷经箓，到加升上清三洞五雷经箓，再加升上清大洞经箓，所谓等级繁多，要求也更高。如何升授，须看此人品行清洁、德重者有身份的方可，若无德行福份，妄欲职箓高大，反遭上神谴责。因此，对于授箓的箓生来说，最为重要的就是要严格持守戒律，积功累德，根据各自的修行，来决定升授箓的阶位，尤其是授箓之后是否有违戒行为，这样才能确保戒坛的神圣和庄严，才能通过授箓持戒来不断提升道教徒的信仰修持。

三、结语

本文粗略概述了道教法箓授受的来源和发展，以及这个仪式与道教教团组织管理之间的相关联系，从而在“教权神授”的基础之上，说明了道教授箓实为教团内部“行法权授权证明”的发放，使得整个教团组织的核心与外围、集体与个体紧紧地联系到了一起。

更为关键的是，根据道教的授箓传统，戒律与法箓是同时授予箓生的，但是，通过对历史和现状的审查，我们会发现，虽然道教有着很多的戒律经文，但又始终存在着戒律松散的现实问题。

无论是入道者的个人修行，还是整个教团能否长期性地健康发展，都仰赖于戒律的建设。因此，本文以期继往开来，就加强并完善正一道的授箓系统的戒律建设以及相应的教团组织规范建设提出了一些建议。

道教，作为中国本土宗教，应该积极加强自身建设，与社会主义社会相适应，在这个基础之上，将古老的道教智慧提取成为新时代的文化精华，为国家的发展贡献相应的文化力量。在这个过程当中，道教正一派应当加强自我内部的戒律建设，全面提高道职人员的道教素养，进而使正一派教职人员能够真正成为广大社会信众心目当中的精神导师，从而促进道教事业的健康发展。

全真派传戒与道教戒律建设

任宗权*

摘　要：全真传戒，由来已久，自长春丘真人订戒立仪，常月王祖师发扬光大。本文作者以亲身参与全真派历次传戒工作经验出发，就当前全真派的传戒工作情况进行回顾介绍，对目前传戒工作中存在的问题进行客观分析，并针对有关问题提出思考和对策，旨在为当代全真派传戒工作提供有益借鉴。

关键词：全真派　传戒　道教戒律　思考对策

一、关于全真派传戒

全真斋戒，多承正一，道统法脉，一脉相承。且道教倡独身，非起于全真，亦非丘祖仿释教也。陆修静、寇谦之等天师，皆倡独身修行。至北宋时，道教独身修行已成规制。《三洞修道仪》称："凡初欲学道，男七岁，号箓生弟子，女十岁，号南生弟子，始授训师门，性行稍淳，与授三戒、五戒，渐止荤血，自此后，不更婚

* 任宗权，湖北省道教协会副会长，武汉市道教协会副会长，武汉市政协委员，武汉道教文化研究会秘书长，武汉大道观监院。

嫁。”[①] 此时正一道教已有《初真戒》，而全真道教授受三百《中极戒》，皆早期正一授箓内容之一。

金元全真祖师长春丘真人订戒立仪，皆依此方式，口授心传。清顺治丙申年全真龙门派第七代律师常月王祖师，于北京白云观奉旨立坛传授“三坛大戒”，改秘传为公开，删繁就简，简而明，备而赅。成定制，度弟子，流传至今，道风大振，为后世称颂。其度人不分道俗，如《初真戒律》言：“凡初入太上正宗法门。不問道俗。必先遵依太上金科玉律。三洞戒文。供养大道尊像。表通都天纠察王天君。请祈盟证受三皈依戒。”[②] 依此又须受《太上老君积功归根五戒》《虚皇天尊初真十戒》，方能受中极三百大戒。受初真戒者称妙行师，受中极戒者称妙德师，受天仙大戒者称妙道师。

（一）传戒之筹备

唯全真十方丛林方具传戒之资，子孙小庙皆无此权。丛林集人力、耗巨资，开坛传戒，附近诸大小道观、十方丛林，以及各地高道、丛林诸执事，皆需齐心协力，共襄盛举。

丛林传戒，首在筹办戒具，或一年两年，或三载五载不等，量力而行，随方设教。诸事具备，方禀方丈，方丈允喻，乃出《传戒普示榜》，昭告天下。各地求戒者闻风而动，玄门俊杰云集而至。滥竽充数、鱼目混珠混杂者，概不乏人。独以客堂、号房以挂单背经、询问三代之法，亦难辨明其真假。况吾太上律坛，乃庄严圣境，岂能污染？故律坛审戒，尤为重要。其意义有三：

一者，诸师合力，严格审核，清理门户，纯洁队伍。使吾全真之弟子无歹人，吾玄门之后裔无污垢。一些杀人放火、违犯国法、

① 《道藏》，文物出版社、上海书店、天津古籍出版社 1987 年版，第 32 册，第 166 页。

② 任宗权：《道教戒律学》下册，宗教文化出版社 2008 年版，第 571 页。

作恶多端、恶贯满盈、或地痞流氓、假装道相，混入吾门，污吾道教、败吾教风者，一概清除。吾长春祖师之戒法，顺应天地，不违国法。凡不孝父母，不尊师教，嫉贤妒能者，其以“审戒法则”。逐句询问，逐条审核，师前忏悔，痛改前非，重新做人。方可拜求戒法，得大清静也。

二者，不拘一格，选拔人才，培养后昆。使吾长春祖师之大道，后继有人，道法兴隆。实非一人之功，一人之力所能为也。故不拘一格，选拔德材兼备之才，培养衣钵玄裔，接续法统，弘吾玄门正教之至道，乃传戒之目的，诸师之慈悲心也。其功其德，万世流芳。

三者，引导戒子，忏悔以往过错，乃发猛勇精进之心，重新做人，持戒精勤，彻悟大道。

1. 戒子之考核。受戒弟子不拘地区，亦不拘老少，皆有求大戒之权利。然有六种不可领受大戒：

一者，罪不可赦者。诸如污冠①、复罪②、诈道③者；

二者，年纪尚幼者。明清时，限十四周岁以下，不可领受大戒。民国限定十七周岁，新中国成立后，按《宪法》规定，未满十八岁之公民不可信教。

三者，未冠巾受度者。冠巾乃全真正式出家之仪轨也，非冠巾无以受戒，非受戒难以修仙。此天坛玄规也，不可不遵。凡全真道士，出家三年，考验合格者，其师准予冠巾。

四者，异类者。即不属人类，诸如非人、匪人者；所谓非人，即鬼神或畜生变化之人。所谓“匪人”，即为非作歹，或借道谋利。

五者，黥涅或五行不全者。所谓黥涅者，俗称刺青，即纹身也。

---

① 教内术语，即不忠不孝，出卖国家，曾污清静女冠者。

② 教内术语，即反复出家，道心不坚者。

③ 教内术语，即曾冒充玄门，接受供养者。

按《说文》言黥，墨刑在面也。[1] 所谓黥者，涂墨之刑也。即于囚徒脸上刺字，以防逃跑也。《说文》言涅：黑土在水中者也。[2] 黥即面上刻字，涅乃纹身也。此皆身体病弱或生理缺陷者也。又诸如黄门（即男根有缺陷）、二形（男女根同具者）、瘖病（癫狂等病）、非丈夫（不能忍耐困苦）。

六者，父母未允或负债未还者。父母者，人之本，我之至亲也。

凡父母在堂，出家受戒，皆需禀告父母，经父母同意也。所谓债者，人之责任也。人有负债而不还，乃有责而未完也，故不可出家。

2. 律坛诸师人选。玄门戒坛，又称玄都律坛。所谓玄都者，仙界之都城也，太上昔日为诸仙传戒授律之所也。故玄门传戒，乃以此立大律堂，幢幡宝盖，钟鼓琳琅，皆仿玄都之制也。坛中说戒者，大律师也。讲戒释律者，戒坛八大师，坛场秩序井然者，诸护坛大师也。

（1）关于律坛“三师”。吾玄门戒律，乃载人之舟楫，仙道之纲领亦。按《初真戒·三师原说》言：传戒本师，乃太上继宗演教，接化大德之师，不受天仙戒者不得传戒。每于正月十五、七月十五、十月十五日，会集四众，开坛传戒，戒后行持演钵一百日。[3] 全真传戒，参照其仪，乃立三师、保举。传戒本师、证盟大师、监戒大师，合称“传戒三师”，唯丛林监院乃保举也。故玄门传戒，方丈授律，大师讲戒，监院保举，护坛护法，相辅相成。

（2）关于传戒大律师。凡丛林皆具礼请方丈“开坛传戒”之责。

① 许慎：《说文解字》，中华书局 1978 年版，第 211 页。
② 同上书，第 231 页。
③ 中国道教协会编：《太上律戒·初真戒》，2016 年长春观玄都律坛版，第 18 页。

故丛林置方丈有二，一者，登坛传戒，称之“律师”。二者，未登坛传戒者，解经释义，教领一方者，称之“方丈”。方丈之人选，乃全真传戒之大事。登坛传戒之方丈，称之“传戒本师”“传戒大律师”，由传戒丛林之方丈担任，为戒子传授戒法。其仪严格，如无合适接法人选，亦不轻易传授。故律师人选资格，不仅学问好、人品好、修行好，更应有护道之功德、办事之能力，钦服众望。具得戒同等条件下，“天字第一号”戒子乃首选人员，然非一概而定也，皆在一个“缘”字。①

（3）关于证盟与监戒大师。证盟大师须得授天仙大戒者熟读经典，深逊戒学之师担任。而领受中极戒，不得担任证盟大师。按《初真戒·三师原说》言：监戒大师，监察入戒者，不许犯戒违律。如有不法者，量律轻重，以戒尺责罚忏悔，非受中极戒者，亦不得师之。

（4）关于首座大师。元明时，八大师之上设首座大师一位，其在方丈之下、诸大师之上。因协助传戒律师总理一切戒务，故又称总理大师。1995 年四川青城山传戒，因工作之需，经傅圆天方丈大律师提议，八大师合议，报请中国道教协会同意，立总理大师，负责戒坛一切事务，此后一直沿用。2017 年崂山太清宫传戒，经诸师提议，报中国道教协会同意，取消总理大师一职，恢复律坛首座大师之实。

（5）关于法统。“法统”即《太上律脉源流宗谱》，乃全真律宗传承宗谱，方丈接法续派法凭之一，内载历代传戒律师历履、籍贯、传戒次数及地点等。玄门“法统”起于太上，延至丘祖，乃启全真

① 袁志鸿：《道教正一派受箓与全真派传戒之比较研究》，《世界宗教研究》2003 年第 4 期，第 88 页。

律坛。至王常月祖师，乃发大愿，一改秘传为公开，分枝散叶，流传诸多支脉。丛林讲律传戒，乃分律堂戒脉，如白云观之“白云堂”，四川二仙庵之“碧洞堂”、长春观之“来成堂”、八仙宫之“终南堂”，武当山之“大岳堂”“全復堂”“太和堂”等。“法统”皆供于祖堂，开坛传戒之时，礼请临坛，接续法派，乃无上师宝之象征也。“法统”不临坛，律坛不得开传戒。

凡传戒丛林，先筹办戒具，次上秉方丈，然后礼请法统，供奉祖堂，方可张榜传戒。

（二）新中国成立后全真派六次传戒活动

第一次传戒。1989 年 11 月 11 日至 12 月 3 日，于全真祖庭北京白云观举行传戒活动，礼请白云观第二十二代方丈王理仙为传戒大师，共有 75 名全真道士临坛受戒，其中乾道占 60%，坤道占 40%，多为新中国成立后出家之青年道士。此次传戒有三个特点：一是新中国成立后第一次传戒活动，二是由中国道教协会组织之全国范围内传戒活动，三是戒期由 100 天缩短为 21 天。

第二次传戒活动。1995 年 10 月 29 日至 11 月 21 日，于四川青城山古常道观举行，礼请龙门第二十三代方丈傅圆天为传戒大师。来自全国各地 400 余道士领受大戒，年龄最高者 121 岁，最低者 18 岁，年龄跨越一个世纪。此次传戒有五大特点：一是坤道首次担任戒坛大师，开创道教戒坛之先河。二是设立律坛“总理大师”，礼请北京白云观监院黄信阳担任。三是并列两位登箓大师，乃相互让贤所致。四是一改戒坛“天地”号行得戒对规仪式，改由前四名戒子完成。五是首次传授居士戒，度俗家弟子 200 余人。

第三次传戒活动。2002 年 8 月 22 日至 9 月 11 日，于辽宁省鞍山市千山五龙宫举行，礼请千山五龙宫方丈王全林为传戒大师，入坛受戒弟子 200 余人，方便戒弟子 200 余人。此次传戒有三大特点：一是新中国成立后第一次正式排版印刷有戒子图像之《登真箓》。二是恢复方丈大律师秘庭传法秘传接法弟子“法凭”[①]仪式。三是规定“天字一号”大展规，“玄字二号”与“黄字三号”行对规礼得戒仪式。

第四次传戒活动。2016 年 11 月 11 日至 12 月 11 日，于武汉长春观举行，礼请长春观方丈吴诚真为传戒大师。此次传戒有十大特点：一是开创坤道升座方丈且担任传戒大律师之先河。二是恢复“迎请法统仪式”。[②]三是恢复传授“饥饿戒”，由副总理大师任宗权道长讲戒。四是恢复考偈五斗、七星戒子秘庭抽签“面试”、考偈合议传统。[③]五是恢复戒坛五斗戒子行对规礼得戒仪式。即“天字一号”大展规，“玄字二号”与“黄字三号”，“宇字第四号”与“宙字第五号”行对规。六是恢复迎请大师登台讲经仪式。七是恢复铸造戒坛“启文”、悬挂方丈与监院寮板传统。八是恢复每日早课后律坛请堂议事传统。九是将戒期调整为 28 天。十是规定传戒小组戒前审核戒子身份及相关证件。

第五次传戒活动。2017 年 8 月 21 日至 9 月 18 日，于山东青岛崂山太清宫举行举行，礼请崂山太清宫方丈李宗贤为传戒大师。此次传戒有三大特点：一是恢复戒坛“踏规”[④]仪式。二是取消律坛

① 法凭，即方丈大律师传接法弟子心法时，所赠之传法信物，戒坛称“法凭”。

② 2016 年 9 月 1 日，任宗权率领江河、杨信然至全真祖庭北京白云观恭请“法统”，9 月 2 日“法统”抵汉，举行盛大“迎请法统仪式”。

③ 即戒坛考偈后，传戒三师与首座、保举、登箓大师于请堂合议，就考偈成绩以及戒子往日修行、律坛表现进行评议，最后由方丈大律师定夺戒子登真榜五斗、七星排名顺序。

④ 所谓“踏规”，即方丈大律师传授三坛大戒仪式时，戒子们依次展规铺在路中，跪拜道路两侧，方丈大律师与戒坛八大师路中“踏规”而行。此戒子得法之仪，后人所谓“循规蹈矩”，即来于此也。

“总理大师”之职，恢复首座大师之实。三是开创崂山丹宗堂，自西汉张廉夫祖师开创崂山道场两千多年，崂山皈依全真八百年，号称“天下第二大全真丛林”，首次开坛传戒。

第六次传戒活动。2018年7月17日，于湖南南岳衡山道院举行，礼请南岳衡山道院方丈黄至安为传戒大师，共有156位戒子参加，并经考核合格，取得戒子证。此次传戒有二大特点：一是南岳道院因传戒活动，首次申请开辟为十方丛林。开创新中国成立后子孙庙升格为“十方丛林”之先河。二是新中国成立后第一位坤道获得天字第一号，此即开创全真律坛坤道得戒之先河。

二、全真传戒存在的主要问题

笔者自1995年至2018年，全程参加了全真派历次传戒活动，就传戒中所见，以及道教戒律建设所遇到的问题，作以下分析：

(一) 受戒与传戒难问题。中国道教协会先后于1989年、1995年与2002年、2016年、2017年、2018年分别于北京白云观、四川青城山、辽宁千山、武汉长春观、崂山太清宫、南岳衡山道院举行新中国成立后六次传戒活动，即是加上历届之方便戒，全国受戒弟子亦不足两千。更不说无论规模与次数，与汉传佛教比之，又少之又少。若言新中国成立初道教因条件不成熟，加之“文革”动乱，道教活动受到中断，皆有情可原。然改革开放后，全国上下解放思想，百花齐放、百家争鸣之大好时光，道教在1989年至2002年14年间，只传了三次大戒。2002年至2016年十四年间，国家综合实力突飞猛进，全国宗教大力发展之时，而道教传戒活动却中断整整十四年之久，比之十年“文化大革命”动乱时间还久。究其原因，乃道教上层领导人观念守旧、僵化，内部意见不和等问题所致。

关于传戒难问题，我认为：一者，教内思想不开放，使得方丈之人选愈来愈少。二者，有传戒历史之丛林，自谓能力有限，或无方丈人选，或因“文革”之后，丛林诸多房产被其他单位占用，难以归还，亦南岳恢复其功能，故传戒功条件。或是丛林收入减弱，无力筹办戒具、举传戒活动。三者，教内不同思想与声音，成为传戒活动内在阻力。或言“受戒不守戒，不如不受戒”，诸多虔诚道长不愿受戒。故隐居山洞，人迹罕见，清修苦炼；或言戒文繁多，条文苦严，委实难守，松懈之士，望之却步；或言戒前考核，层层过关，审戒之严，委实难于通过也。种种此等，成为道教传戒活动遇到之新瓶颈与阻力。

（二）戒期缩短，顾此失彼。1989 年，经北京白云观报请中国道教协会批准，传戒活动时间由 100 天缩减为 21 天，“百日大戒”传统成为历史。戒期缩短，乃今传戒所遇瓶颈及短板。传戒仪典占据大量空间，讲经讲戒空间受限。往往顾了讲经，耽搁了传戒仪典，顾了传戒仪典，耽搁了法事活动。使得传戒活动只限于形式，传戒核心被漠视。甚至传戒结束，戒文竟无通读一遍，更不能谈逐条讲解，失去传戒本身之意义。

（三）诸多戒条已不适合时代发展。道教戒律学发展至今，除大部分积极意义戒律可保留，亦有很多不合时宜、残留封建特权之戒条，急需革新，如清咸丰六年北京白云观《清规榜》有“犯清规不受罚者，杖责革出，永不复入，逐出”。其杖责乃侵犯人权。又如“犯国法，奸盗邪淫、坏教败宗，顶清规，火化示众”，虽有维护国法之意义，但“火化”与现今法律相抵触，必须革除。又如“罚跪香”“重责三十扁拐”“炙断眉毛”等戒规，亦与今之法律制度相背，皆须革除。

三、全真传戒工作的几点思考

美国黑人作家埃尔德里奇·克里佛曾言："你不能解决问题，你就会成为问题"。当前道教戒律体系、思想所遇之瓶颈与短板，全真道教传戒所遇之问题只是一方面。此问题不容忽视，中国道教协会应勇于直面问题，尽快拿出对策，逐一解决。笔者曾多次参与全真派传戒活动，现就有关问题提出一些思考建议。

(一) 关于受戒与传戒难问题。其一，要解放思想，倡导有历史、有条件之十方丛林，尽快恢复其十方丛林体制。其二，十方丛林体制，属于民主管理体制，有诸多优点。中国道教协会应大力推进十方丛林民主管理制度，鼓励有条件之子孙庙与半丛林半子孙道观，申请成为十方丛林，健全丛林体制。其三，中国道教协会应大力提倡推荐各地道协、有条件之宫观举办"十方丛林知识、管理学习班"，延请专于此长之道长，言传身教。有目的地恢复示范丛林，以点带面，逐步完善。

(二) 关于戒期缩短，顾此失彼问题。全真道三坛大戒，或三坛分期传授，或三坛一次完成。按《初真戒·玄门持戒威仪》云："入戒坛习初真戒未熟，不得躐等受中极戒。"又云："已入钵堂修炼身心者，及行持中极戒历三年者，方受天仙戒。"① 以此观之，全真三坛大戒似乎遵循两个原则：一是不许躐等受戒；二是必须分期受戒。诸多文献表明，全真三坛大戒具分期传授之实。如尹志华《王常月学案》引同治《苏州府志》卷二百二十五卷《释道二·黄守正》条言：北上，逢王常月说戒于白云观，遂执弟子礼，受初真戒而出。康

① 王卡、王桂平：《三洞拾遗》，第 11 册，黄山书社 2005 年版，第 112 页。

熙三年（1664）在杭州宗阳宫从王常月受中极戒。末几，复受天仙戒。[①] 又按《金盖心灯·程谔山律师传》言：岁乙未至京师遇昆阳王祖，丙申受初真戒，越二载，祖闻靖庵贤，命持卷册如意芝杖源流拂尘至金盖，靖庵厚礼之，与处年余，甲辰，王祖来杭，晋受中极戒，受天仙戒，遂返新安，礼亲墓，隐庐山，不复入世。[②] 故全真传戒有三坛共授、分坛传授之实。

故而建议：其一，中国道教协会应根据情况，为使传戒时间宽裕，酌情选择分坛传戒。其二，将戒经之学习，列入道教学院教学计划，提高学习戒学之质量。其三，举办多式多样讲戒、辩经等活动，推进道教戒学思想深入人心。其四，每次传戒活动，丛林规制的彩排占据大量时间与精力，可考虑与传戒丛林商议，可于传戒前举办"丛林知识"学习班，一方面解决传戒占据大量时间问题；另一方面，可以借此普及丛林知识之教育，进而全面恢复全真十方丛林体制中之优秀传统。

（三）急需出台新时期道教戒律体系。近现代以来，戒律建设举步不前，成为阻挡道教健康发展之重大问题。究其主因，乃教内上层人士思想僵化问题，坚持戒律乃祖师之垂训，一字不能更改。或对方丈人选说三道四，致使诸多高道对于升座方丈，望而却步，道教全真十方丛林体制之恢复，即是难上加难。使得道观管理与协会管理关系错综复杂，影响道教发展。譬如前面所提，2002 年至 2016 年，道教传戒活动竟然停滞 14 年之久，皆此思想僵化作怪。

当代道教，急需适应新时代的戒律体系出台，此应引起中国道教协会高层以及教内戒学大师们重视。故而建议：其一，中国道教协

---

① 尹志华：《王常月学案》，齐鲁书社 2011 年版，第 93 页，
②《三洞拾遗》，第 16 册，第 33 页。

会应尽快联合道教界、学术界道教戒律专家，通过举办道教戒律研讨会、座谈会等形式，并征求法律界专家意见，开放思想，理清思路，为道教戒律建设寻找出路。其二，召集教内有能力之传戒大师，重新修订戒经、规范戒条，革新戒律内容，制定出一部详尽、精密、合理之新戒律，使之与时俱进。其三，以中国道教协会名义，适时公布构建之新的戒律体系，规范道门的自身建设和管理。

当代道门神职教徒的持戒情况

李 福*

摘 要：道教戒律在不同的历史阶段和社会情况有不同的特点，当代道教已进入全新的发展阶段，“传戒”与“授箓”活动逐步展开，道教信徒对道教戒律的认识进一步加强，戒律建设理论研究取得成果，宫观管理制度、宫观清规榜逐步建立起来。但当前道教戒律还存在着诸多与社会发展不相适应的地方，需要对道教戒律、道教清规进行整理修订，承继、创新建立起较为统一的道教戒律和科学、规范、严格的道教入门制度。

关键词：戒律 当代 道教 持戒

国有国法，家有家规，教有戒律，这是人类进入文明社会后最基本的行为规范。无法国不安宁，无规家不兴盛，无戒律则教不持久。因此，戒律是道教健康发展的基础。

一、道教戒律对道教发展的影响

道教戒律是道教徒正信正行、防非止恶，必须严格遵守的行为

* 李福，安徽省道教协会副会长兼秘书长。

规范及生活准则。根植于中华民族数千年的悠久历史和文化积淀的道教，以汇聚着东方文明的智慧和思想大成的老子《道德经》为经典，自创立之始，就有着严格的行为定规，这些行为定规无疑是道教自然的“戒律”。这些行为定规虽未冠以“戒律”之名，却处处蕴含在道祖老子《道德经》里。道教是以“道法自然”“清静无为”“上善若水”“戒贪欲”“一曰慈，二曰俭，三曰不敢为天下先”等经典警句作为修持守则，才赢得帝王将相把《道德经》作为治国理政、教化万民的信条和芸芸众生尊崇和信赖的宗教信仰，为推动社会的发展和进步，促进人类的文明和健康作出了积极的贡献。

一个被誉为信众的心灯，以教化、度人为己任，一个有修为的有道之士，秉承道教教义，潜心修持身心，何需“戒律”来束缚呢?！然而，自东汉末年张道陵祖师创建道教后，道教快速发展，但因道徒来自十方，念想不同，感悟有别，修持差异，未免会出现一些行为异端之徒，败坏、损及道教名节。为规范道教教徒言行，维护道教教义、信誉、威仪，保持道教的严肃性、纯洁性、神圣性，道教戒律成为不得不制定出用以防范“恶心邪欲”“乖言戾行”的条规，戒律也就自然应势而生。相传由张道陵天师所著《老子想尔注》则更为注重道戒，认为“戒为渊，道犹水，人犹鱼”，无戒则道不存，无戒则人不存。

其后，《说十戒》《思微定志经十诫》《老君说一百八十戒》《重阳立教十五论》等道教戒律在继后的道教各派创立后相继问世。这些戒律无一不以《道德经》为宗，以规范道徒言行为旨，结合本派特点和时代特征而成。其实质是对《道德经》经文的解读、分类、细化，把深奥的道家思想深入浅出、通俗易懂地表述出来，使广大道徒、信众更易于明晰自己的言行举止是否符合道教规范，对弘扬道教，遏制不良言行起到了重要作用。道教虽在历史的长河中波浪起伏、兴衰跌宕，但无不与道教戒律的严格或松懈直接或间接相关。

北朝太武帝始光元年，寇谦之以“天师”身份传经布道，并顺天应人对“天师道”进行改革整顿，修订戒律，撰写《老君音诵诫经》，使道教面貌为之一新，得到北魏王朝的器重，推动了南北朝时期道教的发展。金代世宗大定七年，王重阳创立全真教派，对传统道教进行改造，主张“三教合一”，撰写《立教十五论》，提出“苦己利人”是道教的道德规范和得道成仙的前提，树立了道教新形象。其弟子丘处机开创传戒制度，凡自愿入道者，必须受戒方能成为道教弟子。他弘扬济世安民思想，以七十三岁高龄不辞万里西行，以“敬天爱民为本”“清心寡欲为要”等道教学说回应大蒙古国可汗成吉思汗，一言止杀，使无数百姓免遭屠戮，进一步提高了道教的社会地位。

道教戒律在相当长的历史阶段因派别不同而繁多不齐，各有特点。元朝成宗大德八年，第三十七代天师张与材被敕封为“正一教主”，管领江南道教，天师道此后又称“正一道”“正一派”。及至明代永乐年间，正一派第四十三代天师张宇初针对道教自元代、明朝以来“玄纲日坠，道化莫敷，实丧名存，领衰裘委”的状况，励精图治，鼎力革新，编撰《道门十规》，对道教信仰、社会行为系统地制定了规范条文。他告诫道徒：“至若赵归真、林灵素之徒，偶为世主之所崇敬，即为富贵所骄，有失君臣之分，过设夸诞之辞，不以慈俭自守，亦取议当时后世多矣，是切为后诫!”明确指出：“凡行持之士，必有戒行为先，次以参究为务。”《道门十规》对整饬道教弊端，振兴道教教风，重塑道家形象起了一定的积极作用，也为道教各派所认同。

张宇初天师永乐八年羽化时，正值道教正一派得到明朝皇室的尊奉，自“明太祖朱元璋敕命正一教主永远执掌天下道教事”、明成祖朱棣大规模营建武当山宫观后，大有蓬勃发展之势。也正因如此，道教正一派戒律又因受宠日渐懈怠. 张宇初天师的告诫言犹在耳，但骄纵邪行之风仍未能稍止，虽有刘渊然、邵以正等“性命双修”高道持戒以范，颓废之势也已无力扭转，以至明隆庆年间，明穆宗朱载垕对道教采取抑制措施，道教正一派也从此走向衰微之路。

在此期间，道教全真派与正一派有着明显不同的处世态度。武当张三丰祖师不为追捧所动，避世修炼，深得明太祖朱元璋、成祖朱棣敬重，于武当山大兴土木建成九宫九观三十三处庙宇，造就武当“天下第一仙山”道教圣地，香火隆盛绵延二百余年。全真派其他道徒也大都沉寂山野，潜心修持，远离世俗纷扰。

明末清初时期，道教宫观已是一片萧疏凄凉。此时，幸有道教全真龙门派王常月真人深感“玄风颓败，邪说流行”，认识到“戒是全真第一关”，提出“自古大圣贤，莫不已戒摄心”[①]，强调要皈依三宝，忏悔罪业，断除障碍，定心守意，清净身心，致力于道教复兴。他探求《道德经》自然奥妙，研讨《南华经》灵动生机，潜心参悟三教经书，撰著《心法正言》（后由弟子整理为《龙门心法》）。他住持白云观，开坛说戒，度弟子千人；布道江南，广收门徒，使道风为之一新，全真龙门派兴盛一时，推动沉寂数年的道教再度出现空前蓬勃发展之势。但自此不久，时过境迁，道教遂遭冷落，一直处于萎靡状态。这固然有社会背景的深刻影响有关，也有着道教自身存在的信仰缺失、戒律懈怠、后继乏人的问题。

二、当代道门戒律建设与持戒情况

新中国建立后，中国道教协会于1957年5月由国家内务部批准

---

①《龙门心法》卷上，《藏外道书》，第6册，第735页。

成立。但由于此后受到“左”倾思想的影响和“文化大革命”的冲击，道教工作没有得到正常开展。1978 年 12 月，中国共产党十一届三中全会作出了实行改革开放，把全党的工作重点转移到社会主义现代化建设上来的历史性决策，实现了思想路线、政治路线、组织路线的拨乱反正，实现了新中国成立以来具有深远意义的伟大历史性转折。1979 年，中国道教协会恢复工作。1980 年 5 月，中国道教协会第三次全国代表大会在北京召开，选举产生了第三届理事会，道教从此步入全新的发展阶段。许多高道大德与道教学者以饱满的热情投入道教基础性理论研究，阐发道教学说，并逐步涵盖有关道教教理教义、斋醮科仪、道教戒律、符箓法术等各个方面，道教各项工作取得显著成就。道教戒律建设主要表现在以下几个方面：

1. 道教“传戒”与“授箓”活动逐步展开。道教全真派“传戒”与正一派“授箓”是道教中最为庄严、隆重的活动之一，也是道教徒持戒的重要标志。全真派“传戒”活动自 1947 年成都二仙庵传戒以后即一直未再举行。1989 年 11 月，在北京道教十方丛林白云观，全真派隆重举行了新中国建立后的第一次传戒活动，全国各地举荐的 75 名全真派道徒受戒。这次传戒活动虽仅有 20 天，未达到“百日圆满三坛大戒”的时间规定，但却开启了中断 42 年的道教戒律建设的新篇章，使全真派“传戒”科仪得到传承，在道教戒律建设上迈开坚实的第一步，具有非凡的现实意义。道教全真派“传戒”活动的开启得到道教界的高度赞许，受到各地全真派道徒的热烈欢迎和积极响应。此后，道教全真派在宗教主管部门的指导下，又多次举行了“传戒”活动。1995 年 11 月，全真派在四川省成都市青城山天师洞和上清宫道观举行第二次传戒活动。来自各地宫观的 400 余名道徒受戒，并为受戒道徒颁发了《净戒牒》。2002 年 8 月，全真派在辽宁省鞍山市千山五龙宫举行第三次传戒活动。2016 年 11 月，中国道协在湖北省武汉市长春观举行第四次传戒活动，并决定此后停止传授方便戒，借以纯正道风，恢复传统，延续道统。2017 年 8 月，全真派在山东省青岛市崂山太清宫举行了第五次传戒活动。2018 年 10 月，全真派在湖南省衡阳市衡山道院举行了第六次传戒活动。传戒活动是加强道教全真派戒律建设的重要抓手，也是道教神职教徒持戒修行的重要内容。

正一派“授箓”活动，1946 年曾在江西省龙虎山天师府举行，此后一直中断。1991 年 10 月，正一派在江西省龙虎山天师府为海外及港澳台 36 名道士举行“授箓”活动，开启了停滞 45 年的正一派“授箓”活动。此后至今已举办 28 次海外及港澳台“授箓”活动，约 3000 名箓生参加授箓。1995 年 12 月，正一派在龙虎山嗣汉天师府恢复对内地道士授箓活动。此后至 2018 年 11 月，内地正一派道士授箓活动皆以“万法宗坛”为正宗，均在龙虎山嗣汉天师府举办。授箓作为道教正一派的传统活动，它的恢复和正常化对纯正教风，精严戒律，加强正一派道士自身修持创造了重要条件。首先，它把正一派各派授箓活动全部集中于正一派祖庭龙虎山嗣汉天师府，有利于加强各派之间的联系、交流和团结，减少了派与派之间的隔阂、矛盾和纷争，促进了正一派各派的思想融合、统一，为正一派在新形势下创新发展创造了条件。其次，恢复正一派授箓制度，特别有利于对散居正一派的管理，对散居正一派道士的言行举止有了最基础性的规范。再者，授箓制度促进道教戒律建设的发展，为当代正一派道士学习戒律和持戒修行打下了良好的基础。

2. 道教信徒对道教戒律的认识进一步加强。通过道教全真派和正一派的传戒、授箓活动，道门中人进一步认识到作为道教信徒不单要认真诵读道教经典教义，树立正信正行的观念，还必须去认真地学习、领会道教戒律的有关知识，维护道教戒律的权威性，并身体力行地遵守道教戒律的各项规定。道教徒接受传戒、授箓的过程，也是学习、领悟道教戒律严肃性、规范性的一种体验，敲响奉戒如一、防范未然警钟的一种修炼。使道徒充分认识到成为一个道士应该遵守的教规戒律，为今后的正信正行、潜心修持奠定了良好的思想基础，对推动道教戒律建设和道教发展具有深远意义。

3. 道教戒律建设理论研究取得成果。道教戒律建设得到党和政府的高度关注和积极支持，也从而引发了道教界和道教学者对道教戒律的研究热潮，并取得了一批有见地、有深度、有前瞻性的成果，对推动道教戒律建设，启发道教戒律改革和创新发挥了良好作用。在道教戒律论著方面，如任宗权道长的《道教戒律学》，为我们展现了道教戒律发展的历史，提出了当代道教戒律面临的实际问题。道教学者唐怡的《道教戒律研究》，分析了道教戒律的发展沿革、内部结构、外部环境、社会功能等，并结合当代社会背景提出了对当代道教戒律的看法和建议。历史学博士刘绍云的《宗教律法与社会秩序——以道教戒律为例的研究》，以道教戒律为案例，阐述了道教戒律所建立的神圣秩序对传统伦理及相关制度产生的广泛影响，对社会秩序的建构与调节起到的积极作用。有关道教戒律的论文很多，如《关于当代道教戒律三个问题的思考》《道教戒律的历史发展与特色》《道教戒律与道德》《中国道教戒律体系建设及其历史经验》等学术论文分别从历史的、现实的、宏观的、具体的、理论的、实践的等各个方面对道教戒律进行阐述、分析、研究，为道教戒律建设提供了可资参考、应用的思维方法和措施，引发了更多道教人士和道教学者对道教戒律更深入的思考。目前，已有多所高校把道教戒律作为社会科学课题立项研究，必将取得更多的研究成果。

4. 道教宫观管理制度、宫观清规榜逐步建立起来。随着道教宫观的恢复建设、宫观道士的增加，宫观管理制度根据国务院《宗教事务条例》和中国道教协会《道教宫观管理办法》等逐步建立起来。一些宫观还随之建立起清规榜。宫观管理制度的建立是道教自我教育、自我管理、自我约束的重要举措，为维护宫观秩序、树立道教形象、提升道士素养、严守道教戒律提供了基本保障。道教清规与道教戒律相辅相成，道教戒律警戒于前，道教清规处罚于后。宫观清规榜的建立进一步加强了道士对道教戒律重要性的认识，彰显了道教戒律的严肃性和权威性。道教宫观管理制度、道教清规榜对加强道教戒律建设有着直接的促进作用，对推动道教戒律建设步入正轨有着重要的现实意义。道教戒律建设取得的成就是多方面的，但当前还存在着诸多不尽人意的地方，需要我们去认真研究，深入探讨，破解难题。

三、当代道门神职教徒持戒情况分析

国家宗教事务局王作安局长曾明确指出：“比如信仰淡薄、戒律松弛、不重修行、贪图享乐、借教敛财、追名逐利、自我吹嘘、弄虚作假等等现象，在各个宗教中都不同程度地存在。”这段话是他在对宗教界现状的深入调查研究基础上提出来的。对道教而言，我认为主要表现为如下几个方面：

1. *自我要求不高，戒律意识淡漠。*一些道徒身在道门，自我要求不高，对道教戒律认识模糊，意识淡漠，认识不到道教戒律是规范神职教徒言行的基本准则。当然道教教职人员首先是遵守国家法律、遵守社会公德的公民，但这是对作为一个公民必须具有的最低的品行要求。宫观管理制度是维护宫观正常秩序和服务信众的基本规定，而道教戒律“收习身心，操持节操”，是对道徒的基本要求。既入法门，就当奉守戒律，性命双修，得前生后世之道。否则，入道何为。道教教职人员戒律意识淡薄，实为道教戒律久远松弛、一时难以建立、完善之故。道教正一派自张宇初天师之后至新中国改革开放约五百多年，道教戒律再无大的建树，荒于道教衰微，疏于世事变迁。道教全真派自王常月真人之后至新中国改革开放近三百年亦莫不如此。改革开放后，道教虽在党和政府宗教政策的推动下迅速进入恢复发展时期，道教传戒、授箓制度也步入常态化，一切逐渐走上正轨，但道教戒律建设仍处于严重滞后状态。

2. 重斋醮轻修持，不以根本为务。以道教符箓斋醮服务于信众是道教正常法务活动，收取适当的功德金也在情理之中。但有不少道徒把主要精力用于铺陈道场，哗众取宠，把符箓斋醮商业化，成为攫取金钱财物的手段，不以“仙道贵生、无量度人”为宗旨。有的全真派道士受不了十方丛林制度的约束或是为了谋取自己更多利益，效法散居正一派道士不愿住宫观而在都市或是民间私设坛场，一味的只是做做阴阳道场。不以守戒修持为根本，多为财物所谋，失去了道士为信众祈福禳祸的初衷。有的道士修为不足，衣冠不整，戒律松弛，形散神乱，大失信众期望。道场需要符箓斋醮的庄重、威严，但更需要道士以修持根本为务。如果“非究源以求流，必忘本以逐末”。道教符箓斋醮，服务信众，靠的不是浮华道场、巧言令色，而是“道”的神通和法力。欲做好法事，必须虔诚，没有深厚的修持功底，岂能启师依重，号令诸神，去祈福禳祸，显道教神通。行浮华之末，无根本之务，只能流于形式，损我道教声誉。

3. 贪图世俗享乐，无视道教戒律。改革开放迎来我国历史上国民经济最快最好的发展时期，广大民众的衣食住行条件得到根本性的改善，国家日益富裕强盛。同时，随着物质条件的充裕，西方生活的影响，光怪陆离的世俗欲望也以多种方式强烈地冲击着人们固有的思维方式和道德观念。改革开放后，禁闭近 30 年的道教大门悄然打开，一批批年轻信徒走进道门，为道教注入新鲜血液，道教焕发出勃勃生机。经过迄今40年的参经悟道，静心修持，许多当年年轻的道长已成长为道教传承的中坚力量；也有一些道徒为五光十色的世俗享乐而心乱神迷，无视道教戒律，披着道教的外衣，行离经叛道之事，严重损害着道教的形象。

《雷祖经》曰："道者以诚而入，以默而守，以柔而用，入道者知止，守道者知谨，用道者知微。"一些道门中人贪图世俗享乐的根本原因就在入门缺乏真诚，诵经没有真意，守不得清净，耐不住寂寞，为俗念所困扰诱惑，置道教戒律于不顾。《洞玄灵宝玄门大义》中说："戒，解也，界也，止也。能解众恶之缚，能分善恶之界，防止诸恶也。"[①] 作为道徒，即入法门，就当持戒奉守，静心修持，才能达到与道合真、长生久视的境界。

四、当代道门神职教徒持戒情况的思考

纵观道教漫长的发展历程，道教兴衰起伏无不与道教戒律是否与时俱进、严谨坚守密切相关，无不与道教戒律能否兴利除弊、改革创新紧密相连。

当前，道教在国家宗教政策的指引下，呈现出良好的发展态势，但历史的教训要时刻牢记，决不能重蹈"恃宠而骄"、戒律松弛、因循守旧的覆辙。2017年7月，国家宗教事务局局长王作安在中国道教协会成立60周年纪念会的讲话时指出："道教要在坚持传统的基础上，建立符合当代社会的清规戒律体系，引导教职人员持守戒律、依戒修行，树立道教良好社会形象。"因此，我们必须把握机遇，乘

① 《洞玄灵宝玄门大义》，《道藏》，第24册，上海书店（三家本）1988年版，第734页。

势而为，加强道教戒律建设、促进道教健康发展。加强道教戒律建设是一个系统工程。针对教职人员持戒方面存在的问题，提几点思考建议。

1. 在中国道协的领导下对道教戒律、清规进行修订。现代道教戒律，要在继承传统戒律的基础上，以社会伦理道德、社会公共行为准则为基石，适应社会发展，结合新时代中国特色社会主义的特点，修订出符合时代发展要求、与时俱进的道教戒律。道教清规要符合道教健康发展和法治社会的客观要求。当今道教戒律，只有在中国道教协会统一领导下，组织有关高道大德和专家学者尊奉老君《道德经》，参考历代大师戒律大成，集思广益，才有可能修成如此承前启后、与时俱进的不世功业。

2. 创新发展道教戒律。现行道教戒律由于多方面的原因，仍是封建时代历史背景下的产物，一些条规已与现代人们思想观念的快速变化和科学技术的高度发达不相适应，需要我们深刻领悟道教教义，创新道教戒律理论，跟上时代发展的步伐。道教戒律自道教创立之始就在不断发展、不断创新，不断赋予新的内涵。道教也因此才与时代同步，为推动中华文明、社会进步作出了自己特有的贡献。但自清初王常月真人之后的300多年来，道教戒律创新基本上处于停滞状态。而这300多年来正是科技高速发展时期，也是各种思潮交相影响、不断交锋、泾渭分明的剧烈冲突时期，更是经历了封建制度、资本主义制度、社会主义制度巨大变革时期。中国历史、世界历史从来没有发生过如此疾急的变化。如何适应时代的发展变化应是道教面对的实际问题，道教戒律承继传统，适应时代，创新发展已迫在眉睫。

3. 建立较为统一的道教戒律。道教戒律在道教发展进步中有着十分重要的作用，应对道教信徒有着普遍的约束力。然而道教因门派不同，形成了各自的戒律体系，都名曰道教而实为相对独立，这为同根同源的不同门派的道教带来相互生疏之感，也对道教的社会认知产生许多不利影响。较为统一的道教戒律能够凝聚道教的向心力，有利于对道教信徒的统一管理，提升道教的社会形象。道教虽统分为正一、全真两大派系，但各有各的修持方法，各有各的清规戒律。道教作为中国本土宗教，应当尽早摒弃门户之别，在共同核心信仰的统领下形成较为统一的道教戒律。

4. 建立科学、规范、严格的道教入门制度。道教自改革开放后，经过恢复、发展，宗教活动逐步步入正常化。全真派传戒、正一派授箓活动的开启，更为道教健康发展奠定了基础。但在一些道徒中仍存在着文化水平低下、戒律意识淡漠、道教信仰缺失等突出问题。即使是对通过隆重科仪受戒、受箓的戒子、箓生，社会上也颇有微词，其神圣性受到质疑。即便是高居人天教主之位的方丈与戒坛大师的修持品行也需要经得住信众的检视。

严把道教入门关是培养有信仰、有担当、有作为的道教人才的关键，建立科学、规范、严格的道教入门制度至关重要。必须充分认识到道教宫观是信徒的清修净地，不是不学无术之人的休闲会所，更不是投机钻营之辈的敛财商场。道教传戒、授箓制度有着传统的、规范的科仪程序，不失为选拔道教人才的主要方法，但是针对当前复杂的社会现象，仍需要改革、完善。首先，是把好“冠巾、传度”关；其次把好“传戒、授箓”关；再者是把好“持戒奉守”关。

道教戒律应作为每一关的考核重点，由中国道教协会拟定统一的考核标准和程序，严守入道、晋升的门槛。只有这样，才能选拔、培养出能够持戒奉守、正信正行的道教人才，保证道教健康长久的发展。

5. 坚定道教信仰，不为繁多的思维方式所困扰。道教“道法自然”的教理教义贯古通今，博大精深，已为古今中外的思想家所赞同，并为当今高科技带来的环境污染、种族歧视、霸权欺凌等各种病症找到医治良方，这是道祖为道教留下的取之不尽、用之不竭的思想源泉。道教理论虽随着时代的变迁在改革、创新，但这种改革、创新无不是历代高道大德参经悟道、正信正行的结果，无不是对道教教义与现实结合的成就，决不是对道教经典的变异和曲解。在现代社会中，有些道士、学者为利益所驱使，往往为繁多的思维方式所困扰，对道教教义产生疑虑，曲意逢迎一些社会潮流，动摇了正信正行的道教根基。作为虔诚的道教信徒，必须坚定信仰，持戒奉守，为实现“敬天爱民”“长生久视”的道教宗旨而恪守。

6. 修订切实可行的清规榜，确保道教戒律的严肃性。道教清规与道教戒律相辅相成，道教清规是道教戒律实施的重要保证措施。但传统道教清规中的一些处罚方式已与现代法律制度相抵触，必须按照现行民主与法治原则进行修改、补充和完善。原有的道教清规是完全建立在封建制度上、对违反道教戒律道士的惩处条规，对保证道教戒律的实施、维护道教的社会声誉发挥了重要作用。封建制度早已为法治制度所取代，按照道教教义和法治原则，修改道教部分清规内容已成当务之急。如清朝咸丰年间北京白云观清规榜第二十三条：违反国法，好盗邪淫，坏教败宗，顶清规，火化示众。该条款显然违背我国现行的法律，必须予以修改。否则，执行者也将会受到刑法的严厉处罚。道教戒律作为道教发展的基础保障，必须有道教清规作为实施措施。制定承继传统，适应时代发展的道教戒律。

7. 建立一个道风纯正、执戒如山的巡查组织。道教虽有正一派、全真派之分，但同祖同宗，都是太上道祖的弟子，如何实施自我发展、自我管理、自我约束的重任，自然落在中国道教协会的肩上。为不负这个重任赋予的使命和道教信众的期望，在中国道教协会的主导下，组织有修为、有声望、有担当的道长，建立一个道风纯正、执戒如山的巡查组织很有必要，应不失为保证道教戒律落到实处、防范戒律松弛的一项措施。巡查组织在中国道教协会的直接领导下开展工作，对全国道教宫观的管理、活动和道教人士的持戒、修为、威仪等情况具有指导、监督、调查、提请处罚等使命，以保证道教各项活动正常、规范、有序地开展，不断提高道教的社会声誉和影响力，推动道教健康持久发展。

天真皇人云："即称道士，非道士之模范不行；凡言真人，非真人之规不习。"教职人员是信众的心灯，为人师表，率先垂范。对于戒律要内化于心，外化于形，如影随行，做到自省、自律。要不断升华自我，把戒律作为纯洁心灵精神的手段。精严戒律，以戒为师，纯正教风是每一个道教人士的职责所在。我们道教中人只有持戒奉守，勤修不怠，以身示范，正己度人，才能不负时代的恩遇，把道教事业推向一个新的高度，再创道教发展新的辉煌。

当代道教教育中的戒律意识

周永慎*

摘　要：道教从建立初期，就强调遵守“三皈五戒”，至道教正一、全真两派发展壮大，所形成的“戒律制度”，对道教发展起到了重要作用。当代道教仍需要在道教组织、道教团体、道教院校和道教宫观等处，就如何重视道风建设、如何加强道教戒律、如何建立制度、如何规范道教徒行为等方面加强建设。道教团体、宫观负责人当就如何率先垂范、带头加强教风建设和遵守戒律等问题作出思考。本文重点放在当代道教教育，加强教风建设、重视道教戒律等方面所遇到的问题和困难，解决问题和困难的方法、对策等方面。

关键词：当代道教　教风建设　戒律问题　健全制度

人们常说，“没有规矩，就没有方圆”，道教自创立之初，就制定有“规矩”，也就是道教徒要遵循的“戒律”。道教作为一种宗教的建立，从开始到今天，经过了多少代真仙高道的努力，才逐步完善、成熟并发展壮大。更为道教仪范（包括道教威仪、戒律和章表）的完善和成熟起到了举足轻重的作用。这些“规矩”（戒律）的建

* 周永慎，中国道教协会常务理事，中国道教协会直属宫观管理处主任。

立，对道教的立教建立了基础，对道教的发展提供了保障，对道教宫观的管理出台了办法，对道士的修行制定了行为准则，对道教的道风建设明确了举措措施，让道教对社会教化也发挥新功能新作用。这些，更对我们今天传承与发展道教起到了重要积极作用。

道教作为传统文化的重要部分，由于其对我国的历史、政治、经济、文化、医学、养生等都产生过积极影响并发挥过重大作用，特别是当今时代，随着国家对传统文化的高度重视、百姓对信仰生活的追求和需要，给古老的中国道教带来了发展和新机遇。但随着“市场经济所带来的‘商业化’问题，戒律松弛所带来的‘世俗化’问题，信仰淡化所带来的教风问题，人才匮乏所带来的管理问题等等”，[①] 正如丁常云主编的《道教转型中的机遇与应对》“序言”中谈到道教的“创新发展”时所说的，要求“造就一个教义高境界、教风高水平、信仰高风范、教徒高修养、管理高水平的道教”。[②] 这就需要我们不断加强道教组织建设、道教人才队伍建设、道教文化建设和道教宫观管理。当今时代，特别是要不断加强道教信仰建设、道教戒律建设，树立道教新形象，发扬道教真精神，与时俱进、创新发展，才能成为国家重视、社会需要、群众拥护的新道教。为此，就从当前道教戒律教育现状入手，进行一些探索与思考。

一、当前道教戒律遵循与教育现状

戒律是道教仪范中重要部分，也是规范出家（入道）人的重要行为准则。在张道陵祖师创立天师道初期，在他的《正一法文》中，就强调道民遵守“三皈五戒”，至明四十三代天师张宇初祖师，他著

① 丁常云主编：《道教转型中的机遇与应对·序言》，上海三联书店 2020 年版。
② 同上。

作《道门十规》，不断完善了道门规制。王重阳祖师创立全真教后，规定遵循《全真立教十五论》，特别是至全真龙门派丘处机祖师建立全真“传戒制度”（至清代王常月祖师传“三坛大戒”），使全真道风大振，龙门中兴。直至当今，前辈高道大德留下的这些宝贵财富，仍然为我们继承和发扬。但随着时代的不断进步，对道教戒律的认知、遵循、教育等也随之发生了变化。正如，王作安局长所指出的“毋庸讳言，当下有的道门中人，经不住各种诱惑，出现了信仰淡化，戒律松弛，追逐名利，以教敛财等问题，对内侵蚀了风气，对外损害了形象……道教协会负责人要率先垂范，以身作则，学习经典，纯正信仰，以戒为师，加强修持，全真的要像全真，正一的要像正一，做端正道风和持戒修身的带头人”。①

第九届全国道教代表会议《工作报告》也强调“我们要积极投身到以‘教风’为主题的和谐宫观创建活动中去，学习经典，纯正信仰，以戒为师，加强修持，以良好的道风道貌赢得信众，用严格的宗教操守影响信众……”② 由此可见，从分管宗教部门的领导也好，道教自身也好，在新时期、新时代都要求重视戒律，特别强调“以戒为师”。为了更进一步加强道教道风建设，第九届中国道教协会，还专门设立了“道教教务教风委员会”。以加强道风建设和戒律建设。同时，中国道协还专门制定了《道教宫观规约》和《关于道教协会和宫观负责人带头加强道风建设的若干意见》，并在 2015 年 6 月第九届全国道教代表会上通过。这些举措，充分说明全国道教界都渴望加强道风建设和戒律建设，全国道教界也意识到了新时期加强道风建设和戒律建设的迫切需要。

---

① 王作安:《在中国道教协会第九届代表会议上的讲话》，《中国道教》2015 年第 3 期，第 7 页。

② 同上书，第 22 页。

第一，道教学院的戒律教育情况。从目前统计情况看，全国建立的道教学院有：中国道教学院、上海道学院、武当山道教学院、湖南南岳坤道院、青城山道教学院、浙江省道教学院、广东省道教学院、河北省道教学院等，而且只有前面少数几所学院常年招生，其他学院都是不定期招生，他们在经费、师资力量、生源以及后勤保障等方面都不同程度缺乏和不足，一次能招生 100 人以上（或三个班级）的道教院校目前基本没有，也就是说，道教学院还没有进入规模化、系统化、常态化。

从学院招生情况看：以中国道教学院招生为例，我们可以从《招生简章》中“培养目标”和“招生条件”等方面可以看出：其中，并没有着重强调“戒律教育”。当然，一般认为是在上学之前，应该在“拜师”“冠巾”之时已经学习和遵守“三皈五戒”和道教戒律了。另外，从武当山道教学院《招生简章》看，学院办学目标是：根据道教的清规戒律来严格要求学员深入经典、通经明理，培养有正信、正行、真才实学、品德出众、政治上靠得住、学术上有造诣、品德上能服众、关键时刻起作用，勇于担当弘道使命的、综合素质较高的新时期道教管理人才。再从湖南南岳坤道学院《招生简章》看，从浙江省道教学院《招生简章》看，几乎都没有提到“道教戒律教育”方面的内容。

从以上各道教学院的办学宗旨比较中可以看出，只有武当山道教学院和浙江省道教学院，在《招生简章》中有必需遵守“清规戒律”和“严守全真清规戒律”的明确规定，其他院校一般没有直接强调“戒律”要求。

但在学院全日制教学过程中，还是有关于戒律方面的教育内容的，其至少表现为：一是要求每日诵持《玄门日诵早晚功课经》，从经中“诵持”领悟“三皈依”之意。二是在课堂上讲授《道教仪范》，解读“三皈五戒”等条文。三是在实践中，“斋坛”用斋，对道教斋戒的实时领悟。如，湖南南岳坤道学院学员用斋是“吃过堂饭”，对遵守道教“戒律”和“戒律教育”比较重视。因此，不管是南岳坤道学院，还是南岳道教，在“戒律教育”和“戒律遵守”等方面，在全国具有一定影响力。这些优良传统（特别是戒律遵循）应该值得学习和推崇。

第二，道教团体及宫观的戒律教育情况。全国性宗教团体只有中国道教协会，根据其《章程》第二章“业务范围”第五款规定：“加强对地方道教团体、宫观和宗教院校的教务指导，协调关系，促进团结，支持地方道教团体依法依规办好教务。督导道教团体、宫观搞好管理和自身建设，提高道教徒整体素质，树立道教良好形象，促进道教事业健康发展。”由此可见，道教协会与地方道教团体、宫观仅仅是教务指导和督导关系。尽管如此，全国道教对地方道教团体和宫观，还是给予不断指导、督导和支持。如从1989年开始在北京白云观举行方丈升座并开坛传戒，到分别在辽宁千山五龙宫、四川青城山、湖南南岳、武汉长春观、青岛崂山等开坛传戒，讲授戒律、戒规、戒条，实践和践行戒律，扩大了社会影响、社会形象，也庄严道教形象，提升了道教素质，起到了一定的作用。

二、当前道教戒律教育存在问题及原因分析

第一，戒律意识问题。老祖宗定下来的规矩（戒律），就是希望后辈不断继承和发扬光大。大家如不去遵守，都破了“规矩”（戒律），其宗派传承就会出现问题，天长日久，任其蔓延，这种宗派就会被社会所淘汰，或被其他宗派、宗教所代替。就像历史上其他很多教派一样，在历史上昙花一现，不久就消失了。今天，我们应该

继承祖制，传承历史，不忘初心，要有使命感、责任感。然而，我们目前的道教团体、道教宫观，戒律意识淡薄，有的道教团体、宫观负责人，不能以身作则，有的领导经常道貌不整，穿着随意；抽烟喝酒、大吃大喝；有的还经常参与打牌赌博，在其影响下，有的道观甚至是值殿道士，衣冠不整，不重修持，对待来往信众不理不睬，吃喝聊天。社会不良习气在道教团体和宫观蔓延。他们行事、做事失去做人的“底线”，也就是失去了信仰，放纵自己，听之任之。他们自己，不但失去曾经的入道誓言，更给道教发展带来消极和负面影响。

天台桐柏山张炼师在网上一篇文章所言：贫道原本说下定决心哪里都不走，这边一听说大连张道长不舒服好几天，觉得有些不放心，赶过来一看，老人家气色还好。幸好张道长的大庙已成一大半都建好，但是累的真厉害，幸喜伤的还不甚厉害，就是看得出心里没底，原因是徒弟们未能下决心修大道。看见大庙旁边有一座塔，立着一块碑，写着张道长生平事迹：七十八岁开始修庙，方圆百十里地，自行车都溜达过去。挑木头，买砖头，买瓦买柱墩，大殿设计，院落安排，全然一人心思一人行动，贫道称之为大道独唱交响乐队，天地少有，亘古罕见。看着碑想起来当年夏侯渊抬着棺材打仗，英雄气概长虹贯日。如今张道长自己的碑文墓塔修在旁边，真人气概绝非常人。可赞可赞！

不过徒弟不修大道，也是一个大事。贫道认为大道湮灭已久，已见真人，此时不明说更待何时，于是斗胆请教张真人，愿闻大道。真人低头沉吟再三，抬头凝视贫道良久，而后说：“我体会，大道不在言，在行。所言皆非道，能说皆非妙，……”见贫道颔首赞同，接下去说：“许多出家人，都不修大道，因为根本就很少有合格的出家人。出家的目的就是兴修大道，不在其他。”贫道暗忖，此话格外有道理。出家可不就是修证大道呀！不然出家干啥？贫道问曰："如何才能让人修证大道，请真人支些高招?"张道长笑笑说："没有高招!"不过接下去他说："其实祖师爷早已经安排好了，三皈五戒守得住，就是起码的入道规矩。做得到这些规矩，才谈得上修行。"真人继续说："欲修证大道，不少人不明白修证方法，不明白这些方法，就不能修大道。"贫道觉得说到这里格外踏实起来，于是请真人开示大道端倪："修大道的法门与其他不同，先明清规戒律，……"

上述例子很好地说明了遵守入道规矩与修证大道之间的关系，同时还强调了作为道门的执掌人，身体力行的重要性。因此，道教协会和宫观负责人，不但要率先垂范、严于律己，还要指导和引导其他道众、道门弟子修持大道，遵循戒律，真正做到"行道立德，正己化人"。

第二，戒律教材问题。从目前全国道教情况看，有关道教戒律方面的教材问题还很欠缺。全真派道友主要是在"开坛传戒"时，由方丈律师和传戒大师向受戒弟子讲授《初级戒》《中级戒》和《天仙大戒》，道学院教育主要安排在《道教仪范》中讲解"戒律"。虽然也有道教界人士曾著作过道教戒律方面的著作和文章，如丁常云《关于当代道教戒律三个问题的思考》，又如任宗权著作《道教戒律学》等，学者有唐怡著《道教戒律研究》、伍成泉著《汉末魏晋南北朝道教戒律规范研究》等，还有地方道教团体在考核道教徒时，讲解和考核中有关道教戒律方面内容，但都还不具备在道教（指全国而言）戒律教育中的权威性、完整性和成熟性，也就没有多大的影响力。当今现状，研究"道教戒律"的学者很少，著作也只有少量的几部，而且都偏向于学术研究，不适合作为学院教材教学。

建议通过深入探究《道藏》经典，挖掘《道藏》中的戒律经文，加以学习、整理、分类等。要求作为学院教学教材，不管全真和正一，都可以找到合适的内容。同时，还可以采取教内、教外相结合的方式，对道教戒律进行整理和做“适当调适”。正如第六届道教理事会《工作报告》所指出的：其主要任务：一是继承和发扬道教优良传统；二是挖掘和开发道教文化的现代价值；三是对道教教义进行符合社会进步要求的阐释；四是要做好对道教经典的整理和诠释。要进一步阐扬教义，弘扬道教之真精神。

第三，戒律教师问题。如何宣讲“戒律”，戒律老师如何选择？看似没有标准，其实“标准”应该更严格。我们常言的“为人师表”“率先垂范”就是对老师的要求。北京师范大学，是国家重点培养教师的地方，只要进入校园，就能清楚看到非常醒目的校训——“学为人师行为世范”八个大字。其意不言自明，最基本的含义就是“所学要为世人之师，所行应为世人之范”。学是指每位师生应具有的学问、知识和技能，学为人师，就是要使“学”能成为后学的师表。行是指每位师生应具有的品行；行为世范，就是要方方面面，时时刻刻，都光明正大，能够成为社会中的模范。当前，在宗教团体和宗教场所，这样合格、标准的教师的确不多。作为教师，特别是道教“戒律”方面的教师，如果教师自己不能真持戒，则难以让学生心服，教学的效果肯定不好。如果请学者讲解“戒律”，他只能从学术、戒律研究等方面讲述，不会谈、也谈不了道教戒律中修持的“法诀”。这样，更达不到学院教学的效果。客观上，道教戒律需要社会学者研究阐释，但更需要“重修持”的、以身作则的教师讲解。当前，在全国道教举行“全真传戒”中，可以说，大部分“传戒大师”在为受戒弟子讲授“戒律”时，都能以身作则，基本做到了“学为人师　行为世范”，但毕竟传戒次数、人数、规模有限。据了解，1949 年后，道教“全真传戒”也只有在北京白云观、四川青城山、辽宁千山、湖南南岳、湖北武汉长春观等举行过几次，与道教发展需要和需求还相差很远。

三、有关思考与对策

第一，从思想上高度重视戒律教育工作。思想上如何重视道教戒律，我赞成中国道教学院戒律教师李信诚的观点，他曾提出：首先要让大家认识到什么是“戒律”，明白“戒律”是帮助我们（修道人）的，而不是约束我们的，要上升到“人生修道的意义”，出家（入道）所为何事（了生死）这样的高度上来，让道友们明白“戒律”是什么样的。“戒者，解也，解众意之缚”，戒论防非，律论兴罪；“律”的“兴罪”，并非仅仅指人为的惩罚，还有天道对犯戒者的惩罚，还包括自己对自己的惩罚。例如，杀生则伤自己的肝、盗伤自己的肾、淫伤自己的肺、妄语伤自己的脾、酒伤自己的心。

中国道教协会是唯一代表全国道教的爱国组织，对全国道教团体、宫观和道教界人士，有教务指导和督导的责任，要从思想上高度重视戒律教育，特别是道教宫观和宫观道长，是向外展示形象和风貌的直接表现，重要窗口，更是外界了解道教的第一映像，因此，“当代道教宫观必须要有一整套较为完善的清规戒律，这不仅是道教宫观内部管理的需要，是道教加强自身建设的需要，而且也是宗教活动场所区别于一般世俗单位的根本所在，更是道教宫观的神圣性所在”。[①] 关于道教道风建设，早在2005年6月召开的第七届全国道教代表会上，时任国家宗教局局长的叶小文就指出，“在当前市场经济发展的新环境下，少数道教徒信仰淡化、戒律松弛、衣冠不整、道不像道。有的追名逐利、见利忘义。为贪图钱财大搞看相算命一

---

① 丁常云：《关于当代道教戒律三个问题的思考》，《中国道教》2001年第6期，第18页。

类的迷信活动……乱收徒、乱传戒、乱授箓，损害道教形象”，强调“加强管理、宣明道规，纯正信仰，整治道风，严肃规绳，对极少数贪图钱财、大搞封建迷信活动、以及沉迷声色、为非作歹，不遵教化者，应依规遣离”。[①] 第七次代表会议工作报告也同时指出“在对外开放、市场经济冲击下，拜金主义、享乐主义、极端个人主义在腐蚀我们的肌体，影响我们的道风。道教界少数人追名逐利、信仰淡化、戒律松弛……个别道士纪律涣散、违法乱纪、这些都极大地损害了道教形象和声誉。如果任其蔓延，势必严重损害我们的道教事业的发展”。[②] 五年后，在 2010 年 6 月第八次全国道教代表会上又继续提出“中国道教协会要引导全国道教界外树形象，内抓道风。各地道教组织负责人要在道风道貌上率先垂范，作道众之纲领。每一个道门中人都要效法祖师，依经行事，纯正信仰，坚决抵制拜金主义、享乐主义、极端个人主义等不良风气。要探索制定既承传传统，又适用于当今道教现状的清规戒律，进一步规范道教徒的言行”。再至 2015 年 6 月召开的第九届全国道教代表会议，继续强调“道风正，则道业兴”。“当下有的道门中人，经不住各种诱惑，出现了信仰淡薄、戒律松弛、追名逐利、以教敛财等问题，对内侵蚀了风气，对外损害了形象”。要求“中国道教协会要发挥引领作用，树立法制意识，强调以戒为师，全面从严治教，探索建立符合当代实际的清规戒律”。[③]

从 2005 年 6 月召开的第六届全国道教代表会至今十几年来，中

① 叶小文：《在中国道教协会第七次代表会议上的讲话》，《中国道教》2005 年第 4 期，第 11 页。

② 同上书，第 17 页。

③ 王作安：《在中国道教协会第九次代表会议上的讲话》，《中国道教》2015 年第 3 期，第 7 页。

国道教协会一直引领全国道教界，也不断提出要求，从各种全国性会议上，工作报告、领导讲话等，都是高度重视道风建设，重视戒律教育，各省市也效仿，在各种会议、讲话当中，也在不断要求和强调道风建设和戒律建设。正如国家宗教局局长王作安在“宗教局培训中心”为全国道教“骨干培训班”上讲话时强调“宗教领袖不是靠媒体吹出来的，也不是靠名人捧出来的，更不是靠大款供出来的；……是靠学习、修行、持戒成就功德；靠学养、德行、人格赢得尊重”。[①] 因此，历届道教会议都在不断提出和强调道风建设和戒律遵守问题，要求全国上下共同重视道教的教风建设和戒律教育。

第二，从制度上完善规范戒律教育工作。在道教历史上，道教创立初期，为规范道士行为，老祖宗就订立有道门行为规范（包括戒律方面的要求）。如祖天师张道陵初创“正一盟威之道”，就要求祭酒道民：有小过者，当修道百步，则罪除；依《月令》，春夏禁杀；禁酒（无故饮酒，鞭三十），有罪首过等。之后，历代道教在戒律等方面进行不断改造、继承和发展。特别是至金元时期，形成的正一和全真两大教派，全真派创始人王重阳，建立《全真立教十五论》；至元丘处机、清王常月发扬光大，完善《全真丛林规范》。特别是清王常月，强调“万法千门，守戒第一”，健全和完善了“道教戒律”，先后在北京白云观三次“开坛传戒”，使全真“龙门大兴”。正一派发展至明代，张宇初著作有《道门十规》，强调诵经、强调内修外修、强调坐圜守静等，不断规范和完善道门行为，使道教继续发展和成熟。当今，中国道教协会作为全国道教组织，继承祖制，为规范道门行为，根据道教历史，制定了一系列道教制度，如《道教宫

---

① 王作安：《在第二期中青年全国宗教界代表人士研讨会上的讲话》，2010 年 8 月 18 日。

观管理办法》《道教宫观主要教职任职办法》《道教教职人员认定管理办法》《关于全真派道士传戒的规定》《关于正一派道士受箓的规定》《道教全真派冠巾活动管理办法》《道教正一派传度活动管理办法》《道教宫观规约》《关于道教协会和宫观负责人带头加强道风建设的若干意见》《关于道教教职人员着装事项的意见》《道教教职人员行为准则》等。从制度上不断完善规范道教行为。使道教教风建设和戒律建设有章可循。

第三，从行动上推动落实戒律教育工作。道教戒律教育工作，关乎道教徒言行举止、行为规范，其形象直接影响道教的声誉，也更是道教道风建设的重要环节。多少年来，中国道教协会和地方道教组织、团体紧密联系，共同推动道教道风建设，从思想上高度重视，从制度上不断完善，从行动上也在不断推动落实。

为落实以上相关制度，特提出如下思考建议：一是对道教教职人员认定，核发《道教教职人员证》（简称《道士证》）从严；要求从县级宫观（县级宗教部门）层层上报，压实责任，最终报中国道教协会备案。中国道协本部和直属道观直接由国家宗教局备案，完成“备案”手续后，才能核发《道士证》，以防止“假道士”以假乱真。其《道教教职人员证》（道士证）统一由国家宗教局制定式样。同时，为完备《道士证》宗教手续，由中国道协统一制作《全真道冠巾证》《正一道传度证》，对全真派道士出家拜师和正一道士入道拜师制定严格要求，对申请“冠巾”和“传度”的道士制定年龄、住观时间、遵规守戒、习诵经典和具备相关证明资料等基本条件。这样，不断完善《道教教职人员》（《道士证》）的严格管理。二是利用《中国道教》杂志、《中国道协网》等新闻媒体，加强对《道教宫观规约》《关于道教协会和宫观负责人带头加强道风建设的若干意见》《关于道教教职人员着装事项的意见》《道教宫观规约》《道教教职人员行为准则》等制度的宣传。三是完善教风监督机制、设立教风监督举报专线电话；对违反教义、追名逐利、信仰淡化、戒律松弛、纪律涣散、违法乱纪的“道士”，经教风监督委员会查实后，给予“通报”。如湖南省道教协会，就设立了专门的教风监督举报电话。四是树立道教宫观是展示道教形象的重要窗口，是道教徒和信教群众交流、联系、弘扬正道正气的重要场所的思想观念。认识到发扬道教优良传统，弘扬道教正能量、真精神，道教宫观要起到重要作用。道教宫观的教风建设（包括戒律教育）是关键，道观道士必须道装整齐、形象庄重，言行举止、符合道规道统。五是加强对道教院校、玄门讲经、道教团体、道教宫观、道教文化研究所等组织机构重视“道教戒律教育”工作，研究编写戒律方面教材，培养讲习戒律方面的教师，宣传遵守道教戒律的宫观典型，使道教徒都能自觉遵守、自觉践行道教戒律。

为从行动上真正加强教风建设和戒律建设，道教团体、宫观组织要采取一定的奖励和惩罚措施：一是树立全国示范典型道观，设立“全真道观金牌”和“正一道观金牌”；由中国道协制定《全真道观金牌》和《正一道观金牌》的硬项标准（如对全真派道士的基本要求，可以效仿和参照湖南南岳认定“道士”的基本标准，必须独身、素食、道装；对正一派道士的要求，可以《道门十规》为参考，设立基本标准），再由中国道协教风委员会实地考察，对照“硬项标准”一一核实。获得“金牌”道观的，建议政府宗教部门、中国道协“挂牌”并给予一定奖励，同时，利用新闻媒体加大宣传力度，号召道教界参观、学习，以此成为榜样。二是设立全国和省级（目前分两级）教风戒律监督机构，对不守教风戒律的道观和道士给予通报和警告。目前，可以分省级通报警示，对不遵守《道教宫观规约》《道教教职人员行为准则》的道观和道士，在省级道教网和道教杂志上通报和警告；对长期不遵守《道教宫观规约》《道教教职人员行为准则》的道观和道士，在中国道教网和中国道教杂志上通报、警告；并报相关部门依法依规处理。只有这样加强对道观、道士的严格管理，奖惩并举，才能使道教道风建设和戒律建设上一个新台阶，道教事业才能继续发扬光大，道业才会日渐兴隆。

近现代道教戒律研究情况分析

归潇峰*

摘　要：近现代以来，道教界和学术界都对戒律进行了关注与研究，主要集中在道教戒律史的梳理、道教戒律在当代运用和思考，以及道教戒律的伦理与作用等方面，在基于这些研究的基础上，道教戒律研究在未来发展可进一步在对戒律历史的研究、道教戒律的新语文学研究和当代戒律体系的探索与建构上有所开拓，服务于当代道教发展。

关键词：道教　戒律

从学科分类来看，宗教研究是哲学之下的二级学科，道教研究是宗教研究众多方向之一，算是哲学之下的三级学科，且相比之下，道教研究属小众的宗教研究。

改革开放以后，学术界对道教研究逐渐恢复正常，主要侧重于道教思想和历史的研究，而专家学者大多具有哲学学术背景，是"哲学型的宗教专家"，如任继愈、黄心川、汤一介、卿希泰、吕大

* 归潇峰，江苏省道教协会监事，昆山市道教协会副秘书长，石牌东岳庙管委会主任。

吉、方立天、楼宇烈、杜继文、金宜久、牟钟鉴等。[①] 就道教研究而言，学界、教界的研究者更加少，其中卿希泰、陈耀庭、詹石窗、刘仲宇、盖建民、丁常云等较有代表性。基于这样的研究现实，近现代以来道教戒律研究成果更为稀少。这里，通过超星百链搜索按照标题是“道教戒律”对已发表或出版的文章和书籍进行相关检索，现统计如下。

时间	文章	书籍
1978—1988	2 篇	0 本
1989—1999	1 篇	0 本
2000—2010	25 篇	6 本
2011—2019	10 篇	0 本

根据上述检索内容，改革开放以后第一篇与道教戒律有关的成果是 1983 年曾召南发表在《宗教学研究》第二期上的《道教戒律》与《道教清规》，而这两篇实际上只是寥寥数百字的名词解释和介绍，称不上是研究成果。需要说明的是，上述统计是针对改革开放以后发表的文章和专著，并未收录学术辑刊里关于道教戒律的研究成果。不难发现，2000—2010 年是道教戒律研究的“爆发式”增长期。因此，本文主要概述 21 世纪以来大陆道教戒律研究成果的基本情况，并对研究成果的特点进行归纳分析，试图展望未来道教戒律研究方向。

一、道教戒律研究主要成果

纵览上述近 20 年道教戒律研究，学界伍成泉、刘绍云、唐怡、

① 张志刚：《宗教哲学的中国意义》，《中国宗教》2016 年第 6 期，第 18 页。

张永龙、雷铭等，教界丁常云、任宗权的研究成果相对比较有代表性。近20年间的研究大多是对戒律史的研究，兼及戒律在历史上的运用和当代意义等，现就主要成果概述如下。

在学界道教戒律研究方面，2005年华中师范大学博士研究生伍成泉的毕业论文《汉末魏晋南北朝道教戒律规范研究》[①] 是对特定历史时期道教戒律规范的研究成果，其论文分从四个方面开展探讨，即从经典文献的角度对道教戒律规范经典文献的清厘，从三教融合的角度对道教戒律规范思想内容的具体分析，从宗教神学的角度对魏晋南北朝道教戒律规范的思想内容、表现形式和基本原理的分析，从实际持行的角度对道门中人实际行持状况的考察。[②] 2006年山东大学博士研究生刘绍云的毕业论文《道教戒律与传统社会秩序》[③] 对道教戒律在传统社会中的家族伦理、社会经济伦理、法律制度等方面进行探讨，由此增进对传统社会秩序结构特征及其形成过程的认识，并为当代社会秩序结构模式选择提供借鉴。2006年四川大学博士研究生唐怡的毕业论文《道教戒律研究》[④] 对道教戒律做了较为全面系统地研究。该篇博士论文第一章论述道教戒律的发展沿革，大致分为道教戒律的初丕、道教戒律的制定、道教戒律的充实、道教戒律的完善等四个阶段。第二章论述道教戒律的典籍与授受，包括介绍收录道教戒律的典籍，并以唐代道教和全真道为个案，分析道教戒律的授受。第三章探讨道教戒律与成仙理想的关系，第四章分析道教戒律中的伦理思想。第五章分析道教戒律与外部环境，主要

---

① 伍成泉：《汉末魏晋南北朝道教戒律规范研究》，华中师范大学历史文化学院，2005年博士毕业论文。

② 同上，第1—2页。

③ 刘绍云：《道教戒律与社会秩序研究》，山东大学历史文化学院，2006年博士毕业论文。

④ 唐怡：《道教戒律研究》，四川大学道教与宗教文化研究所，2006年博士毕业论文。

是道教的思想内容、表现形式、功能作用与儒、佛以及其他文化体系产生的各种联系。第六章是基于对道教戒律的发展历史、道德内涵、外部环境等的具体分析，探讨其社会功能对于社会控制的影响。[①] 2011 年南京大学硕士研究生张永龙的毕业论文《张万福道教戒律思想研究》[②] 对唐代著名道士张万福所撰著作里的道教戒律内容进行专门研究。他的论文第一章主要介绍张万福流传至今的文献，考察张万福整理道教戒律的背景。第二章主要对张氏《三洞众戒文》所记载的三皈戒、五戒、八戒、无上十戒、老君百八十戒、天尊十戒、十四持身品以及智慧观身二百大戒等戒律做了考释，分析了不同戒律的受戒对象以及这些戒律在唐代之前的流传。第三章以张氏《传授三洞经戒法箓略说》为中心，考察道教经戒传授次序以及中古时期佛教与道教戒律的交涉。第四章主要把张万福所整理的戒律与敦煌写本中的有关道教戒律类残卷做了对比研究。第五章对张氏的道教戒律思想做出现代诠释和现实思考，最后一部分余论重新评估张万福在道教史上地位，并做了研究展望。2015 年西南交通大学硕士研究生雷铭的毕业论文《译者伦理视域下孔丽维道教清规戒律文本英译研究》[③] 对知名汉学家、道教研究者孔丽维的《宇宙与教团：道教的伦理维度》一书的 11 篇道教清规戒律文本的翻译译者伦理理论进行了讨论。2015 年浙江大学人文学院硕士研究生关思思的毕业论文《敦煌道教戒律文书初探》[④] 旨在对敦煌地区的道教戒律文书进

① 唐怡:《道教戒律研究》，四川大学道教文化研究所，2006 年博士论文，第 1—3 页。

② 张永龙:《张万福道教戒律思想研究》，南京大学哲学系宗教学系，2011 年硕士毕业论文。

③ 雷铭:《译者伦理视域下孔丽维道教清规戒律文本英译研究》，西南交通大学文学院，2015 年硕士论文。

④ 关思思:《敦煌道教戒律文书初探》，浙江大学人文学院，2015 年硕士论文。

行整理研究，通过对戒律在道教中形成与发展的历史线索，结合敦煌特殊的地理历史背景，分析道教戒律在敦煌地区的流行及影响因素，再推及敦煌周边地区，如黑水城和吐鲁番地区的道教发展情况，最后探讨敦煌道教戒律文书的价值与意义。①

除了上述几篇比较有代表性的道教戒律研究成果之外，近20年间大陆道教戒律研究成果还有几十篇。例如，唐怡《论道教戒律伦理思想的特色》②，丁培仁《道教戒律书考要》③，施舟人、陈杰《道教生态：内在的转变——对早期道教戒律的研究》④，孙亦平《论全球化境遇中道教的发展——以道教戒律建设为例》⑤，殷明《道教戒律中的生态伦理思想探析》⑥，李帮《浅论唐代道教戒律对儒释道法的融摄》⑦，等等。

在教界道教戒律研究方面，丁常云道长20年间先后发表了4篇与道教戒律有关的文章。2001年《继承传统、学道持戒、坚定信仰、适应时代——关于当代道教戒律三个问题的思考》⑧ 主要围绕继承与发展、信仰与修持、适应与服务三个方面探讨道教戒律问题；2004年《试论道教戒律建设的发展历程》⑨ 是以传统道教戒律建设为视角，对传统道教戒律建设的发展历程进行考察和研究，以此希望对当代道教戒律建设有所启迪和借鉴；2008年《试论现代道教戒律建

---

① 关思思：《敦煌道教戒律文学初探》，浙江大学人文学院，2015年硕士论文，第1页。

②《云南社会科学》2006年第1期，第98—101页。

③ 丁培仁：《道教戒律书考要》，《宗教学研究》2006年第2期，第4—23页

④《中国道教》2006年第5期，第38—43页。

⑤《中国道教》2008年第1期，第26—28页。

⑥《宗教学研究》2008年第2期，第190—193页。

⑦《商丘师范学院学报》2016年第7期，第9—14页。

⑧《中国道教》2001年第6期，第15—20页。

⑨《中国道教》2004年第6期，第8—13页。

设的基本构想》[①] 是从道教戒律建设的历史经验出发，就现代道教戒律建设的基本构想问题作一阐述，并提出思考和建议，认为现代道教戒律建设要符合公共行为准则、教门内部准则、现代社会发展需要。2016 年《当代道教戒律建设：现状与对策》[②] 指出，当代道教界存在戒律意识淡泊、戒律理解模糊、戒律建设松弛的实际现状，并就这些问题提出了相应的对策。2007 年，任宗权道长出版了《道教戒律学》[③]，第一部分是绪论介绍了早期道教戒律的形成与发展，并对老子、庄子、杨朱的戒律观进行阐释。第二部分是第一章到第四章，主要是历史上道教戒律的演变、编撰和革新，分别对魏晋南北朝、隋唐时期、宋元时期、明清时期的重要人物和戒律进行介绍。第三部分是第五章到第七章，梳理道教戒律与历代法制、全真戒学体系（威仪、初真戒、中极戒、天仙戒、传戒程序）以及道教戒学所面对的几个问题。第四部分是附录，介绍新中国成立以后全真道各方丈和传戒律师，以及传戒大师的履历等。任宗权道长的这部专著是目前道教界乃至学术界最专业、最完整、最全面的道教戒律研究成果，不只是简单的戒律史梳理，同时又立足道教视角，解读了许多戒经、法箓的内容，而且对全真道戒学体系梳理更是十分难得，这部戒律成果对教内而言具有重要意义。2008 年，张凤林主编出版《道教戒律建设与宫观管理》[④]。该书是 2007 年长三角地区道教论坛的论文集，包括《关于现代道教戒律建设的若干问题》《加强戒律建设构建和谐社会》《戒律对于现代道教的价值》等戒律研究论文。

---

①《中国道教》2008 年第 1 期，第 17—25 页。

②《中国民族报 · 宗教周刊 · 论坛》，2016 年 4 月 26 日，第 007 版。

③ 任宗权：《道教戒律学》，宗教文化出版社 2007 年版。

④ 张凤林：《道教戒律建设与宫观管理》，宗教文化出版社 2008 年版。

2010 年，高信一道长主编出版的《道教宫观管理与戒律建设》[①] 是 2008 年长三角道教论坛的论文结集而成。

二、道教戒律研究成果的特点

从上述研究成果和其他已发表成果看，21 世纪以来大陆道教戒律研究主要有以下几大特点。

一是道教戒律史的基本梳理。经过多位学者、道长的多年努力，我们对当代道教历史发展有了较为清晰的认识。一般认为，道教戒律的雏形是以“斋戒”“道戒”（亦称“道诫”）的早期形式体现出来的，“道德尊经想尔戒”（亦称《老君想尔戒》《想尔九戒》）是道教最早的具体条文的戒律，标志着道教戒律正式出现。[②] 南北朝寇谦之、陆修静重视道教规范管理并进行改革，制定了戒经律文。如《老君音诵戒经》《太上经戒》《女青鬼律》《玄都律文》《老君说一百八十戒》《太上老君戒经》《太上老君经律》《正一法文天师教戒科经》等。唐代，张万福在道教戒律方面的成就主要有《三洞众戒文》《三洞法服科戒文》《传授三洞经戒法录略说》等。唐末五代杜光庭祖师是斋醮规范的集大成者，他对道教斋醮科仪做了整理和修订，并把斋戒思想和道门戒律相结合，编订《道门科范大全集》。宋朝进士张君房辑录《云笈七签》一百二十卷，其中卷三十七至四十专门介绍道教戒律。王重师创立全真道之际，在《重阳立教十五论》《重阳金关玉锁诀》《重阳教化集》等道书上对全真道戒律做了详细规定，形成“初真戒”“中极戒”“天仙大戒”三部分，为全真道授受

---

① 高信一:《道教宫观管理与戒律建设》，宗教文化出版社 2010 年版。

② 唐怡:《道教戒律研究》，四川大学博士学位论文，2006 年，第 19 页。

传承之根本戒律。[1] 明初道教“玄纲日坠，道化莫敷，实丧名存，领衰裘委”[2]，张宇初清整道教、治理弊端、昭宣圣治，改革戒律，专作《道门十规》一卷。清代王常月所著之《初真戒律》《碧苑坛经》内容多体现道教戒律思想。上述内容是道教戒律的基本沿革，是近20年大陆道教戒律研究的主要特点之一，同时亦是学界教界所公认、熟识的戒律发展情况。

二是道教戒律在当代运用和思考。丁常云在2001年的文章中提出，面对新时代，道教必须要制定新的道教戒律，而新的道教戒律又必须要继承传统，适应时代。要把道教戒律与信仰联系起来，把道教戒律用于宫观管理之中，还要充分发挥道教戒律在当代社会生活中的积极作用，使其融入社会和民众生活之中，成为道教维护社会公德、促进人心向善的重要社会思想内容。[3] 2008年丁常云又提出了当代道教戒律基本构想，首先是要具有现代社会公共行为准则，如戒杀、戒偷盗、戒贪欲、戒纷争和尽忠孝等思想内容；其次是要具有规范教门内部的行为准则，即皈依戒、修持戒、斋仪戒、坛场戒、礼神戒、传度戒、劝善戒；最后是要增加现代社会发展需要的戒律条文，如重视环保、关爱弱势群体、反对贪污受贿、反对黄赌毒、制止和抵制邪教。[4] 郑好认为，道教戒律建设是道风建设的根本，遵守戒律是对道教教职人员的基本要求。规范改进戒律制度，处理好传统与现代、继承与发展、国情与教情、国法与教规的关系，是道教界提升自我管理能力、促进道教健康发展的必由之路和必然要求。因此需要围绕道教戒律的规范化、时代化、国际化等方面展

---

① 《中国道教》2004年，第6期，第18页。
② 《中华道藏》，第42册，第639b页。
③ 《中国道教》2001年第6期，第15页。
④ 《中国道教》2008年第1期，第20—23页。

开思考。[①] 张凤林提出，道教戒律与国家法律基本精神上具有一致性，以遵守国家法律为前提和基础，有助于国家法律的贯彻落实。道教界应该强化法治意识，梳理道教戒律，积极与国家法律相适应。[②] 总体而言，新的道教戒律的制定是刻不容缓的，道教界在考虑制定的时候需要遵循立足传统、适应时代、放眼未来的原则，让新道教戒律体系既符合社会发展需要，又能与宫观管理、道教信仰相结合，真正落到实处。

三是道教戒律的伦理与作用。近20年间大陆多位学者努力挖掘传统道教戒律里的各种思想文化，深入探讨戒律所发挥的伦理和作用。唐怡在《论道教戒律伦理思想的特色》一文里指出，道教戒律所体现的伦理思想，涉及人—人关系、人—神关系、人—自然关系，和世俗伦理（主要是儒家伦理）相比，它带有浓厚的宗教神学色彩，闪烁着自己特有的光芒，如神圣性、自度性、层次性、禁欲主义色彩、三教融通等方面。[③] 类似探讨戒律伦理的文章还有李继武《道教戒律的伦理道德思想》，道教戒律是道教文化的重要组成部分，其内容对人与人、人与社会，甚至人与自然等广泛的关系都提出了相应的伦理思想并制定了相应的道德规范。这篇文章深入探讨了道教戒律对个体道德修养和行为的要求，以及对人与社会、人与自然的道德要求。[④] 2006年刘绍云博士论文《道教戒律与传统社会秩序》提出，道教戒律在通过建立神圣秩序来规范宗教团体内部生活的同时，也对世俗社会的家族道德、经济伦理、法律制度等发生影响，深刻地参与到社会控制体系中来，成为影响传统社会秩序的因素之一。

---

①《中国宗教》2019年第12期，第45页。
②《中国道教》2015年第4期，第10页。
③《云南社会科学》2006年第1期，第98—101页。
④《人文杂志》2005年第3期，第153—156页。

在道教团体内，个体内在秩序和教团整体秩序的建立与维持，都有赖于戒律作用的发挥。用戒律规范道教徒的各种修炼活动，要求教徒持戒调心、以戒制身、按戒行法、遵戒寻丹；用道教戒律管理宫观的日常活动，对教徒生活起居、饮食习惯等方面有效规范；用戒律处理道教徒人际关系、社会关系，达到对与世俗家庭、世俗社会关系的规范等。[①] 与此同时，道教戒律就当代看，更需要在新时代、全球化的发展背景之下探讨其内在意义，如孙亦平教授指出，当代道教在今天全球化的境遇中，弘扬戒律可以促进道教信仰的神圣性与纯洁性，提升修道者的道德水平，促进道团组织的规范化。从某种意义上说，道教信仰的神圣性就在于要个体之人通过修持戒律来摒弃种种物欲和情欲，将超越世俗作为走向神圣的阶梯。[②]

三、道教戒律研究发展方向的思考

如前所述，近 20 年道教戒律研究的成果与其他时代相比呈现出快速增长，且 2000—2010 年爆发增长更为明显，论文方面 25 篇，书籍方面 6 部，到了 2011—2019 年的研究成果减少了一部分，仅论文 10 篇。面对这种情况可以感觉到道教戒律研究热潮已从“武火”转向“文火”，未来研究是否会继续“小火”乃至“熄火”，我们不得而知。从目前发展现状看，道教界对戒律存在着“认识不清”“理解不明”“执行不到位”的问题，这些问题告诫我们道教戒律体系的恢复和重建迫在眉睫，戒律清规的落实和执行须高度关注。所以，在这个角度上看，道教戒律研究在未来发展仍有前景，窃以为要做好以下几方面。

① 刘绍云：《道教戒律与社会秩序研究》，山东大学历史文化学院，2006 年博士论文。
② 《中国道教》2008 年第 1 期，第 26—27 页。

其一，道教戒律史的深入研究。正如上文所说，道教戒律史的研究在近 20 年经过多位学者、道长的努力，戒律历史发展沿革已经有了较为清晰的认识，而这种对道教戒律发展脉络和认识程度是浅尝辄止的，并未深入全面详细地展示某一时代、某一人物、某一部戒律典籍的研究。事实上，如同对道教史研究一样，当代道教史研究早已从上世纪八九十年代的中国道教史研究，转变为 21 世纪地方省市道教史的区域研究。同样的，所谓"道教戒律史的深入研究"就是要做好人物、时代、典籍的专题研究。就目前研究成果看，仅关思思硕士论文《敦煌道教戒律文书初探》①、张永龙硕士论文《张万福道教戒律思想研究》②、伍成泉博士论文《汉末魏晋南北朝道教戒律规范研究》③、任宗权道长《道教戒律学》第六章全真戒学体系④等论文、章节有所体现，但对张宇初、杜光庭、陆修静、《女青鬼律》《重阳立教十五论》《正一法文天师教戒科经》等人物、典籍的研究仍然不够深入。除此之外，梳理道教戒律史的发展沿革，目前大多以王常月《碧苑坛经》为下限，并未注意到清朝中后期、近现代道教戒律清规的发展情况和内容。例如，咸丰六年（1856）北京白云观清规榜，1934—1945 年沈阳太清宫监院邢赴灵等所撰辑《全真须知》之清规榜以及当代上海道教宫观清规榜等，这些内容是亟需拓展的道教戒律研究，为道教戒律体系建构和落实奠定基础。

其二，道教戒律的新语文学研究。道教戒律为自身制度化建设提供了一套较为系统的规范和准则，伴随着历史的演进和发展，其

① 关思思：《敦煌道教戒律文书初探》，浙江大学人文学院，2015 年硕士论文。

② 张永龙：《张万福道教戒律思想研究》，南京大学哲学系宗教学系，2011 年硕士论文。

③ 伍成泉：《汉末魏晋南北朝道教戒律规范研究》，华中科技大学历史文化学院，2006 年博士论文。

④ 任宗权：《道教戒律学》，宗教文化出版社 2007 年版，第 412—624。

戒律内容得以不断充实和完善，形成了相对稳定的戒律体系，指导道教徒举止行为、日常生活，规范了宗教活动的神圣与庄严。可以说，道教戒律是道教区别于其他宗教的重要表达。目前的道教戒律文献研究成果里，主要有丁培仁《道教戒律书考要》[①] 最具代表性，该篇文章是考证戒、律、科三类的成书年代，并指出其内容要点及其文献价值。我们知道，道教戒律的产生方式虽然有神授、编订、仿作等，一定程度上具有文献价值，且与当时产生之际的各个方面有着密切关联，而前者文献价值大多使用文献学的研究方式进行探讨，而后者各个方面（时代、传播、版本）就需要突破文献学思路，转成使用新语文学研究方式。一般认为，新语文学强调通过考证和阐释原始资料（文本或其他载体）全面探讨其语言文化和社会历史意义，认为文本资料产生于一系列的动态过程，涉及不同时间、不同地点的制作者、抄写者、使用者，而这些亦会受到彼时彼地的社会、经济、文化等因素。简言之，新语文学提倡研究文本资料的产生、复制及传播的过程，及这一过程所承载的丰富社会文化意义。[②] 例如，明代张宇初天师的《道门十规》是面对“玄纲日坠，道化莫敷，实丧名存，领衰裘委”[③] 的现实问题而作。当代学者研究时大多对张宇初天师所在时代背景、社会环境进行了研究，而对《道门十规》版本的流传、复制和传播等方面未能有效探讨。

其三，当代戒律体系的探索与建构。如前所说，不同宗教的戒律是不相同的，道教戒律是区别于其他宗教的重要表达。所谓戒律

① 《宗教学研究》2006 年第 2 期，第 4—23 页。

② 贾晋华等编:《新语文学与早期中国研究》，上海人民出版社 2018 年版，第 1—14 页。

③ 《中华道藏》，第 42 册，华夏古籍出版社 2004 年版，第 639b 页。

一般是指“为道士修真必须遵守的戒条和法规”,[①]“约束道士行为以防止违反教规的警戒条文”[②]。诚如《道教义枢》所说：“戒者，解也，界也，止也，能解众恶之缚，能分善恶之界，又能防止诸恶也。律者，率也，直也，栗也，率计罪愆，直而不枉，使惧栗也。”[③]《中华道教大辞典》解释说：“戒是约束道士言行、防止‘恶心邪欲’、‘乖言戾行’的规戒，戒是戒条，主要以防范为目的。律是约束道士言行、防止‘恶心邪欲’、‘乖言戾行’的律文，律是律文，主要以惩罚为手段。律文是根据戒条而建立的。”[④] 不难发现，道教戒律制定出台的目的是为了约束言行，惩罚有据。然而，目前所面临的问题是，道教界一方面对戒律存在着“认识不清”“理解不明”，使戒律的操作与执行无法落实；另一方面道教戒律经典卷帙浩繁以及戒律清规之内容“过期”，已经让传统道教戒律无法适应新发展要求，为此道教戒律体系探索与建构迫在眉睫。21 世纪以来，学界与教界对道教戒律的研究大多在戒律史、戒律意义等方面，真正道戒清规的当代探索未能有效开展，仅丁常云道长《试论现代道教戒律建设的基本构想》[⑤] 一文，提出了现代社会公共行为准则、规范教门内部行为准则、现代社会发展需要等思路构想，虽具有开拓性，但无法在一时之间成为地方的戒律清规。总之，未来道教戒律研究在这一方面仍需学界教界从历史角度开始梳理，继而在此基础上探索与建构起当代道教戒律体系，使之真正服务于当代道教发展。

---

① 方克立：《中国哲学大辞典》，中国社会科学出版社 1994 年版，第 339 页。
② 黄海德、李刚：《简明道教辞典》，四川大学出版社 1991 年版，第 193 页。
③《中华道藏》，第 5 册，华夏古籍出版社 2004 年版，第 556b 页。
④ 胡孚琛：《中华道教大辞典》，中国社科学出版社 1995 年版，第 564 页。
⑤《中国道教》，2008 年第 1 期，第 20—23 页。

加强道教戒律建设已成当务之急

张月荷*

摘　要：当今时代，中国道教发展面临有利机遇，但教内戒律建设相对滞后，严重制约了道教的发展，故加强道教戒律建设已成当务之急。观之历史，蒙祖师编修戒律规约，使得教门革新进步。道教的戒律规约纷繁，应据现况调整，五戒与八戒简单明确，适应当代生活，可成为教门基本规范。另外，应大力加强信仰建设和戒律建设，深化“感应”“承负”等观念，严格执行道协与各宫观制度规约，以促进当代道教的健康发展。

关键词：道教戒律　戒律建设　信仰建设

戒律者，乃初学之防范也。上古无戒，修道咸真；中古无律，悟真证道；后世人心为物欲所汩，天性为妄念障遮，由是戒律所由出也。

——《无上玄元三天玉堂大法·真师戒律品》①

* 张月荷，北京师范大学历史系学士，台湾政治大学宗教研究所硕士，香港中文大学文化及宗教研究系博士候选人。

①《无上玄元三天玉堂大法》卷二，《道藏》，第4册，1988年版，第3页。

戒者，警也，“洗心曰斋，防患曰戒”[①]；律者，法也，“所以范天下之不一而归于一”。[②] 戒律是宗教成员遵守的纪律规范和行为准则，目的是规范个人品行，维护教团和谐，提升道德风气，培养宗教修为。戒律也可以区分于世俗生活，凸显宗教的神圣性。故教职人员应遵循戒律，以更好地展现宗教面貌，服务广大信教群众，同时引导社会的道德风气。

改革开放以来，中国社会和平稳定，人们的物质生活日渐充裕，宗教发展获得了较为有利的政治、经济和文化环境。随着现代化与城市化不断推进，越来越多的人离开故乡与原生家庭，孤独、焦虑、苦闷、迷茫与抑郁等负面情绪成为一种“现代病”，民众的精神需求亟待满足。同时，随着商品经济发展，社会出现拜金主义、虚无主义、享乐主义等风气，甚至出现毒奶粉、地沟油等“黑心”事件，公众的伦理道德水平亟待提高。由此，党和国家提出“社会主义精神文明建设”“加强国家文化软实力”和“增强文化自信”的号召。

道教是中国最具影响力的本土宗教，其思想是中华文化的重要组成部分。于此大众、国家需要之时，道教教团更应凸显自身伦理教化的作用，故而教职人员须加强道教戒律建设，践行良好的品德操守，为信徒与大众做出表率，以更好地服务社会，造福人类。

一、加强戒律建设的急迫性

道教的戒律可追溯至早期教团形成时代。《老子想尔注》云：

① 《易经·系辞上》，王弼、韩康伯注，孔颖达疏：《周易注疏》，宋刻本影印，中华书局 1988 年版，第 721 页。

② 许慎撰，段玉裁：《说文解字注》第二卷彳部。上海古籍出版社 1981 年版，第 77 页。

“诫为渊，道犹水，人犹鱼。鱼失渊去水则死，人不行诫守道，道去则死。”此戒律思想形成了想尔九戒，在此基础上又衍生出老君二十七戒。同时期的《太上老君说一百八十戒经》，详细规范教民的世俗生活，包含不得淫他妇人、不得妄伐树木、不得自杀、不得劝人杀、不得欺诬老人等 180 条禁忌。[①]《太平经》说：“道乃有大戒，不可不慎之也。”[②] 可见，对于教团而言，戒律可以维护稳定；而对于个体的修行者，持戒慎行也是第一大要。

经笔者调查发现，当代教门中出现一些违背戒律的事件，为当事人带来过患的同时，也给道教带来负面影响，应予以反思警戒。

（1）90 年代中，有道学院毕业生某甲，擅长吹笛。曾在宫观附近村庄，因生活作风问题，被告到宫观讨要说法。时任道协领导念及当时道教百废待兴、人才缺乏，本想给与处分并尽量保留教籍，后来思考到道教之复兴首要为道风，不能造成负面的社会影响，遂令将其开除教籍。之后某甲仍在做散居道士。

（2）某乙精于竹笛，被特招进道学院，毕业后交友不慎，沉迷赌博，欠下赌债，遂偷盗宫观功德箱钱财，后又半夜翻墙去其他宫观盗窃，被当场抓获送公安机关。其行为不仅有背盗戒，还触犯了国家法律。

（3）某丙曾毕业于道学院。因与人合伙做生意被骗，将拆迁房出卖偿还债务，还借高利贷。压力过大，情绪失控，在宫观仓库试图放火自焚，好在被人及时发现，本人只受轻伤。但宫观门窗被烧坏，造成不良影响，事后被宫观辞退。

（4）某丁曾学道，2016 年春夏之交，某地公园内，某丁给母亲

① 《太上老君经律》，《道藏》第 18 册，第 218—221 页。
② 《太平经》卷七十一《致善除邪令人受道戒文》，《道藏》第 24 册，第 462 页。

打了最后一通电话，决然服药自尽。发现时，已告不治。道友们将其送回老家举行丧仪，反思平常没有及时注意到他的变化与困难。当地农村赌钱风气盛行，没想到他沉迷赌博，欠下大笔赌债，将家中拆迁房变卖仍资不抵债，结果走上绝路。①

其实，上述犯戒之例，历朝亦有出现，特别是兴亡交替、更迭动乱之时，幸而每至衰颓危殆，便有祖师高道出山复振，终令道教不断向前发展。

北朝时，有道官、祭酒向百姓收受金银财帛，甚至威逼恐吓以求供养，还妄传房中之术，致使“淫风大行，损辱道教”。② 于是，寇谦之作《老君音诵诫经》，针砭流弊，增订戒律斋仪，强调修道人应“诵诫科律”“明慎奉行”③；唐时统治者倚重玄门，有张万福作《三洞众戒文》，朱法满撰《要修科仪戒律钞》，道教一度兴盛至极。随后辽宋金元战火频发，“道化颓靡，黄冠失教，屡屡受教羽流，多有违条犯戒”④，祖师王重阳遂创全真道，提倡独身、素食、清修，并作《重阳立教十五论》，又有《教主重阳帝君责罚榜》，明确道士触犯戒律清规的惩罚标准。元末起义频发，致使“玄纲日坠，道化莫敷”，至永乐年间，国事稍安，天师张宇初著《道门十规》，“茂阐玄元之化，益宏清静之宗，阴翊邦祚，大振教谟”⑤。清入关，道门日趋混杂，全真律师王常月叹“近代以来，戒法日废”⑥，乃传三坛大戒、中兴教门。以上均是各朝祖师挽玄门于将倾之例。而当代的

---

① 上述违戒事件，经笔者 2019 年实地调查，真实可信。因考虑到影响问题，隐去被调查人姓名。

②《老君音诵诫经》，《道藏》第 18 册，第 211 页。

③《老君音诵诫经》，《道藏》第 18 册，第 210 页。

④ 王常月：《忏悔发愿文》，《碧苑坛经》卷首，《藏外道书》第 10 册，第 163 页。

⑤ 张宇初：《道门十规》，《道藏》第 32 册，第 147 页。

⑥ 王常月：《初真戒律序》，《重刊道藏辑要》第 228 册，第 25 页。

道教，亦处于一个衰微已久，需要振兴的时期。

晚清以来，中国道教复次衰微，教门动荡、戒律弛废。清末民初，中国大地饱经战火、饥荒，道士吸食鸦片、赌博、偷盗、抢劫等负面事件时有见报。[①] 50 至 70 年代，一系列经济、政治运动的冲击致使道观被毁、教团遣散，道教发展一度跌入谷底。直到 1978 年改革开放，国内政治、经济、文化、社会秩序逐步恢复，1982 年，中共中央发布《关于我国社会主义时期宗教问题的基本观点和基本政策》，恢复并落实宗教政策，宫观才得以修缮，教团人数逐渐增加，各地道学院相继开办，此时正是我们弘扬道教文化的有利时期。如若上述犯戒违法之事，将严重影响道教声誉，故加强戒律建设已成当务之急。

由是，1989 年《中国道教协会关于全真道传戒的规定》明确提出：为了继承传统，肃穆道仪，庄严宫观，振兴道风，重中戒律之校受，实当务之急。该规定强调："道教徒要爱国爱教，遵纪守法，严持道教教理、教义和规戒，维护道教徒的合法权益，振兴道风，肃穆道仪，提高道教徒的道德素质，具足正信继承和发扬道教优良传统。"[②]

孔子曰：人能弘道，非道弘人。中国道教弘传至今，不仅仰赖祖师高道著书立说、革新疲敝、衍教弘化之力，亦承万千道众恪守戒律、谨持清规、维护教团之功。当代道教的戒律建设与教团发展，也需要所有道众和居士的努力。

---

① 吸鸦片：《租界上的道士》，见《申报》第 20353 期第 17 版，1929 年 11 月 19 日；赌博：《私刑官罚》，见《申报》第 3144 期第 2 版，1882 年 1 月 29 日；偷盗：《失物涉讼》，见《申报》第 3680 期第 3 版，1883 年 07 月 12 日；抢劫：《羽士作匪，抢劫课命馆判刑》，见《申报》第 23485 期第 11 版，1939 年 07 月 18 日。

② 转引自任宗权：《道教戒律学》（下），宗教文化出版社 2008 年版，第 640 页。

二、制定符合时代的戒律规约

道教历史复杂，戒律源流各异，正一、全真等各有不同，戒律以外还有清规，各派各道观之间亦有差别。戒律中最基本的是老君五戒，分别为：戒杀、戒盗、戒婬（淫）、戒妄语和戒酒。《太上老君戒经》曰："是五戒者，持身之本，持法之根。"[①] 五戒是所有道教信徒均应遵循的禁忌；五戒之后是八戒。东晋《洞神八帝妙精经·斋持八戒法》载："安定之阶，以斋为本，斋以齐整为急。急以齐整身心，身心齐整，保无乱败。败起多端，大略有八。"[②] 八戒在五戒的基础上又禁止"杂卧高广大林""竞玩香爱华饰"和"耽着歌舞作倡"。其上还有十戒，《虚皇天尊初真十戒文》阐明：

第一戒者，不得不忠不孝，不仁不信，当尽节君亲，推诚万物。

第二戒者，不得阴贼潜谋，害物利己，当行阴德，广济群生。

第三戒者，不得杀害含生，以充滋味，当行慈惠，以及昆虫。

第四戒者，不得淫邪败真，秽慢灵气，当守贞操，使无缺犯。

第五戒者，不得败人成功，离人骨肉，当以道助物，令九族雍和。

第六戒者，不得谗毁贤良，露才扬己，当称人之美善，不自伐其功能。

第七戒者，不得饮酒过差，食肉违禁，当调和气性，专务清虚。

第八戒者，不得贪求无厌，积财不散，当行节俭，惠恤贫穷。

第九戒者，不得交游非贤，居处秽杂，当慕胜己，栖集清虚。

第十戒者，不得轻忽言笑，举动非真，当持重寡词，以道德

---

① 《太上老君戒经》，《道藏》第 18 册，第 203 页。

② 《斋持八戒法》，《洞神八帝妙精经》，《道藏》，第 11 册，第 385 页。

为务。[①]

该戒文还写着“如牛之有功，犬之有义，雁之有序，鲤鳝朝斗，此等之肉，又安忍食之？能推此心，戒而不食，则可以调和气性，感格真灵，专务清虚而道业日新，玄功时着矣”[②]，规定道士不可食牛肉、狗肉、大雁、鲤鱼和黄鳝。

初真十戒从道教的养生学和宇宙观出发，阐释了受戒、持戒的必要性。戒条强调人应当行忠、孝、仁、信，不能离间、诽谤、贪婪、轻佻。“不得交游非贤”和“不得贪求无厌”告诉初入道者要慎重选择交往的朋友，不能贪婪财物，上文中某乙与某丁便因交友不慎、想要更多地牟利，才染上恶习或欠下高利贷，如遵循借条，或可避免误入歧途。故天师张宇初要求：“殆今学之者众，皆以真功实行为本。其初入道，先择明师参礼，开发性地，悫守修真十戒，白祖师、冯尊师堂规等文，收习身心，操持节操，究竟经典……”[③]

全真的三坛大戒，分为初真十戒、女真九戒，中极戒三百条和天仙大戒二百七十条。中极戒内容非常详细，明确列出“不得杀害一切众生物命”“不得啖食众生血肉”“不得窥窥妇女稍生淫念”“不得持人长短更相嫌恨”等 300 条禁忌。三坛圆满天仙大戒言：“变化无穷，由悟守一。守一须资，唯戒为急。持之不亏，邪不得入。自然混和，与道同真。由戒入道，故谓之门。”其中《洞玄灵宝业报因缘经》阐述了远身行、离口过、除恶想、拔逮根、绝声色、俭爱欲等 27 种不可称量之法，每种又有智慧、慈悲、含忍、行功、修心等不同的 10 种细分，共 270 种。中极戒是对修行人的进一步严格约

① 《虚皇天尊初真十戒文》，《道藏》第 3 册，第 403—405 页。
② 同上。
③ ［明］张宇初：《道门十规》，《道藏》第 32 册，第 148 页。

束，而天仙大戒更像是一种宣教，阐述百种修心修行的方法。

中极戒的大部分戒条对于当代道教发展仍有正面作用，如规范个人“不得恶门骂詈”“不得窥窥妇女稍生淫念”“不得窃盗人物”“不得欺罔老幼”“不得羡慕富贵希图逸乐”，规范同学“不得恚怒师长”“不得欺诳同学”“不得嫉妒同学”，规范师长“不得轻谩弟子”“不得嗔恚弟子”“不得视弟子偏颇”等，可以提高道德修养、促进教团和谐。但中极戒亦有不符合当代社会的条目，譬如当代教职人员须主动了解党和国家的宗教政策，而新媒体弘法时也需紧跟时事热点，“不得求知军国事务”便难以做到；城市化使得到处高楼林立，“不得登高临下”变得不近人情；当代道士多离开家乡，居住于道观，与父母甚至不在一个省份，无法“不得与父母兄弟别门易户”；当代道教的弘法事业包含杂志、网站、新媒体等图文传播平台，也有很多道长撰写学术著作、发表论文，难以遵循“不得妄作书与人”与“不得投书谮人”的条目。

目前来看，最基础的五戒与八戒完全可与当代生活相适应，其中“戒酒”或可引申为不许酗酒、不准沾染毒品等成瘾物质。初真十戒中的“不得不忠不孝”与“当尽节君亲”，由于我国已是人民民主专政，并不存在对君王的效忠，可以改成爱国爱民。老君一百八十戒中有诸多戒条也应废除，或另行更改。譬如“不得骂人作奴婢”“不得在平地然火”等。

针对某些戒律无法适应当代社会的情况，不少教职人员已经意识到这个问题。上海城隍庙组织道众精读《要修科仪戒律钞》，为期近一年，其中有道长提出，《要修科仪戒律钞》中关于历代规戒与违规的报应等，对于适应社会主义社会的部分，应予以学习，然而还有一些与当今情况不符，如要求道民家家立靖室，羽化需迁化堂、棺冢，道士不得广求利养等，他提出：“应根据《要修科仪戒律钞》

中的思想，按照今天的实际情况，对过去一些规定要作一些调整，或者增加一些新的内容……企盼着新的道教规戒的出台。”① 还有道长明确指出，当今道教在戒律建设上面“先天不足，后天失调”，如正一派自张宇初后就很少有系统性的道教戒律著作。“因此，需要花大力气来加强规戒建设，完善道门规戒，建立一套适应现代社会的道教规戒，肃穆道仪，端正教风。”②

“现代道教戒律是传统戒律的新发展，是加强道教宫观管理的规戒制度。它的成功关键是在于道教界自身的关心和重视，并且能够坚持做到持守奉行。”③ 2015 年，中国道教协会第九届一次常务理事会议通过了《关于道教协会和宫观负责人带头加强道风建设的若干意见》，强调道协与宫观负责人应“做到持戒精严、言行端庄、道众拥戴、信众尊敬。”④ 中国道教协会第九次全国代表大会通过《道教宫观规约》，其强调“不持斋戒，修真何凭”，明确“宫观之中不着道装，或道装不整、有失威仪者，罚神前思过”；“拉帮结派、破坏道众和合者，轻则罚抄经思过，重则迁单”；“贪污、霸占、挪用宫观财物者，迁单或革出道门”；“酗酒、赌博、行为不检、有损道教形象者，视情节轻重分别责罚神前思过、迁单、革出道门”；“触犯刑法者，革出道门”⑤ 等二十条，是当代道教制定符合时代的戒律规约的第一步。

①《坚定道心，遵守规戒，顺时精进，弘扬道教》，《中国道教》2002 年 6 月。

② 丁常云：《当代道教徒急需提高自身修养》，《中国民族报》2015 年 3 月 3 日，第 7 版。

③ 丁常云：《试论现代道教戒律建设的基本构想》，《中国道教》2008 年 1 月。

④ 蓝希峰：《道教协会和宫观负责人要带头加强道风建设》，《中国民族报》2015 年 6 月 30 日。

⑤《道教宫观规约》，中国道教界规章制服，中国道教协会网站，引用日期：2019 年 8 月 27 日。

三、加强信仰建设与戒律修持

无论是道教的经典、教义，还是科教、戒律，或是炼丹、养生，都归宗于信道修己、志道修真。所以戒律建设的根本在于道教信仰的深化，只有从内心深处认同道教理念、有心向道者，才能够区别世俗的行为标准，使宗教的戒律、清规对其自身有约束力，在日常生活中能够自觉遵守，如有违犯则心生惭愧，能在神前思过忏悔、改过自新、更为勉力。

道教有“感应”“天神巡视”“承负”等理念，人类的善恶行为不仅受到天神的检视，也会在日后生活和子孙后世中得到相应的果报。《太上感应篇》开篇云：“祸福无门，唯人自召。善恶之报，如影随形。”故人应该随时随地遵循正确的行为规范，善对应福、恶对应祸，不同的报应会一直跟随这个人。该篇还阐述了“司过之神”“三台北斗神君”“三尸神”与“灶神”检录人们的罪恶并上报天曹。《太平经》则阐明了道教另一核心伦理观念“承负”：“承者为前，负者为后。承者，乃谓先人本承天心而行，小小失之，不自知，用日积久，相聚为多，今后生人，反无辜蒙其过谪，连传被其灾。负者，乃先人负于后生者也。”①

对于修道人而言，“报应”与“承负”不仅仅是“善有善报、恶有恶报”这样简单的因果推论，它还蕴含了道教对于人身体的认识，对自然运行的理解。早期天师道对于患病者有“静室思过”或“上书言罪”的劝诫，认为反省和申报自己所犯下的罪行以祈求原谅，可以达到祛病消灾的效果。《老子想尔注》云：“心者，规也，中有吉凶善恶。腹者，道囊，气常欲实。心为凶恶，道去囊空。空者耶

① 王明编：《太平经合校》，中华书局1979年版，第70页。

入，便煞人。虚去心中凶恶，道来归之，腹则实矣。”又云：“天地像道，仁于诸善，不仁于诸恶。……虽天地有失，为人为诫，辄能自反，还归道素。人德不及，若其有失，遂去不顾，致当自约持也。”人的善恶行为影响到身体健康，并会对周围自然环境产生影响。若修道人恒持这种信念，应能自觉远离恶的行为，志真守戒，修己向道。

当代教界已经意识到信仰建设的重要性，2015 年通过的《道教宫观规约》规定“背弃道教信仰者，革出道门”。然而应如何界定教职人员是否背弃信仰？如何不断地巩固大家的道心？

首先，道众应集体早晚课诵，背诵经籍，保持基本的宗教生活，防止过度世俗化。《太上老君说常清静经》曰：“学道之士，持诵此经者，即得十天善神，拥护其身。然后玉符保神，金液炼形，形神俱妙，与道合真。”早晚课诵的内容蕴含道教信仰的精髓，教诲众人清净身心，鼓励大家修行证真，对于加强信仰建设极为重要。《道教宫观规约》规定“无故不参加早晚课诵者，罚神前思过”，但实际上很多宫观并没有每日早晚课，教职人员每日实行上下班制，同世俗工作无异，降低了宗教的神圣性。各宫观应该强化教职人员的宗教生活，以此加强信仰建设、道风建设。

其次，教职人员应行持基本的五戒与十戒，道友间相互分享、反思自己生活中的问题，建立定期批评和自我批评的反思集会。期间宫观可组织戒律的研讨学习，增强道众对戒律的认识理解。这种定期的集会也有利于道友间互相知悉对方的身心、生活情况，可以及时预防前文所述的种种悲剧。现在越来越多的道观，如上海城隍庙、钦赐仰殿，江西龙虎山天师府和湖南南岳大庙等道观，开展了对于道教戒律的研读讨论，不少道长发表了个人体会的文章，增进了对于道教戒律的认识。[1] 这些都让当代道教向着有利的方向发展。

四、结语

当代中国和平稳定、经济发展、社会进步，正是道教界革除尘敝、振兴道门、弘扬教化的有利时机。道教界应加强道风建设，维护教团的社会形象，进而更好地服务信众。首先，教职人员和居士应加强戒律建设，认真持守最基本的五戒与十戒，而后根据各自情况增持戒条，提高道德标准和宗教修为。其次，教界应对纷繁复杂的戒律进行梳理，取消不符合当今社会的戒律条文，删繁就简，制定符合时代的戒律规约。最后，各宫观应重视信仰建设，组织戒律学习，提高对戒律的认识，重视戒律建设，促进道教事业健康发展。

① 丁常云:《当代道教戒律建设: 现状与对策》,《中国民族报》2016 年 4 月 26 日，第 7 版。

第三章
对策思考

道教戒律建设的探索与思考

丁常云*

摘　要：当代道教，戒律建设已成当务之急。本文从道教戒律建设的历史经验出发，客观分析了戒律建设对于规范道教创教、推动道教改革和振兴道教发展的重要作用，提出当代道教必需要建立一套适应时代发展需要的道教戒律，来整顿、规范道门管理和加强自身建设。同时，还就道教戒律建设的有关问题进行思考，分析了道教戒律建设的主要特征，指出加强戒律建设需要解决的相关问题，为进一步加强当代道教戒律建设提供参考和借鉴。

关键词：道教戒律　历史经验　建立新戒律

道教戒律，是道教教制建设的重要内容，是加强道门自身建设和提高信仰水平的有效手段。一方面，戒律从信仰的角度，可以最大程度地维护道教教义、道教经藉、道教科仪、道教活动场所、道士和道教组织等宗教要素的神圣、尊严和崇高，也可以最大程度地肯定道教的信仰与价值，肯定道德的神圣性，进而肯定道教

* 丁常云：中国道教协会咨议委员会副主席，中国宗教学会理事，《上海道教》杂志主编，上海市道教协会副会长，浦东新区道教协会会长，浦东道教文化研究所所长上海太清宫住持。

徒的信仰追求和价值选择；另一方面，戒律也可以极力维系道门内部的严肃性、清静性和纯洁性，有助于逐步实现道教徒的人生理想，从而切实体现道教的真正价值。因此，加强当代道教戒律建设，不仅是道教自身发展的需要，而且也也是时代进步和社会发展的要求。

当代道教戒律的建设，主要是强调戒律理论的创新和戒律思想的适应。所谓理论创新，就是要在继承传统戒律的基础上丰富和发展道教的戒律；思想的适应，就是现代道教戒律既要与时俱进、适应现代社会，又要结合道教目前现状，有针对性地制定出一套适应现代社会的道教戒律，用于完善道教规戒制度和加强道教自身建设。这是时代发展的要求，也是道教自身建设的需要。因此，当代道教戒律的建设必须要在继承、发展、适应、创新的基础上稳步推进，在加强教风建设和信仰建设的前提下进行完善和发展。根据现代社会的发展需要和道教自身的发展要求，本文将从道教戒律建设的历史经验出发，就当代道教戒律建设问题作一些探索与思考。

一、道教戒律建设的历史经验

综观道教戒律建设的发展历程，我们发现：道教戒律建设是伴随着道教的发展而发展，伴随着道教的衰落而衰落。凡道教戒律发展之日，必定是道教兴盛之时；凡道教戒律衰微之日，也必定是道教衰落之时。我们还发现：道教戒律对于加强道门自身建设、完善内部管理是十分重要的，对于推动道教的振兴和发展更是不可缺少的。为此，从道教戒律建设的发展历程中，我们得出如下历史经验。

第一，戒律建设是规范道教创教的重要保证。道教产生的思想渊源，一般认为主要有：古代哲学（主要是黄老思想）、神仙信仰、自然崇拜与鬼神崇拜、巫术等。[1] 这些思想都是中国古代的传统思想信仰，是中国原始宗教崇拜和信仰的内容。道教在其创立过程中，继承和发展了这些思想，成为道教信仰的重要思想内容。道教的正式创立，标志着中国古代宗教，已经从自发的原始宗教发展到了人为的神学宗教。[2] 根据我国学术界研究，一般认为“道教正式创立于东汉末年，其标志是太平道和五斗米道的出现”。[3] 但是，通过对太平道和五斗米道的研究，我们发现戒律在道教创立过程中所发挥的作用是巨大的，特别是在创教初期，戒律对于稳定道教组织建设和约束道教徒的言行发挥了十分重要的作用。

如果我们以《太平经》和《老子想尔注》的出现，作为道教正式诞生开始的话，那么在《太平经》和《老子想尔注》中就已经有了道教的戒律思想。其中，《太平经》中就有所谓的道“诫”，如“不孝不可久生诫”“贪财色灾及胞中诫”等。还有将戒律与斋合在一起，《太平经》中就有《斋戒思神救死诀》，称：思神之前“先斋戒居闲善靖处”就是一例。还称：“道乃有大戒，不可不慎之也。”“其戒要求门人不要轻易泄露所得之道。”[4]《老子想尔注》则更为注重道戒，认为“戒为渊，道犹水，人犹鱼”，无戒则道不存，无戒则人不存。现残卷中存有道戒数条，如“施惠散财”“竟行忠孝”“喜怒悉去”“直止足”“不敢多求”等，要求信徒“奉道诫，积善成功，积善成神，神成仙寿”。这些道戒虽然还不是很正规的道教戒律，当时作为道门内部的一些宗教规定，对于规范道教信徒的言行是十分重要的。特别是在创教初期，道教信徒对于道教还不十分了解，对于

---

① 朱越利、陈敏：《道教学》，当代世界出版社 2000 年版，第 58 页。
② 卿希泰主编：《中国道教史》，四川人民出版社 1996 年版，第 1 册，第 19 页。
③ 朱越利、陈敏：《道教学》，当代世界出版社 2000 年版，第 73 页。
④ 同上书，第 261 页。

道教信仰水平还不高，作为加强道教组织建设的道戒就起到了十分重要的积极作用。

初创时期的道教，从加强内部组织纪律入手，以道戒来规范和约束信徒的言行，对于道教的创立起到了积极的作用。这些道戒的特点：一是都具有一定的针对性，符合初创时期的道教实际；二是简单易行，具有很强的操作性；三是便于宣传，容易被信徒接受。如《三国志·张鲁传》《后汉书·刘焉传》及注引《典略》等称："教以诚信不欺诈，有病自首其过"，"置义米肉，悬于义舍，行路者量腹取足；若过多，鬼道辄病之"，"有小过者，当治道百步，则罪除"，"又依《月令》，春夏禁杀；又禁酒"① 等。这里的"诚信不欺"可以很好地规范信徒的社会道德，提高信徒的道德素质；"有病自首其过"就已经有了早期的道教信仰内容，这在当时缺医少药和保健意识极差的情况下，自行思过则是一种心理疗法，是有利于身体健康的，这对于道教初创时期的道教徒来说是具有很强的吸引力的，自然也就有利于道教信徒的增多和道教队伍的扩大；至于"置义米肉""量腹取足"的道戒则有着很强的号召力，吃饭问题是人的最基本的生存条件，而早期道教则能保证人人有饭吃，而且人人平等，这是早期道教服务社会、造福人类的善举，对于扩大道教的社会影响又是何等的重要。

虽然，早期道教的一些道戒尚不成熟，戒条也非常简单。但是，就是这些看上去似乎简单的戒条，对于规范道教的创教提供了根本保证，对于推动和促进道教的正式创立创造了重要条件，对于这一点过去似乎不被人们重视。今天，我们在研究传统戒律的同时，必须要从中寻找戒律建设成功的历史经验。因此，我认为道教戒律对

① 《三国志》卷八，《张鲁传》第 1 册，第 263—264 页。

于道教正式创立所起的积极作用就是其中成功经验之一。

第二，戒律建设是推动道教改革的重要抓手。道教创立以后，经过魏晋已有初步发展。但是，这一时期的道教面临的任务也是十分复杂而艰巨。就天师道来说，由于它初创不久，理论教义还比较粗糙。科仪比较简单，组织也不健全。特别是张鲁天师羽化后，组织涣散、科律废弛的状况日趋严重。① 于是，出现了寇谦之改革天师道的新局面，其改革的措施虽然是多方面的，但是最为重要的抓手则是道教的戒律建设。

根据现代道教学者研究，寇谦之改革天师道的举措主要有四个方面：一是坚决制止利用天师道犯上作乱；二是废除三张时期的租米钱税制度；三是整顿组织，加强科律；四是增订戒律和斋仪。② 其中，“坚决制止利用天师道犯上作乱”，主要是针对当时天师道内部信徒良莠不齐，特别是有一批“逋逃罪逆之人”③ 进入了道教队伍。这些人都是当时罪逆深重的逃亡的罪人，严重影响了道教整体队伍和形象，必须要进行整治和清除。寇谦之所需要的天师道，“决不是那种犯上作乱的天师道，而是实行父慈、子孝、臣忠原则的天师道”。④ 对此，寇谦之通过一些戒规进行了明确规定。对于“废除三张时期的租米钱税制度”，主要是指废除张鲁时期“政教合一”的一些做法，因为有些已经不适应当时的社会需要了，因此必须要按“新科”加以革除。至于“整顿组织，加强科律”，则主要是戒律建设的内容。自张鲁羽化后，天师道也逐渐向全国发展，但缺乏强有力的领导，致使道教组织涣散，戒律松弛。寇谦之很快就意识到这

① 卿希泰主编：《中国道教史》，四川人民出版社，1996 年版，第 1 册，第 398 页。
② 同上书，第 406—409 页。
③《道藏》，第 18 册，上海书店出版社（三家本）2010 年版，第 211 页。下同。
④ 卿希泰主编：《中国道教史》，第 1 册，四川人民出版社 1996 年版，第 407 页。

一问题的严重性，并力图加以解决。他在《老君音诵戒经》中说："从系天师升仙以来，旷官置职，道荒人浊，后人诸官，愚暗相传。"[①] 这种缺乏戒律制度的天师道，很快就出现了许多不正常的现象。首先是乱取民财；其次是将道教房中术变成了淫秽之术；再次是出现了道观祭酒父死子继的弊端。于是，寇谦之从加强科律入手，进行清理整顿，称"吾今并出新法，按而奉顺"。[②] 这里的新法就是指《老君音诵诫经》。于是，寇谦之根据新法戒规，废除了一些陈规陋习，规范了道教的组织建设。而对于"增订戒律和斋仪"，也主要是戒律建设的内容。寇谦之在改革天师道时，有"废"也有"增"，增加内容最多的则是戒律和斋仪。寇谦之所撰写的《老君音诵诫经》20卷，主要就是讲道教戒律的著作。在这些戒律中，他还采用了儒家的忠孝等道德规范作为道士的行为准则，对当时道教的改革和发展是起到了积极的作用。

可见，寇谦之改革天师道的主要办法就是加强戒律建设，以戒律建设为改革的主要措施，并且取得了十分理想的成效。经过寇谦之改革后的天师道，原始性减少了，成熟性加强了，特别是道教的戒律制度完善了，这对于道教自身的建设和发展具有十分重要的意义。改革后的天师道，一般称为新天师道，或北天师道。

第三，戒律建设是振兴道教发展的重要条件。明清以降，道教式微，其中一个很重要的原因就是道教戒律松弛，原来曾经纷繁、复杂、苛酷的道门戒律逐渐不为人知，失去了它的约束力、影响力和宗教意义。于是，道门有识之士很快就意识到加强道门戒律建设对于振兴道教的重要性，并为之积极努力。其中，最有代表性的就

① 《老君音诵戒经》，《道藏》第18册，第216页。
② 同上书，第212页。

是清代王常月。

全真龙门派经清初王常月的中兴，较明代有所发展，一度呈现复兴全真初期教风之象。这是王常月加强道教戒律建设的结果。① 兴教初期，王常月就撰有《初真戒律》1卷，收入《道藏辑要》，② 后人将他在南京碧苑说戒的语录整理为《碧苑坛经》（又名《龙门心法》），为上、中、下三卷，系统表述了复兴龙门的思想宗旨，为清代龙门教派重要的戒律著作。王常月针对当时教团积弊，重弹初期全真教义之"祖调"，力倡实践功行，以精言戒行为先、明心见性为主，欲图复兴全真初期之教风。他针对本教积弊，以清整戒律为中兴龙门的关键措施，强调以戒行为先，精严戒行为学道之首务。其《初真戒律·行持》称"戒是全真第一关"。③《碧苑坛经》强调"万法千门，……守戒第一"。并喻戒为降魔之杵、护命之符、升天之梯、引路之灯、仙舟宝筏。④ 并要求戒子"持戒在心，如持物在手"，任何时候都不能放松。王常月所传"三坛大戒"，分初真戒、中极戒、天仙戒三级。王常月认为，初真戒的功用在于"拘制色身，不许妄动胡行"，这是修道的基本阶次；中极戒的功用在于"降伏顽心，不许妄想胡思，七心八意"，这是修道的第二个阶次；天仙大戒的功用在于"解脱真意，不许执着粘缚"。他在《碧苑坛经》中说："大众，你受的乃初真十戒，乃是教你们拘制色身，不许妄动胡行，起止无常的；至中极三百大戒，乃是教你们降伏顽心，不许妄想胡思，七心八意的；至天仙妙戒，乃是教你们解脱真意，不许执着粘缚的。大众，初真十戒粗，中极三百便细了。夫初真戒制其外六根，

① 《王常月及其中心龙门的道教思想》，《上海道教》1992年第1期，第7页。
② 《藏外道书》，巴蜀书社1994年版，第12册，第17页。
③ 《藏外道书》，巴蜀书社1994年版，第12册，第30页。
④ 《碧苑坛经》卷上，《藏外道书》，第10册，第168页。

中极戒扫其内六尘，天仙妙戒使三身解脱，八识消亡，九难十魔，不敢侵犯”。[①] 正因为王常月认为戒律有如此大的功用，所以他特别强调“戒行精言”，并对此作了诠释，即“降心顺道唤作戒，忍耐行持唤作行，一丝不杂唤作精，一毫不犯唤作严。始终不变唤作持戒，穷困不移唤作守戒”。[②] 可见，王常月中兴龙门的有力武器就是道教戒律，通过他的努力，使清初处于衰落的全真派一度出现了复兴的新景象。因此，王常月也被后世尊为“全真龙门派中兴之祖”。

二、建立一套适应当代社会的道教戒律

当今社会，国泰民安，社会发展空前繁荣。道教遇到了它发展史上的黄金时期，但是就目前道教的现状来看，还存在诸多问题，特别是道门的自身建设还不能跟上时代发展的步伐，不能适应时代发展的要求。因此，建立一套适应现代社会的道教戒律，不仅是加强道门自身建设的需要，而且也是道教适应社会、适应时代发展的需要。根据上述对于道教戒律建设的历史经验的分析，我们认为当代道教必需要建立一套适应时代发展需要的道教戒律，来整顿、规范道门管理和加强自身建设。

第一，对当代道教戒律的一般认识。当今社会，特别是社会主义市场经济的高速发展，在不同程度上影响着道观，也影响着道观中的道教徒。于是，一些道教徒出现了：“戒律松弛”“信仰淡化”“世俗化味过浓”[③] 等不良现象。为此，中国道教协会曾明确指出：“要树立正确和纯洁的信仰，……通过不断学习和修持，丰富自己的

①《碧苑坛经》卷上，《藏外道书》，第10册，第180页。
②《碧苑坛经》卷上，《藏外道书》，第10册，第169页。
③《中国道教》1998年第4期，第10页。

道教知识，把握道教的精神实质，升华自己的信仰。”[1] 因此，当代道教徒要树立正确的、纯洁的信仰，要通过自己的修行，淡泊名利，纯洁心灵，与人为善，坚持正信，树立良好的信仰风范和高尚的道德情操。而当代道教戒律正是加强教门道风建设和信仰建设的重要手段。

面对新时代，道教必须要制定新的道教戒律，而新的道教戒律又必须要继承传统、适应时代。鉴于道教历史上的传统戒律，有些已经不能适应当今新形势下道教发展的需要了，有必要加以调整、补充和完善。因此，我们要对历史的、传统的道教戒律进行整理研究，要增加适应现代社会的规戒条文。道门诸多有识之士也都期望有一整套较为完善的教制规戒，来完善道门的管理制度，肃穆道仪，端正道风，促进道教的健康发展。

当代道教戒律是传统戒律的新发展，是加强道教宫观管理的规戒制度。它的成功关键在于道教界自身的重视，并且能够持守奉行。因此，当代道教戒律的确立必须要注意以下几点事项：一是道教组织和道门领袖要意识到加强现代道教戒律建设的重要性，并且能够尽快赋予行动。二是要认识到现代道教戒律建设是加强道教教制建设的重要内容，更是加强道门自身建设的必然选择。三是戒律建设是当前道教亟待需要解决的重要课题，也是现代道教振兴和发展的关键所在。

第二，当代道教戒律建设的主要内容。当代道教戒律的建设，既是对于传统戒律的一种继承和发展，也是一种开拓和创新。道教组织和宗教场所不是机关团体，也不是企事业单位，其管理并不是仅仅依靠现代管理制度就能解决的，而必须要有不同于现代管理制

① 《中国道教》1998 年第 4 期，第 16 页。

度的道教戒律，这是宗教信仰的神圣性和特殊性所决定的。因此，当代道教戒律的建设必须要重点思考的内容，主要有以下三个方面：

1. 要有规范当代社会道德伦理的戒律条文。当代道教戒律的建设不能离开社会的伦理道德，同样应该是当代社会的公共行为准则。因此，对于传统戒律中被大家所公认的、所接受的社会公共伦理道德，应该加以继承。有些戒律不仅是道教徒要遵守奉行的，而且也是值得整个社会加以提倡的，如戒杀、戒偷盗、戒贪欲、戒纷争和提倡尽忠孝等思想内容。

（1）戒杀。所谓“戒杀”，就是指禁止一切残害生命的行为。道教是一个贵生的宗教，《度人经》提出“仙道贵生，无量度人”。[①] 以贵生为人类社会的思想美德，就是要人们尊重生命、保护生命。凡是对于生命有害的事情都应制止，对生命有利的事情多加提倡。道教传统戒律中就明确规定反对泛杀生物，如：“生为大德之王，仁为儒道之尊，慈为福端，杀为罪首，立功树德，莫如去害，故济生之苦，皆由慈心于物”；[②] 还有“不得杀生”；“戒杀”；“不杀，慈救众生”；“不得杀生屠害，割截物命”；“不得因恨杀人”；“不得好杀物命”等戒律都强调了戒杀。这不仅是现代道教戒律必须要考虑的内容，而且也是社会公共行为的准则之一。

（2）戒偷盗。戒偷盗，是社会最基本的伦理道德。人类社会，无论古今，无论中外，也无论道俗，偷盗都是不能容忍的恶行。道教传统戒律中有关反对偷盗的戒律条文也很多，如：老君五戒第四戒“不得偷盗”；积功归根五戒第二戒“戒盗”；闭塞六情戒第五戒“手无犯恶，不窃人物，贪利入己，祸不自觉”；八戒第三戒“不得盗他

① 《灵宝无量度人上品妙经》卷一，《道藏》，第1册，第5页。
② 《太上洞玄灵宝法身制论》，《道藏》，第6册，第921页。

以自供”；女真九戒第九戒“不得窃取人物”；九真妙戒第五戒“不盗，推义损己”；无上十戒第三戒“不得取非义财”；洞玄智慧十戒第三戒“守贞推让，不淫不盗，常行善念，损己济物”；妙林经二十七戒第一戒“不得盗窃人物”；第二戒“不得妄取人物”等戒条都严禁偷盗。当今社会，贪污受贿、偷盗抢劫也时有发生，严重影响着社会的安定和人民生命财产的安全。事实上，贪污受贿也是一种变相的偷盗，其社会危害也不亚于直接的偷盗行为。为此，现代道教戒律建设也要明确反对偷盗，并增添戒贪污受贿的戒条。

（3）戒贪欲。贪欲、嫉妒、诽谤，都是人类身心不健康的具体表现，也是道教学道修仙的禁忌内容。《要修科仪戒律钞》卷一以贪欲、嫉妒、诽谤三者为不畏之事。经称：“末世人民有三可畏，宜善详焉。一者道义嫉妒可畏，二者诽谤可畏，三者贪欲可畏。”① 道经以杀害、嫉妒、淫、盗、贪欲、憎娟为学仙六忌，其中两忌就是嫉妒和贪欲。十恶之中，也有贪欲和嫉妒。所以，道经称其“可畏”，并在道教戒律中作了明确规定。关于贪欲的戒条，如“不得贪利财货”；“杀生贪味，口是心非”；“不得贪求无厌”；“戒贪”；“不得贪嗔痴狠”；“不得贪惜财贿”；“不得贪惜珍宝，弗肯施散”等。关于嫉妒、诽谤的戒条，如“孝敬柔和，慎言不妒”；“不得嫉妒胜己，抑绝贤明”；“不得诽谤他人，毁攻同学”；“不得谗败贤良，露才扬己，当称人美善，不自伐其功能”；“心不恶妒，无生阴贼，缄口慎过，想念在法”；“不得嫉人胜己”；“无嫉无害，无恶无妒”；“不得訾毁谤人”等。可见，道教的戒贪是指一切的过分的欲望，道教不仅反对贪欲，而且还强调施舍、散财，以周济贫困。道教的戒嫉妒和戒诽谤，就是要求人们以诚恳待人，诚即见人之得如同自己所得，

① 《要修科仪戒律钞》卷一，《道藏》，第6册，第922页。

见人之失如同自己所失，要不嫉妒、不中伤、不欺骗、不背后议论人之长短、不口是心非，所有这些都是当代社会应该加以提倡的。

(4) 戒纷争。戒纷争即不争，是老子《道德经》的主旨，也是道教徒的处世准则之一，亦可通行与世俗社会。《太上洞玄灵宝法身制论》称："入为道性，以忍辱为上，礼之为用，唯和为贵；入道之法，宜忌纷争。"① 这里的所谓"忍""礼""和"等，都体现了道教"为而不争"的处世风范，也是中华民族的传统美德。道教戒律把戒纷争作为戒条之一，在今天看来仍有一定现实意义，如"不得嫉人胜己，争竞功名"；"退身护义，不争功名"等。当然，对于不争的理解，如同对于无为的理解一样。不争、退让、谦和、礼让，应该成为现代竞争社会里的一种处世之道，现代道教戒律中应该加以继承并作出新的阐述。

(5) 尽忠孝。尽忠孝是我国宗法社会中最一般也最重要的道德规范，而道教对此始终表示拥护和支持。早期儒家就有"孝悌为先，其为仁之本欤"的著名论断。西汉社会上流传着一部《孝经》，宣扬"夫孝，德之本也，教之所由生也"；"夫孝，始于事亲，中于事君，终于立身"。百行孝为先，是最基本的伦理道德。《太上经戒》述元始天尊所述十戒，将"不得违戾父母、师长，反逆不孝"② 作为戒律的第一条，表现了道教是重孝道的宗教。《虚皇天尊初真十戒文》称："按《传》曰：仙经万卷，忠孝为先。盖致身事君，勤劳主事，所以答覆庇之恩也；修身慎行，善事父母，所以答生育之恩也；事师如事父母，所以答教诲之恩也。民生于三，事之如一，乃报本之大者，加以仰不愧于天，俯不怍于人，敬信神明，所以答造化之恩

① 《太上洞玄灵宝法身制论》，《道藏》，第6册，第921页。

② 《太上经戒》，《道藏》，第18册，第222页。

也。并前三事，谓之四恩。”[①] 报恩崇本，是中华民族绵延不息的精神支柱。道教的“四恩”思想在现代社会仍有其光大的空间。在宗法社会里，忠是孝的扩大。所谓“孝子善事君，弟弟善事长”，孝悌的道德是忠君顺上的基础。“忠是人对国家、民族尽义务，具有强烈的政治、民族色彩。它与孝在一起，是封建社会的基本道德规范。”[②] 道教戒律中有许多尽忠的戒条，如“克勤，忠于君王”；“忠事君师”；“不得判逆君王，谋害家国”；“不得不忠不孝，不仁不信，当尽节君亲，推诚万物”等，这些传统的戒律条文，虽然不能全部适应当今社会，但其中有关忠孝的思想内容是值得人们去学习、提倡的。因此，现代道教戒律的建设也必须要倡导忠孝思想。

2. 要有规范教门内部行为准则的戒律条文。道教戒律本身就是用来规范道教徒言行的戒条。因此，这部分应该是现代道教戒律建设的主要内容。根据传统戒律和目前道教现状，我认为作为规范教门内部的行为准则至少应该包含以下几方面内容。

（1）皈依戒。从传统道教戒律来讲，它本身就是皈依道教、表达信仰的一种标志。俗话说：九层之台，起于累土；千里之行，始于足下。入道修真，最重要的一步就是受戒。受戒，表明对于道的认同和皈依。唐代道士张万福《三洞众戒文・序》称：戒律“自浅入深，非无优劣；从凡入圣，各有等差”。[③] 具体地说，就是“始起心入道，受三归戒，录生五戒、八戒，在俗男女五上戒，新出家着初真戒”。[④] 三归依戒是道教最根本的戒律，具体条文为：“第一戒者归身，太上无极大道；第二戒者归神，三十六部真经；第三戒者归命，玄中大

① 《虚皇天尊初真十戒文》，《道藏》，第 3 册，第 403 页。

② 刘仲宇：《中国道教文化透视》，学林出版社 1990 年版，第 136 页。

③ 《三洞众戒文》，《道藏》第 3 册，第 396 页。

④ 《三洞众戒文》，《道藏》第 3 册，第 396 页。

法师。”[①] 简单地说，就是皈依“道、经、师”三宝。此“三宝”对于初入道门的教徒来说是十分重要的。《三洞众戒文》称：“三归戒者，天地之枢纽，神仙之根柢，发行之初门，建心之元兆。”[②] 可见，皈依戒在道门戒律中的重要地位。现代道教戒律应该将“皈依戒”加以继承和完善，并增加道教信徒皈依道教的戒律条文，以利于更好地加强道教信徒的队伍建设。

（2）修持戒。主要是指用于道教徒自身修持的戒律，这是加强道教自身建设的重要内容。“道教学道修持，讲求清静无为、少思寡欲、淡泊名利、积功累德和济世度人。”[③] 传统戒律已经十分注重道教徒自身的修持。也有一些专门的“做人”“治身”的戒条。《十四持身戒》称：“与人君言则惠于国，与人父言则慈于子，与人师言则爱于众，与人兄言则悌于行，与人臣言则忠于上，与人子言则孝于亲，与人友言则信于交，与人妇言则贞于夫，与人夫言则和于室，与人弟子言则恭于礼，与野人言则劝于农，于道士言则正于道，与异国人言则各守其域，与奴婢言则慎于事。”[④] 此为十四治身之法，即十四种做人、治身之纲要。《太清九戒》则对道士的身、心、口、手、目、耳、鼻等，[⑤] 作了更为详细的规定，可以说是道士自身修持的规范戒条。针对目前“有部分宫观组织不健全，规章制度上不完善、规约不严，道风不振”[⑥] 的现状。现代道教戒律建设也必须要有规范道士自身修持的戒律条文，因为这是关系当前教内道风建设的大事。同时还要有针对性地制定出一般信徒自身修持的戒条。

①《三洞众戒文》，《道藏》，第3册，第397页。
②《三洞众戒文》，《道藏》，第3册，第397页。
③ 朱越利主编：《当代中国宗教禁忌》，民族出版社2001年版，第115页。
④《要修科仪戒律钞》卷五，《道藏》，第6册，第940页。
⑤ 见《要修科仪戒律钞》卷五，《道藏》，第6册，第938—939页。
⑥《中国道教》1998年第4期，第10页。

（3）斋仪戒。斋仪戒即为道教科仪戒律。科仪是道教徒表达信仰的一种重要方式，因此，行仪道士必须要严肃认真。传统道教戒律就十分重视行仪戒律，南朝刘宋时陆修静《洞玄灵宝斋说光烛戒罚灯祝愿仪》称："夫斋者，正。以清虚为体，恬静为业，谦卑为本，恭敬为事。战战兢兢，如履冰谷，肃肃栗栗，如对严君。至经句辄起，礼拜当一心称善，随意随念，唯令丹苦，必有感应。太上道眼恒洞观诸天下之善恶，无有毫遗也。"① 也就是说，道士在行仪时，要小心谨慎，思想上保持清虚、恬静，行动上要谦卑、恭敬。因此，陈耀庭先生认为："视神如君，谦卑恭敬，是道士行仪过程中人神理论关系的基本点。"② 同时，陆修静还对违反科仪规戒作出了处罚的规定。如"语言戏笑，罚朱一两"；"唱声不齐，罚油二升"；"不注念清虚，心想意倦，为众所觉，罚油二升"；"行香不洗手、漱口，法油二升"③ 等。此后，随着道教科仪的不断完备和发展，其科仪戒律的内容也逐步增加。根据陈耀庭先生研究，就以唐代道士朱法满《要修科仪戒律钞》中有关科仪的规戒为例，其内容大致包括：洁身净口规戒；诵经规戒；诵经时饮水和休息的规戒；科仪衣服的规戒；科仪礼拜的规戒；科仪香火的规戒；科仪灯烛的规戒；科仪坐次的规戒；科仪饮食的规戒；科仪文检的规戒；④ 等等。另外，还有信徒参与科仪的规戒等。可谓是戒律内容繁多，戒条目的明确。从现代道教宫观来看，特别是南方地区，道教科仪较多，参与信徒广泛。因此，现代道教戒律应该将科仪规戒作为重要内容，要在继承传统科仪戒律的基础上进行发展和创新。

①《洞玄灵宝斋说光烛戒罚灯祝愿仪》，《道藏》，第 9 册，第 826 页。
②《道教礼仪》，宗教文化出版社 2003 年版，第 301 页。
③《洞玄灵宝斋说光烛戒罚灯祝愿仪》，《道藏》，第 9 册，第 825 页。
④《道教礼仪》，宗教文化出版社 2003 年版，第 302—306 页。

（4）坛场戒。道教举行宗教活动，需要设立坛场，延请神灵降坛，以求赐福消灾。因此，坛场是十分神圣的地方，所谓：道教坛场、威禁至重，庄严道场、神圣之域，任何对“道”的轻慢、毁污都是断断不可的。所以，宫观环境必须要保持清洁，给人以清静神圣之感；所供奉神灵也要保持庄严威仪。根据道教规定，坛场必须要设于道教宫观内。坛场的布置，须“香花灯烛，依法供养”。道教传统戒律中也有一些明确规定，如“凡大醮，大忌生死、吊丧、问病诸般污秽”。凡建黄录，则就宫观最好，……不尤有秽”。[①] 坛场为清静之地，一切污秽皆不得入内。据《醮三洞真文五法正一盟威录立成仪》称：“夫所以洁坛者，荡涤故气，芳泽真灵，使内外清通，人神俱感。凡启醮悉皆如之。”[②] 另外，对于坛场道士，也要求：勿饮酒，勿食五辛，勿与别人同坐，勿视死看生，勿噌怒，勿悲哀，勿见血等。[③] 可见，坛场戒规的精神主要是：清静、庄严、污秽莫入。我认为，这些规定是符合道教神学思想的。因此，现代道教戒律必须要大力加强坛场戒律的建设，制定出一些制度化、可操作性的戒律条文来规范坛场的清静和庄严。

（5）礼神戒。礼神即为道教徒礼拜神灵，属道教信仰的内容。道教徒对于神灵的敬畏和崇拜是必须的，也是应该的。道教历来就十分重视对神灵的礼拜。《要修科仪戒律钞》指出：礼拜有四“一稽首，二作礼，三尊科，四心礼。夫入道修真，朝谒为本，登斋逊谢，礼拜为先”。[④]《玄都律》还规定“若男女官不朝拜，决杖二十，罚算一

---

① 《藏外道书》，第 17 册，巴蜀书社 1994 年版，625 页。

② 《醮三洞真文五法正一盟威录立成仪》洁坛解秽第二，《道藏》，第 28 册，第 492 页。

③ 《醮三洞真文五法正一盟威录立成仪》醮后诸忌第十三，《道藏》，第 28 册，第 500 页。

④ 《要修科仪戒律钞》卷九礼拜钞，《道藏》，第 6 册，第 961 页。

记。配仙灵录童子不朝拜，决杖一十，罚算百日。录生道民不朝拜，考病一年。……礼拜腰不申，来生得背伛报”。① 可见，道教对礼拜的要求是很高的，对于违反戒规的处罚也是十分严格的。礼拜是道教徒敬奉神灵的主要方法之一，礼拜时必须要严守戒规。否则，就不能表示自己对于神灵的敬意和虔诚之情。因此，现代道教戒律必须要强调这方面的内容，建立符合现代道教礼拜神灵的戒律条文，这也是道教加强信仰建设的重要手段。

（6）传度戒。传度是指道门师尊向弟子传授度世之道法。道教历来就十分重视师承关系，接受师承时，度师说戒，弟子必须立誓守戒，不二法门。《太上出家传度仪》称：“夫戒者，止恶防非，护正摧邪，无令傲忽，弗敢轻悔。今受汝十戒，以护身心，谛听受持，不可懈怠。”② 此十戒就是传度戒，要求弟子必须要严格遵守，不得违反。但是，就目前流传下来的传度戒中，有些内容已经不能适应现代道教发展的需要了，必须要作出取舍和修改。因此，现代道教戒律建设要对传统的传度戒进行革新和发展，以使其更好地适应现代社会和道教发展的需要。

（7）劝善戒。劝人为善是道教重要的教义思想之一，这种思想在道教经书中随处可见。《太上洞真智慧上品大诫》称“宁守善而死，不为恶而生”。③《要修科仪戒律钞》引《洞神经》称：“人有十善，必生福子；人有二十善，神明护己；人有三十善，辟除恶鬼；人有四十善，应死不死；人有五十善，终身无罪；人有六十善，道君自存；人有七十善，得与五岳相连；人有八十善，得脱死名；人有三九十善，必为神仙；人有百十善，必升九天。”又称“学升仙之道，

① 《要修科仪戒律钞》卷九礼拜钞，《道藏》，第 6 册，第 962 页。

② 《太上出家传度仪》，《道藏》，第 32 册，第 163 页。

③ 《太上洞真智慧上品大诫》，《道藏》，第 3 册，第 391 页。

当立千二百善功，立功三千，白日升天。”①但是，要求道教徒行善功的戒规，似乎没有现存的戒律条文，这样对道教徒来说就没有太大的约束力。当代社会需要更多的行善之人，才能更好地维护社会的稳定和发展。因此，现代道教戒律中应该增加“劝善”方面的戒条，这是道教戒律的新发展。

3. *要有适用时代发展需要的戒律条文。*当前，我国社会稳定，经济持续发展，人民生活水平得到了较大的提高，中国人民多年来憧憬的国富民安的景象，已经成为现实。但是，我们也要注意到，在改革开放、实行市场经济给社会带来经济繁荣和思想解放的新局面的同时，由于我国从计划经济到市场经济体制的转规，引起人们的思想观念、组织体制、生活方式、人际关系、道德意识等多方面的变化。社会上有些人，逐渐滋生了拜金主义、享乐主义、极端名利思想。这些社会消极因素不仅影响和破坏社会的稳定，干扰社会主义建设，而且也直接影响着道观中的道教徒。因此，道教戒律建设必须要增加时代发展所需要的戒律条文。

（1）重视环境保护。环境保护是当今世界所面临的重大问题，随着社会科技的不断发展，特别是人类对于大自然资源无休止的掠夺，严重破坏了自然环境的生态平衡，随之而来的就是环境的严重污染，自然灾害连绵不断。环境污染不仅对人们当前生活和工作造成重大损失，对今后的净化和治理造成重大的经济负担，而且还对人们的身心健康带来潜在的威胁。如今，环境问题所引发的社会问题将日渐显化，对人们身心造成的潜在威胁也会逐渐表露出来，形成无法挽回的损失。环境科学家们早就提出，人类不仅仅在享用地球所赋予的丰富的自然资源和优美环境，而且更重要的是还应该保护地球、

①《要修科仪戒律钞》卷十二，《道藏》，第6册，第982页。

保护环境。因此，现代道教戒律建设应该增加有关环境保护的戒律条文，这些戒律条文要“积极地倡导和宣传道教的‘天人合一’观，‘道法自然’观和‘反朴归真’的人身观，从根本上来改善、优化社会环境和自然环境”。[①] 积极倡导全社会都来关心重视环境保护，共同营造一个优美的人类生存空间。

(2) 关心社会弱势群体。社会弱势群体也是一个世界性问题，这类人群主要指社会上一些没有依靠的孤寡老人、妇女儿童和贫困家庭，这是社会发展的必然产物。但是，对于这些社会弱势群体应该给予关心和重视，使他们有一个比较稳定的生活环境。随着社会的进一步发展，社会老年化问题也愈来愈突出。为此，我们要大力弘扬“尊老爱老”的传统美德。关于尊老敬老的内容在传统道教戒律中也有所反映，如“不得弃薄老病穷贱之人”；“不得裸露三光，厌弃老病”；“不得慢老欺人”[②] 等，这对促进社会关心社会弱势群体具有一定的积极作用。因此，当代道教戒律要在继承传统戒律的基础上增加关心社会弱势群体的戒律条文，积极倡导这一良好的社会风尚。

(3) 反对贪污受贿行为。目前，社会主义道德建设在许多方面还同现代化建设、同改革开放的形势不相适应。社会上一些人依然存在着损人利己、损公肥私、金钱至上、以权谋私、欺诈勒索的思想行为。他们不顾社会伦理道德，任意放纵自己，缺乏一种道德思想的约束。于是，出现了拜金主义、享乐主义和个人极端主义，出现了“吃喝嫖赌”“贪污受贿”现象。这种人虽然只是极少数，但却败坏了整个社会风气，污染了社会环境，其影响十分恶劣，危害也极

---

① 《新世纪道教所面临社会关系问题的思考》，《上海道教》1999 年第 4 期，第 38 页。
② 《妙林经二十七戒》，《云笈七签》卷三十八，《道藏》，第 22 册，第 269 页。

大。因此，当代道教戒律中应该增加这些戒律条文，明确反对上述这些社会丑恶现象，为促进社会风气的根本转变作出积极贡献。

（4）反对黄、赌、黑、毒。针对目前社会传统伦理道德的破坏，道教戒律要重申和加强传统伦理道德的建设，对适应现代社会内容的东西要加以弘扬；针对现代社会出现的某些与社会发展不协调的东西，如黄、赌、黑、毒等，这是社会发展进程中所出现的不健康的产物，这种丑恶现象是与新时代发展背道而驰的，它不仅严重危害着社会，而且还时刻毒害着人们的心灵。因此，当代道教戒律中必须要增加这些戒条，要坚决反对这种社会丑恶现象，倡导积极向上的人生观。

（5）制止和抵御“邪教”。邪教，目前在世界许多国家都有存在。这不仅毒害了善良的群众，而且也严重亵渎了传统宗教的神圣性。因此，当代道教戒律建设应该增加制止和抵御邪教的戒律条文，助推社会树立正信正行，为维护社会和谐稳定与繁荣发展发挥积极作用。

三、道教戒律建设的主要特征

当代道教戒律是在继承传统戒律的基础上所建立起来，是道教戒律适应社会发展的一种体现。因此，当代道教戒律仍然离不开某些传统的戒律理论和信仰思想，仍然具有其特有的宗教内涵。从这种意义上说，当代道教戒律主要有以下几方面的特征：

第一，对传统戒律的继承和发展。当代道教戒律，应该是在继承传统戒律的基础上建立起来的，是传统戒律的继承和发展。因此，当代道教戒律必须仍然保留着传统戒律的某些思想内容，同时又要有创新和发展，这是现代道教戒律的一个显著特征。根据目前《道藏》所载的有关戒律来看，不仅戒律经文繁多、戒律条文具体，而且内容十分丰富，范围也非常广。传统的道教戒律中，有许多至今仍有其积极作用，有的甚至直接影响着当代道教戒律，也应该是现代道教戒律加以继承的。如《老君说一百八十戒》，原为早期道教正一盟威道的主要戒律，后成为道教授受传承的大戒之一。就“百八十戒”的戒条内容来看，有一些是属于一般社会公德的，如有关人际关系的：不得多蓄仆妾，不得淫他妇女，不得贩卖奴婢；有关处世原则的：不得盗窃人物，不得破人婚姻事，不得言人阴私；有关爱护自然环境的：不得烧野田山林，不得妄伐树木，不得妄摘草花等。[①]另有百余戒多是从教义出发规定的价值观念和行为准则，如关于道德信仰的：不得鱼猎伤煞众生，不得预人间论议曲折时；关于坚定信仰的：不得轻慢经教，不得议论经典，不得轻师慢法、傲忽三尊等；这些内容都是当代道教戒律应该继承的。又如《全真清规》，是金元时期全真道对违犯戒律的道士执行处罚的条例，旨在约束道士、维持道观的正常活动和生活秩序。其中有些内容，如“指蒙规式”是指导初入道者的规戒；“游方礼师”是对游方道士的礼仪规定；“教主重阳帝君责罚榜”规定了对于违反清规的道士处罚标准。这些内容也都是当今道教值得提倡的，也应该成为当代道教戒律的内容。当然，对于传统戒律的内容也要作出取舍，要在继承传统的基础上进行创新和发展。

第二，信仰与修持同步。当代道教戒律的建设，是道教加强自身建设需要，这里所说的自身建设至少包含两个方面的内容，一方面是道教徒自身的修持，另一方面就是对于道教的信仰，特别是信仰建设，是当代道教戒律建设必须要考虑的重要内容，

---

① 《老君说一百八十戒》，《道藏》，第22册，第270—273页。

在传统的道教戒律中，就已经十分注重道教内部的信仰建设了。因为，道门自身很早就已经认识到道教戒律是“坚定信仰、实现信仰的一种手段”。[①] 道经种种，以各种不同的说法，一再强调了受持戒律与实现信仰之间的内在关系。具体说来，“道学，当以戒律为先”“夫学道以斋戒为本”。[②] “学道求真，莫不先持斋戒”，“若不持戒，道无由得”[③]，也就是说，持戒是得道的根本，只有依戒行持，才有可能实现道教的根本信仰。王常月在《龙门心法·戒行精严》中论述得最为集中，表达得也最为浅显，称“这个戒字，是降魔之杵，能镇压妖邪；是护命之符，能增延福寿；是升天之梯，能朝礼三清而超凡入圣；是引路之灯，能消除六欲而破暗除昏；是仙舟宝筏，能渡众生离苦海；是慈航津梁，能济众生出爱河。诚修行人之保障，为进道者之提纲。仙圣无门，皆从戒入”。[④] 可见，戒律在道教信仰中的地位。

当今社会，特别是社会主义市场经济的高速发展，在不同程度上影响着道观，也影响着道观中的道教徒。因此，当代道教徒要树立正确和纯洁的信仰，要通过自己的修行，淡泊名利，纯洁心灵，与人为善，坚持正信，树立良好的信仰风范和高尚的道德情操。同时，还要在广大道教徒中，广泛开展“信仰与修持”的思想教育，使其认识到纯洁的信仰也是道教修持的重要内容之一。而作为当代道教徒来说，要以信仰为重，要把信道作为自己人身宗旨和行为准则，无能什么东西都不能改变其信仰。道教徒信仰的是“道”，在他们心目中，唯有“道”才是最永久的东西。世界上无论什么人都有

① 《弘道》，香港道教学院出版，2001 年总第 11 期，第 32 页。
② 《无上秘要》卷四十七，《道藏》，第 25 册，第 166 页。
③ 《三洞众戒文》，《道藏》，第 3 册，第 396 页。
④ 《碧苑坛经》卷上，《藏外道书》，第 10 册，第 168 页。

追求，但根据各自的天资知见之不等，所以他们的理想和追求就自然不同。有人追求名利，有人追求金钱，有人追求物质，也有人追求享受，而道教徒追求的则是“道”，对“道”的研持、学修、弘扬，才是道教徒的职责。

针对目前道教现状，当代道教戒必须要增加和强化上述戒律内容，既要强调信仰建设，又要加强自身修持。因此，当代道教戒律建设的又一个重要特征就是“信仰与修持同步”。信仰就是要坚定对于道教神灵的崇拜和信奉，修持是一种自身修道的行为。信仰与修持是道教自身建设的重要内容，只有坚持强调信仰的宗教才是真正的宗教。

第三，适应时代与服务社会并举。当代道教戒律本身就是道教适应时代的产物，适应是道教生存和发展的重要条件，道教的生命力也就体现在这种适应之中。因此，当代道教戒律的建设必须是“适应时代与服务社会并举”，这是当代道教戒律的又一个重要特征。

宗教历史表明，“宗教历来是适应社会的变化而不断调整其教义、组织、仪式等，才得以继续存在并发挥其社会作用，不适应的就被淘汰了”。[①] 作为中华民族的传统道教，近两千年来，它经历了长期的演变和发展，积累了丰富的教义思想，对中国古代社会的哲学、伦理、文学、艺术、医药学、养生学、古化学等方面都产生过深刻而久远的影响。道教历史也表明：道教必须随着时代的发展而发展，道教的思想必须要跟上时代发展的步伐，这是一个不争的历史事实。

道教以“道”名教，以“道”为其教义思想的核心，就是表明它的基本信仰是“道”。在道教的历史上曾出现过许多宗派，例如：

---

① 罗竹风主编：《宗教学概论》，华东师范大学出版社 2001 年版，第 407 页。

正一盟威道、太平道、正一道、全真道、净明道等，虽然各派的经文各有差异，科仪方术各有不同，但是信仰“道”，以“道”作为其教义的核心却是相同的。但是，对于“道”的内容是应该随着时代发展而丰富发展的。现代科学技术的发展对于物质本原、宇宙起源以及生命奥秘等都有许多新的发现，这些新发现大大扩展了我们对“道”的认识，我们当代道教徒应该对“道”作出适应时代进步要求的阐释，我们要在继承传统道教教义思想的基础上，丰富和发展前辈道长们对于“道”的阐述。因此，现代道教的教义思想，必须要在继承传统教义的基础上丰富和发展，特别是对“道”的认识则是道教适应时代进步的重要思想内容。

道教戒律是道教思想内容的一部分，也必须随着社会的发展而不断发展，要适应社会进步的要求。陈莲笙道长指出：“教徒规戒必须符合时代的要求。根据社会要求和教义思想，制订符合当代生活实际的规戒，既保持教徒队伍的纯洁，又能吸引朋友和留住教徒。”[①]这对于道教戒律适应社会的要求就十分明确了。同时，道教戒律还要更好地服务社会，以更好地体现道教戒律在现代社会中的自身价值。要充分发挥道教戒律思想中的积极因素，为当代社会服务。道教戒律思想的内容十分丰富，这些内容有许多至今仍然是社会所需要的。如传统的道教伦理思想，就是要求人们弃恶扬善，遵守社会公德，恪守世俗伦理和传统的道德规戒，这对我国现代社会两个文明建设，对树立良好的社会道德风尚，都将会起到一定的积极作用。还有道教强调“行善功”，行善就是要求奉道者多做有益于社会、有利于大众的事，这些都是道教的传统美德，道教的思想信仰，是当代社会加以提倡的。

① 陈莲笙：《道风集》，上海社会科学院出版社 1996 年版，第 8 页。

因此，现代道教戒律在建立和完善过程中，应该考虑如何更好地服务社会的问题，要充分发挥道教戒律在当代社会中的积极作用。现代道教戒律，不仅是要继承传统的道教戒律，而且更多的是要增加适应现代社会内容的戒条。针对我国当代社会，道教如何更好地与社会主义社会相适应，也要在当代道教戒律中有所反映，我们要有反映“爱国爱教”思想的戒律条文，也要有“服务社会，造福人类”的规戒理念。这是时代发展的需要，也是道教加强自身建设的需要，更是道教与社会主义社会相适应的重要内容。

四、道教戒律建设需要解决的几个问题

要想真正解决目前道教的自身建设问题，就迫切需要建立一套适应现代社会的道教戒律。要用“一整套较为完善的教制规戒，来完善道门的管理制度，肃穆道仪，端正道风，促进道教事业的健康发展”。[①] 但是，建立当代道教规戒制度，不仅需要以上诸多要素作为设计基础，而且还需要解决以下几个重要问题。

第一，思想观念的更新问题。随着现代社会的快速发展，古老的道教也伴随着新的世纪进入了一个崭新的时代，如何适应社会、跟上时代发展的步伐，就必须要我们更新观念、开拓前行。建立一套适应当代社会的道教戒律，就是道教适应现代社会发展的新举措，但是要做到顺利实施这套现代规戒，必须要解决观念的更新问题。首先，要在道教界内部开展道教戒律建设的大讨论，从加强道教自身建设的需要出发，将传统道教戒律与当代道教戒律进行比较，使道门中人对当代道教戒律的优点有一个充分认识。其次，是要在年轻一代道长中开展信仰建设与戒律建设关系问题的讨论，使他们明

① 陈莲笙：《迈向新世纪》，《上海道教》1999 年第 4 期，第 30 页。

白建立当代道教戒律对于提高道教徒信仰水平的重要性，要使他们真正认识到“这既是时代赋予我们新一代道教徒的责任，也是道教健康发展的迫切需要”。[①] 因此，只有思想认识上得到提高，观念上得到更新，才能从根本上保证当代道教戒律建设的顺利实施。

第二，传统戒律与现代社会适应问题。继承与发展是当代道教戒律的一个重要特点。也就是说，当代道教戒律必须在继承传统的基础上进行完善和发展，那么当代道教戒律必然会留有传统戒律的痕迹。而对于传统的戒律如何更好地去加以继承，就必须要处理好传统戒律与现代社会的适应问题。首先，要对传统的戒律进行必要的取舍，对于能够适应现代社会的戒律内容予以保留，对于不能适应现代社会的某些戒律内容进行取舍。其次，要对传统戒律作出符合现代社会进步要求的新阐释。由于历史原因，传统戒律即使内容是现代社会需要的，但其表达方式、文字含义等都不一定符合现代社会的要求，故有必要对此进行规范整理，并作出符合时代发展的新阐述。

第三，道教戒律与现代管理问题。道教戒律是规范道教徒宗教行为的警戒条文，是道门中人必须遵守奉行的行为准则。如果从管理学角度来说，道教戒律则是一种“自律”行为，这种自律行为又是建立在道教徒自身修持和对于道教神仙信仰的基础上，因此，道教戒律带有明显的宗教信仰的内容。

现代管理主要是指运用现代社会管理制度和管理理念所进行的一种管理，这是现代社会管理的一种进步。如今，绝大多数道观的管理都已经使用了现代管理的方式，引进了现代社会管理的制度和方法，这也是道教适应现代社会发展的产物。事实表明，现代管理

① 陈莲笙:《迈向新世纪》,《上海道教》1999 年第 4 期，第 30 页。

对于道教宫观管理来说是十分重要的，也是很有必要的。从管理学角度来说，现代管理是一种“它律”行为，这种“它律”行为，是建立在制度约束的基础上。因此，是现代管理不可缺少的重要手段。

现代道教宫观的管理是一个比复杂的课题，它既不是工厂、企业的管理，也不是机关团体的管理；而是一个有着一定道教信仰群体组织的单位实体，其中既有机关团体的管理内容，又有工厂、企业管理的某些特点。但是，“如果我们完全套用某一方面的管理办法也是行不通的，完全采用道教传统的管理模式也是不可取的”。[①] 针对目前道教现状和社会发展需要，我认为当前道教要加强自身建设，特别是加强对现代道教的管理，必须要做到“道教戒律建设与现代管理制度”同步进行。在具体操作过程中，既要处理好这两者之间的关系，又要充分发挥两者的积极作用。

综上所述，当代道教必须要固本强身，努力加强自身建设，特别是要大力加强戒律建设，建立一套适应时代发展需要的规戒制度。当代道教戒律建设问题，是道教徒信仰建设的重要抓手，是道门自身建设和振兴发展的根本要求。当代道教徒，唯有“持守规戒，坚定信仰”才能重塑道教的社会形象，才能在新时代发展进程中，争取到道教的生存和发展空间。也唯有如此，才能更好地促进道教事业的健康发展。

① 《把握时代脉搏，坚持与时俱进》，《中国道教》2003 年第 2 期，第 16 页。

道教戒律的传承与发展

侯　程*

摘　要： 道教戒律的传承与发展关乎着道教的自身建设，关乎着道教的中国化进程，也直接影响着道教的未来发展。新时代的道教戒律只有在传承中进行梳理、学习研究与合理利用，在发展中形成尊重传统、符合教派特征、具体可行的新时代教规戒律体系，才能使道教徒坚守奉行，助推道教中国化进程。

关键词： 道教戒律　传承发展　思考对策

道教戒律，是道教信仰的重要思想内容，是规范道教徒宗教行为的警戒条文，更是道教徒学道、奉道的一种修持手段。经曰："斋戒者，道之根本，法之津梁。子欲学道，清斋奉戒，念念正真，邪妄自泯。"[1] 因此，道教戒律历年来都是衡量道教发展兴衰、道教徒信仰纯正与否的重要标尺，因教创立而应运而生。在当前"坚持宗教中国化方向"的新时代，道教戒律对于道教的发展、道教徒信仰的提升依然作用重大而意义深远。

* 侯程，上海市浦东新区道教协会副秘书长、办公室主任。

① 《道藏》，第1册，上海书店（三家本）1988年版，第768页。

正一派大师陈莲笙道长曾对迈入新世纪的道教徒们开示说："新世纪道教的教风建设，我们道教徒责无旁贷，一心向道，既要加强道教的信仰建设，又要做好道教的戒律建设，做到人行道不违戒。"① 这就表明，戒律建设是当代道教弘扬与发展的基础性工作，关系到道教团体的整体形象，道教徒应责无旁贷的支持与参与道教戒律建设。然而，在构建新时代道教戒律体系时往往遇到"传承"与"发展"两大问题，即"传承中如何取舍"和"发展中如何创新"。所谓传承中的取舍，就是对历史传统戒律进行梳理整合，提炼核心主旨内容，舍去与时代价值观不符的条文。发展中的创新，就是吸收增加时代特征的戒条，补充时代内涵的解释。解决这两大问题是新时代社会发展的要求，也是新时代道教自身建设的需求。新时代的道教戒律只有在传承取舍中进行系统梳理、学习研究与合理利用，在发展创新中服务当代社会、宫观管理与团体建设，才能形成尊重传统、符合教派特征、具体可行的新时代教规戒律体系，才能使道教徒坚守奉行。本文从新时代道教戒律的传承与发展角度出发，简要阐述相关问题，并提出一些思考与对策。

一、关于道教戒律的传承问题

纵观道教历史，道教戒律经典众多。在明《正统道藏》中，三洞部戒律类共收道教戒律类经文 29 种，其中洞真部 12 种，洞玄部 11 种，洞神部 6 种。戒律经文内容丰富，范围也非常之广。从道教戒律历史来看，道教戒律拥有理论相通性和时代性两大特点，而且道教戒律也有着"由简到繁"至"由繁到简"的这一历史过程。虽然历史戒律帙卷浩繁，但主旨明确，宗教教化作用明显，至今依然

① 陈莲笙：《陈莲笙文集》，上海辞书出版社 2009 年版，第 23 页。

有着时代价值。当代道教戒律，是在继承传统戒律的基础上建立起来的，是道教戒律适应社会发展的一种体现。[①] 故新时代道教戒律在对传统戒律的传承中，要做好以下几点：

第一，要对传统道教戒律进行系统梳理。传统文化是中华民族在历史上创造的精神财富和物质财富。在传统道教戒律中，有许多戒条至今仍有其积极作用。比如关于社会公德、爱护自然环境、提倡节俭及道德信仰等，大多与社会主义核心价值观相契合。但也有一些与社会法律、时代不符的条文，比如"杖责""重责三十扁拐""炙断眉毛""火化"等戒条，应该予以删除。因此，新时代道教戒律在传承中何为保留、何为删除，是需要进行系统梳理的。这其中，不仅是戒律经典的分类梳理，更需要对所有戒条主旨进行系统梳理，总结整合。《三洞众戒文》中说"戒有多种，大小异同，究竟归根，同成正道"[②]，故对繁多的传统戒律进行系统的梳理，探究戒律的根源，是新时代道教戒律在传承中的重要任务，是道教界人士需要认真研究的时代课题。

第二，要对传统道教戒律进行学习研究。卢国龙先生在《道教戒律学》序言中说："要有效地维护戒律，首先就必须准确地了解戒律，既要了解戒律的种种条文，更要了解戒律条文背后的宗教意义。"[③] 也就是说对于传统戒律的继承与取舍，必须要建立在学习研究的基础上，才能准确把握戒律取舍内容。而当今对于传统戒律研究出现两个怪圈：一是学界对于戒律的研究远远多于教界，教界往往体现的是呼喊的角色；这种现象直接导致道教界对于戒律经典体系

① 丁常云：《道教与当代社会——关于道教建设与发展问题的思考》，中西书局 2018 年版，第 407 页。

② 张万福：《三洞众戒文》，《道藏》，第 5 册，第 216 页。

③ 卢国龙：《道教戒律学》序言，宗教文化出版社 2008 年版，第 6 页。

模糊、戒律建设主旨不明，更有甚者出现制度建设与戒律建设混为一谈的错误概念，无法整体推动新时代戒律建设。二是教界对于戒律的学习研究不够，造成对于传统戒律的系统把握不足，自然无法提出很好的建设性意见。近年来，许多地方道协、宫观、道教学院虽已开展戒律经典学习，但整体来说还不系统、不深入、不持续，道教徒整体的戒律意识还没有形成，尤其是年轻一代道教徒。所以，对传统戒律的学习研究是道教徒把握戒律内涵、形成戒律共识的重要手段。

第三，要对传统道教戒律进行合理利用。从历史看，道教戒律不仅能规范、约束道教徒的宗教行为，更能提高道教组织的管理水平。合理利用传统道教戒律是对其最好的传承。对于传统戒律的合理利用主要体现在两个层面：一是将有益的传统戒律合理的利用于个人修持、服务社会中去，实现戒律的教化功能。比如，道教学院中开设戒律修持课程、道教宫观中宣传戒律的神圣性等。二是将有益的传统戒律成为团体、宫观管理的重要内容。比如，在《道教教职人员身份认定办法》《道教教职人员身份年检办法》《宫观负责人选任办法》① 等措施中，重点强调持戒要求，将传承的道教戒律得到更好地落实。原国家宗教事务局局长叶小文在中国道教协会第七次代表大会上说："在当前市场经济发展的新环境下，少数道教徒信仰淡化、戒律松弛、衣冠不整、道不像道。有的追名逐利、见利忘义，有的超常越份。"② 十多年过去了，这种现状依然存在，没有实现戒律精严的局面。这表明，新时代道教对于传统戒律的合理利用依然不够，依然是继承传统道教戒律重中之重的问题。

① 引用的三个办法是上海市道教协会制定的有关规范管理教职人员的相关办法。
② 叶小文：《为构建和谐社会作贡献，为加强自身建设多努力》，《上海道教》2005 年第 3 期，第 6—7 页。

二、关于道教戒律的发展问题

道教历史表明，道教戒律随着时代的变迁而不断适应与发展，是道教振兴发展的基石。陈莲笙道长曾指出："教徒规戒必须符合时代的要求。根据社会要求和教义思想，制定符合当代生活实际的规戒，既保持教徒队伍的纯洁，又能吸引朋友和留住教徒。"① 所以，我们应该深刻认识到，道教戒律在新时代的发展是历史延续的必然，同时也要为道教振兴发展而服务。从历史经验和道教现状来看，道教戒律在新时代发展中要做好以下几方面工作。

第一，道教戒律要服务当代社会。戒律是宗教的，也是社会的，道教历史上的戒律随着政治经济、社会文化的发展而不断变化。故道教戒律服务社会是历史经验，也是时代所需。历年来，道教戒律在社会发展中发挥着促进社会和谐、人心向善的积极作用，体现出道教戒律的自身价值。从宗教社会学观点来看，宗教的宗教手段具有社会控制功能。"所谓宗教手段，就是用宗教信仰、感情、仪式、教义约束人们的行为。宗教对人的这种约束就是它的社会控制功能。"② 也就是说，社会需要道教戒律，道教戒律也需在服务社会中发挥积极作用。比如道教伦理思想对社会教化、引导有着积极作用。道教追求"长生成仙"，但也提倡"尊道贵德、上善若水"等社会伦理。故在道教教理教义，尤其是在道教戒律中，大多要求信徒"弃恶扬善、遵守社会公德、恪守世俗伦理等"。道教基本五戒中的"不杀生、不偷盗、不邪淫、不妄语、不嗜酒"，即是道教徒守戒的核心，同时也可成为促进社会道德伦理发展和维护社会稳定的重要内

① 陈莲笙：《陈莲笙文集》，上海辞书出版社 2009 年版，第 13 页。

② 戴康生、彭耀主编：《宗教社会学》，社会科学文献出版社 2000 年版，第 171 页。

容。近年来，党和政府要求道教进一步的服务社会，引领道教信徒，发挥出净化心灵、促进社会和谐稳定的积极作用。这其中，道教戒律则是最好的抓手之一。首先，道教戒律富有丰富的道教文化内涵，是信徒必须遵守的思想行为准则，具有很强的代表性和教化引导性。其次，道教戒律与社会主义核心价值观深度契合，能弥补法制与道德所无法辐射的空白地带以督促践行。当然，新时代道教戒律在发展过程中，必须要对社会主义价值观做出符合时代价值的合理阐释，使社会主义核心价值观转化为道教界的情感认同和行为习惯。

第二，道教戒律要服务道教宫观管理。道教宫观是道士修道、祭神和举行宗教活动的重要场所，也是道教树立自身形象和联系信教群众的重要窗口，更是道教优秀文化的重要载体。所以，新时代道教宫观的管理成功与否，决定着道教的整体形象与发展前景。纵观道教宫观管理历史，我们得知：道教的兴盛离不开道教宫观管理的精严。而宫观管理的精严关键在于遵戒。尤其在“信仰淡泊”“商业化”“世俗味过浓”等的当代社会，道教戒律更需在宫观管理中发展举足轻重的作用。一方面，道教戒律要为宫观管理教职人员服务。道教教职人员的信仰建设是宫观管理成败的关键，只有信仰坚定的神职人员，才能推动宫观的发展。从道教教义上来看，道教戒律与道教信仰共存。即有道就有戒，无戒则无道，是道教徒得道成仙的第一步。故《老子想尔注》中记载：修道之士要“奉道诫，积善成功，积精成神，神成仙寿”①。当今社会，世俗性对道教宫观教职人员冲击很大。在宫观管理中，需将学习道教戒律经典、表彰持戒精严者、严惩违反戒律者等戒律内容纳入管理制度，以道教特有约束力，管理宫观教职人员。另一方面，道教戒律需为宫观管理日常事

① 刘昭瑞：《老子想而注》导读与译注，江西人民出版社 2012 年版，第 91 页。

务服务。宫观日常管理涉及宗教活动管理、安全消防管理、卫生后勤管理、公益慈善管理、财务管理等诸多项目，既有着与社会组织、团体相通的一面，也存在着与众不同的特殊性。管理这些宫观日常事务需以制度建设为基础，但必须充斥道教戒律，强调自律与他律的结合，才能保持道教的神圣性。所以，新时代道教戒律在发展中必须以服务宫观管理为核心，优化宫观制度建设，团结和引导道众和广大信众，正信正行。

第三，道教戒律要服务道教团体建设。道教团体是道教徒联合的爱国宗教团体和教务组织，发挥着弘道传教的重要桥梁纽带作用，对道教发展也起到决定性作用。但道教团体相对于其他社会团体而言，有着独特的特殊性与约束性。其特殊性与约束性就在于道教戒律，这是道教组织长期存在的重要保障，也是新时代道教团体健康发展的基础。一方面，道教戒律营造了道教团体的神圣性。神圣性来源于团体内教职人员的道教信仰，这种信仰必须强调自身的持戒修持。《三洞珠囊》中记载："不守戒者，呼神不至。"[①] 也就是说如果道教团体的神职人员不持守道教戒律，就不能感召神灵，那么其神圣特殊性将不复存在。另一方面，道教团体需要道教戒律来规范道教徒。"如果没有戒律，教团就成为世俗群众团体，教徒就成为世俗另类，虔诚的信徒就无法得到具有正信意义的宗教滋润，只能堕入迷信而不知悔悟。"[②] 当代道教也是一样。所以，无论是在正一派实行的传度、授箓中，还是全真派实行的冠巾、传戒等入道仪式中，都是要求入道者通过持戒来纯正信仰、提升道德素质，巩固道教团体的整体形象。故有教必有戒，入教需守戒。同时，道教团体在体

① 《三洞珠囊》卷六《清戒品》，《道藏》第 25 册，第 326 页。

② 张振国：《戒律是维护道统的必要条件》，《道教戒律建设与宫观管理》，宗教文化出版社 2008 年 9 月版，第 79 页。

现教务指导方面，也是通过戒律建设为主要抓手，来实现督导。中国道教协会章程中明确规定："教务指导：督导道教团体、宫观搞好管理和自身建设，严肃戒律，纯正道风，学修并进，提高道教徒整体素质，树立道教良好形象，促进道教事业健康发展。"① 所以，新时代道教戒律在发展中必须以服务道教团体建设为目标，提升与巩固道教团体形象，规范团体教风，坚定道教徒信仰。

三、关于新时代道教戒律的思考与对策

2019 年中国道教协会制定《坚持道教中国化方向五年工作规划纲要（2019—2023）》，详细规划了五年工作内容，部署了相关工作安排，内容充实，高瞻远瞩，为道教中国化发展绘就了蓝图。在主要任务中明确指出要"构建新时代道教戒律体系"，主要内容为："整理道教传统教规戒律，修改、删除与时代不符的条文，增加符合时代特点的行为准则，将时代精神、法治思维和社会主义核心价值观融入其中，形成尊重传统、符合教派特征、具体可行的新时代教规戒律体系，使之成为道教教职人员必须遵守的行为规范。"② 可以说，新时代的道教戒律建设是自身建设所需，也是时代发展之要求。做好新时代道教戒律的传承与发展，是新时代下道教工作的当务之急。

第一，新时代道教戒律要注重社会道德教化功能。作为社会宗教起教化作用的道教戒律，除了应有核心的思想内容外，还必须具备社会教化的功能，这既是对历史戒律的继承，也是对新时代戒律的创新与发展。首先，新时代道教戒律要继承传统道教戒律的爱国

---

①《中国道教协会章程》，《中国道教》2015 年第 3 期，第 43 页。

②《坚持道教中国化方向五年工作规划纲要》，《中国道教》2019 年第 6 期，第 13 页。

传统和社会道德教化功能。从道教历史来看，道教历来就与中华民族风雨同舟、和衷共济，同命运、共呼吸。在此背景下，道教戒律也形成“佐国佑民”① 的爱国传统，并尤为注重道德伦理的教化引导。道教继承了赏善惩恶的神学思想，并通过发挥与构建，形成了自己独特的伦理道德体系。如《正一法文天师教戒科经》中强调：“奉道不可不勤，事师不可不敬，事亲不可不孝，事君不可不忠。”② 此段戒律经文体现了一套完整的道德伦理体系，是对国君的一种拥护，更是对社会道德教化的一种升华。所以当今社会的道教信徒遵守国法，加强道德伦理建设是对传统的继承。其次，当今社会对道教信徒“爱国”“遵纪守法”“道德引导”提出了更高的要求。“坚持道教中国化方向”“践行社会主义核心价值观”、践行“两个责任”等，是新时代道教体现爱国爱教、发挥社会教化的一种新要求、新发展。道教徒在新时代带领信徒走好道教中国化道路，阐释好社会主义核心价值观，是对传统的一种创新与发展。当然在这其中，新时代道教戒律必然需要发挥巨大的引领教化作用，通过对新时代发展要求对道教戒律进行有效的继承与创新，体现出遵守国法、注重道德教化的时代新要求，发挥出净化人心、弥补法制的社会功能。

第二，新时代道教戒律要赋予新的时代内涵。道教戒律内容涉及信徒社会生活、家庭生活乃至精神生活的方方面面，并且拥有着很强的时代性，因时代发展而不断更替。新时代下，社会繁荣稳定，经济持续发展，百姓物质生活和精神生活较为富裕，形成了丰富多彩的时代文化。当然也滋生了拜金主义、享乐主义等不良社会现象，甚至影响着宗教教职人员。2017 年国家宗教局联合十二部委下发

① 蒋力生等校注：《云笈七签 · 三洞经教部》，华夏出版社 1996 年版，第 158 页。
② 《正一法文天师教戒科经》，《道藏》，第 18 册，第 232 页。

《关于进一步治理佛教道教商业化问题的若干意见》（国宗发〔2017〕88 号）。此举表明新时代下道教徒受到社会环境影响，出现了新时代的新问题。这也迫切要求道教从戒律入手，制定有关“商业化”问题等相关戒条，对信徒进行有效约束。除此之外，在新时代大背景下，道教戒律需更新出历史社会不被重视的、问题不突出的，甚至没有关注的当代社会戒律条文。当今社会，对于自然环境的保护、社会弱势群体的关注、贪污受贿行为的劝导、黄赌黑毒现象的劝止等社会问题，都需要道教戒律出份社会力量。对于这些内容，有的道教戒律经典中已有记载，比如“不得无故摘众草之花”“不得无故伐树木”①“不得竭水泽”“不得以秽污之物投井中”②“不得弃薄老病穷贱之人”“不得慢老欺人”③ 等，对其进行整合整理，形成有针对性的时代戒律条文；有的则需要当代道教根据教理教义适当增加，比如，以“崇俭抑奢”的教义对贪污受贿进行时代性劝导，以“清静自爱”的教义对“黄赌黑毒”不良社会现象进行劝止，以“正信正行”的教义宣扬正教、抵制邪教等，关注新时代道门和社会问题，形成新时代道教戒律伦理体系。

第三，新时代道教戒律要注重教派不同而各有侧重。道教戒律在历史发展中，随着王朝的更替、时代背景的更换而不断地扩充发展，再加上道教派别各自经典侧重有所不同，其所形成的戒律内容也不尽相同，这已是不争的事实。但其中的共性还是存在的，比如主旨内容还是围绕道教教理教义中见素抱朴、忠孝节义及诸恶莫作等范畴而展开的；再比如在某个固定时期，同一教派内戒律还是相对统一的。比如早期道教戒律就是《想尔九戒》，三行九条为道俗同

---

①《要修科仪戒律钞》卷六，《道藏》，第 6 册，第 947 页。

②《云笈七签》卷三十九，《道藏》，第 22 册，第 271—272 页。

③《妙林经二十七戒》，《道藏》，第 22 册，第 269 页。

尊；唐宋之际的《要修科仪戒律钞》《三洞众戒文》《云笈七签》等，都是时代的代表性戒律经典、权威性很强，虽然帙卷浩繁，但很多戒条还是有承接关系的；明清之际的《三坛大戒》与《道门十规》更是时代性的提炼与教化，形成纲领。虽然在历史道教戒律中，也存在同一教派中不同经典所载的戒律有所出入，如南北朝天师道之《太上老君戒经》与《正一法文天师教戒科经》中所列五戒不同①；灵宝派之《洞玄思微定志经》与《洞玄智能经》中所列十戒不同②等。但这些都不是格格不入、相互对立的，都是有相通之处。所以，从以上的认知中，我们不难发现在相对稳定、繁荣的历史时期，道教戒律是相对统一的，并且以教派而立，略有不同。当今新时代道教戒律也应效法之，形成分派而立、简而统一的戒律格局。如何分派？就是正一派和全真派。自元朝全真、正一分立统一以来，各分支逐步融合，形成当今道教两大重要派别。依照传统，戒律自当有别。在入道仪轨上，全真派冠巾、传戒与正一派传度、授箓已彰显区别。在新时代道教戒律内容上，也应对派别做出区分，形成规范。除此之外，戒律内容的繁简，也应该顺应时代文化。当今社会，流行文化、快餐文化、应用文化盛行，人们对于繁琐、深奥的文化不感兴趣，甚至不被接受。所以道教戒律也应从历史繁多的戒律条文中进行精简，适应信徒所需，比如"想尔九戒"。同时，更应在教门内得到一致认可，统一执行，才有利于道教戒律的执行与教化。

第四，新时代道教戒律要注重教化与修持并举。道教戒律不仅是教化道教徒宗教行为的警戒条文，同时更是规范道教徒信仰修持的重要方式。历年来，道教戒律将持戒与信仰关联在一起，即形成

① 前者所列之五戒：乃禁杀、盗、淫、妄、酒；后者列五戒：为不得淫泆不止、情性暴怒、佞毒含害、秽身荒浊饮酒迷乱、贪利财货。

② 刘锋：《中国道教发展史纲》，文津出版社 1994 年版，第 231—232 页。

“学道不持戒，无缘登真箓”的修道箴言。道门经典中记载：“若不持戒，道无由得。修行顺戒，奉而行之，道立可得。”[①]“道士不受老君百八十戒，其身无德，则非道士，不得当百姓拜，不可以收治鬼神。”[②] 所以，道教徒只有信仰坚定、持守戒律，才能得到真正教化，才能实现信仰，才能悟道、得道。新时代道教将戒律的教化与修持作用并举，是对传统戒律体系的一种很好继承。一方面，教化与修持并举才能稳步推进戒律建设。道教戒律中虽零星存在些“他律”的戒条，但基本上还是一种“自律”行为。所以，加强道教徒对戒律的修持既是证道的基础，同时也是巩固“自律”的方式。新时代道教对于道教戒律绝不能出现“纸上谈兵”的现象，只有教化，没有修持。只有将教化与修持并举，才能助推道教戒律建设，才能利于道教发展。另一方面，教化与修持并举才能树立良好社会形象。道教的良好社会形象是需要道教徒一点一点积累起来的，而且是方方面面的。其中，道教戒律对于道教教风建设发挥着举足轻重的作用。可以说道教徒持戒精严，道风道貌必然端正，社会形象自然高尚。比如，“不吃牛肉”这一戒律，是道教戒律中对信徒最基本的戒律条文，也是社会信众最为关注的话题之一。如果道教徒恪守规戒，信众必然心生敬畏。反之，则会建立无戒律的社会认知，形成对道教的负面影响。所以，新时代道教戒律只有将教化与修持并举才能助推戒律建设，才能有效教化信徒并树立良好社会形象。

第五，新时代道教戒律要注重与“清规”有机结合。道教清规是指道教对违犯戒律道士的惩处条例，是道教戒律的重要组成部分。戒律的主要作用在于协调人与神的关系，清规的主要作用在于协调

① 《无上秘要》，《道藏》，第 26 册，第 161 页。
② 陆修静：《陆先生道门科略》，《道藏》，第 24 册，第 781 页。

人与人的关系。戒律倚重神的力量，而清规则着眼于宫观现实力量。[①] 在历史上，正一派、全真派都尤为注重清规，比如张宇初的《道门十规》、陆道和的《全真清规》等，它们同时关注宫观生活。规定了本地区、宫观住观道士必须遵守的纪律，违犯戒律而进行惩处的手段、方法，是对戒律有益而灵活的补充。当代道教也尤为重视清规的作用。比如，湖南南岳道教协会制定的《南岳道教全真清规榜》，上海浦东新区道教协会制订的《浦东道教清规榜》，被誉为当代全真、正一“清规榜”。后陆续得到各地重视，形成共识，并出台各地《清规榜》，比如《龙虎山道教清规榜》《咸阳道教清规榜》《太和宫清规榜》《长三角地区道教清规榜》《上海道教清规榜》等。以上表明，道教在新时代的发展适应中，加强道教内部的管理、制定严格而符合当今社会实际的清规戒律，已经成为维护道教队伍的纯洁、确保道士神圣信仰的重要举措。故新时代道教戒律必须要与《清规榜》有机结合，做到细而有力、“派”“地”有别。同时，我们也要知道“清规榜”的制定只是细化戒律、保证弘道成功的第一步，最关键的还在于严肃的态度和不折不扣的执行力度。各地道教协会或宫观对于违反《清规榜》的道教徒应做到“不讲情面、不管身份、不论年龄”的落实惩处规定，才有利于维护道门纯洁，巩固新时代道教戒律建设。

综上所述，新时代道教戒律的传承与发展，关乎着道教的自身建设、团体建设，关乎着道教的中国化进程，更决定着道教的未来发展。新时代道教只有在继承与发展的基础上，构建出新时代道教戒律体系，才能成为新时代道教徒人人遵守的行为规范。也只有这样，道教才能更好地为信徒、社会服务，才能弘扬好道教优秀文化，才能带领道教徒走好中国化道路。

---

① 胡锐：《道教宫观文化研究》，四川大学博士论文，2003 年，第 61 页。

戒律是道教人才培养的重要保证

沈　岚*

摘　要： 人才的培养和匮乏成为了制约当代道教能进一步健康发展的主要因素，而道教戒律是人才培养的基本因素，是教团自我净化的有效机制，为道教人才的培养创造良好的环境，引导人才逐步成长。戒律是理论与生活的相结合，戒律人才的培养首先应从大环境开始，可从学校、宫观、教团三个方面创造条件。

关键词： 道教　戒律　人才

道教是中华文明的一个重要表现形式，它绵延了数千年，其中蕴含了传统文化优秀、积极的一部分，随着时代的变化和社会的发展，道教也进入了一个全新时期，既面临着机遇，又面临着挑战，而当代道教的振兴，归根结底，是要靠人才，这一点在教内教外已是共识。陈莲笙道长在其《培养人才，加强联合，适应时代》一文中就提到："道由人显，道教的存在归根结底依靠道教徒的存在。道教的发展也取决于道教徒素质的提高，人才的多寡。""道教已经有几千年的历史了，几千年的历史说明，道教的发展同道教人才的涌

* 沈岚，四川大学哲学硕士，浦东道教文化研究所副所长。

现、道教徒素质的提高有密切的关系。”① 进入当代，道教的各类硬件设施条件有了很多提升，但是人才的培养和匮乏却成了制约当代道教健康发展的主要因素。中央统战部副部长王作安在中国道教协会第九次全国代表会议上讲话时指出：“毋庸讳言，当下有的道门中人经不住各种诱惑，出现了信仰淡泊、戒律松弛、追逐名利、以教敛财等问题，对内侵蚀了风气，对外损害了形象。不怕有问题，就怕对存在的问题见怪不怪、听之任之”，“道教事业的健康发展，关键在于培养人才。一定要有危机感和紧迫感，深入总结经验教训，把人才培养作为一项重大战略任务切实抓起来”。② 由此可见，无论从历史还是现实来看，道教迫切需要培养人才，这是整个当代道教建设中的重要部分，而戒律又是人才培养的重要保证。

一、戒律是道教人才培养和人格完善的基本条件

第一，戒律是人才培养的起点。道教以“道”为信仰，在道教看来，之所以有戒律并要遵守戒律，是因为人的本性是与道相合的，但受到诸多欲念杂染之后就容易迷失本性，而戒律就是一种防范和改正的方法。“戒律者，乃初学之防范也，上古无戒，修道咸真；中古无律，悟真证道；后世人心，为物欲所汩，天性为妄念障遮，由是戒律所由出也。”③ 可见，戒律是修道的基础和工具，“道学当以戒律为先”乃“道之根本，法之津梁”。④ 对于多数人而言，修道都是一个长期的过程，缺少戒律的帮助和扶持，在这个过程中，难免松

---

① 陈莲笙：《陈莲笙文集》，上海辞书出版社 2009 年版，第 10—11 页。

② 中国道教协会网站：http：//www. taoist. org. cn/showInfoContent. do? id＝1181

③《无上玄元三天玉堂大法》卷二，《道藏》，第 4 册，上海书店（三家本）1988 年版，第 3 页。

④《太上虚皇天尊四十九章经．斋戒章第二》，《道藏》，第 1 册，第 786 页。

懈，有了戒律，就具备了修道的必要条件。

戒律也是道的表现形式之一，是天地万物运行因果承负的一种规则展现，戒律并不是随意所定的，《老子想尔注》记，“一，道也。设诫，圣人行之为抱一也，常教天下为法式也”①，“今布道诫，教人守诫不违，即为守一矣。不行其诫，即为失一也”，② 修道者需要奉戒，奉戒即是按照道去做事，久而久之才能“奉道诫，积善成功，积精成神，神成仙寿”。③

道教认为，个人、社会、自然、宇宙是与道相感的，并且互相影响，人与万物自然也是一体的，无论是个体、社会、自然都须遵从戒律。“五戒者，在天为五纬，天道失戒则见灾祥；在地为五岳，地道失戒则百谷不成；在数为五行，五数失戒则水火相薄，金木相伤；在治为五帝，五帝失戒则祚夭身亡；在人为五藏，五藏失戒则性发狂。”④

社会、自然的秩序和谐，最开始就是从个人而起的，所以戒律本身就是对道教徒个人修行、人格完善的基本要求，是否遵守戒律，也是道教徒信仰和自身修持的一种表现。道教需要人才，首先是要有信仰的人才，而戒律是基础，这也关系到其最终是否能真正成为道教人才，反过来说，如果没有信仰，没有对戒律的基本认识，即便有才，也不能说是道教人才。

第二，戒律引导人才逐步成长。虽然道教认为人皆有道性，都有成道的可能，但同时每个人的秉性和外在条件也是有区别的。唐代张万福便提出要根据不同的修道对象授予不同的戒律，他认为

① 饶宗颐：《老子想尔注校正》，上海古籍出版社 1991 年版，第 29 页。
② 同上书，第 12 页。
③ 同上书，第 17 页。
④《太上老君戒经》，《道藏》，第 18 册，第 204—205 页。

"人有愚贤，故教有三乘，形分万等，法门渐顿，盖有由也"，按照入道的不同次序，传授不同的经戒，"从凡入圣，各有等差。聊举大纲，庶通玄觉，即始起心入道，受三归戒；箓生，五戒、八戒；在俗男女，无上十戒；新出家者，初真戒；正一弟子，七十二戒；男官、女官，老君百八十戒；清信弟子，天尊十戒、十四持身品"。[①]对于处于修道不同阶段的道教徒，在戒律方面都有着不同的要求，特别是对神职人员的要求就比一般的道教徒要求的更高。如唐代孟安排在《道教义枢》卷二《十二部义》中指出：道民三戒，箓生五戒，祭酒八戒。"凡为道民，便受护身符及三戒，进受五戒、八戒，然后受箓。受箓之前未受戒者，受箓之后依次受之，通利恒存，思行谙忆不谬，忘者犯科。"[②] 不守戒者，呼神不至。

全真道的《三坛圆满天仙大戒》中则次序更加明显，提出要修成天仙，当先修初真戒，次修中极戒，后修天仙大戒。对于刚刚入道的道士、在家居士和女冠，只能奉持《初真戒律》。初真戒是入门戒，持守无过者才能受《中极戒》。中极戒则是对于教徒身心意的一些规范，涉及言语行为等方方面面，持中极戒毫无过犯并且坚持不懈修持有成才能受《天仙大戒》。持守天仙大戒是奉行"戒无不戒，不戒乃戒，戒无所戒，乃为真戒"，[③] 做到"持戒在心"逐渐心地光明，最终达到无戒可说、无律可持的自由境界。《玉清经》云："戒有多种，人亦多品。上品之人，身先无犯，亦无所持，中品之人，心有上下，观境即变，以戒自制，或受十戒五戒以自防护，下品之中，或受千二百威仪之戒，以自防护，令无逸越，下品身同禽兽，

① 张万福：《三洞众戒文序》，《道藏》，第3册，第396页

② 《三洞珠囊·清戒品》，《道藏》，第25册，第326页。

③ 《三坛圆满天仙大戒略说》，《藏外道书》，第12册，第1页。

虽有人形而无人心，纵受其戒，终无所益。”① 可见，对于高道，经过长期修持，已达到“亦无所持”，与道合真的地步，这是一个磨炼的过程，对人的品性和心性有所要求，因此除了一些共同遵守的日常规戒外，对于不同的修道对象提出不同的要求，有不同的戒律才能切合实际，行之有效，作为神职人才的培养，在人才成长的过程中，也能够通过戒律的循序渐进，逐步规范言行举止，行为处事，磨练心性，慢慢引导修持，逐步提高，才有可能最终成才甚至出现高道。

二、戒律是道教人才培养和教团建设的必然要求

戒律是一个宗教的基本要素之一，道教也有着自己的戒律。戒律，分为“戒”与“律”两个部分，戒与律既有自身的含义和作用，两者之间又互相联系。“戒生于因，律主于果，戒论防恶，律论于罪。”“律者，终出戒中，无更别目，多论罪报宪法之科。”② 戒更多的是一种防范某些行为会产生某些承负后果的预防措施；对道教徒的思想和言行提出一定的准则要求，使之知道自己该如何做，重在自觉自控。

道教是有信仰和组织的团体，对于入道者会有相应的要求和条件，如果教徒违反基本要求，损害道教形象，也会有处罚，如没有相应的惩治，就无法维持其信仰的纯洁和道教团体的运转及发展，这些处罚的依据，就是律。律更多的是偏重某些行为导致的结果已出现后，要对这一结果进行判断并加以规范均衡。

南北朝时期，道教逐渐转为宫观式道教，宫观成为道士修道、

---

①《太上老君经律》，《道藏》，第18册。

②《洞玄灵宝玄门大义·释戒律第六》，《道藏》，第24册，第738页。

进行宗教活动的场所，因此道士的日常活动与宫观联系紧密，而与宫观生活相应的戒律也建立了起来，道士在宫观的活动也成为了修道的延续，被纳入戒律之中，即使在宫观内，道士也不可避免的处于各种社会关系中，既有师徒之间，同门之间，也有各类世俗关系，在道教团体这一特殊单元内部，其秩序类型与维系方式也是特殊的，它主要依赖于道教内规——戒律。在对此岸和彼世关系、身心关系、修炼过程等的认识和处理，对道俗关系的认识与维持，以及对道团秩序的认识与构造等等方面，戒律都为道教徒提供了最重要的指导和准则。正因为如此，戒律与道团的整体素质直接相关。[①]

在道教团体内，无论是个体内在秩序还是教团整体秩序的维持与建立，都依靠戒律作用的发挥。纵观历史，每逢道教确立与当时社会背景发展相适应之戒律，并严格其教职人员执行后，整个道教的教职人员素质才会有相应的提高，进而迎来道教的发展时期。现存最早较完整的道教戒律著作《老君一百八十戒》中讲到干吉得到《太平经》，为信众所信奉，但当时“诸男女祭酒，托老君尊位……更相是非”，为整治这一颓势，老君又授其一百八十戒，由老君宣说各类戒律，祭酒持戒恪守其道，道教才逐渐兴盛起来。后张道陵注解《道德经》成《老君想尔注》，依据《道德经》之义成“老君想尔戒（想尔九戒）”，又在此基础上衍生出老君二十七戒，成为后世正一派的主要戒律之一，有了戒律，道教才得以形成组织，而围绕最基本的老君戒，在不同的历史时期，又都经过了阐释，特别是在社会转型、历史变革的阶段，通过强调戒律，对戒律的重新阐释、完善，维持了道教个人修持及团体成长的大环境。

魏晋南北朝时期社会动荡不安，但同时又有着魏晋玄学、大乘

① 刘绍云：《道教戒律与传统社会秩序研究》，2006年山东大学博士学位论文。

佛教等各种思潮，在这些形势下，道教逐渐开始分化，并出现了科禁废弛，各自为政，道荒人浊，愚暗相传的局面。为改善这些情况，天师道出现了《大道家令戒》《老君一百八十戒》等戒律，寇谦之为“清整道教，除去三张伪法，以礼度为首”，重新阐释了道诫成《云中音诵新科之诫》，开始了北天师道的改革。陆修静则重申了天师道“神不饮食、师不受钱”的“清约”并著《陆先生道门科略》，要求严持禁戒科律，他建立了一套比较完备的戒律要求，提出只有严格遵守新科之诫者才有资格当道士，强调：“夫受道之人内持戒律，内执戒律，外持威仪，依科避禁，遵承教令。故经云：道士不受老君百八十戒，其身无德，则非道士，不得当百姓拜，不可以收治鬼神。其既暗浊，不知道德尊重，则举止轻脱，贱慢法术也。”① 陆修静还在总结天师道原有斋仪的基础上，吸收当时社会礼法、修身治国相统一的观点出发，以“劝善戒恶”为要旨，建立了完善的斋醮仪范。道教戒律经过他们的修订，基本定型，使道教走向成熟，也为唐宋时期的道教兴盛发展打下了基础。

到了唐代，道教戒律对当时的儒、释、道、法等传统文化进行了融摄，完成了自我构建，为道教的进一步发展提供了强有力的保障，使得道教进入了鼎盛时期。明清以降，面对道教日久积弊、松散无序的情形，正一天师张宇初、龙门律师王常月都力倡通过振兴戒律来复兴道教，“凡行持之士，必有戒行为先”②，“凡初入太上正宗法门，不问道俗，必先遵依太上金科玉律，三洞戒文”，③ 这些做法都取得了一定成效。王常月祖师还一改以往隐秘授戒制度，多次开坛授戒，突出戒行精严，革新戒律，身体力行清整戒律，开创了

① 陆修静：《道门科略》，《道藏》，第 24 册，第 781 页下。
② 张宇初：《道门十规》，《道藏》，第 32 册，第 149 页。
③ 王常月：《初真戒说》，《藏外道书》，第 12 册，巴蜀书社 1994 年版，第 17 页。

道教全真派中兴的局面。

三、戒律修持与道教戒律人才的培养

陈莲笙道长曾经提出：“从道教发展的历史看，有一个规律：什么时候出现了高道，道教就获得发展；什么时候缺乏人才，道教便出现衰势。东汉末期，因为有张角和张陵，道教才有了自己的组织，太平道和五斗米道。魏晋南北朝时期，因为有葛洪、寇谦之和陆修静、陶弘景，道教教义才系统精密起来，其仪式才得以恢宏大观，唐宋金元明等朝代，道教中人才辈出，连绵不断，成玄英、司马承祯和李筌的哲学精论，孙思邈的医道大著，王重阳和全真七子的宏论集萃，林灵真、王契真和金允中的仪轨大成，雷思齐的引易入道，张宇初的博学精深，正统万历的《道藏》编纂等，同道教在这一时期的隆盛相映成辉。可是，清代以来，道教出现了衰势，其中一个重要的原因是道教缺乏人才。”① 历代道教的有识之士，因为深知戒律的重要性，都致力于当时戒律的完善，并且身体力行之，只有通过自己的言行举止，才能表现出相应的道德风尚和修道成果，表现出对自身宗教的虔诚信仰，才会得到社会和历史的认可而延续下去。

近代至今人才的缺乏，戒律实行的缺失确是造成这个问题的原因之一。经过几千年的发展，道教在不同时期产生了不同戒律，又由于教派众多，而不同派别又有不同的戒律，戒律之庞杂、繁多，让人无所适从。此外，在当今时代，随着社会发展，各种思潮的涌现，人们生活的巨大变化，道教不可能不受到影响而对以往的戒律产生质疑甚至抵触，但作为神职人员，戒律是道教神圣性的一种依托和教团延续的保证，如果戒律逐渐消失，就与世俗无所区别。

---

①《陈莲笙文集》，上海辞书出版社 2009 年版，第 9 页。

虽然受持戒律是个人的行为，是个人止恶行善的修持，但个人总是处于社会之中的，更多时候是处于团体之中的，如果团体没有戒律氛围，有些人受戒后，想学戒、诵戒乃至持戒，但因为所在的团体没有这种氛围，也很少有人教导该如何去做。也有些人受戒后，即使想过一种持戒的生活，但也难找到合适的环境。这些都使得戒律人才难以产生。戒律人才的培养首先应从大环境开始，戒律其实是理论与生活的相结合，可从学校、宫观、教团三个方面创造条件。

第一，道教学院要积极开展戒律理论的创新和实践。虽然道教学院开设有一些戒律有关的课程，但也多是讲解一些过往的戒律知识，难以培养学员的持戒意识，因戒律不仅是理论知识，更主要是对戒律的具体实践，而在这两方面，都需要重新审视。

在理论方面主要是戒律体系的梳理及继承创新的现代化。道教戒律千万条，我们今天所说的戒律，是某一时期的，到底是适合当时社会的，还是具有普遍性的。戒律从来都不是一成不变的，在不同历史时期，会根据不同的社会条件、出现的社会问题而产生不同的戒律，但戒律的作用和核心，还是为了在不同社会形态下，个人、团体不被某些社会不好的风气和问题影响，还能够维持修行和信仰。所以有时候，直接就用古代的戒律来要求现代人，是不适应的。还有一部分戒律是与当代的法律政策和人道主义相背离的，如“杖责”等酷刑，都是不适合当今社会的。因此，在众多戒律中需加以辨别，对于合适的可以继承，融汇进现代道教戒律，对于已经过时不适用的，就不采用或加以修正。此外，是否可以根据现代的社会问题，增加一些条例，比如道教因教理和实践所以禁食某些动物，但同时道教是有重视环境保护的内涵的，加之现代社会人们生活中并不缺乏食物，反而是需要重视自然环境，所以如增加禁食野味等侧重环保、慈善方面的条例，亦更针对当今社会易产生之问题，也与国家法律相适应。

当代道教所出现的现象，部分道教徒对戒律存在陌生甚至抵制，首先来源于对戒律的不了解。造成这一情况的因素很多，典籍中的戒律繁琐深奥也是原因之一。戒律是生活方式和行为规范，本应非常简单、实用。但现在情形有所不同，对戒律的了解无法从生活实践中感受，而是先要从书本中了解。所以，应对道教典籍中戒律方面的内容进行全面的编辑、整理和注释，运用现代整理文献的学术规范，依据现代人容易接受的方式，使多数人都有能力阅读、理解和掌握。

在实践方面，在道教学院就可以培养集体生活的规范，养成良好的持戒习惯，就不会使学戒停留于空洞的书面学习，而能将戒律融入生活中，在生活中学习，在生活中实践。戒律的每一条规定，每一种作法，都可以通过实际来检验。在课程设置和成绩考核上，对学生戒律知识的掌握和对实践戒律的能力也应是考量的部分。有了理论和实践，学院就可以侧重培养部分戒律学方面的人才，和宫观团体需求相结合，不仅懂得戒律，同时还要懂得教理教义、教史及社会的一些法律法规。

第二，道教宫观要注重宗教活动和日常修持戒律。按照当前的教育培养模式，一位神职人员在学院结束学习后就直接进入宫观，而戒律的行持需要有连续性，虽然持戒也是个人行为，但宫观有一个作用就是要以戒律保证宫观的清净、和谐，为道教徒创造一个良好的环境，在此基础上，才谈得上其他。在宫观，戒律执行一般主要在宗教活动和日常修持中。

过去道教科仪活动中曾有监斋职责，南朝陆修静在《洞玄灵宝斋说光烛戒罚灯祝愿仪》中说监斋职责："司察众过，弹纠愆失。秉执科宪，随事举白。必使允当，不得隐滥。”① 唐五代的《金箓大斋补职说戒仪》称监斋的职责有二，一是监督科仪的进行，“总握宪章，典领科禁，纠正坛职，振肃朝纲”，即监督科仪的进行；二是纠正行仪人的错误，“周密察非，从容授简，有严有翼，毋滥毋堕”，②绳纠愆违。外能合礼，以全济济之仪；内不欺心，免抱忡忡之恨”。③唐代朱法满《要修科仪戒律钞》卷八有“监斋钞”，内引《升玄经》述及监斋法师必须依法秉执宪章、监督斋仪的进行。另外还有侍经一职，多由参加科仪的道士担任，其职责为管理和布置坛场使用的各种科仪经书，保持科仪经书使用及时，清洁完整。唐末五代时，杜光庭在《太上黄箓斋仪》卷五十三中说到，在斋仪开始时，侍经要“整饬坛场，主张法席，经科几案，供养供须，施列敷张，皆须检校”；在斋仪结束时，侍经要“收经，安置本座及整拂坛席，严待供养，无使外人凌冒，辄践法坛，此乃侍经职务也”。④ 如果“虚参职任，倨傲不恭，使几案纵横坛场，污杂荐献之物，使僮仆入坛，轻冒神真，凌犯禁戒”，都会获其殃责。这些职责到了后代不再突显，而现代道教科仪活动中也不应忽略这一点。

在日常修持中，也需要制定相关的清规戒律，完善有关条文。现代社会的发展变化，宫观的组织架构也和以往有所不同，宫观又不同于其他机构，戒律也不能直接就与一般的管理规则相等同。如何将戒律融入到现代宫观管理中是一个比较复杂的问题，需要多方的共同努力。

第三，道教团体要规范传戒与授箓活动。传戒与授箓是道教正

---

①《道藏》，第9册，第825页。

②《道藏》，第9册，第74页。

③《道藏》，第9册，第347页。

④《太上黄箓斋仪》，《道藏》，第9册，第347页。

常传承的保障，金元全真道兴起以前，道教的传戒授箓是相联系的，道士修持道法，既要受戒，也要受箓。而金元以后形成全真道、正一道，全真道的传戒与正一道的授箓，成为两大道派各具特色的道法传授系统。但无论是正一的授箓还是全真的传戒，其中戒律都是最基本的要求；并对需守之戒律的条件和程序作了详细说明，这些不仅是仪式，更是信仰，传戒或授箓只是道士资格的取得，但不是道士身份的完成。有些人受戒或授箓后，以为一切都完成了，不曾考虑学戒、诵戒乃至持戒。《上清灵宝大成金书》说："夫箓者，始于正一，演于洞神，贯于灵宝，极于上清……进道之士，先受三五都功正一盟威，修持有渐，方可进受灵宝中盟，转加上清大洞。若不尔者，有违太真之格。"[①] 这里已明确规定，授箓时先传授三五都功正一盟威箓，在此箓的基础上，勤修道业，志心向道，皈依道经师三宝，严守戒律，然后才能进授灵宝中盟箓，在中盟箓的基础上，更坚心向道，动静合法，道心纯真，方可投师授上清大洞法箓。因此首先授箓或传戒师本身就要求持戒清净，能够为弟子讲解经文戒律，才能授受引导弟子，而作为弟子来说，只有守戒修持，才可取得进受资格。

此外，这两种仪式，一般宫观是没有资格举行的，而作为能举办仪式的道场，其本身清净与否对来接受授箓或传戒的人来说影响就很大，平时就有良好的持戒，担当起如法传戒授箓的任务，营造良好的戒律氛围，才会使人在传戒与授箓期间对戒律生活有切身体验，体会到戒律的存在。传戒与授箓结合学戒，能给参与者留下深刻印象，他们将来才可能认真持戒，弘扬戒律，而作为传戒和授箓的道场，理应成为持戒的道场范例。

---

①《藏外道书》，第17册，巴蜀书社1994年版，第55页。

总之，道教的发展离不开道教人才的培养，这是发展的先决条件，也是时代的要求，而戒律是人才成长的重要保证，相信在教内外各方面的努力下，以历代经典先贤为教导，对戒律推陈出新，能有一批持戒严谨、德行良善、道法精湛的人才出现，践行道教的教理教义，服务社会，造福世人。

加强道教皈依信徒的戒律建设

李似珍*

摘　要：皈依信徒也是道教戒律建设中不可或缺的重要组成部分，当代道教界已经在传承历史的基础上，根据时代的变化，在加强皈依信徒的戒律制度建设方面，作出了相应的规定与实践。这些努力为我们提供了戒律建设新的思考角度，为较为全面地落实道教戒律建设，我们要在调查研究的基础上，切实加强皈依信徒戒律制度的建立与实行力度。

关键词：皈依信众　传戒仪式　戒经内容

皈依信徒的戒律建设，也是道教戒律建设中的重要内容。这是因为作为一个宗教组织，其信仰系统的维系，除了专职的教职人员之外，还需大量教外信众的参与。这样的信众群体，几乎在道教组织体系形成初期就已经存在，并在近两千的发展历史中得到延续与发展。在近十年来道教中人对戒律遵循加以关注的同时，对皈依信徒的戒律遵守也自然地提上了议事日程。本文结合历史与现实的相关情况，对皈依信徒戒律遵循问题加以考察。希望这样的思考，能

* 李似珍，华东师范大学教授，浦东道教文化研究所副所长。

为我们道教戒律建设的探索提供帮助。

一、道教皈依信徒的由来及戒律遵循

这里所讲的皈依信徒，是指因种种原因受到限制，不能出家到道观成为专职道教徒的人士。类似于道教居士的性质。比起一般的信道人士，皈依信徒要求到道教宫观拜认道门师傅，并还有办理皈依证等手续的。由于他们不同于普通的信众，所以也有一个对道教戒律的遵循问题存在。

据史料记载，基本上是在道教创立的初期，这样的皈依信徒就已经存在了。早期天师道创立者张（道）陵、张衡、张鲁，把这样的信徒称为“道民”。在他们于今四川成都、陕西汉中一带设立的二十四治中，就有管理道民的功能。当时他们将治内（教团组织内）道众分为道民、箓生、祭酒、师四个等级，其中的道民就是指信奉道教的广大信众。道教团体往往通过为其治病、举行宗教仪式禳灾却祸等方式来保护道民，吸引民众的皈依。由于时值社会动乱，民众缺乏社会扶助的机会，道教团体通过道民传播的共济救灾宗旨，在民间获得深远的影响力。为提高道民的功效，道教中人又通过考校道民功过、指导道民忏悔改过等方式，增强了他们对道教教义的向心力。

东晋南朝的陆修静，在对天师道授箓制度加以完善的同时，也对道民身份的确认加以了规定。提出普通民众必须到本师治所参加宗教活动，登记检查“宅录命籍”（近似封建国家编户齐民的户籍簿），听道官宣布科禁，考校功过。须有功德才能受箓为道民；道民受箓之后，有功者才能升迁，晋升为道士、道官等。[①] 这里的道民，成为与道士、道官连接的基础。

唐代以后，道民被更多地称为教外人士，也称在俗弟子。虽然其时道教组织不再具有治所这样的行政功能，但仍有不少民众尊崇道教教义，以修养道功道德为己任。故他们通过接受最初级的经戒法箓三归箓、五戒等途径，成为清信弟子、清真弟子，渐次进入道教之法门。这样的形式在唐以后的历朝历代中得到了传承，许多道教教派都以这样的方式，获得了与儒、释两教鼎足的实力。另外，在世事变更中出现的道教新教派，也往往通过先与世俗社会民众结团形成“会社”，然后再在此基础上形成道众团体，结成功新教派。如宋元时期的净明道、全真教等等，均属此例。

因此，在此后陆续出现的道教戒律经籍中，也往往会出现与信众相关的内容。一些倡导提振戒律的道门大家，也对皈依信徒、乃至一般信众的道义信守有着足够的重视。如明初张宇初《道门十规》中言：“符箓弥多，皆所以福国裕民，守家保己。”这样的追求目标，显然属世俗人众所有。清代王常月的《龙门心法》（又名《碧苑坛经》），也把宣讲戒律的对象定位于“大众”，说：“你们要修清静无为出世的妙道，只要有志气做那世法。若世法行得去，则出世法在世法之中。”故“戒律”信守的教义，“乃昔之圣贤，度人入道，第

① 参见《陆先生道门科略》，《道藏·太平部》。其文曰：“科教云：民有三勤为一功，三功为一德。民有三德则与凡异，听得署箓。受箓之后，须有功更迁，从十将军箓，阶至百五十。若箓吏中有忠良质朴，小心畏慎，好道翘勤，温故知新，堪任宣化，可署散气道士。”究其原因，在于要纠正不正之风，故言：“道民不识逆顺，但肴馔是闻。上下俱失，无复依承。相与意断暗斫，动则乖丧，以真为伪，以伪为真，以是为非，以非为是，千端万绪，何事不僻，颠倒乱杂，永不自觉。如此之师，则灭后绝种；如此之民，则夭横破丧。虽来者令昧然，过去甚昭然，明白君子，可不鉴之。”

一部上升之路，第一重入法之门。”这样就把道教宗旨与世俗圣贤之道作了有机的结合。同书中还有直接针对信众的劝诫，谓：“且莫去行出世之法，只该先去慎独存诚，孝父母，忠君王，仁义存心，纯良尽己。”把一般信众的尊道标准树立于遵守世俗民情之上。从中可以看出，其时的道教戒律规定，对一般的道众更重视于道德规范层面，而其与道教团体形成之间的联系，已经淡化的了。

近代以后，由于诸多原因，道教徒的戒律信守承受危机。因此，道外信众的戒律遵守问题也一度无从谈起。20 世纪 80 年代以后，随中国道教协会恢复活动，道教界对于授箓、受戒等教制建设渐行启动，戒律的遵守也慢慢地恢复了传统。1989 年 11 月，北京白云观举行全真道受戒仪式。1991 年 10 月，正一道开始对海外信徒授箓，以后又在 1995 年恢复对道众的授箓。这样就为道教信众的奉行戒律提供了前提条件。遵循历史上的传统做法，道教中人确认皈依弟子是有条件的，除了要具有一定的思想品德基础、举行规定的仪式等之外，还需要拜一位道长为师。一般要求这位收徒道长有入道十年以上、具高修大德、且所在道观必须是经县以上人民政府批准开放并依法登记的道教活动场所等条件。由于 20 世纪 90 年代时国内的道观正处于恢复重建过程之中，而道教徒队伍也正随着道教宫观的修建而集聚拢来，所以对道教皈依信徒的关注，也要排在了教内戒律建设之后了。

从目前所找到的资料来看，我国道教界开展皈依活动的时间大致在 21 世纪之后。据“道教之音”报导，2007 年 12 月 21 日，首届道教南宗皈依弟子祈福大法会在道教南宗的主道场——海南玉蟾宫举行。来自海南 18 个市县以及大陆各地的近千名皈依弟子参加了此次法会。这是迄今为止看到的较早有关皈依弟子的法会仪式。此后，南宗皈依弟子祈福大法会便于每年冬至日在玉蟾宫举行。此外，龙虎山天师府在每年对道众授箓、传度的同时，也承担了为皈依信徒举行相关仪式的事宜。其他如南昌万寿宫净明宗坛、北京吕祖庙等道观，都开始为皈依信徒举办法会仪式。在多数法会上，都有宣讲道教教义、三皈五戒的环节，使得道教史上皈依信徒的戒律规范获得了传承的途径。2015 年中国道教协会第九次代表大会上，提到了道教界有条件的宫观要进行皈依和传度活动，这样信徒皈依活动也成为了道教教制建设中的重要内容。

近几年来，信徒皈依仪式在各地道观全面铺开，如武当山、青城山、北京白云观、茅山道院、上海城隍庙等，更是把这方面的工作列入了日常工作。据初步统计，进入 21 世纪以来，中国道协辖下的道观，吸纳皈依信徒达数万人，目前这个数字还在较快地增长，为此有必要从道教戒律建设的角度，对这方面的现状作出进一步分析。

二、皈依信徒的守戒仪式现状

与一般的道教信众不同，道教教派对皈依弟子历来都有仪式方面的要求。当然这种仪式可以是简单的行拜师礼，或举行较为正式的法会。不管是哪种形式，都是要求皈依弟子们能在入门伊始，就了解道教知识，懂得教戒中的规矩，不被尘世欲情所迷乱。从历史文献中可以得知，我们道教中人对于皈依弟子与正式道众之间的戒律遵循方面的要求还是有所不同的。这种不同至少体现在两个方面：

1. 皈依弟子主要遵从于“戒”经，而在“律”“清规”等方面不受约束。我们虽然戒律并称，但仔细分辨，两者还是有所不同的。从语义学角度而言，戒系以自发之心守规律，律则含有他律规范之意义。所以在道教戒律中之“戒”，是防非止恶的戒条，修道者需遵从的道德、行为规范；而“律”则指因思想、行为不当会受到的惩罚。隋唐道士孟安排在《道教义枢·十二部义》曾曰“戒，止也，法善也。……律者，终出戒中，无更别目，多论罪报刑宪之科。”即是针对于两者的区别。对于皈依弟子，对其之戒律要求，主要在于预防而尚无越戒之后的处罚。也就是说，对皈依弟子宣讲戒律经文，主要为使其明白道法而非使其受到过多的约束，故重点在于“戒”，即劝诫，而不在于“律”。至于清规，是道教宫观组织的规章和道众日常行事的准则，由于皈依弟子不必进入宫观修行，故也不受清规之约束。在这几点上，都与道教徒有一定的区别。所以可以说，对于皈依弟子来说，其进入道教规范的仪式，主要在于“守戒”而非“受律”。

2. 皈依弟子的道教戒律遵守，只要求作些最基本的规定。如早期天师道把皈依信徒称为“道民”，在肯定其传播道教共济救灾宗旨的同时，也会对他们考校功过、指导忏悔改过。对他们传授的戒律经文，也与正式道教徒有所不同。如收入《道藏》洞真部戒律类的《太上洞真（玄）智慧上品大戒》，被认为是灵宝派的道戒的经文。因其中主要收录戒目为十戒、十二可从戒、闭塞六情上品戒、度生上品大戒、十善劝助上品大戒，这些多为劝善闭情之口吻，故被公认为是最基本的集子，为皈依弟子所受之戒文。道教中人须在此基础上进一步受学经书、法箓，才能成为真正意义上的道士。

唐代以后，被称为在俗弟子、清信弟子、居士的皈依信徒，所接受的是最初级的三皈、五戒。他们只有在渐次学习其他的道教戒律经文之后，才算是进入了道教之法门。这样的“守戒”传统不仅在唐以后的历史中得到继承，而且在现代道教皈依弟子的相关活动中得到了体现。

1949 年以后，我国首次恢复道教传戒仪式是在 1989 年，其时由道教全真派在北京白云观开坛传戒。而皈依信徒的受戒法会始办则是在18年之后。其时道教南宗在2007年12月，为皈依信徒举办了祈福大法会。在这场活动中，玉蟾宫道长安排了对道教起源、历史、礼仪、信仰等内容的介绍，富有南宗特色的太极拳、形意拳及道教音乐表演，使在场的来自海南18个市县以及大陆各地的近千名皈依信徒，受到了有关道教深厚文化底蕴的教育，感受到其中独特的魅力。并规定，南宗皈依信徒祈福大法会于每年的冬至日在玉蟾宫举行。这是以通俗的方式对道教戒律的涉及。

此后，道教皈依仪式日渐步入正规，有关戒律规范的教育也进入到了相关的议程。如在2015年11月15日，江苏句容市茅山道院为七十二名道教弟子举行的皈依仪式，除了有茅山道院住持杨世华道长、徐朝文道长为这些皈依信徒介绍茅山道教历史和道教基本礼仪规范之外，还在元符万宁宫请皈依信徒经过了请师、敬香、请神、忏悔、受皈、发愿、宣表等程序，获得所颁发的皈依证书。在这场仪式中，皈依弟子能感受到皈依道、经、师三宝，正式进入道门的氛围，“守戒”的仪式形质基本上得到了体现。

随着当代社会人们皈依道教的愿望增强，对皈依信徒的戒律教育也日渐提上议事日程。为此，有的地方道教组织已为其举办学习班等，对他们进行颇为正规的戒律教育。如武当山道协是为皈依弟子举办学习班，即是其中一例。笔者曾见到一则以武当山道教学院名义发出的通知，向社会告知他们将于2016年9月16日至9月25日举办为期10天的道教“皈依弟子学习班”。把皈依信徒的受戒法会与戒经学习有机地结合了起来。

目前，我国国内在道士的戒律遵循方面还是有明确规定的。依照中国道教协会的相关规定，道教的正一派是通过授箓的方式确认道士的资格、职位，而全真派则是通过传戒的方式来进行确认。

中国国内在 20 世纪 80 年代，道教诸道观逐渐恢复授箓仪式。1995 年 12 月 6 日（己亥年下元节），中国道教协会正式在龙虎山举办首次国内授箓活动。这次授箓，恢复了传统的组织制度。在授箓仪轨的初次等级中，读经部分要求通晓《早晚功课经》，诵读《老子道德经》《度人经》等。这里较多重视的对教义方面的传授、教育，并且对皈依信徒如何守戒方面没有过多的涉及。

1989 年 9 月 16 日中国道教协会通过（2005 年 6 月 24 日、2015 年 6 月 29 日两次修订）的《关于全真派道士传戒的规定》中，要求传戒戒条以《初真戒》《中极戒》《天仙戒》为准，以三皈、五戒、十戒、女真九戒为基础。经过传戒（包括大戒和方便戒）的全真派道士，发给净戒牒作为受戒的凭据。净戒牒由中国道教协会制作，传戒律坛颁发。居士申请受方便戒（初真戒），由律坛审核，报中国道教协会备案。居士受戒人数不得超过戒子人数的一半。这里提示了道士受戒的经文为《初真戒》《中极戒》《天仙戒》三部经文，并明确地把居士也列入了学习《传真戒》戒条的行列之内。而武当山道学院举办《皈依弟子学习班》，就是为这些信徒学习《传真戒》等道教戒条提供条件。

类似这样的学习形式，也在其他道教组织中推广流行。如上海钦赐仰殿道观，于 2015 年率先在上海举行信徒皈依法会，安排讲解《三皈五戒》《道教基本礼议》等规戒课程。道观还专门制作了“信徒皈依法脉”，使道观信徒传承有序。上海白云观也在 2017 年举行首批清信弟子皈依仪式等。

这些做法，都可看作对传统皈依信徒戒条要求的遵循。宋吕元素《道门定制·序》云：“至简易者道，而至详备者礼。……皆后世以人间礼兼考合经教而增益者，所在无定式，或得之详备而失简易之旨，使力不逮者不可跂及，或失之鲁莽而使尽敬事者无所考定，不惬其意。”这里的意思是，道教的礼仪形式原本是“道”之教义的体现，礼数本身则有简易与繁杂的不同，可谓是“所在无定制”。从现代道教皈依弟子遵循戒律的情况来看，也体现出这样的特点，既是其中有着各种仪式上的差别，不过在体现“道”的宗旨方面，则是有着相同性的。

三、皈依信徒的戒律经文信守

道教皈依信徒的戒律信守，除了表现在仪式方面，更多的在于经文的研读、理解方面。如同道教的礼仪形式多样化一样，有关皈依信徒戒经方面也有过各种的探索，留下不少的文本依据。现代道教界为皈依信徒规定的戒律经文，不少都是以这样的文本为依据的。大致来看，这样的文本可归为如下几类：

1. 遵三皈依戒。在南北朝道经中已经频繁出现“皈依”一词，所谓的皈依即皈依道、经、师三宝也。南北朝时期的《九天生神章》里，便有“三宝尊神，九天至真”的说法。到隋唐时便产生了三皈依戒，唐代孟安排在《道教义枢》里说：“三宝者，法门栋干，群品津梁。乃万物之福田，三清之良径。归依正本，其在兹乎?”认为此为学道、遵戒的最初进阶，初入道者（出家或在家）必先遵依。

此种观点一直在道教各教派中流行，成为历代传承的戒律共守。如清王常月的《初真戒律》中云：凡初入太上正宗法门，不问道俗，必先遵依太上金科玉律，三洞戒文，供养大道尊像，表通都天纠察王灵官天君，请祈盟证，受三皈依戒。

第一皈身，太上无极大道。永脱轮回，故曰道宝。

第二皈神，三十六部尊经。得闻正法，故曰经宝。

第三皈命，玄中大法师。不落邪见，故曰师宝。

天尊曰：三皈依戒者，天地之枢纽，神仙之根基，发行之初门，建心之元兆，运气含灵，冥真入理，包罗有象，朕形无外。持之者，天地神明庆快，心智耳目开张，万物敬畏，六腑和乐，众真卫护。群生父母，长世不遗，人身交泰。三皈依竟，乃受太上老君所命“积功归根”五戒。

便是不仅对前代的“三皈依戒”加以继承，还在道教义理基础上做出的详尽解释。以致直到现代，仍然将其作为皈依道教信徒的重要戒条。

2. 遵五戒说。《太上老君戒经》中说：“是五戒者持身之本，持法之根。善男子，善女人，愿乐善法，受持终身不犯，是为清信。”教民以五戒：存仁不杀、正义不盗、法礼不淫、明智不酒、德信不妄语。

经中依托方位五行观念，解释五戒的原理，指出之所以要求戒盗，是因为北方之气，太阴之精，主于闭藏。而人为盗，使这样的闭藏之气受到破坏，是逆天地而动，当然是对社会做了坏事，而其本人也会同时让自身的肾气受殃，危及生命。这样的解释方式，没有讲大道理，而是从犯戒者本人角度来谈危害，所以是很有信服力度的。

同理，淫戒者西方也，少阴之质，男女贞固。而人好淫，则肺受其沴。酒戒者南方火也。太阳之气。物以之成。而人好酒。则心受其毒。妄语戒者中央土德信。而人妄语，则脾受其辱。五德相贵，不可亏缺。

总之，五戒在天为五纬，天道失戒则现灾异；在地为五岳，地道失戒则百谷不成；在数为五行，五数失戒则水火相薄，金木相伤；在治为五帝，五帝失戒则祚夭身亡；在人为五脏，五脏失戒则性发狂。故只有遵守此五戒，才有向道、学道、成道的可能。

经中明确指出这里的守戒是从信士为开端的，故曰：“只要信士，在家或出家，奉持五戒，尽身尽命，终不毁犯。又能日夜勤诵道德经，求取经中妙义，苦行精进，仁恕布施，舍身救物，便能成真、成道、成圣。”

这一思想在唐宋以后被历代道教中人所继承。一般在有信徒皈依的场合，带入门的师傅、主持皈依仪式的道长，都会谆谆告诫这些俗家弟子：五戒是入道之初门，清心之良方，持身之本，护法之根，如能持此五戒，就能得到天神的护佑，永脱五刑之苦，且益寿延龄，并生生世世不失人身。直至现代，我们道教中人仍然相信五戒不仅能引导我们迈向解脱之道，而且能给家庭、社会、国家，带来安乐与和平。

3. 尊道经。三皈五戒是道教戒律中的最基本戒律，但从道教中人而言，其中的核心还在于对道教教义的理解与把握。道教以“道”为最高信仰和修行的终极目标，以《道德经》的思想为主要教义，倡导尊道贵德、重生贵和、见素抱朴、抱元守一、清静无为和慈俭不争。道教认为“道”是宇宙的本体，万物的本源，万物运行的规律以及人间伦理道德纲常。“德”是道的外化及功能。神仙是循德而上，精神和肉体及伦理道德超越世俗的精神实体。神仙既是道的化身，又是人类道德的楷模。故道教徒尊道贵德，期于与道合真，形神俱妙，成为神仙。所以在传统道教教派中，会把《道德经》作为俗家弟子入道学习的首选内容。这一传统在现代道教中也有所体现。

现代社会的道教皈依，根据地方的不同。有的会举办皈依法会，有的不会。无论是否举办法会，在你选择皈依的时候，道长们都会跟您讲，皈依是身心皈依，而不是只注意形式，所以往往会把道经学习作为第一要求。如洪国珍《十世修得入武当——武当弟子皈依记》一文中，说到他曾与深圳余小峰、吉林李圆圆、李秀梅上武当山实行皈依仪式。[①] 当时他们拜见师父李光富道长时，曾正式行拜师礼，并每人获赠一套道德真经、老君说常清静经、太上感应篇、文昌帝君阴骘文、丘祖垂训、丘祖宝忏合订本及皈依证书。可见，是以道德真经等道经作为行为规范准则的。而此前他本人则是在2005年农历九月廿二日，于武当山法事中完成皈依仪式的。

于此是否可以理解为：道教信徒的皈依形式可简可繁，但最基本的道经传授是不容忽略的。这是皈依弟子信守节律的宗旨所在。其实在“三皈依戒”中就有皈依“经宝”的要求，而这个经虽然细分起来各有归旨，但主要需表达的就是道经的宗旨。

4. 现代意义上对道教戒律的阐释。由于道经中的文字距今已有数千年的历史，我国在近代经历中西文化的碰撞，新中国成立以后又进入社会主义时期，在思想政治方面有了很大的变化。另外，从表达方式上看，也有了在“五四”新文化运动之后，自文言文改变成白话文的情况发生。因此，对于道教俗家弟子而言，信守戒律传统，有着形式与内容上的双重困难。为此，也有一些道教中人在这方面做出更改。目前在网上或道教宫观的报道中能够见到这方面的内容。如有一份《龙虎山俗家弟子守则》即呈现如此的情况。其文曰：

> 家庭：对父母孝顺，不让父母操心生气；对师长恭敬，对兄弟朋友要忠信；与家人相处要和睦，相敬如宾；对亲情珍惜感恩，但不执着。
>
> 生活：不起懈怠心、退怯心；起居有常，知节，要有规律；

① 参见2017年10月14日洪国珍《十世修得入武当——武当弟子皈依记》，搜狐公众平台。

服装要端正，仪容要整洁；举止端庄，个人没有怪癖；不抽烟、不酗酒，不食秽物；无论什么工作，要尽职尽责；生活要有朝气，工作学习要进取；多读好书，不损坏书籍。

男女正常交往，不参杂邪淫之心；平时珍惜时间，不空过每一分钟；遇缘该行则行，该舍当舍；不任弃五谷或任何可食之物；不伤害有情众生；不贪图食、衣、住、行享受。

处世：与人相处和睦，有和谐、奉献精神；能敦亲睦邻，守望相助；遇残疾、老弱妇孺能扶助；待人真诚，态度不傲慢；待人处世诚信，不负人约定；不怕别人占便宜，更不斤斤计较；不怀有猜忌、嫉妒之心；帮助别人，不计回报；助人为乐为本，见人忧惊要安慰；做生意不以不正当方法手段谋取利益；惜福，生活不奢侈浪费。

正己：不偷盗、不赌博、不涉及非法活动；言语动作端正，行为高雅；口言和蔼，讲话态度稳重；面对诱惑不起贪心，对待名利不能执着；不以不实虚假之语矇骗他人；不轻言妄谈，多与人好话；讲话不夸大或强人出头；言行一致，做到信义；不两舌挑拨离间，不搬弄是非；不随意批评他人；为人不口是心非，要表里一致；不以花言巧语讪诱他人；不好闻赞叹之语，不厌闻逆耳之言；性情不急躁，能容忍一时之气；不起心动念，不自私自利；心中不生恶意害人。

修行：祖师圣诞及北斗下降之日，三元五腊之日素食；遇其他宗教神像或修行者，要敬心问讯；昨日过今日改，改过向善；道法修学心要专一，不致二物；恶缘现前，心境坦然；烦恼生起以清净心对待，念天尊圣号；众生若与正法有缘，要积极引导；顺境时心不生骄傲，态度不慢；逆境时不怨天尤人或轻视自己；不觉得生活过富足就放弃道心；是非来临时以平常心面对；生活过的忙乱或烦燥时能静心思过；对父母师长、有缘善知识，常怀感恩之心；时时生惭愧，日日起忏悔；与人言谈和颜爱语，态度谦诚；对好的事物都存以温和、善良、慈悲之心。

文中涉及了家庭、生活、处世、正己、修行几个方面，所论及的行为标准是世俗化的，但又与《道德经》等道教主旨相契合。这可以看作是一种对道教戒律通俗化的一种表述。因合于世情而特别具有说服力。类似这样的现代戒律文本，还可以在《梓潼帝君戒士子文》等文章中见到。

四、皈依信徒戒律制度当代建设之设想

从上文对历史的回顾中我们可以看到，道教皈依信徒在戒律信守方面是有历史轨迹遵循的。20 世纪 90 年代以后，随着道教信徒的戒律制度建立，皈依信徒（或称为俗家弟子、清修弟子）的戒律规范也逐渐地走上了正轨。后者在相关的法会仪式、戒律学习内容等方面，都有着与正式道教信徒有差别的制度规定。这说明我们道教中人已经在戒律制度建设中为皈依信徒开辟了独立的途径，对皈依弟子的独特身份、地位、社会作用有相当的了解，并量身定制地为其戒律遵循作出制度化的规定。

不过我们也应当看到，就像道教信徒在现代社会中的戒律制度建设还处于起步阶段一样，道教皈依弟子的戒律制度更是属于初创时期，有待梳理与建设的地方甚多。大致说起来，至少有这样几个方面是有待深入与提高的。

1. 有关皈依信徒的队伍属于何种形质，大致承担什么样的教派责任，当有一个较为明确的说法。因为这涉及这支队伍在戒律遵守

方面的范围。根据现在情况来看，皈依信徒在成员来源方面是有不同的，其对道教的信仰程度、介入深度等方面也各有不同。如有的属于居士性质；有的如同信士，会参与道教场所的各式活动；有的主要做慈善事业，类似于志愿者身份；也有的会在道医、道教文化建设等方面涉及更多。所以有必要对现有的皈依信徒队伍作出分析，然后根据不同的人员情况作出有区别的戒律要求。

2. 皈依信徒的戒律信守仪式。自本世纪以来的道教信徒接受，是要通过较为规范化的仪式的，正一派称“授箓”，全真派称“传戒”，相对仪式都较为完整统一，有章可循。但是皈依弟子这一块，相对就较为散漫。从现在能找到的不完全的材料中看，目前在我们道教教派中，有的地方会举行专门的法会，在戒律传承方面加以规定；但也有的只要经过道教中师父的接纳，加上简单的手续，就能办理皈依证件。也有的地方是两种形式并存的。[①] 目前在中国道协还没有文件是涉及这方面内容的，所以这是有待我国道教中人及时关注与解决的一个问题。

3. 关于皈依弟子的戒律学习内容。由于现在道教信徒的戒律制度尚在建设之中，戒律学习的内容在全国范围内尚未完全的统一，因此在道教皈依信徒的戒律学习上就更是认识与说法不一。从历史上看，道教戒律文本甚多，如唐孟安排《道教义枢》卷二，就说到道教的戒律有详略，条文详细的戒律有：太清道本无量法门百二十九条、老君及三元品戒百八十条、观身大戒三百条、太一六十戒等。条文简略的戒律有：道民三戒，录生五戒，祭酒八戒，想尔九戒，智慧上品十戒，明真二十四戒等。唐代出家的道士，可以依次受三戒、五戒、八戒、

① 参见2017年10月14日洪国珍《十世修得入武当——武当弟子皈依记》，搜狐公众平台。洪国珍曾在文中讲到，他自己是通过法会仪式获得皈依的，而他带领的深圳、吉林弟子则只拜师授经后就获得皈依证书了。

十戒，以致三百大戒。唐代张万福撰《传授三洞经戒法箓略说》，记载唐代道士所受戒目有十六种，其中最简略的戒律是三戒、五戒和八戒。全真教自祖师丘处机统一制订初真、中极、天仙三坛大戒，经清代王常月修订，作为全真道授受戒律的范本。目前，这些戒律范本如何遵循与传承，仍有研究、讨论的必要。而我们皈依信徒则更需要在查寻、研读这些文本的基础上，制定出符合我们这支队伍现实需要的戒律学习经文。至于是否要在历代道经的基础上创造出符合现代要求的戒律新经书，则是下一步值得深入研究的内容。

为此，建议当由中国道协牵头去做这方面的工作。这项工作至少当包括这样几个内容：

1. 在全国范围内进行调查，可以通过发放调查提纲的方式，请各地道协完成上述几方面的情况统计。了解各地皈依信徒的队伍情况、皈依仪式、过程及各次活动的人员数，戒律要求及相关学习情况分析，等等。做到总体上的情况了解。

2. 在此基础上召开相关的研讨会，交流各地的做法，总结一些成熟经验，总结一些不足之处。在理论上也可以有进一步的探讨。

3. 以全国道协名义颁布一些文件，在这方面给出相对规范化的规定，或以会谈纪要等方式，对这方面的工作加以引导。当然在此期间也应多方面地征求教内外人士、特别是皈依信徒的意见，以求获得较为及时的落实与执行。

4. 设置相关的课题，动员相关的人员加以研究，以求从历史与现实社会结合的角度，对这一问题进行研究、探讨。

本人认为，此项工作与道教整体建设息息相关，故值得引起关注与重视。

以戒律建设为抓手端正道门教风

丁常云*

摘　要：当代道教，加强教风建设已成当务之急。本文分析了当前道教教风存在的主要问题，一是信仰修持的缺失，二是戒律建设的滞后。本文提出要积极加强自身建设，注重内强素质、外树形象，强化信仰修持、规范宫观管理，指出要以戒律建设为抓手，通过纯正信仰、持守规戒，从而达到端正教风、促进道教事业健康发展的目的。

关键词：教风建设　信仰修持　强化规戒　端正教风

当代道教，特别是改革开放以来，随着宗教信仰自由政策的贯彻落实，中国道教出现了半个世纪以来从未有过的生动局面：各地道观修复开放，道教活动得到恢复，道教人才得到培养，道教的发展已经进入近百年来最好的发展时期。然而，就目前道教自身建设情况来看则是严重滞后的，无论是信仰建设，还是教风建设，都还存在许多问题。国家宗教局局长王作安曾明确指出："我们也

* 丁常云：中国道教协会咨议委员会副主席，中国宗教学会理事，《上海道教》杂志主编，上海市道教协会副会长，浦东新区道教协会会长，浦东道教文化研究所所长，上海太清宫住持

要看到，宗教教职人员队伍中也出现了一些值得注意的问题，比如信仰淡泊、戒律松弛、不重修行、贪图享乐、借教敛财、争名逐利、自我吹嘘、弄虚作假等现象，在各个宗教中都不同程度地存在。”① 当然，我们道教也不例外，甚至有些问题还十分突出。于是，道门自身建设问题就成了我们必须面对和必须认真解决的重大问题。如何重塑道教的社会形象，保持道教信仰的神圣性，这就需要我们大力加强教风建设。本文提出以戒律建设为抓手，通过纯正信仰、持守规戒，改善道教的社会形象，促进道教教风建设稳步健康发展。

一、当前道教教风建设存在的主要问题

近现代以来，由于道门自身不注重戒律建设、信仰建设，又缺乏自身修持，道门内部开始出现严重的“世俗化”倾向，具体表现为“信仰淡化，戒律松弛”和“教风不正”等不良现象，甚至有的还出现“争名逐利、拉帮结派”等不良行为，严重影响了道教的形象，败坏了道教的声誉。这其中的主要原因是信仰修持的缺失和戒律建设的滞后。

第一，信仰修持的缺失对教风建设的影响。有人说，改革开放以来，在道教接班人培养方面，最不成功的地方，就是信仰建设问题，这是有一定道理的。因为，当代道教“信仰淡化，戒律松弛”，已经成为普遍现象。必须引起高度重视，加强引导、教育和管理，采取有效措施加以防范和纠正。这些问题存在的根本原因，还是信仰建设问题，信仰淡化自然就失去宗教自身的约束力。当代道教，

① 王作安：《在第二期中青年爱国宗教界代表人士研讨会上的讲话》，2010 年 8 月 18 日，国家宗教局网。

由于信仰修持的缺失，直接影响到道门自身的教风建设，其主要原因：一是当代道教神职教徒缺乏对教义思想的学习，有的甚至根本就不了解本教的教理教义。当然，这其中也有道教自身的教育问题，道教院校教育工作严重滞后，导致绝大多数神职教徒没有经过院校的学习。根据有关数据统计，目前正式开放的道观有 9000 余所，而经过各类道教学校学习培训的神职教徒不足 1000 人，这种现象严重制约了道教教义思想的有效传扬。同时，由于道教徒的整体素质问题，也直接影响到他们对道经的研读和学习，不可能从道教教义思想和经典中接受神仙思想的熏陶，自然就达到不断提升信仰的目的。二是学道、信道和奉道的目标不明，自然不能提升对神灵的敬畏和崇拜。当代道教徒，缺乏开展学道、信道和奉道的讨论，没有明白学道、信道，最终是要奉道。多数道教徒并不知道，太上是“道”的化身，我们奉道，就是要信奉太上。对于“道”的崇拜和追求，对于道教神灵的信奉和敬畏，对于道教事业的无限奉献，这就是对于道教的虔诚的信仰。由于奉道的目标不明，自然就影响自身信仰修持的提升。三是不注重自身的宗教修持，直接影响道教信仰的提升。道经称：“人行大道，号曰道士。”道教徒如果不能严格按照“道”的内容身体力行，不断提升自身的宗教修持，不断增强对于道教神灵的信奉和尊崇，就不能坚守道教神圣的信仰。可以想象，一个缺乏信仰的道士，怎么能够始终保持良好的道风道貌，树立良好的道教形象，这个答案自然就很清楚了。

第二，戒律建设的滞后对教风建设的影响。近现代以来，由于历史与道教自身等原因，当代道教戒律建设严重滞后。从道教历史看，正一道派自明代张宇初《道门十规》以后，就很少有完整的道教戒律，加上对于传统的戒律又继承得不多，致使当代道教戒律缺乏。从道教现状看，当代道教徒大都不太注重道教戒律，加上现代社会的快速发展，给道教传统的戒律带来的影响，主要原因：一是对缺乏对道教戒律重要性的认识。当前，道门中还有人对戒律缺乏一种正确的态度。有人认为戒律是历代祖师制订的，现代道教徒只有遵守的份，不可以有任何增减；也有人认为戒律早就过时了，不适用了，学习它、弘扬它，没有什么实际意义；更有人认为现代管理制度就是现代戒律，再谈戒律建设已经没有必要了。显然，这些看法都是不正确的。这种观点严重阻碍了戒律的继承和发展，更阻碍了现代道教戒律的建设。二是缺乏一批戒律学人才。当前，道教人才严重匮乏，道教戒律人才更是凤毛麟角，加上道门自身对戒律的重视不够，严重制约了当代道教戒律的建设与发展。从目前道教院校教育来看，很少开设道教戒律课程，即使开设此类课程，也没有优秀的道长来授课，仅仅停留在一般的知识介绍而已，直接影响到戒律学人才的培养。当然，持戒修持还需要良好的环境和氛围。就目前道教来看，这个氛围还没有形成，因为无论是道教团体组织，还是道教宫观组织，还没有真正把戒律戒律纳入日常管理工作之中，没有营造出一个良好的持戒环境。这种现状，自然不利于道教戒律的建设，更不利于道教教风的健康发展。

二、端正教风要注重加强道教自身建设

教风是道教文化和外在形象的最高体现，是道教徒素质和精神面貌的凝结。近年来，道教教风问题已经成为社会各界普遍关心的问题，正如国宗局局长王作安所指出的，教风问题关系到宗教的健康发展，关系到宗教的社会形象，关系到宗教积极作用的有效发挥，要充分认识到教风建设的必要性、紧迫性和长期性。必须在提高信仰素质、强化持戒修行、重视制度建设、增强群众意识四个方面，

推进宗教教风建设，[①] 明确指出了，戒律与教风建设的关系问题。

第一，端正教风必须要注重内强素质。教风建设要以内强素质为前提，内强素质又必须以戒律修持为基础。所谓“内强素质”，就是要通过对道教经典和教义教规的学习，不断提高自身的道学造诣和道德修养。我们当代道教徒，肩负着振兴发展道教的历史使命，肩负着教化引导信众的时代重任，必须要不断学习，努力提高自身的综合素养。所谓“道由人显”，道教的存在归根结底是依靠道教徒的存在，道教的发展也取决于道教徒素质的提高、道教人才的多寡。那么，如何才能做到“内强素质”呢？就是要以“政治上靠得住，学识上有造诣，品德上能服众”为目标要求，以道教的教义教规为依据。所谓“政治上靠得住”，就是要在政治上坚决拥护中国共产党的领导，拥护社会主义制度，拥护宗教信仰自由政策，自觉遵守国家法律法规。所谓“学识上有造诣”，就是要在学识上刻苦学习道教学问，不论是道教知识、科仪修持或者宫观管理等，都要学精学通。同时，还要努力学习道教戒律经典，吸纳前贤的道学智慧和戒学修为，不断增强持戒修行意识，形成“以戒为师”的良好氛围，从而达到“内强素质”的目的。所谓“品德上能服众”，就是要有较高的宗教修持和道德修养，在教内具有较高的威望。对于道教徒的品德修养，道经里早有规定，即所谓“一曰慈，二曰俭，三曰不敢为天下先”。这是道门三宝，也是道教徒修身的重要戒规。其一，是仁慈，天地万物皆在“道”的慈爱中生长，要求道教徒始终保持一种慈悲济世的胸怀，学道之人要明白名利财物皆身外之物，要坚决摒弃名利之绳索，以道德为务，以慈悲济世为修道的原则。其二，是

① 见《国家宗教局召开宗教界加强教风建设座谈会》，2013 年 3 月 25 日，中国政府网。

俭约，不造作，不妄为，清净、自然、无为。“清静”是“道”之本性，人和万物若效法道，做到清静无为，则道自来居。修道之人要有一颗清心寡欲、无为和静之心，这是当代道教徒需要努力加以修持的。其三，是强调学道之人要谦下、不争，始终保持一种平和心态，对名、利、权之类采取超然物外的态度，一切顺其自然，处之泰然。唯有如此，才能保持良好的道教风貌。

第二，端正教风必须要注重外树形象。教风建设要以外树形象为依托，外树形象又必须以戒律修持为抓手。所谓“外树形象”，是指一个人内在素养的外在表现，具体反映在言行举止、精神风貌和工作作风之中。比如，社会对司法公正的期盼，主要是通过法官的素质和形象来展现。一名法官内在素养深厚，外在形象威严，办事严谨认真，那一定是值得信赖的。法官的形象从某种意义上讲代表着司法公正的形象，代表着法治的形象。同样，我们道教徒的形象，在某种程度上也代表着道教的形象，代表着广大信教群众对道教的期盼。新时期的道教是教化引导信徒的上层建筑，是广大信徒心目中的精神家园。随着我国宗教信仰自由政策的全面贯彻落实，信教人数也在逐年增加，道教徒在信教群众心目中的地位也随之逐步提高，由此信教群众对道教徒形象的要求也更高、更严，广大信众在心目中对道教徒的举止行为也比对其他行业者要求更高。那么，道教徒应当具有什么样的形象才符合宗教界人士这一特殊要求呢？在信教群众的心目中，道教徒是道教文化的传播者，道教神圣信仰的捍卫者，信教群众的开示者。因此，道教徒要有高雅的内在气质和丰富的道教学识，有虔诚的道教信仰和崇高的人生价值观，应当具有仪态端庄、仙风道骨、持守规戒、慈悲济世的形象，这种形象深深植根于道教历史文化之中，成为社会民众评判道教和道教徒的标准，成为信教群众对道教徒良好形象的期待。这不仅要依靠道教徒自身维护，还要有道教内部制约机制及社会各界的监督。这里所说的“内部制约机制”，主要是指规范的管理制度和清规戒律，管理制度是一种民主管理模式，是时代发展的产物，对于规范组织管理具有一定的积极作用。而清规戒律更为注重对于道教徒的约束，对于提升信徒、端正教风和重塑道门形象，皆有十分重要的促进作用。因此，我们要大力加强道教戒律建设，以戒律修持来助推教风建设。

第三，端正教风必须要强化信仰修持。教风问题，虽然是一种外在的表象，但却是道教徒内心信仰的真实流露。当代道教，要树立正确和纯洁的信仰，我们道教徒要通过自己的修行，淡泊名利，纯洁心灵，与人为善，坚持正信，树立良好的信仰风范。这是时代和道教发展的要求，也是我们各级道教团体和宫观组织应该认真思考的问题。有人说，改革开放以来，在道教接班人培养方面，最不成功的地方，就是信仰建设问题。必须要引起高度重视，加强引导、教育和管理，采取切实有效措施加以防范和纠正。当然，教风问题存在的根本原因，还是信仰建设问题，信仰淡化自然就失去宗教自身的约束力，必然会导致教风不正。因此，教风建设必须要以信仰建设为根本，我们要把信仰建设作为当前一项重要工作，常抓不懈，具体可从以下三个方面展开：一是要倡导学习道教的教义思想，特别是对于道经的研读和学习，从道教教义思想和经典中接受神仙思想的熏陶，从而达到不断提升道教信仰的目的。二是要强调学道、信道和奉道，不断提升对神灵的敬畏和崇拜。我们要开展学道、信道和奉道的讨论，使道教徒明白学道、信道，最终是要奉道。太上是“道”的化身，我们奉道，就是要信奉太上。对于“道”的崇拜和追求，对于道教神灵的信奉和敬畏，对于道教事业的无限奉献，这就是对于道教的虔诚的信仰。三是要注重宗教修持，提升道教信仰。道经称："人行大道，号曰道士。"道教徒要严格按照"道"的内容身体力行，不断提升对于道教神灵的信奉和尊崇，对于神灵的崇拜和敬畏，就是道教神圣信仰的重要内容。我们要通过加强教风建设来全面提升道教徒的信仰建设，因为这是道教自身发展的必然选择。

第四，端正教风必须要规范宫观管理。道教宫观，是道士修道、祭神和举行宗教活动的重要场所，也是道教树立自身形象和联系信教群众的重要窗口。所谓"教风正不正，关键看道观"，是有一定道理的。因此，教风建设必须要以宫观管理为基础，也就是说，我们要通过对宫观的规范管理来促进教风建设。但是，现代道教宫观的管理是一个比较复杂的课题，它既不是工厂、企业的管理，也不是机关团体的管理，而是一个有着一定道教信仰群体组成的单位实体。我以为，现代道教宫观的管理，必须要引进现代社会管理的新理念，具体要从道观的管理体制、管理制度和管理水平三个方面考虑：一是道观的管理体制问题，要在继承传统管理的基础上有所创新。根据现代社会发展和道教自身特点，现代道观的管理体制必须要引进和借鉴现代社会管理的新理念。当然，我们引进现代社会管理理念，其目的仅仅只是引进一种管理手段和一种管理方法，是道观适应现代社会管理的一种表现。现代道观管理应该是在继承道教传统管理的基础上，吸收现代社会管理先进的理论和经验，用以加强对道观的有效管理。因此，我们在引进和借鉴现代社会管理理念的同时，必须要十分注重和加强道教的信仰建设和教风建设，要始终保持道教信仰的神圣性和教风建设的主导性。二是道观的管理制度问题。中国道协曾明确指出：要求各地宫观要制定和建立一套适应时代特色、符合当地实际情况的规章制度。因此，现代道观管理首先必须要建立、健全各项规章制度，各项制度又必须要建立在实用性和可操作性的基础上，从而形成以“客观的、公正的、科学的”管理制度，来促进道观的有效管理。三是道观的管理水平问题。现代社会中，道观管理的内容很多，涉及社会的方方面面，这就需要我们道观管理者有自觉的管理意识和较高的管理素质。这里所说的“素质”，主要是指政治素质、文化素质、信仰素质及管理才能和奉献精神；“现代管理意识”主要是指创新的思想理念、与时俱进的工作态度和好学上进的求知欲望。只有具备了这样的条件，才能很好地管理好道观，树立良好的道教风貌。

三、端正教风要切实加强道教戒律建设

戒律是宗教所特有的一种规范，是宗教界人士必须遵守的法律制度。道教戒律，就是“道士修真必须遵守的戒条和法规。奉戒的目的是禁止‘恶心邪欲’，不令放逸”。[①] 面对当前道教教风存在的诸多问题，如何进一步端正教风，保持道教信仰的神圣性，这就需要我们大力加强戒律建设，要通过纯正信仰、持守规戒，使广大道教教职人员真正成为有道之士。因此，端正教风必须要切实加强戒律建设。

第一，要积极倡导道教戒律经典的学习研究，不断增强道门自身戒律建设的自觉意识。道教戒律经典是传统戒律的重要内容，也是当代道教徒学习戒律的主要途径。根据道经“三洞”“四辅”的记载，传统道教戒律经典很多，在明《正统道藏》中，三洞部戒律类共收道教戒律类经文 29 种，其中洞真部戒律类 12 种，洞玄部戒律类收有 11 种，洞神部戒律类收有 6 种。太玄、太平、太清、正一四辅没有分类，其中涉及道教戒律的经书主要有：太玄部的《云笈七

① 任继愈主编：《宗教大辞典》，上海辞书出版社 1998 年版，第 385 页。

签》，太平部的《无上秘要》等，正一部的《道门十规》《全真清规》等。以上每一种戒律经文中都有很多非常具体的戒律条文，且内容十分丰富，范围也非常之广，几乎涉及道士生活的各个方面。虽然，目前一些道观已经开始重视对于道教戒律的学习，开始关注和重视道教戒律建设问题，但是就目前道教总体情况来看，注重戒律经典学习的人还不多，关注戒律建设的人则更少，这是目前道教戒律建设的难点问题，需要我们全体道教徒的共同努力，逐步加以解决。一方面，我们要倡导在道观内开展对于道教戒律经典的学习，在道教内部形成读经、学经之风。具体可以通过自我学习和举办戒律经典学习班的形式，对历代重要的道教戒律经典进行系统学习，逐步提高广大道教徒对传统戒律的认识。中国道协领导就曾提出：当代道教徒要“重视道经研读”① 的主张，应该说这是很有远见的，也是符合道教戒律建设要求的。因为，道教戒律思想主要包含在道教戒律经典之中，只有通过对道教戒律经典的学习，才能很好地提高对于道教戒律的认识。另一方面，我们还要积极开展对于道教戒律经典的研究，对于有条件的道教宫观，应该成立道教文化研究室，配备专门的研究人员，对传统道教戒律经典进行研究。我们要通过对传统戒律经典的学习和研究，逐步增强道门自身对于戒律建设的自觉意识，从而为新时期道教戒律建设营造良好的内部环境。

第二，要从道教历史发展分析道教戒律的积极作用，提高道教徒对加强教内戒律建设重要性的认识。道教历史表明，道教的戒律是伴随着道教的兴起而问世的，可以说，从道教诞生之日起，就有了道教戒律。早期道教经典《太平经》中就有了所谓的道“诫”，《老子想尔注》则更重“道戒”。我们还发现，道教戒律的发展经历

① 《中国道教》2002 年第 1 期，第 11 页。

了一个由简到繁，又由繁到简的过程，它的这一过程是结合和适应了不同时代、不同道派的发展需要。我们还发现，道教戒律的发展又与这一时期的道教盛衰有着密切关系。大凡道教的鼎盛时期，必定是道教规戒严格、完备时期，反之亦然。唐宋是道教的兴盛期，道教戒律也最为丰富，并出现了一些很有影响的戒律经文，如唐代朱法满的《要修科仪戒律钞》，宋代张君房的《云笈七签》等，都是影响后世的重要戒律经文。我们还发现，道教戒律是道门加强自身建设和信仰建设的一个重要手段。如金元以后，全真道崛起。初创时期的全真道，戒条简单，并无繁文缛节，但贵盛后的全真道就开始有了《全真清规》，并采摭道教传统戒律，制定了初真、中极、天仙“三坛大戒”，用以规范全真道派的教规制度和加强道徒的信仰建设，从而达到维护教坛形象和保存宗教特色的有效手段。同时，我们也发现，道教戒律是振兴和发展道教的一个重要条件。明代四十三代天师张宇初掌教后，很快意识到道教所面临的危机，思图整顿革新。他从加强教内规戒入手，继承全真教风，清整清规戒律。针对当时道教组织松散、戒律松弛之弊，强调恪守清规戒律，加强道教规戒建设。为整顿纲纪，重振道风，撰写《道门十规》，以“激励流风，昭宣圣制，永为奕世绳规”。[①] 成为明初加强道教信仰建设和清整道教问题的纲领性文献。由此可见，道教戒律，历来就是道教加强自身建设和促进道教健康发展的重要抓手。因此，我们要从道教历史发展角度来分析道教戒律的积极作用，提高道教徒对加强教内戒律建设重要性的认识，从而为新时期道教戒律建设营造良好的主人翁意识。

---

① 张宇初:《道门十规》,《道藏》，第 32 册，上海书店（三家本）2010 年版，第 147 页。

第三，要从加强和完善道门规戒制度入手，建立一套适应时代发展和宫观管理需要的道教规戒。当代道教，由于历史与道教自身等原因，其戒律建设可谓是“先天不足，后天失调”。所谓先天不足，就是指正一道派自明代张宇初《道门十规》以后，就很少有完整的道教戒律，加上对于传统的戒律又继承的不多，致使当代道教戒律严重缺乏。后天失调是指当代道教徒一般不太注重道教戒律的建设，加上现代社会市场经济的发展，给道教传统的戒律带来的诸多影响。这就需要我们大力加强戒律建设，制定一套适应现代社会发展需要的道教规戒制度。根据目前道教戒律现状看，现代道教戒律的建设，主要是强调戒律理论的创新和戒律思想的适应。所谓理论创新，就是要在继承传统戒律的基础上丰富和发展道教的戒律；思想的适应，就是现代道教戒律既要与时俱进、适应现代社会，又要结合道教目前现状，有针对性地制定出一套适应现代社会的道教戒律，用于完善道教规戒制度和加强道教宫观管理。一般来说，道教戒律是一种“自律”行为，带有明显的宗教性；现代制度则是一种“他律”行为，具有明显的管理性。因此，我们既要充分发挥好道教戒律的积极作用，又要使用好现代管理制度，要把戒律与制度有机结合，将“自律”与“他律”形成优势互补，成为现代社会中道教宫观管理的重要内容。道门诸多有识之士也都期望有一整套较为完善的教制规戒，来完善道门的管理制度，肃穆道仪，端正道风，促进道教的健康发展。

第四，要把道门规戒与教内信仰有机结合起来，使其成为当代道教徒信仰建设的核心内容。道教历来就将持戒与信仰联系在一起，所谓“学道不持戒，无缘登真箓”。将戒律修持作为成仙得道的基本条件。道经种种，以各种不同的说法，一再强调了持守规戒和实现信仰之间的内在联系。具体说来：“道学，当以戒律为先”，“学道当以斋戒为本”，“若不持戒，道无由得”，也就是说，持戒是得道的根本，只有依戒行持，才有可能实现道教的根本信仰。明代四十三代天师张宇初在其所撰《道门十规》中告诫道士“其初入道，先择明师参礼，开发性地，恪守修真十戒”，以此来“收悉身心，操持节操”。[①] 也就是说，学道之人，首要任务是强调信仰，持守规戒。而信仰与持戒又是相互影响的。可以想象，一个没有信仰的道士，是不可能恪守规戒的。所以“凡行持之士，必有戒行为先”。张宇初还从历史教训出发，规诫正一道士说：“至若赵归真、林灵素之徒，偶为世主之所崇尚敬礼，即为富贵所骄，有失君臣之分，过设夸诞之辞，不以慈俭自守，亦取议当时后世多矣，是切为后戒！”[②] 要求道士要以信仰为重，以持守戒规为要，千万不要过于追求名利富贵。张宇初心目中的道士标准，是符合道教教义思想的，他把持守规戒和强调信仰紧密结合，这不仅是当时道教徒应该遵守的，而且也是当代道教徒值得加以提倡的。然而，由于近现代以来的道门不注重戒律建设、信仰建设，也不注重自身修持，道门内开始出现了严重的信仰问题。如今，“信仰”问题已经严重影响了道教的形象，制约了道教的发展。因此，我们当代道教徒要不断加强戒律建设，通过对道门规戒的学习，增长知识，提升信仰。戒律不只是一种知识，更是一种修持、一种信仰。我们要在继承传统戒律修持的基础上，把道门规戒与道教信仰有机的结合起来，使其成为当代道教徒信仰建设的核心内容。只有这样，才能进一步提升道教徒的信仰修持，确保新时期道教戒律建设的顺利实施。

---

① 张宇初:《道门十规》,《道藏》, 第 32 册, 上海书店（三家本）2010 年版, 第 148 页。

② 张宇初:《道门十规》,《道藏》, 第 32 册, 上海书店（三家本）2010 年版, 第 149 页。

第五，要把戒律建设作为教风建设的抓手，使戒律建设与教风建设同行，共同成为道门自身建设的重要基石。面对当前宗教界“世俗化”倾向日趋严重问题，国家宗教局在年度工作中就明确提出：“指导宗教界开展以‘教风’为主题的和谐寺观教堂创建活动，营造遵规守戒规的良好风尚”。并专门印发了《关于2013年以“教风”为主题开展和谐寺观教堂创建活动的通知》，提倡在全国范围内开展“教风年”主题创建活动。我们认为，这是非常必要的，也是十分及时的。教风建设的提出，充分体现了党和政府对宗教工作的高度重视，对教风建设的高度关注，是新形势下加强宗教自身建设和促进宗教事业健康发展的重要举措。根据教风建设的要求，我们要通过内强素质、外树形象，有效抵制不良风气的侵袭，自觉营造遵守教义教规的良好氛围；我们要通过不断加强教风建设，改善道教社会形象，促进道教健康发展。但是，我们要进一步端正教风，树立良好的道教形象，就必须要重视戒律建设，要以戒律建设来促进教风建设。因为道教戒律，是规范道教徒宗教行为的警戒条文，是教风建设的重要抓手。一方面，我们要大力加强道教规戒制度建设，进一步规范道教组织管理，全面提升广大道教徒的信徒素质，重塑道教的社会形象，保持道教信仰的神圣性。另一方面，我们还要大力加强教风建设，使戒律建设与教风建设同行，共同成为道门自身建设的重要基石。一般来说，教风是道教信仰的外在表现，教风与信仰又是相互联系、相互影响的。我们必须要通过加强教风建设，不断提高道教徒的道教学识和品德修养；要通过纯正信仰、持守规戒，使广大教职人员真正成为有道之士；要通过内强素质，外树形象，不断提升和改善道教的社会形象。

综上所述，教风建设是当前道教一项十分重要而紧迫的工作，也是新时期加强道门自身建设的重要内容。当代道教，我们要以戒律建设为抓手，通过内强素质、外树形象，有效抵制不良风气的侵袭。我们要通过不断加强教风建设，改善道教的社会形象，提高道教徒的信仰修持，自觉营造遵规守戒的良好氛围。只有这样，才能更好地加强道教教风建设，促进道教事业的健康发展。

道教戒律作用及其建设的思考

汪登伟*

摘　要：道教戒律，指为了达到成仙得道目的而禁止和处罚某些行为、顺应和遵从某些训诫的法规。戒律不仅对个人，也对团体。狭义说，它指经典中制定的规戒。广义而论，维护道教信仰、实践与教化的法规制度，都属于道教戒律范畴。戒律有着非常重要的作用，戒律为信仰与实践保驾护航，戒律有利于培养德才兼备的人才，戒律有利于维持教团正常秩序，戒律有利于树立良好社会形象。新时代呼唤新的戒律体系。

关键词：道教戒律

戒律，是戒与律的合称。戒，原意为警戒。古文化中常与斋连用，称斋戒，如《易·系辞》所说“圣人以此斋戒，以神明其德”①；又如《礼记·曲礼》中所说“斋戒以告鬼神”②。斋戒的目的是与鬼神交通或神明其德，而斋戒的行为大致即是整肃身心、戒除他行以利于交通鬼神、神明其德。因此，戒有行为规范之意。戒，又同诫，

---

* 汪登伟，中国道教协会道教文化研究所，主要从事丹道研究等。

① 朱熹撰，廖名春点校：《周易本义·系辞》，中华书局2009年版，第239页。

② 方向东：《大戴礼记汇校集解》，中华书局2008年版，第113页。

指应遵守神明、高道所授的训诫。律，是法律之意，有侧重于处罚的一面，所谓“律有正科，依法与罪也”[1]。道教戒律，指为了达到成仙得道目的而禁止和处罚某些行为、顺应和遵从某些训诫的法规。戒律不仅对个人，也对团体。狭义说，它指经典中制定的规戒。广义而论，维护道教信仰、实践与教化的法规制度，都属于道教戒律范畴。它不仅有戒条（如五戒、十戒）、训诫（如想尔九戒、丹阳十劝），也有科范清规规式（如《灵宝斋戒威仪经》《全真清规》《道门十规》）和各种维护信仰、实践与教化的管理制度（如当代的《道教宫观管理办法》《道教宫观规约》）。

道教戒律的出现，不仅是个体修学的需要，也是组织建设的需要。东汉末出现的具有军事色彩的黄老道教团，其具体管理形式虽然我们不知道，但大约可知是依据国家管理形式和民俗进行的损益。南北朝以后，道教转型为以宫观为主体的宗教教化，逐步形成自己的一套戒律体制。几经风雨，道教进入现代社会，吸纳了民主管理形式。我们觉得现代道教亟需建立起既为了有利于自身信仰、实践，有利于组织建设，又能与社会相适应、服务于社会的戒律体系。

一、戒律为信仰与实践保驾护航

道教以“道”为信仰核心，它是以“道”为核心的教化、学修体系。它统摄了个人身心修炼的神仙术，政治治理的黄老术，鬼神感应的祈禳术，还包括了自然及其规律研究的方术等。我们可以这样给它下个定义：道教是以虚无道气为根本，以神仙信仰为表征，以炼养道法为手段，以济世度人为功德，以成仙得道为目的宗教。而道教戒律是为了维护自身信仰与实践、保护信仰个体与团体、利益

① ［唐］朱法满：《要修科仪戒律钞》，《道藏》第6册，第985页。

社会、和谐自然的律则。如果说信仰与实践是搭乘我们成仙得道的舰船的话，那么戒律就是保驾护航者。

第一，戒律维护信仰

道教看似“杂而多端”，门派众多，但是它有核心，即道信仰。就因为各道派、各观念最终都以大道为归依，所以才归入道教。虽然现今道教界还没有完全达成共识，也没有有效的清整，但这一点并不复杂，即使没有德高望重的成就者振臂高呼，从教理上研究也容易统一思想。统一信仰，有利于我们团结，凝聚成强大的力量。为了让学道者更清晰的认识到自己的信仰，戒律就有所规定。

其实，第四十三代天师张宇初有感于道门的驳杂，其《道门十规·道教源派》就从教理上进行了梳理。他说：

> 道教源派，始自太上……其所著则《道德》上下经……其言则修齐治平、富国强兵、经世出世之术……其曰元始灵宝，乃混沌之初玄元始三气化生，其本则一。后之阐化，则有祖天师、许真君、葛仙翁、茅真君诸仙之派。世降之久，不究其源。各尊派系，若祖师之曰正一，许君之曰净明，仙公之曰灵宝，茅君之曰上清，此皆设教之异名，其本皆从太上而授。凡符箓、经教、斋品、道法之传，虽传世之久，各尊所闻，增减去取，或有不同，而源委则一。
>
> 内而修之，则有内丹之传……其曰修炼，止性命神气之说……外而施之，则有祷禬祠祝之事。自寇、杜、葛、陆之徒，其说方盛。由后之师匠，增损夸诞，奔竞声利，而世曰异端矣。然二者，太上之初所未彰显，后之不究其本、不探其源者，流而忘返，眩异失同，则去太上立教之本，虚无清静、无为不言之妙日远矣。

> 凡习吾道者，必根据经书，探索源流，务归于正，勿为邪说淫辞之所汩，遂乃递相鼓惑，深失祖风。盖经曰“虚无自然，道所从出。真一不二，体性湛然，圆明自足”，是开立教之源，以为入道之本，所宜首务也。①

简言之，道教以虚无之道为本，以太上老子为宗，内有修炼之丹（其书后有“坐圜守静”专论），外有祈禳之事（其书后有“斋法行持”“道法传绪”专论），兼及修齐治平之功，各宗阐化，其本则一。即使三洞之巅的上清，影响深远的灵宝，也是由混沌化生的玄元始三气演化而出。虽然从学术上、信仰上还会有些不同的声音，但其说把握了道教的核心内容却是无疑的。

而更早更基本的三皈依中，我们同样能看出戒律对信仰的维护。三皈依，又称三皈戒，指皈依道、皈依经、皈依师。道，指虚无大道或道气；经，指虚无大道化生的经典及阐述大道信仰、实践、功德等的典籍；师，指传授道与经者（人、神或道）。道宝，金允中《上清灵宝大法》卷四十四有更加详细的解释，云：“第一皈依，无上道宝。夫道宝者，无形无名，先天先地，孕育离坎，肇造乾坤，渺漠长存，希夷罔测。或因时而出教，或御运以开光。群生日用而不知，万劫恩流而无极，人间天上，处处皈依。”②

第二，戒律助益实践

王常月《碧苑坛经》说：“这个戒字，是降魔之杵，能镇压妖邪；是护命之符，能增延福寿；是升天之梯，能礼三清而超凡入圣；是引路之灯，能消除六欲而破暗除昏；是仙舟宝筏，能渡众生离苦

---

① 张宇初：《道门十规》，《道藏》，第32册，第147页。
② 金允中：《上清灵宝大法》，《道藏》，第31册，第650页。

海；是慈航津梁，能济众生出爱河。诚修行人之保障，为进道之提纲。仙圣无门，皆从戒入。”① 可见戒律是修行的保障，进道的提纲。

道教实践，以内炼、道法为主。唐末以来，可以分成丹法修炼与道法行持两大类。宋元以来，两者又进一步融合，有“内炼成丹，外用成法”之说。故宋元道法行之有验者，除守戒积德外，大都修学内丹。道教大型道法专集《道法会元》在开篇就强调了内炼，由此可见内丹修为的重要性。

从修炼来说，戒律的保护作用很明显，如司马承祯在《坐忘枢翼》说：“若有心归至道，深生信慕，先受三戒，依戒修行，在终如始，乃得真道。其三戒者，一曰简缘，二曰无欲，三曰静心。勤行此三戒，而无懈退，则无心求道而道自来。”② 从开始的炼己持心、积精累气起，即要绝嗜欲，定心气，省思虑，节饮食，调鼻息，警昏睡，悭视听，养天和。朱法满《要修科仪戒律钞》卷五所载“十二禁”对修行“存精气，集神灵”也说得非常明白，如谓：“禁淫戏不节。淫戏不节，使神气不专，伤于魂魄，魂魄伤则喜虚狂发。禁大笑大呼。大笑大呼，使神气飞扬，伤于肠气，肠气伤则喜惊悸振慑。”③《重阳教化集》卷二《读晋真人语录》云：“大凡学道，不得杀盗。饮酒食肉，破戒犯愿。”④《化丹阳》云：“凡人修道，先须依此一十二个字，断酒色财气、攀缘爱念、忧愁思虑。”⑤ 可见心不定，欲不除，即使积精累气，也在不断暗耗之中，基址尚难稳定，更不用说进修了。进程中，又有各种危险与磨难，如饮食与睡眠调整不

① 王常月：《碧苑坛经·戒行精严》，闵一得著，汪登伟点校：《古书隐楼藏书》上册，宗教文化出版社 2010 年版，第 31 页。

② 司马承祯：《坐忘论》，《道藏》，第 22 册，第 897 页。

③ 朱法满：《要修科仪戒律钞》，《道藏》，第 6 册，第 941 页。

④ 王嚞：《重阳教化集》，《道藏》，第 25 册，第 780 页。

⑤ 王嚞：《重阳教化集》，《道藏》，第 25 册，第 780 页。

好，或许就有漏丹的可能等。具体参见《钟吕传道集》之《论魔难》，柳华阳之《危险说》《后危险说》，这里不再叙说。因此遵循训诫就可以保护修行成果。

从道法行持来说，亦当以十戒为先，所谓“行持道法，戒行为先。始终如一，指日可仙”。王惟一《道法心传·行持戒行》说：

> 夫行持道法，先当受持十戒。日用常行，无所亏欠。更能济贫救苦，积功累行，自然感动天地。神钦鬼伏，坐役雷霆，呼风召雨。今有一等后学，不持戒律，不辨邪正，执文泥象，胡思乱想。偶然一时之灵，便已自满。更不究竟所灵者是个甚么，以致以邪召邪，以鬼召鬼……余《心传录》云：“先持戒行为根本，次守天条莫妄为，要得雷神来拱伏，雷轰电掣剖心窥。”①

意谓持戒为先，守诸天律，积累功行，修己正心，才能感动天地鬼神。在《道法心传》中，王惟一还专述有内丹修炼之功。

张宇初《道门十规》说：“凡遇行持，必须斋明盛服，洁己清心，先炼诸已，后可度魂。必斋戒以通神明，外绝尘务，内炼形神。非符箓简札之事，不得妄与；凡升坛朝叩之次，务积一诚。精思默存，为众所模范，庶上可以感天地鬼神。”② 说斋法行持需要炼己清心，积诚通神，并强调了“内炼形神”。又说：“凡行持之士，必有戒行为先，次以参究为务，先求岩谷明师、草衣木食之士，开发万法根宗，精励香火，止佩一法、一箓、一职。苟能晨夕炼神养气，

---

① 王惟一：《道法心传》，《道藏》，第32册，第420页。
② 张宇初：《道门十规》，《道藏》，第32册，第149页。

修持不怠，与神明交格，言行无慊，何患法之不灵，将之不佑？虽职小法专亦验。”[①] 同样强调戒行与炼神养气，道法（雷法）才有灵验。

二、戒律在道教团体与社会生活中的重要性

维护道教信仰、实践与教化的法规制度，都属于道教戒律范畴。戒律具有神圣性，在教团内通用，这是它与其他制度不同的地方。戒律维护信仰、实践与教化，因此可以培养出德才兼备的高端人才，可以维持教团正常秩序、可以树立良好社会形象。

第一，戒律有利于培养德才兼备的人才

一个教派的兴衰，不只是看其教徒人数的多少，看其经济、政治等地位的高低，更在于其对社会发展、对文明进步的贡献多少。而对社会文明的贡献，起领导作用的是该教派的精英团体。教团中的精英，必然是有坚定信仰并在实践上有所造诣者。精英人士，除时势造就的天纵之资者外，更多的需要道教团体努力培养才能有成果。道教团体的培养，离不开良好的管理环境。良好的管理，自然就离不开戒律。

现在不少人狭义的理解戒律，以为戒律就是戒条。其实，我们看清规，更多的宫观管理的规式、科条、制度等，也就是说，维护信仰、实践与教化的道教团体管理制度，仍是道教戒律的一部分。或许当代道教片面理解道教戒律，在新的社会环境影响下，将戒律与管理制度分开，而不将之整合，和其他各种原因，因而在道教团体管理制度上，极大削弱了道众信仰与实践的内容。道教团体虽然学习了现代管理形式，却没有根据自己的实际情况加以消化吸收，

---

① 张宇初：《道门十规》，《道藏》，第32册，第149页。

在信仰与实践上，既没有有效的奖惩机制，也不提供理论支持，更不能提供相关的实践场所。于是，道教团体大多只是维持形式上动作，信仰之实践交由个人，没有实践成果支撑的信仰，大多流于形式，容易被其他观念左右，甚至丧失信仰，这也是我们道教学院的困境，所以难以培养出优秀的人才。

内有所证，自然会向外教化。而教化，是需要方便善巧的。方便善巧，则需要其他才能。如果有完善的戒律与制度，就会激励道众朝德才兼备方向发展。

第二，戒律有利于维持教团正常秩序

道教团体是集体，不仅要考虑道众的学修，也要维持教团秩序，统一部署各种日常活动、法事活动，方能做到井然有序。完善的戒律条文，才能起到这样的作用。

《清规玄妙》之《执事榜》开列了组织管理者职务，而《长春真人执事榜》中详细说明各执事与道众的职责和处罚。如说：

> 都监者，总括玄纲，纠诸执事；都管者，宰制道范，监斋都戒。二者乃天人之眼目，仙圣之规模。以道德存心，以仁慈利众。向父母未生前，悟本来面目。在圣贤经教为内，发性地光明。先调中和命脉，后观窍妙真机。造化炉中，擒龙制虎。乾坤鼎内，取坎填离。以升堂入室之旨，就里提撕；以明心见性之功，意外领悟。导引福善，开化贤良，动静肃恭，威仪诚敬，稍有过差，倍众公罚。……
>
> 龙虎二单者，诚心办道，立志修身。除欲念以观心，息思虑而尽性。调神摄静，玄功常蕴于丹田。举步轻行，戒律每存于赤窟，须守玄宪。勿犯清现。违者跪香。
>
> 日月二单者，诵经礼忏之际，以戒慎恐惧而注想尊容，以

斋庄中正而昭事上帝，同音赞礼，一志皈依。倘朝奏失仪，诵念忽略者，同众罚香。①

都监、都管，一是统领诸事务者，一是统领诸法务者，现在其职责大教统一在监院（俗称当家）身上。理想中的管理者，其实很难，不仅要熟悉业务，还要有修有证，才能使宫观欣欣向荣。上所说龙虎、日月二单，指宫观内分别以修持为主和法事为主的道众，清规对其行为都有所规范。如果众执事在都监、都管的带领下分工合作，而道众各自做好自己份内之事，则宫观“上下和睦，尊卑信顺，如运手足”。教团不仅能良好的动作，即使遇到突发事件，也能很好的应对。

第三，戒律有利于树立良好社会形象

如果有位仙风道骨的道长从我们面前走过，用现代语言说，他的回头率就超高；如果我们的组织团体纯洁、威仪堂堂，自然也会受到大众的瞩目；如果我们为社会的进步作出贡献，人们就不会忘记我们。戒律对塑造道教徒的人格和道教组织的社会形象有着重要的作用，而道教的教化、济度等，不仅是道教自身实践的要求，也同样能够带来良好的社会形象。

三、当代道教戒律建设的有关思考

关于新时代戒律体系的构建，丁常云副会长曾在《试论现代道教戒律建设的基本构想》② 中有精辟的论述。我们还可以借鉴当代法

① 闵一得著，汪登伟点校：《古书隐楼藏书》上册，宗教文化出版社 2010 年版，第 31 页。

② 丁常云：《试论现代道教戒律建设的基本构想》，《中国道教》2008 年第 1 期，第 17—26 页。

学成果，只是笔者是法学外行，这里仅补充一点拙见：新时代戒律体系可以使根本戒律成为类似于法律一样的戒条，强化维护道教信仰、实践与教化的条款，按照以人为本、以道为归、分门别类、厘清层次、服务社会、和谐自然等原则而厘定条文，并且让戒律与管理制度相辅相成。

1. *以人为本，以道为归*

道教是以虚无道气为根本，以神仙信仰为表征，以炼养道法为手段，以济世度人为功德，以成仙得道为目的宗教。用“创造性转化和创新性发展”的语言翻译一下，就是：道教是顺应宇宙规律（道信仰），运用各种技术追求长生与超凡（成仙），升华生命，期盼与宇宙本原合同（得道），并利益世间（济度）的特殊的“宗教”。将道教定义写入戒律之中，或许可以作为新时代戒律体系的总纲。这样不仅为戒律的建设找到基础，也可以凝聚共识。当然，道教定义只要符合道教历史、符合道教教义、符合道教发展即可，不一定按照笔者的总结。

道教以大道为根本、为归宿，以为人是万物之灵，人修道可以成仙成神，因此有“所谓万化之中，唯人最灵也”① “天生万物，唯人最灵”② “三界之中，为人最灵”③ 等相似的说法，所以说，戒律得以人为本，并以神道为辅佐，激活激励人的良知善性与向道之心，强化维护道教信仰、实践与教化的条款，同时也遏制人性中的恶，合理制定处罚恶行恶果的条款。道教的三皈五戒等，早已有了相当的规划，我们只需要进一步完善即可。在维护自身的同时，还要兼顾利济天下。

---

①《正一修真略仪》，《道藏》，第 32 册，第 179 页。
②《正一法文修真旨要》，《道藏》，第 32 册，第 574 页。
③ 徐道龄：《九天应元雷声普化天尊玉枢宝经集注》，《道藏》，第 2 册，第 578 页。

如果我们将道教定义，强化维护道教信仰、实践与教化，并且利济天下的条款写入新时代戒律体系，作为根本法则，或许就能起到提纲携领的作用。

2. 分门别类，厘清层次，与制度互动

丁常云副会长《试论现代道教戒律建设的基本构想》认为规范教门内部的行为准则应该包含：皈依戒、修持戒、斋仪戒、坛场戒、礼神戒、传度戒、劝善戒七类，已经很好的为道教戒律分门别类了。我们可以简单的归纳为修持、法事、教化类规戒，此外，还需有宫观管理类规戒——古代称为清规。

除了完善分类的戒文之外，我们还应该知道道教戒律是有层次之分的，比如说皈依戒，最初我们皈依，可能只是心向往之，而作了皈依仪式。但是，这并不代表皈依戒的完成。在不断的学习实践中，我们将身心真正皈依三宝，才是真正的入门。而我们在实践中有了一些体会，才是入室。只有当我们与道合同时，达到不皈依而自皈依，才算是完成。其他分类也有层次之别，尤其是修炼有明确的次第之分，所以其规戒更应该根据修行次第加以补充完善。

宫观管理方面的规戒，不仅要维持宫观的正常运行，也应该充分考虑道众和整个道教的利益，比如解决道众的现实问题与后顾之忧，激励道众学修，为其建立基本的学修场地，并给优秀者予以物质与精神奖励。但是，人非仙圣，为了防止和减少为获得利益而弄虚作假现象，宫观管理也需要相关的规定。

我们应该抓住道教戒律的根本，将之融入其他制度中，如果与其他制度互动，则将会取得更大效果。如不贪戒可以融入财务管理制度中，不妄语戒可以融入对外宣传活动的制度中。

3. 服务社会，和谐自然

道教不是生活在真空中的，而是与社会紧密相关，鲁迅曾说

“中国根柢全在道教”[①]，不管其原意如何，我们可以看到道教曾经与中国社会生活的水乳交融关系。

其实，道教在维护自身的同时，还有兼顾利济天下的理想，简称为真功真行。《道德经》奠定了修道德于身、于家、于邦、于天下的情怀，《太平经》早有“内以致寿，外以致理”[②] 的口号。而全真道建立之初，就强调真功真行，重阳祖师说：“晋真人云：若要真功者，须是澄心定意，打迭神情，无动无作，真清真净，抱元守一，存神固气，乃是真功也。若要真行者，须是修仁蕴德，济贫拔苦，见人患难，常行拯救之心，或化诱善人，入道修行，所行之事，先人后己，与万物无私，乃真行也。”[③] 丘祖掌教时，更加强调利他之行，从利他中培养福德，一旦机缘成熟，自然灵光透入，成就真功。这种自利利他、真功真行的观念，一直贯穿在道教之中，只是新时代需要新的解读。

道教虽然重人重生，将人与天地并称三才，将人与道、天、地并称四大，但人只是天地中一物，并不是人类中心主义者，成道之人也只是“辅万物之自然”者，因此强调与万物和谐相处，人类只有与万物达到动态的和谐相处，才能长久安乐。具体到道教戒条中，也可以找到不少的内容。如《老君说一百八十戒》中说有：不得烧野田山林，不得妄伐树木，不得妄摘草花，不得以毒药投渊池江海中，不得妄凿地、毁山川，不得竭水泽，不得渔猎、伤煞众生，不得冬天发掘地中蛰藏虫物，不得妄上树探巢破卵，不得笼罩鸟兽等保护

---

① 《鲁迅全集》卷 9，人民文学出版社 1958 年版，第 285 页。
② 《太平经圣君秘旨》，《道藏》，第 24 册，第 599 页。
③ 王嘉：《重阳教化集》，《道藏》，第 25 册，第 788 页。

自然环境的规定。①

时移事移，丁常云副会长已经对道教戒律有了新的解读，以为道教需要增加现代社会发展所需要的戒律条文，他在《试论现代道教戒律建设的基本构想》列举了五条：重视环境保护，关心社会弱势群体，反对贪污受贿行为，反对黄、赌、黑、毒，制止和抵御“邪教”礼神戒，值得我们学习借鉴。

总之，道教的复兴与发展，亟需高端人才；高端人才的出现，除天纵之资外，需要有良好的环境与制度等条件加以培养；戒律就是法规与制度的代表，它是维护道教信仰、实践与教化的法规制度。因此，我们说加强戒律建设，构建戒律体系是道教复兴与发展的必要条件之一。期望道门有识之士联合关心道教的各界人士共同努力，助力新时代道教戒律体系的完成，推动道教的复兴与发展。

① 《太上老君经律》，《道藏》，第 18 册，第 219—220 页。可参考施舟人、陈杰：《内在的转变——对早期道教戒律的研究》，《中国道教》2006 年第 5 期，第 38—43 页。

道教清规在宫观管理中的运用

高大伟*

摘　要：道教清规一般由高道创制或宫观自立，虽然受到禅宗丛林清规的影响，但仍具有鲜明的自身特点。道教清规在宫观管理中发挥着重要作用，成为道教宫观管理的一大优良传统，但也在发展应用中暴露出了一些问题。在坚持道教中国化方向背景下，新时代宫观管理中运用道教清规须结合自身特点，在传统清规基础上创制或修订出具有时代精神的清规，以期在新时代宫观管理中发挥好传统优势，完成好道教宫观管理现代化转型的时代任务。

关键词：道教清规　宫观管理　道教中国化　现代化转型

道教清规自古以来就在宫观管理中发挥着重要作用。在道教宫观管理中运用清规对道众日常生活进行规范是道教的一大优良传统。李养正主编《当代道教》谈到："道教宫观，不论规模大小，在旧时代皆订有严格的道仪规范制度及宗教生活章程，常住道士不可越雷池一步，否则便会受清规戒律的严厉惩处。"① "全真派宫观内，过去

* 高大伟，四川大学道教与宗教文化研究所博士，主要研究方向为中国道教。

① 李养正主编：《当代道教》，东方出版社 2000 年 8 月版，第 176 页。

清规戒律十分严格，违反者轻则跪香、催单，重则处死。”① 旧时代的道教清规自有旧时代的局限烙印，但也反映出道教历来就有注重运用清规戒律进行宫观管理、自我净化的优良传统。随着时代的发展，“现在这些清规戒律凡与国家法律相抵触者，已经自行取消，不抵触者亦不过起一般规约作用”。② 道教清规也面临着时代的考验。

改革开放以来，中国社会面貌焕然一新，道教和其他宗教一样也随之步入了新时代。在中国特色社会主义进入了新时代的今天，在坚持道教中国化方向背景下，运用于道教宫观管理中的道教清规须当具有新时代的精神，以期在新时代宫观管理中发挥出传统优势，完成好道教宫观管理现代化转型的时代任务。

一、道教清规略述

道教清规在宫观管理中运用甚早。道教清规即是宫观管理实践的产物。千百年来，道教宫观形成了运用清规进行管理的传统。目前学术界的主流观点认为“道教清规指道士违犯戒律的惩处条例”。笔者以为此定义有失偏颇，与道教清规的历史状况并不完全相符。故，笔者把“道教清规”这一概念初步定义为：“道教清规，亦称道门规式。道教教团制度。指道教宫观庵堂的组织规程或管理制度及规范其道众修持生活的准则。清以洁心，规以范身，故称清规。”③

（一）道教清规的历史发展

道教清规一般由高道创制或者宫观自立。清规是伴随道教教团

① 李养正主编：《当代道教》，东方出版社 2000 年 8 月版，第 176 页。

② 同上。

③ 参见《第七届横山论坛研讨会文集——道教中国化方向视野下的宫观管理》，第 137 页。

组织制度完善的产物，其具体内容随时代的发展而有所变化。随着道教南宗教团组织及南宗道堂制度的成熟，白玉蟾创制了《道堂戒论文》与《堂规榜》等道教清规类文献，对后世道教清规的创制产生了深远影响。白玉蟾《堂规榜》，亦称《紫清真人清规榜》，可以看作是道教清规成熟的一大标志。元初陆道和编集《全真清规》中收录有《教主重阳帝君责罚榜》和《长春真人规榜》，也是道教清规的成熟表现形式。明代四十三代天师张宇初忧于道教“玄纲日坠”①，于是“搜采前代定规、群师遗则”②，撰成《道门十规》，力求“阴翊邦祚，大振教谟”③，成为道教清规类文献的一大力作。明清时期道教衰落，“元风不振，戒律多弛，道化颓靡，黄冠失教，屡屡受教羽流，多有违条犯戒”④，为了将宫观道众的行为活动规范在基本的底线要求以内，道教规榜式清规如《清规榜》《执事榜》的运用便日趋受到宫观管理者的重视，其运用也逐渐突出、普遍。如：陕西张良庙道光二十三年《律堂清规榜》⑤，北京白云观咸丰六年《清规榜》⑥，沈阳太清宫民国《清规榜》⑦，民国《劳山太清宫志》所录“本宫旧有规则”⑧，北京白云观《全真道范》⑨，青羊宫

① 《道门十规》，《道藏》，第 32 册，第 146 页。
② 《道门十规》，《道藏》，第 32 册，第 146—147 页。
③ 《道门十规》，《道藏》，第 32 册，第 147 页。
④ 王常月：《碧苑坛经》卷首《忏悔罪业》，《藏外道书》第 10 册，第 163 页。
⑤ 参见闵智亭：《道教仪范》，宗教文化出版社 2004 年版，第 47 页。
⑥ 可参见傅勤家：《中国道教史》，商务印书馆 2017 年版，第 113—114 页。
⑦ 所录清规榜部分内容参见［日］五十岚贤隆：《道教丛林　太清宫志》，郭晓锋、王晶译齐鲁书社 2015 年版，第 123 页。
⑧ 参见李伟刚、郭清礼编著：《民国周宗颐〈劳山太清宫志〉校注》，宗教文化出版社 2017 年版，第 33—47 页。
⑨ 有关《全真道范》内容可参见［日］吉冈义丰：《白云观访信录》，汪帅东译，北京联合出版公司 2016 年版，第 44—70 页。

《住观清规》[①]，陕西咸阳市道教协会《咸阳道教清规榜》[②]，中国道教协会《道教宫观规约》[③]，等等。道教规榜式清规形式较简单、操作较方便，在管理宫观道众日常生活秩序中效果较明显。在规榜式清规的发展应用中，清规的"责罚"部分也逐渐凸显出来。道教规榜式清规虽然在历史发展中也暴露出了一些问题，但不可否认，因其具有的独特优势，故在近现代宫观管理中仍然发挥着重要作用。

（二）道教清规的创制特点

早期道教清规多由高道创制，后世清规一般由宫观自立。在道教发展史上，道教清规确是受到了禅宗丛林清规的深刻影响，但也自有其道教自身的特点，不能简单地断定道教清规"属于《百丈清规》的道教版"[④]。

道教清规与戒律既有联系又有所区别。总的来说，道教清规属于道教戒律的范畴，故有"清规戒律"一说。虽然有些戒律实际上也发挥着清规的作用，但道教清规仍有许多不同于传统道教戒律的一些特点。

道教清规的创制精神，既是道教信仰精神的体现，也是道教优良传统的彰显。清规的目的不是惩罚，惩罚只是导人劝善诫众的一种手段。"是以圣人常善救人，故无弃人，常善救物，故无弃物。"（《老子·第二十七章》）道教的管理精神不像刑名法家"严而少恩"（《论六家要旨》），而是以劝善诫勉为主，"犯法者，三原，然后乃行刑"[⑤]，彰显的正是大道本怀。道教清规的创制形式灵活多样，在

---

① 参见李合春、丁常春编著：《青羊宫·二仙庵志》，成都民族宗教文化丛书之十，四川省新闻出版局/川新出内（2006）102号，2005年。

②《中国道教》2015年02期，第40—41页。

③ 同上书，第57页。

④ 德辉编、李继武校点：《敕修百丈清规》，中州古籍出版社，第347页。

⑤《三国志》卷八《张鲁传》，第219页。

创制时非常注重宗教神圣性的摄入。道门自身的祖德家风也被融入到道教清规的创制精神之中。道教宫观在发展中形成的一些行之有效的管理传统、习惯法或不成文法，将其进行明文规定，形成道教清规的内容，也是道教清规创制精神注重“本面家风”[1] 的体现。

二、道教清规在发展应用中出现的问题

在千百年的发展历程中，道教清规在宫观管理中发挥着重要作用，形成了道教宫观管理的一大特色传统。然而，年深岁长，流弊滋生，道教清规在发展应用中也暴露出了一些问题。

（一）创制精神逐渐丧褪，宗教神圣性逐渐消解

近现代以来，道教宫观常常运用《清规榜》《执事榜》等清规形式对宫观秩序进行管理，便于操作施行，实际管理效果较好。然而，或是因为规榜式清规便于操作施行的缘故，个别宫观在创制规榜时多注重规榜式清规中的责罚形式和内容，将宫观的许多日常事务要求作以条文罗列、明确，而忽视了道教清规“导善为主，惩处为辅”等创制的基本精神，对道众的规定也多流于基本行为规范层面。

个别宫观或许还存在“家长制”作风，民主管理宫观的机制还不够健全，没能发挥好道教清规这一制度性管理规制的作用，或有清规而不遵行，或无清规却不制定，导致宫观管理中清规的宗教神圣性逐渐消解，宫观道众管理偏向“世俗化”。道教清规的创制精神在逐渐丧褪，由此也造成道教清规宗教神圣性的逐渐消解。道教清规是需要具有宗教神圣性的。缺少宗教神圣性的清规是唤不起道教徒的宗教自律与自觉的。

---

① 《道门十规》，《道藏》，第32册，第150页。

（二）“政规教随”现象突出，清规制定流于形式

道教在近现代发展中，受历史大环境影响，“政规教随”的现象也非常明显。“政规”方面的指导固然十分重要，但是道教教规的自我完善也是不应缺席的。如果道教缺乏了自身特色的管理模式，一切“唯上”，丧失自我的本色要求，其实质是并未真正领会“政规”的精神，也是在丧失道教中国化的时代精神。

个别道教组织或宫观，或者是为了应付“上级检查”，或者是为了所谓“完善制度规范”，制定出一些“条例式”清规，条文繁复，流于形式，缺少道教清规创制的基本精神，并不注重实际施行效果。这种精神与形式本末倒置的清规，也只能是徒有其形罢了。重“形”轻“神”的“条例式”清规，怕也是多发挥“装点”作用而已。道教清规制定中暴露出的形式主义问题需要引起宫观管理者的足够重视。

（三）部分道众宗教素养下降，以“法”抗“规”情况或有存在

近现代以来，随着社会的发展，道众群体也在进行新陈代谢。不可否认，现在道教的道风建设有待进一步加强。综合而论，老一辈道众的道风道貌保持尚好。但部分道众，特别是部分年轻道众，道风素养确实需要加强。部分道众宗教素养下降、缺少宗教自律与自觉，认为只要自己没有触犯国家法律法规就可以随意行事，在宫观日常生活中常以“宗教教理教义不能凌驾于国家法律之上”为由头，不自觉遵守道教戒规仪范，甚至违犯宫观管理制度，以“法”抗“规”。

遵守国家法律是每一个社会公民应尽之义务，也是人们行事之底线。道教清规的规范要求自然不能违背现代社会的法治精神，也须天然具有宗教戒规的威严。道教清规所具有的“立禁”“劝善”“罚过”等诸内容，实以“导人向善”为目的。遵守国家法律当然是

每一个道教徒的应尽之义务。但既身为道教徒，更应当为信仰而作高尚追求，岂可懈怠恣意。

三、新时代宫观管理中运用道教清规的建议

“治人”与“治法”，是道教宫观管理的两大支柱。作为“治法”的道教清规有其自身的特色，在道教宫观管理中发挥着重要作用。在千百年的发展历程中，道教清规不仅是宫观道众的修持准则，也为道教宫观生活的顺利进行提供了制度保障。道教宫观管理传统也由此形成。改革开放以来，中国进入了新时代。在中国特色社会主义进入了新时代的今天，道教清规这一“治法”在道教宫观管理中的运用尤其应当体现出时代的精神。在新时代的历史坐标中，创制或修订出具有新时代精神的道教清规，是当下我国道教宫观管理工作的应然之举。

新时代宫观管理理当继承道教宫观管理的优良传统。道教宫观须结合自身特点，在传统清规基础上创制或修订出具有时代精神的清规，并在实际管理中运用好清规。为此，笔者有几点愚见，以资参考。

（一）守住宗教神圣性，体现新时代精神

新时代道教要坚持中国化方向。道教中国化并不是要泯灭道教的优良传统。道教宫观管理要坚持现代化方向、体现时代精神，道教清规的创制或修订也要坚持现代社会的法治精神。传统清规中“架火焚身”[①] “火化示众”[②] 等不符合时代精神的内容理当革去，

① 《清规榜》，《清规玄妙》，《藏外道书》，第10册，第612页。
② 清咸丰六年（1856年）十一月北京白云观《清规榜》。

“触犯刑律者，道观除名，由执法机关依法处理”[①] 的规定理当参考，须做到戒规精神与法治精神相统一，做到道教宫观管理的现代化转型与坚持道教中国化方向相一致。

“前代定规”“祖师则例”是道教清规神圣性的一大来源。明代四十三代天师张宇初便是“搜采前代定规，群师遗则”[②] 而创制《道门十规》。《道门十规》又凭借“天师亲著”的神圣光环而被后世道教徒奉为圭臬，影响至今。道教清规毕竟是宗教文献，故道教宫观在创制或修订清规时要守住道教清规的宗教神圣性，方才有助于道教进行自身神圣性的构建，以期更好地发挥道教爱国爱教的优良传统。

（二）不失祖风，发扬家风

明代四十三代天师张宇初在《道门十规》中明确规定道众不可“深失祖风”[③]，“务修本面家风，究竟本宗事业”[④]，并且多次提到“本面家风”的重要性。道教清规的创制精神直接承继的正是道门自身的祖德家风。道教之为教，自有祖师教化之风、爱国爱教之风、无量度人之风，道教的优良传统自当谨持勿失。诚然，“曰教则有正一、全真之分”[⑤]，各个宫观有其自身特点，各自家风或当有别，所以道教宫观清规不是千篇一律，而应当是异彩纷呈，要体现各自的“本面家风”，结合自身宫观的习惯传统、道风特点来创制或修订具有自家特色的清规。

---

① 《住观清规》（青羊宫），李合春、丁常春编著：《青羊宫・二仙庵志》，成都民族宗教文化丛书之十，四川省新闻出版局/川新出内（2006）102 号，2005 年编著，第112 页。

② 《道藏》第 32 册，第 146—147 页。

③ 《道门十规》，《道藏》第 32 册，第 147 页。

④ 《道门十规》，《道藏》第 32 册，第 150 页。

⑤ 《道门十规》，《道藏》第 32 册，第 146 页。

道教清规的创制不是随意妄作，而应遵循自家宫观的优良传统或汲取传统道教管理仪范的丰富养料。道教清规的创制精神就是要不失祖风、遵循祖德家风，否则就会成为无源之水、无本之木，就会根基不牢、行之不远、效果不实。道教宫观在发展中会形成一些管理传统、习惯法，在清规创制中将实际中重要的“不成文法”进行明文规定也是“本面家风”的体现。

（三）因事制宜，随方设规

与禅宗丛林清规相比较，道教清规的一大特点就是创制形式的灵活多样、不拘一格。围绕道众修持生活的特点，因地点或事务的不同，道教宫观因事制宜、随方设规，创制出了形式丰富的清规样式。如《全真清规》[①] 收录有《指蒙规式》《簪披次序》《游方礼师》《堂门戒腊》《坐钵规式》《三不起身》《全真体用》《钵室赋》《教主重阳帝君责罚榜》《了真子升堂文》《长春真人规榜》《朗然子家书》；《清规玄妙》[②] 收录有《规矩须知》《元始灵书中篇》[③] 《学道须知》《戒食铭》《紫清真人清规榜》《长春真人清规榜》《长春真人执事榜》《清规榜》《执事榜》《长春真人垂训文》。

从《全真清规》和《清规玄妙》所收录清规文献来看，有针对刚出家不久道人的《指蒙规式》，有指导云游参访的《游方礼师》，有规定坐钵要求的《坐钵规式》，有阐发修行义理的《全真体用》，有讲论经法的《升堂文》，有惩处违规的《责罚榜》，以及《戒食铭》《家书》等等，因时因地因事而作的种种道门规式。大道无形，文无定法，若从文体来看，似乎只要适合表现道教清规内容的文学体式皆可运用。其中，基于道教宫观管理的需要，道教规榜式清规如

① 《道藏》，第 32 册，第 156—161 页。
② 《藏外道书》，第 10 册，第 598—615 页。
③ 《元始灵书中篇》出《度人经》，《清规玄妙》收录此文，不知何意？

《清规榜》《执事榜》的应用为突出、普遍。

（四）遵循大道本怀，彰显道门特色

道教清规不仅在创制的形式上更加灵活多样，而且其内容也很具有道教特色，诸如“性命双修”的修行理念便时常贯穿其中。虽然道教清规在宫观执事的设置、丛林日常秩序的维持等方面确实受到禅宗丛林清规的深刻影响，但道教清规是道教的清规，仍然具有其作为道教文献的特点。

道教清规遵循大道本怀，彰显道门特色。道教清规的立论基础根植于道教教理教义思想，道教“性命双修”“常清常静”“真功真行”等修行思想在道教清规中随处可见。道教戒律是清规的内在根据，道教清规的诸多内容是道教戒律精神的具体外化，诸多清规要求即是戒律条文的具体表达。道教清规也规范了宫观的组织制度、管理制度，明确了宫观的形制规式。比如，《长春真人执事榜》对宫观管理的诸执事名称及其职责、失职惩罚等都作了明确规定。道教清规具有较强的可操作性，除了依靠道众修持自律的内在力量外，还有一套惩处机制来保障清规的有效施行。道教清规中常列有违犯戒规后具体的惩处条文，是将原来道众违犯戒律后由“神罚”“冥谴”的惩处机制强化为现实中的实际惩罚。此外，诸如宫观住持的个人威望、宫观惯例、道众的舆论力量等也是道教清规实施的有效保障。

（五）建立或完善“朔望宣戒”“合众议罚”等机制

道教清规要落实到实际，需要具有可操作性，进一步建立或完善一系列可实施的保障机制当有必要。《道门十规》规定：“朔望宣明训戒，开示激扬，务修本面家风，究竟本宗事业。”[1] 这种“朔望宣戒”制度不知宫观道众是否仍在坚持。一月朔望之时，遵依玄范，

---

[1]《道门十规》，《道藏》，第32册，第150页。

宣明训戒，宫观道众具受教化，于玄门仪范中维护着戒律清规的神圣性，于潜移默化中完成了对宫观道众的规诫教育，其效果对道观清规的运用效果当有裨益。

《道门十规》还有规定："方丈会众，查理议罚。"[①]"不究本面家风，日坠祖宗基业，轻则议罚，容以自悛，重则一遵戒条，下山除籍，庶激励于将来，使四方之遵守。"[②]《长春真人规榜》也有遇事"与合堂道众评论"[③]的规定。这种"合众议罚"的机制在新时代清规运用中颇有参考价值，也是道教清规的优良传统。《长春真人执事榜》中有"倘有失察，公罚"[④]的规定。这里的"公罚"当和"合众议罚"同义。民国周宗颐编撰的《崂山太清宫志》中载有"本宫旧有规则"之"惩罚"条文，其中第十五条即最后一条："遇有所犯之恶劣行为，有未经订明（订明：用书面形式明确约定。——该书校注）者，应齐众临时议处之。"[⑤]"齐众临时议处之"亦同"合众议罚"义。随着社会发展，道教宫观管理也会随之遇到以前不曾遇到的问题，怎么办？道观宫观管理在运用清规时建立或完善"合众议罚"的机制就显得格外重要了。

此外，五十岚贤隆提到在他驻留沈阳太清宫期间所见太清宫执事和其选拔方法："负责人的选拔都采用合议制。……最终的结果还是向方丈咨询，由具有裁判资格的监院一锤定音。"[⑥]"有趣的是，当

① 《道门十规》，《道藏》，第 32 册，第 152 页。

② 《道门十规》，《道藏》，第 32 册，第 151 页。

③ 《长春真人规榜》，《道藏》，第 32 册，第 160 页。

④ 《长春真人执事榜》，《藏外道书》，第 10 册，第 611 页。

⑤ 李伟刚、郭清礼编著：《民国周宗颐〈劳山太清宫志〉校注》，宗教文化出版社 2017 年版，第 47 页。

⑥ 五十岚贤隆：《道教丛林　太清宫志》，郭晓锋、王晶译，齐鲁书社 2015 年版，第 136—137 页。

这些议论完全分成两派，意见不一致的时候，就会用上面提到的吕祖的求签来决定。监院说：‘我成为监院也是由吕祖的签而决定的。这是神的旨意，是天命。’”[1]“负责人的就任仪式是神前报告、神前叩头、接下来绕寺内一圈报告。”[2] 也是值得参考。在处理宫观一些敏感事务、棘手问题时，或许不妨采用一下这种“神命”的仪式方式。这种解决问题的宗教方法也是道教进行宫观管理的一大优势机制。

四、结语

道教清规，作为道教宫观日常管理制度的便捷方式，建构着宫观道众日常修持生活的神圣规范，指导道教徒的宗教活动，从而成为道教文化的有机组成部分。作为道教宫观管理的一大优良传统，道教清规在道教宫观管理发展历程中发挥着重要的作用，影响至今。在中国特色社会主义进入新时代的今天，在坚持道教中国化方向背景下，运用于道教宫观管理中的道教清规须当具有新时代的精神，道教宫观在创制或修订清规时也要守住道教清规的基本精神，以期在新时代宫观管理中发挥好传统优势，以期更好地发挥道教爱国爱教的优良传统，以期完成好道教宫观管理现代化转型的时代任务。

① 五十岚贤隆：《道教丛林　太清宫志》，郭晓锋、王晶译，齐鲁书社 2015 年版，第 137 页。

② 同上。

发挥道教戒律伦理的时代价值

张 欣*

摘　要：道教戒律伦理是道教戒律与道教伦理观念相结合的结果，是道教信徒加强道德修养和坚定信仰的思想保障。道教戒律伦理的时代价值不仅表现在为当代社会提供道德指引和行为规范，还在于弘扬优秀的传统价值观念和作为法律的辅助和补充。发挥道教戒律伦理的社会功能，挖掘其时代价值，对于提高当代社会人们的精神道德水平和促进社会文明进步，对于促进道教与社会主义相适应和道教的中国化发展，对于弘扬中国传统文化和社会主义核心价值观，都有着积极的价值和意义。

关键词：道教　戒律伦理　传统价值观　道德规范　法律补充

道教戒律是道教教制的重要内容，是维护道教信仰神圣性的基本保障。所谓戒，即约束道士言行，防止恶心邪欲、乖言戾行的规戒。[①]《洞玄灵宝玄门大义》曰："戒者，解也，界也，止也，能解众

* 张欣，厦门大学哲学博士，上海市道教协会文化研究室主任，《上海道教》执行编辑。

① 胡孚琛主编：《中华道教大辞典》，中国社会科学出版社，第564页。

恶之缚，能分善恶之界，防止诸恶也。”[①] 戒是戒条，主要以防范为目的；律是律文，主要以惩罚为手段。律文是依据戒条而建立的。戒、律常合称为戒律，用以规范和约束道教徒的宗教行为，维护道教信仰的严肃性和神圣性。

一、道教戒律的产生与发展

天师道的创立标志着道教这一宗教形式的正式产生。天师道又称正一盟威道、正一道，早期称为五斗米道。创立伊始，天师道就将戒律作为道教发展的重要内容。随着教团的发展，道教戒律的内容不断丰富，《老君想尔戒》已初步呈现体系化的特征，其戒文分上中下三品，每品三条，即：“行无为，行柔弱，行守雌，勿先动，此上最三行。行无名，行清静，行诸善，此中最三行。行无欲，行知止足，行推让，此下最三行。”《老君想尔戒》的内容过于高玄，难以实践，因此后来在其基础上衍生出了《老君二十七戒》。《老君二十七戒》是《老君想尔戒》的具体化，戒文也分上中下三品，更加便于持守。道教的另一早期教派太平道同样也将戒律作为学道之人践行信仰的重要外在约束。太平道的重要经典《太平经》中就收录了很多戒律经文，标志着道教戒律建设日趋成熟。

魏晋南北朝时期，道教发展进入了一个相对成熟的阶段，教规教制进一步完善，持戒已逐渐成为修道的一项重要内容。这一时期，道教戒律的内容更加详细和具体，如《老君说一百八十戒》全篇包括戒律一百八十条，包括不得多蓄仆妾，不得淫人妇女，不得偷盗人物，不得杀伤一切生命，不得妄取他人钱财等，所涉内容十分广

① 胡孚琛主编:《中华道教大辞典》，中国社会科学出版社，第564页。

泛。这一时期，道教戒律的体系更趋完备。

隋唐宋元时期是道教发展的鼎盛时期，各项规戒和律法得以充分地发展和进一步完善。明《正统道藏》共收录道教戒律经文 29 种，其中洞真部 12 种、洞玄部 11 种、洞神部 6 种，太玄、太平、太清、正一四辅中涉及的戒律经书 10 多种。明清时期，我国封建社会进入发展末期并最终走向没落，由此道教发展也不断走向衰微之境况，戒律日渐松弛。明代四十三代天师张宇初为整顿道教纲纪，使道士“恪守初真十戒”，以“收悉身心，操持节操”，[①] 专门编撰了《道门十规》。清代高道王常月门下弟子施守平根据王常月所述，撰成《碧苑坛经》。《道门十规》和《碧苑坛经》成为明清时期道教戒律建设的代表之作。

二、道教戒律伦理及其功能

伦理意识是随着人类社会的发展而不断发展变化的。在漫长的道教历史发展过程中，规范和约束信徒修持行为的道教戒律逐渐深入道教徒的思维，并与虔诚笃信、扬善抑恶等道教伦理观念相结合，形成了道教戒律伦理。道教戒律伦理的社会功能主要体现在弘扬抑恶扬善的道德原则，帮助信徒实现超凡脱俗的人生理想，促进教团内部及其与世俗社会的和谐等方面。

道教戒律伦理对道教信徒的行为具有道德约束力。康德认为：“一个伦理共同体只有作为一个遵循神的诫命的民族，即作为一种神的子民，并且是遵循道德法则的，才是可以思议的。”[②] 因此，道教戒律伦理的首要功能是抑恶扬善道德原则的贯彻和弘扬。道教戒律

① 《道藏》，第 32 册，上海书店（三家本）1988 版，第 148 页。

② 李秋零主编：《康德著作全集》，第 6 卷，中国人民大学出版社 2007 年版，第 100 页。

伦理将道教戒律的强制力与伦理道德的自我约束相结合，一方面使世俗的伦理道德披上神圣的外衣，另一方面使道教戒律具有了道德的光芒，使信徒以戒律来约束和规范自身行为具有了内在的自觉动力。在更广阔的世俗世界，道教戒律伦理演化为因果报应观念，信徒和大众对神明的敬畏转化为善有善报、恶有恶报的伦理思想，扬善抑恶的道德伦理得以在整个社会普及和传播。

道教徒的虔诚信仰和对神明的笃信必须通过修持来展现。对道教徒而言，要坚守信仰，首先要能持守规戒。《太上老君戒经》说："是五戒者，持身之本，持法之根。善男人，善女人，愿乐善法，受持终身不犯。"唐代《传授三洞经戒法箓略说》称："凡人初入法门，先受诸戒，以防患止罪。"四十三代天师张宇初在其所撰《道门十规》中说："凡行持之士，必以戒行为先。"道教戒律伦理通过加强信徒的品德修养，维护信徒修行过程中的正念正行，使信徒自觉规范和约束自身的行为，追求返璞归真的理想和信仰目标的实现。

道教戒律伦理对维系教团内部及教团与世俗社会之间的和谐具有积极作用。道教在产生之初就意识到戒律对于教团发展的重要意义，并以其作为道教发展的基础，《老子想尔注》曰："戒为渊，道犹水，人犹鱼。"信徒按照道教戒律伦理所倡导的道德规范处理相互间的关系，有利于促进教团内部的和谐和道教的发展；按照道教戒律伦理所倡导的道德规范处理与世俗大众之间的关系，有利于促进社会的和谐与稳定。

三、道教戒律伦理的时代价值

1. 为当代社会提供道德指引和行为规范

现代社会中，道教伦理仍然发挥着特有的作用。就道教内部而言，道教戒律伦理是端正道风、树立正念正行的保障。就道教外部而言，道教在通过善书、养生功法等形式向世俗社会传播的同时，道教戒律伦理也突破道教徒自我修炼的藩篱而逐渐成为世俗生活中道德准则的组成部分。作为道教伦理组成部分的道教戒律伦理，其时代价值首先表现在为当代社会提供道德指引和行为规范。

道教所追求的道德理想在于复归真道境界。道教教义中，“真”是与道合一的状态，是至上的道德境界。《庄子·渔父》云：“真者，精诚之至也。”[①]《黄帝内经·素问·上古天真论》曰：“上古有真人者，提挈天地，把握阴阳，呼吸精气，独立守神，肌肉若一，故能寿敝天地，无有终时，此其道生。”因此，道教戒律伦理要求信徒和大众以“真”作为日常行为的道德标准。在日常行为中，“真”意味着实在和无欺。《关圣帝君觉世宝训》诫曰：“凡人心即神，神即心，无愧心，无愧神，若是欺心，便是欺神。故君子三畏四知，以慎其独。勿谓暗室可欺，屋漏可愧。一动一静，神明鉴察。十目十手，理所必至。况报应昭昭，不爽毫发。”当代社会，科学昌明，只有坚持求真，才能在客观认识时代大势的基础上与时俱进，才能为我国在科学化浪潮中的可持续发展提供有力的道德支持。

道教戒律伦理还为当下社会提供了另一个重要的道德标准和行为规范——“善”。《太平经》曰：“人尽习教为虚伪行，以相欺殆，我独教人为善，至诚信，天报此人。”[②] 在道教看来，人性本是淳善清净的。《云笈七签》卷九五《仙籍语论要记部》中说：“既言一切众生，有神识，初淳善不杂，行必合规，动应真理，进退俯仰，行

① 成玄英疏:《南华真经注疏》，中华书局1998年版，第586页。
②《太平经》卷6,《道藏》，第24册，上海书店（三家本），1988年版，第343页。

住起卧，莫有失节，一一诸法，皆合道宗，无有差异。”[①]《太上老君内观经》曰：“始生之时，神源清净，湛然无杂。”但在现实生活中，人先天的敦厚淳善之本性往往被各种欲望和贪求所遮蔽。《道德经》曰：“五色令人目盲；五音令人耳聋；五味令人口爽；驰骋畋猎，令人心发狂；难得之货，令人行妨。”《云笈七签》卷九五《仙籍语论要记部》说：“染滞所驱，贪著利己所招尔。”这就需要弘扬道教戒律伦理，通过贬抑恶念、恶行，推崇善念、善行，传播符合道德规范的正念、正行，约束人们的社会行为。道教运用神明监督和因果报应思想劝诫世人加强道德自律，从而引导外在的行为规范转化为人自身的内在品德修养。“善有善报、恶有恶报”作为道教戒律伦理的重要内容早已成为我国社会普遍接受的伦理道德观念。《太平经》曰：“过无大小，天皆知之。簿疏善恶之籍，岁日月拘校，前后除算减年。其恶不止，便见鬼门。”功过格是道教用以约束信徒言行，以引导其积功行善的修持方法。《太微仙君功过格·序》曰：“修真之士，明书日月，自记功过，一月一小比，一年一大比，自知功过多寡。”功过格是以道教戒律为基础而形成的，因其易于操作、实践性强而由道门内部向世俗社会传播，并为大众所接受，成为道教抑恶扬善伦理原则转化为社会道德实践的范例。民众对其加以改造，形成了各种类型的功过格，如《当官功过格》《闺门功过格》《商贾功过格》等，用以提升道德修养，约束个人行为。

以现代人的眼光审视道教戒律伦理在厘定善恶和道德教化中的作用，传承道教戒律伦理中的真、善观念，唤醒人们的真、善本性，对于“有德行者必有福报，无德行者寸步难行”的社会治理机制的构建有着积极的促进作用，从而推动适应当代社会价值需要的道德

①《道藏》，第22册，上海书店（三家本）1988年版，第649页。

规范和行为准则的建立，为当下社会道德体系的完善和社会主义核心价值观的弘扬提供镜鉴。

2. 弘扬优秀的传统价值观念

道教戒律伦理的时代价值还在于弘扬优秀的传统价值观念，以促进当代社会人与人之间、人与社会之间以及人与自然之间的共生与和谐。

忠孝、诚信作为道教戒律伦理所倡导的价值观念，早已融入中华传统价值观，时至今日仍熠熠生辉。初真十戒的第一戒，便是强调忠孝仁信，“不得不忠不孝，不仁不信，当尽节君亲，推成万物”。《老君音诵戒经》将道教戒律伦理与传统儒家伦理相结合，主张“臣忠子孝，夫信妇贞，兄敬弟顺，安贫乐贱，信守五常”。[①]《关圣帝君觉世宝训》曰：“人生在世，贵尽忠孝节义等事，方于人道无愧，可立于天地之间。”《抱朴子》曰：“欲求仙者，要当以忠孝和顺仁信为本，若德行不修，而但务方术，皆不得长生也。”

伴随着经济繁荣和老龄化社会的到来，“孝”日益成为当下社会关注的道德热点。社会福利的极大提高和社会保障体系的日臻完善，使“孝养”作为物质需求已不再成为难题，对“孝”的关注更多地转移到“孝敬”上来。“敬”赋予了“孝”独特的情感特征和道德属性。在我国老龄化社会持续发展的当下，应通过弘扬道教戒律伦理，培育大众以“敬”行“孝”的价值观念和道德情怀。

诚信是中华民族的传统美德，是千百年来中华儿女立身处世的道德基石和基本价值准则。“诚”即诚实、真诚。《礼记·中庸》有言：诚者，自成也。宋代朱熹解释说：诚者，真实无妄之谓，天理之

①《中国学术名著提要》，复旦大学出版社 1997 年版，第 747 页。

本然也。[①]“信”指信用、守信。《墨子·经上》曰：信，言合于意也。“诚”强调的是人的内在品性，“信”强调的是人的外在修养。“诚”和“信”在涵义上虽有所区别，但从道德伦理的角度考察，却具有内涵的同一性。《说文解字》云：“诚，信也”，“信，诚也”。[②]《白虎通·性情》说：“信者，诚也，专一不移也。”[③] 当代公民社会，市场经济和全球化浪潮的深入发展推动着我国传统宗法制度体系的进一步瓦解。传统宗法制度对诚信机制的维护力越来越弱。守信者受损害、失信者得利益的情形一再出现。诚信缺失已成为当下社会的顽疾，并渗透到社会生活的各个方面。弘扬道教戒律伦理有助于世人抵御世俗欲望对清净心灵的侵蚀，引导人们树立诚实守信的道德观念。

道教的目标不仅在于修炼成仙，更在于度化天下，使天下人尽皆逍遥。因此，道教戒律伦理在约束信徒严格遵守戒律以“度己”的同时，更强调济世利人，度化众生。初真十戒第二戒曰：“当行阴德，广济群生。”历史上有许多关于道教扶危济困的记载。正一盟威道创教之初，正值三国乱世，民不聊生，张鲁祖师下令在汉中各地设义舍，置备义米、义肉，以供路过的饥民取食。

当下，上海道教界尽管自身经济实力十分有限，部分宫观自养尚存困难，但始终坚持“济世利人”的优良传统，不遗余力地参与到赈灾帮困、扶贫助学、助老、助残等各种公益慈善活动中。这些公益活动很好地诠释和弘扬了道教戒律伦理“济世利人”的价值观。

生态环境是人类安身立命的基础。人生于天地间，衣食住行等

① 朱熹：《中庸集注》，《朱子全书》第6册，第48页。
② 许慎：《说文解字》卷三上，中华书局1985年版，第70页。
③ 陈立：《新编诸子集成：白虎通疏证》卷八，中华书局1994年版，第382页。

基本生存需要的满足都来源于对自然资源的获取。只有善待自然，维护生态系统的平衡，人类的生存和发展才有保障。《太平经》曰："夫人命乃在天地，欲安者，乃当先安其天地，然后可得长安也。"另一方面，道教认为，万物皆由道而生，尽管存在形式各有不同，但都是道的体现。《庄子·齐物论》曰："天地与我并生，而万物与我为一。"①《老子想尔注》述曰："一散形为气，聚形为太上老君，常治昆仑，或言虚无，或言自然，或言无名，皆同一耳。"道教的"天人合一"思想揭示了人与自然界中天地万物的密切联系，认为人与外部自然环境是统一的整体，遵循着共同的运动法则。道教戒律中有很多内容用以约束人的活动和诫止人对于自然环境的不当行为。如《老君说一百八十戒》规定："不得以足踏六畜，不得渔猎伤煞众生，不得冬天发掘地中蛰藏虫物，不得妄上树探巢破卵，不得惊鸟兽，若人为己杀鸟兽鱼等皆不得食"，"不得妄凿地毁山川，不得竭水泽，不得妄轻入江河中浴，不得在平地燃火，不得以秽物投井中，不得塞池井，不得无故走马驰车，不得以毒药投渊池江海中"。初真十戒的第三戒曰：不得杀害含生，以充滋味，当行慈惠，以及昆虫。继承和发扬道教戒律伦理的时代价值，促进道教"天人合一"的生态观在当代社会的广泛传播和实践，有助于推动生态环境和人类社会的可持续发展，并为当下的生态文明建设贡献智慧。

道教戒律伦理注重道教徒的品德修养。《太平经》认为通过"道诫"能实现"父慈、母爱、子孝、妻顺、兄良、弟恭、邻里悉思乐为善，无复阴贼好窃相灾害"的目标。通过道教戒律伦理弘扬优秀的传统价值观念，有利于促进整个社会正确价值观念的塑造。

① 郭象注，成玄英疏：《南华真经注疏》，中华书局 1998 年版，第 43 页。

3. 作为法律的辅助和补充

道教不仅以修身为目标，同时也在努力探究治国、治世之道。《淮南子·诠言训》曰："未尝闻身治而国乱者也，未尝闻身乱而国治者也。"道教早在创教之初就在《太平经》中展现了对于太平世道的向往。因此，道教自产生以来，道教戒律伦理就包含了修身、治国两方面的内容。《太平经》认为道诫"能扬善隐恶，常用心乐为善，慄慄尊上。凡疑悉慎戒之，不敢妄为，又爱下不欲害人，不枉王法，不乐随邪礼相随饮食也"，"故常案天地这法度，不失其门户也。吾之书（戒书），即天谈地语，与神祇深独相应若表里，也步即相随若规矩也"。可见，在《太平经》的思想体系中，"道诫"本质上也是法令。《太平经》曰："天上禁神法令，亦如中和地下，四流傍行，皆同法象，何有疑者。"不仅如此，《太平经》还提出了"道诫"与"法律相应"的思想："大神言：是语可知，天上之施，与中知地下傍行等耳，法律相应，无有差也。自有相教者，且随其主，勿逆而已。"

唐代是我国古代社会法治建设非常发达的时期，也是道教发展的鼎盛时期。唐代道教戒律伦理与法律之间的密切互动对唐代及后世的社会发展产生了积极的影响。在唐代，一方面，政府运用多种法律手段管理道教。如《唐律》规定对私度入道者施以严厉的刑罚："诸私入道及度之者杖一百；若由家长，家长当罪。已除贯者，徒一年。本贯主司及观寺三纲知情者，与同罪。若犯法合出观寺，经断不还俗者，从私度法。即监临之官私辄度人，一人者杖一百，二人加一等。"① 另一方面，道教戒律伦理对唐代法律的制定和实践也产生了深刻的影响。《太上混洞赤文女青诏书天律》曰："诸法官道士

①《唐律疏议·户婚律》，中华书局年版，第235页。

不及五品已上，并不受都功箓，而关行《女青诏书》追魂者，减寿半纪。知而故犯者，加二等。诸法官道士及五品而行诏书，须得朱书牒内云：伏睹混洞赤文，元始符命。”①

现实是历史的延续，现代社会的发展日新月异，吸收和借鉴道教戒律伦理在古代社会为构建和维护社会秩序而与法律之间良性互动的积极因素，古为今用，有助于弘扬社会公德，引导社会风气，调节人们的社会行为，维护社会公平和正义，提高现代社会管理和宗教管理水平。

道教戒律伦理是道教文化的重要内容，是道教信徒加强道德修养和坚定信仰的思想保障。解读和阐释道教戒律伦理，汲取其中的智慧，赋予其新的时代内涵，对于提高当代社会人们的精神道德水平和促进社会文明进步，对于促进道教与社会主义相适应和道教的中国化发展，对于弘扬中国传统文化和社会主义核心价值观，都有着积极的价值和意义。

①《道法会元》卷252，《道藏》第30册，第553页。

道教生态戒律伦理及其当代启示

蔡林波*

摘　要：道教生态戒律是以“道”为精神本质的信仰行为规范体系。基于“道”的原则，道教戒律体现出强烈的生命价值性和生态伦理性。换言之，道教戒律实质上是一种生命伦理或生态道德行为控制体系。道教戒律蕴含的传统生命智慧及其生态伦理精神，对当代道教的健康发展具有重要的现实意义。

关键词：道教　生态戒律　伦理精神　当代启示

道教戒律是由历代道教高士在其修道实践过程，基于“道”的思想和精神而制定、建构起来的一套伦理规范体系。值得注意的是，道教戒律不仅是一种严格的宗教行为规则，同时蕴含着中国传统的生命智慧和生态伦理精神。继承和弘扬道教生态戒律的智慧和精神，对于促进道教适应当代社会和现代生态文明的发展，具有重要价值和启发意义。

一、道教生态戒律的信仰核心

宗教伦理的戒律化、系统化，是宗教意识发展到特定成熟阶段

* 蔡林波，华东师范大学哲学系副教授。

的产物。在伦理性质上，相对理性化的宗教戒律体系与原始自然崇拜或巫术信仰中的行为禁忌（taboo）有着本质的区别。就伦理意识层面而言，原始禁忌体系主要表现为自发、功利、消极的特点；而戒律化的宗教伦理体系则更多地体现出了自觉、超越、积极的道德精神特性。

历史上，道教戒律乃为中国古代“道”的思想和精神成熟化发展的产物。与世界上“一切较成熟的伦理宗教”[①] 一样，对处于伦理理性化、戒律化进程的早期道教而言，其最为关键的任务在于：如何确立起一种具有普适、超越、积极意义的伦理或道德至上的价值理念。历史来看，在道教信仰及伦理领域，恰是老子提出的“道”的思想体系起到了这种启示性、推进性的作用。

在道教形成的初期，“道”作为一种宇宙之终极、本然的伦理价值实体存在，即已得到了明确地界认。历史上第一本用道教神学来解释《道德经》的著作《老子想尔注》，对“道”的神学伦理化，作出了系统解释和建构。《老子想尔注》认为，“道”是泛生天下万物的本体力量，“道者，天下万事之本”。“道微所乐”，则“天地湛然，则云起露吐，万物滋润”；“道气隐藏，常不周处”，则“迅雷风趣，则汉燥物疼”。而万物之所以能得以生成，就是因“万物含道精”，才“并作，初生起时也”。《想尔注》特别强调“道”与“精”“气”的内在统一关系，即把“道”作为一切生命物的生命本质或存在依据，并同时视其为一切存在之价值的价值本体或最高目标来加以确

① 西哲卡西尔认为，“一切较成熟的伦理宗教——以色列先知们的宗教、琐罗亚斯德教、基督教——都给自己提出了一个共同的任务。它们解除了禁忌体系的不堪承受的重负，但另一方面，它们发现了宗教义务的一个更为深刻的含义：这些义务不是作为约束或强制，而是新的积极的人类自由理想的表现”。参见，恩斯特·卡西尔的《人论》，第 139 页。

认。《想尔注》提出，“道，生之别体”。此一命题的伦理意义在于：在道教中，整体的生命存在作为一种终极价值，通过“道”这一本体论的逻辑论证和概念归纳，获得了一种理性化形式的肯定。

如此，“道”作为宇宙及生命运动之本质秩序，是赋予一切生命事物以生命的终极源泉，从而也是对一切具体、现实生命事物之存在的统摄之力。与“道”相违，即意味着与自我本质的对立，意味着对构成自我本质之生命的价值否定。因而，它是一切生命事物之不可超越和违背者，“道气在间，清微不见，含血之类，莫不钦仰”。正是在此意义上，《想尔注》把“道”确立为一种最高的伦理准则和道德精神。

然而，“道”的这种神圣性和权威性，却在现实活动中的人身上却常常受到挑战。这种挑战，主要来自于人对自身不正当欲念的缺乏控制：“心者，规也，中有善恶吉凶。腹者，道囊，气常欲实。心为凶恶，道去囊空。”换言之，人在其现实的生命活动中，有一种与“道”相违背——亦即与人之自我生命本质相对立或异己的东西滋生出来。而这种东西，在生命价值及伦理性质上即为“恶”与“罪”。

> 志随心有善恶，骨随腹仰。气强志为恶，气去骨枯；弱其恶志，气归髓满。
>
> 恶者，伐身之斧也。

然而，正是由于现实生命主体自身有“恶”的滋生和存在——它与作为生命本质的“道”相对抗，使得作为现实生命主体的人被归置到一种存在善、恶对立的生存境域当中：“天地像道，仁于诸善，不仁于诸恶，故煞万物。”如此，处于其中的人并具有了一种对自身行为进行道德化选择的可能空间，并从而使自己成为具有自由意志的道德主体。也正是以这一认识为前提，在道教信仰者身上导致了一种自觉的伦理或道德禁忌意识的产生。《想尔注》明确指出：

> 忿争激，急弦声，所以者过。积死迟怒，伤死以疾，五藏以伤，道不能治，故道诫之重，教之丁宁。情欲思虑怒喜恶事，道所不欲，心欲规之，便即制止解散，令如冰见日散汋。

此意味着：在现实活动境域中，生命主体必须采取一种自我控制的活动方式来维系自身的生命价值。而“道诫”就是《想尔注》用以体现和规范这种活动方式的基本范畴和道德准则体系。但是，在宗教领域，人的道德主体性必然通过一种神学命令，而非纯粹理性的形式来表达。换言之，人的道德主体性及道德自律性，在宗教境域中是通过设定一种超越于现实与自我的力量，并对之加以内在信仰化的接受而达成的。[①] 在现实生命活动领域，“道”由于其对于人自身本性上的不可违背性或要求，则必然体现出一种高于现实的绝对神圣性和威权性。《想尔注》提出“道尊且神，终不听人”，“王者虽尊，犹常畏道，奉诫行之”。“道至尊，微而隐，无状貌形像也；

① 在西方哲学界，自康德提出“道德自律”概念以来，理性即一直被强调为是支撑人之道德观念和行为的精神基础。罗尔斯指出：“自律的行为是根据我们作为自由平等的理性存在物将会同意的、我们现在应当这样去理解的原则而做出的行为。”（罗尔斯：《正义论》，中国社会科学出版社 1988 年版，第 503 页。）然笔者以为，宗教境域中的伦理或道德范式，恰恰兼容了二者的特点。它是以特定信仰为主要控制方式，涵容了他律与自律之统一的伦理体系。这一点，在道教伦理中体现得更为突出。道教关于“神”及其与人的关系的本质观念，并非如基督教那样主要把其作为“绝对的他者”来理解，而是把其作为普摄于宇宙而又内在于自我的性灵；而且，在很大程度上，道教更为强调人自身对自我内在性灵的关照（守一）。正是以此为基础，道教戒律伦理体现出了相当突出的道德自律思想特点，因而包含着许多理性的、积极的伦理思想成分。

但可从其诫，不可见知也。”此意味着，“道”本身作为无限的、超越的生命终极存在，是决定、主宰和统摄一切生命事物之命运的本质力量。因而，它不可被处于有限生命状态的活动主体在有限境域内所直接控制和把握。相反，有限的生命事物欲与“道”合一，达至生命永恒境界，就必须首先否定自我的有限性。所以，对于一切具体形态的生命个体而言，一当他意欲触及、通向“道”，并与之相联结时，他马上就会感受到一种无法抗拒的、吞没有限的个体自我的力量不期而至。而这种力量恰恰构成为“道诫”之于道教信仰者的神圣性和权威性的根源。它促使信仰者把“道诫”及其所规范的内容，不是作为一种外在的知识或对象，而是当成自我内心所必当会自觉接受、遵从和奉行的道德律令来看待。

因而，在《想尔注》中，聚气而成形的太上老君，乃成为道德律令的发布者，“今布道诫教人，守诫不违”，“道设生以赏善，设死以威恶”。然另一方面，对于信道者而言，“道诫”并不是一种绝对的他者，一种异己的力量，而是一种凝聚着信仰者对自我生命价值加以充分肯定的纯洁情感。因为，他们认定，人自我生命的本质乃与“道”同一：“吾、我，道也；志欲无身，但欲养神耳”；“能信守微妙，与天相通”。如此，“道诫”并成为一种人趋向于“道”——即通向人的生命终极存在的、自由的、理性化的伦理实践方式。

二、道教生态戒律的伦理特征

按前揭，道教戒律是以“道”为精神信仰原则的行为规范系统。基于此，道教戒律体现出一种强烈的重生性，即对生命价值的尊重、对生态秩序的崇尚。换言之，道教戒律可说是道德主体基于对自身生命的价值确认而自觉生发出来的一种敬畏生命的道德情感。道教认为，人们之所以信从、遵守“道诫”，乃因“死是人之所畏也”。虽然“仙王士与俗人，同知畏死乐生”，“但所行异耳。俗人莽莽，未央脱死也。俗人虽畏死，端不信道，好为恶事，奈何未央脱死乎！仙士畏死，信道守诫，故与生合也”，“结志求生，务从道诫”，“自威以道诫，自劝以长生”，且“发自至诚，不须旁人自劝”（《想尔注》）。因此，对于信道者来说，把“道诫”作为规范自身行为的标准和道德义务，并非因其为一种外在的约束或强制力导致的结果；而是在对于生命价值的终极追求过程中，自觉自愿遵从和执守的实践原则——奉道诫，积善成功、积精成神，神成仙寿，以此为身宝矣（《想尔注》）。

值得注意的是，道教戒律在基于自身深刻的生命观、自然观的基础上，用其特有的神学方式赋予生态世界以神圣性，凸显出了生命个体、生态秩序的至上价值性、尊严性，从而建立起一套强有力的生态伦理保护机制。道教深刻地意识到，对生命或生态最具破坏性威胁的因素，其实就是人类自身。要抑制世人背离大道的行为，就必须建立起一套有效的赏善罚恶机制。《老子想尔注》提出“道设生以赏善，设死以威恶！”应该说，这一原则是颇为严厉的。它是以人之生死为奖惩手段的，是一种终极性的赏罚律则。

为此，道教把遵守生态道德、树立生态情操，作为长生成仙的必需条件。高道葛洪在《抱朴子内篇》中，对此有较为集中的阐述：“览诸道戒，无不云欲求长生者，必欲积善立功，慈心于物，恕己及人，仁逮昆虫，……如此乃为有德，受福于天，所作必成，求仙可冀也”；相反，“若乃憎善好杀……弹射飞鸟，刳胎破卵，春夏燎猎，骂詈神灵，教人为恶，蔽人之善”等，则必然受到上天的惩罚——司命夺其算纪，算尽则死。

道教的《太微仙君功过格》《十戒功过格》等，更把这种生态戒律加以规范化，使之演变为一种“功过格”的行为规范形式。功过格是指“道士自记善恶功过的一种簿册。善言善行为‘功’，记‘功格’；恶言恶行为‘过’，记‘过格’。从道德实践看，道教功过格实质上是一种神学色彩很浓的道德控制方式。它是道德主体基于自身信仰，在神灵监督下的对自我道德行为、情感、意志的不断反省。《太微仙君功过格》立功格三十六条、过律三十九条，涉及生态方面的伦理规定非常突出，既有行为方面的要求，更有深入道德情感和心理方面的规定：

救有力报人之畜一命为十功，救无力报人之畜一命为八功，虫蚁飞蛾湿生之类一命为一功。

埋葬自死者走兽飞禽六畜等一命为一功，若埋葬禽兽六畜骨殖及六十斤为一功。

害一切众生禽畜性命为十过，害而不死为五过，举意欲害为一过。

杀有力报人之畜一命为十过，误杀为五过。故杀无力报人之畜、飞禽走兽之类一命为八守，误杀为四过。故杀虫蚁飞蛾湿生之属一命为二过，误杀为一过。故杀伤人害物者恶兽毒虫为一过，使人杀者同上论。见杀不救随本人之过减半，无让可救不生慈念为二过，助赞杀生为五过。

《十戒功过格》，起首即提出“戒杀”福报原则：“念念慈爱，在在生机，为杀戒图成。杀戒图成者，得长寿报、得多男报、得富贵福享报、得生天报。”经文更详细规定各种“杀生”行为的规范及其惩罚措施：

《十戒功过格》——“戒杀”规范及功过计算简表：

杀生类型	杀微命：微命即“一切生物之最蠢者”，如蚊蝇蚤虱、虾螺蚌珠之类。	杀小命：小命即“微有知者”，“如蛇虺獾雉鸡鹅、八哥画眉鹌鹑之类”。	杀大命：大命即“大有知者”，如虎狼獐鹿猢狲、牛马猪羊之类。
憎杀：恶其害人妨事而杀者。	一次为一过，过至百命外加一过，过千命作十过。	一次为二过。	已伤人者其罪宜死，杀之反为功。未伤人者，杀之为过。贪其利者，杀之为十过。
爱杀：贪其滋味或利其毛骨而杀者。	一次为二过，过至百命外加二过，过千命为二十过。	一次为五过。	一命为十过。 祀典戎政孝养，杀者非过。
误杀：无心而杀者。	至千命为一过。	一次为一过。	一命为五过。
戏杀：牢养调弄，如斗蟋蟀、拍蝴蝶之类。	一命为一过。虽不伤命，而调弄不放，亦为一过。见调弄而不禁止，亦为一过。	一次为二过。	一命为二十过。
倡杀：教人滥作鱼捕之类。	一次为十过。	一次为二十过。	一命为五十过。
普杀：置造杀器。	一器为五十过。	一次为五十过。	一命为一百过。奉官命制造者非过。

由上可见，道教关于禁止害生、杀生的戒律，可谓俯拾皆是。具体来说，道教禁杀生的对象范围，乃包括了全部的生命事物。这是因为，道教“恶杀而好生”的原则，是作为一项基本伦理准则而存在的。事实上，在长期的历史过程中，不同时代的道教思想家积累了丰富的生态实践经验，推出了繁富的生态戒律，从而建构起了

一个较为完整的生态伦理规范体系。

三、道教生态戒律的当代启示

道教戒律作为一种古代的生态伦理控制体系，其思想内核及其人文精神，具有极为可贵的价值，对今天乃至未来的生态文明建设，无疑仍具有重要的启示意义。概括而言，道教生态戒律的思想价值，可体现在以下三个方面：

一是道教生态戒律内涵着生命平等思想。在道教伦理思想视域中，整个生命系统，除了人以外，包括所有生命物种，都享有生命存在的权利。道教通过对整个宇宙，以及所有生命事物的神性赋予，使得生命本身，以及自然界天然的生态秩序被置入于人类的神圣化观念范式中，从而为它们建构起一套强有力的宗教-伦理保护机制；如此，不仅尽可能地抑制了人类活动对其的破坏性影响，而且在一定程度上可以引导人类走向生态文明之路。

道教对于生命事物的神学规定，有这样一些常见的说法："草木山川，皆有神祇"，"山无大小，皆有神灵，山大则神大，山小即神小也"，甚至有"木石之怪，山川之精"等。什么意思呢？就是指世界上的种种生命个体都有自己的神性——只要是生命，就有灵性。道人认为，在这一点上，人与其他的生物没有什么不同，大家都是平等的。道教的生命精气本质论，以及精、气、神相统一的生命结构理论，为其生态神圣化的意向奠立坚实的思想基础。进一步，在道教的神学观念中，既然生命本身就是神性的体现，是天道赋予给每一个生命体的神圣价值，那么，这一价值自然肯定是应该受到天道保护的。

二是道教关于人与生物的关系，提倡的是相互和谐。在维持这一关系的和谐过程中，人负有更大的责任和义务。"杀生"为"过"，

“养生”为“善”——实质上意味着人类担负有必然的生态义务。

因此，道教认为，修道者在修炼道法的同时，应该加强培蓄自己热爱自然、慈心于物的道德情感；并认为，只有如此，修道者才能真正得道成仙。《真诰》卷六载云：

> 数游心山泽，托景仙真者（存思），灵气将愍子之远乐，山神将欣子之向化……静睹天地念飞仙，静睹山川念飞仙，静睹万物念覆载慈心，常执心如此，得道也。

历史上确实有许多道人躬身实践，把保护山林环境作为自己的当然责任和义务。如，唐代高道李玄静为保护茅山的环境不受破坏，在他的劝谏下，唐玄宗遂下诏，颁布《禁茅山采捕渔猎敕》：

> 山岳上疏分野，下镇方隅，降福祐于人，施云雨之惠。且茅山神秀，华阳洞天，法教之所源，群仙之所宅。固望秩之礼，中有典常；而崇敬之心，宜增精洁。自今已后，茅山中令断采捕及渔猎。四远百姓有吃荤血者，不须令入。如有事式申祈祷，当以香药珍羞，亦不得以牲牢等物。卿与所由，存心检校。渐寒，卿得平安好。（《全唐文》卷36）

道教所一贯提倡的“慈心于物”精神，具体到实践当中，就表现为护生、救生、放生等行为方面。因此，在道教戒律中，我们亦可以看到很多鼓励道众、世人善待生灵、爱护弱小生命的条例。如《洞玄灵宝六斋十直》列“十善”中，即载有：

> 念慈心万物，

念放生养物、种诸果林，
念道边舍井种树立桥，
念为人兴利除害，教化未悟。
凡人常行此，
恒有天人善神卫之，永灭灾殃，
长臻福佑，唯在坚志。

道教这种把保护生命物种和生态环境，视为人类自身的必然义务和责任的思想，对于今天的生态文明建设来说，无疑具有深刻启发意义，仍是值得我们沿袭和发扬的传统。

三是道教神学化的道德控制方式，可起到威慑“人心作用”，还可以培养人们的生态道德情感。这对于今天的人类社会，无疑也是一种值得借鉴的生态经验方式。

近年来，西方学界兴起的深层生态学（deep ecology）思潮，其一个重要的理论向度乃在于：对人类之自我人格的重新塑造——其涉及的核心理念就是挪威著名哲学家阿恩·纳斯（Ame Naess）提出的“生态的自我”（ecological self）。阿恩·纳斯指出：

> 人类自我意识的觉醒，经历了从本能的自我（ego）到社会的自我（self），再从社会的自我，到形而上的“大自我”（Self）即“生态的自我”（ecological self）的过程。这种“大自我”或“生态的自我”，才是人类真正的自我。这种自我是在人与生态环境的交互关系中实现的。①

---

① 参见王正平：《深生态学：一种新环境价值理念》，《上海师范大学学报》，2000 年第 4 期。

从某种意义而言，纳斯的“生态的自我”概念，确实揭示了人的生态学本质。然而，究竟如何才能塑造、实现这样一种人格状态，却还是一个有待研究，特别是需要通过实践来解决的问题。在塑造人之生态人格方面，道教戒律内涵的古老生态智慧，可以给我们提供可资汲取的思想营养。

在道教看来，人类理想之自我人格，乃是指那些具有高洁品性的“全德之人”或“真人”：其为人也真，人貌而天虚，缘而葆真，清而容物。道书《阴骘文像注》中提出“利人利物”“人物一体”的主张，强调对于生命事物的内在道德情感的培蓄，对整体生态秩序的理性把握。其论云：

> 所谓利物者，不必定拘戒，获而放生者也。但稍有伤乎物之性，拂乎物之情者……视人物为一体，普大利于不言，帝鉴在上，所以嘉乃心。
>
> 物皆贪生怕死，一旦入于毒手，鬻于市中，难免断喉剥壳，剖腹剐心之惨。买而放之，是物已报劫中，而我脱其难也……物类从死逃生，含胎育子，上帝以好生为心，仁人以不忍为念，人能仰体而果行也。

综上论之，道教生态戒律所蕴含的古老生态智慧，不仅从外在的行为规范和方法上进行精密的设计，更在内在的思想和精神上提出了合理的内容。这些思想内容，对于我们今天的生态文明建设，可以提供多方面的启示。

道教戒律与当代社会伦理建设

冯静武*

摘　要：我国社会主要矛盾的深刻变化、贫富差距的影响、社会流动加速、移动互联的迅速发展对社会伦理带来了新挑战。传统道教戒律中有非常丰富的社会伦理资源，如守信为先、戒杀护生、抑恶扬善、自律与他律等内容。道教戒律中的伦理思想有独到的特征，首先其突出强调戒律的重要性；其次道教戒律的思想理论具有完整性与圆融性；再次道教戒律具有一定的普适性与现实性；第四道教戒律的实践性比较强。道教戒律对当代社会伦理建设有较强的借鉴意义，主要表现在对个人及家庭伦理、国家及社会伦理以及生态伦理三个方面。

关键词：道教　戒律　社会伦理

一、当代社会伦理基本概述

当今社会的飞速发展对人们的生产生活及社会的各个方面产生

* 冯静武，哲学博士，中国浦东干部学院教研部副教授，中浦院牛津大学联合城市研究中心研究员。

了深刻的影响，社会伦理也面临着新的形势和变化。

第一，我国社会的主要矛盾发生了深刻的变化。党的十九大报告指出中国特色社会主义进入新时代，我国当前社会的主要矛盾已经由人民日益增长的物质文化需要同落后的社会生产之间的矛盾转化为人民日益增长的美好生活需要和不平衡不充分的发展之间的矛盾。发展的不平衡从宏观上讲，主要体现在社会生产关系中区域财富占有和收入分配方面的差距上；从微观上讲，主要体现在人与人之间财富占有和收入分配方面的差距上。一方面，人们对于美好生活有更高的需求，希望有更好的生态环境、更适宜的居住条件、能受到更好的教育。同时，在民主、法治、公平、正义、安全、环境等方面出现了多样化、更高层次的要求。另一方面，不平衡不充分的发展影响了这些需求的满足。社会矛盾的变化对社会伦理关系产生了比较大的影响。

第二，贫富差距扩大也对社会伦理产生了很大影响。先富后教，“礼生于有而废于无”，强调的是物质性的基础对于礼乐教化的支撑性作用。从马克思主义哲学的角度来看，经济基础决定上层建筑，物质基础的丰盈是为包括意识形态在内的上层建筑提供基础的。我国古代同样有类似的表达，如“衣食足而知荣辱，仓廪实而知礼节”。在现实生活中，普遍性贫穷的时代开不出精神上灿烂的花朵。伦理基于贫富，物质充裕可以为精神富有提供条件。在这个意义上我们讲贫富能够影响人类的伦理。但从另外一个方面来看，人类的社会伦理则也可以在观念上为贫富、科技的发展、文化的方向奠定基础，这是包括道教文化在内的中华优秀传统文化可以为人类提供的文化发展方向的启示。

第三，社会流动加速、移动互联的迅速发展对社会伦理带来了新挑战。随着经济社会的飞速发展，城市和城市之间的交通越来越方便，人员的流动逐渐加速。如何去面对人员流动加速的状态下，出现的新社会伦理问题，也是我们必须思考的一个重要方向。比如，随着互联网的兴起，人们之间的交往方式也逐步的发生变化，由此带来的社会伦理问题也正在逐步凸显。一个突出的问题就是“陌生人社会”正在逐步形成，在过去如果说主要的社会伦理关系是熟人之间的关系的话，现在可能要加上一个新的关系，也就是陌生人关系。在“陌生人”社会或者以市场为主导的社会交往方式里，如何在交往过程中实现个人利益的最大化是人们经常关注的一个问题，或者也可以说重视个人的利益往往成为交往过程当中的一个重要源动力，也成为人们产生交往意愿或者发生交往的一个重要原因，而逐利性的原则容易带来诸如欺骗、伪善、不公平等问题。

二、传统道教戒律中的伦理思想

道教是一种以生为乐、重生恶死的宗教。为了达到这样的价值目标，道教制定了一系列的戒律来规范教众的修行和生活，在这个意义上也可以说戒律是道教徒实现理想，达到修行目的的一种手段。什么是道教戒律？所谓“戒”，是制止约束道士言行，防止“恶心邪念”“乖言戾行”的规戒，“律”是制止约束道士言行，防止“恶心邪念”“乖言戾行”的律文。[①] 简而言之，戒是戒条，主要以防范为目的；律是律文，主要以惩罚为手段。

《道教义枢·十二部义》将“戒”解释为解、界、止，意思是“能解众恶之缚，能分善恶之界，又能防止诸恶也”；[②] 将“律”解释为率、直、慄，意思是“率计罪愆，直而不枉，使惧慄也”。戒律是

① 胡孚琛主编：《中国道教大辞典》，中国社会科学出版社 1995 年版，第 564 页。
②《道教义枢·十二部义》，《道藏》，第 24 册，第 816 页。

用来对付“六情十恶”的。道教徒奉戒的目的主要是禁止“恶心邪念”，不令放逸。[①] 可以这样说，道教戒律是规范和约束道士言行的条规，也是指导道士生活和修炼的准则。道教在形成之初，就有相当的规范意识。“这种规范是与道教信仰联系着的，对道教徒有相当强烈的约束力，而且其中相当一部分、就包含在道教戒律条文中，成为道教徒必须遵守的铁则。”[②] 道教的戒律和中国传统文化当中的规矩和法度有一定的相通之处。

具体来讲，道教戒律种类很多，最基本的为五戒、八戒、十戒，从这些基本戒条又演变出元始天尊二十七戒、六十戒、一百二十九戒、三百戒以至多达一千二百戒。现存道教戒律主要收录在《正统道藏》三洞中的戒律类，在《云笈七签》和《道藏辑要》中也有部分戒律。重要的有《太上经律》《洞玄灵宝天尊说十戒经》《太上老君经律》《天仙大戒》《初真戒》《中极戒》等。道教戒律在一定程度上有“法”的意义。对于学道的人，道教从它创立之初就制定了严格的规戒制度，例如《老子想尔戒》《老君百八十戒》等。金元以后，全真派还制定了十方丛林的《全真清规》，作为道教徒日常行为准则以及违反规戒的处罚标准。[③]

道教在发展过程中，戒律的条文不断增加和完善，其中有不少与社会伦理密切相关的内容。道教戒律中的伦理思想十分丰富，囿于篇幅所限，仅择主要内容简述如下：

第一，守信为先。道教传统戒律中，特别强调的一条就是“戒妄语”。《虚皇天尊初真十戒文》称：“盖诚为入道之门。语者，心之声也。语之妄，由心不诚也。心既不诚而谓之道，是谓背道求道，

① 任继愈主编：《宗教大辞典》，上海辞书出版社 1998 年版，第 486 页。
② 刘仲宇：《中国道教文化透视》，学林出版社 1990 年版，第 133 页。
③ 卿希泰主编：《中国道教》第 2 册，东方出版中心 1996 年版，第 235 页。

无由是处。”中国传统文化十分注重信，《说文解字》称：“信，诚也，从人言。”[①] 儒家也把诚实守信作为做人的根本原则。《资治通鉴》里面讲“信者，人君之大宝也”。在道教信徒的视域中，“诚”是道士学道的基本要求，如果“心不诚”，那学道修行是永远不可能成功的。“不诚”不仅仅是欺骗了别人，同时也是欺骗自己，尤其是后者情况更为复杂，如果说欺骗别人，别人可能短时间内无法察觉的话，那么欺骗自己，自己是在“妄言妄行”的瞬间就知晓自己的“不诚”之事。无论是“欺人”还是“自欺”，在道教看来，都是严格禁止的，也都逃不过天师的法眼，最终也是无法得道成仙的。所以道教徒的一言一行，都要十分谨慎。《道德经》有言“大辩若讷”，并不是不让言说，而是要谨慎言说，而且要言出必行，也就是道教所讲的“实言”“直语”“诚实”，行十四持身之戒，在修道和日常言行中始终做到“持戒以守信为先”。

第二，戒杀护生。道教戒律有多方面的内容，其中一个重要的内容就是“戒杀”。在早期戒律《老君说一百八十戒》中有很多为了保护生态环境及爱惜动植物生命的条款，如：“不得杀伤一切”“不得妄烧败一钱以上物”“不得以食物掷火中”“不得烧野田山林”“不得妄伐树木”“不得妄摘草花”“不得以毒药投渊池及江海中”“不得妄凿地，毁山川”“不得以足蹋六畜”“不得竭水泽”“不得渔猎伤杀众生”“不得妄上树，探巢破卵”“不得笼罩鸟兽”“不得以秽污之物投井中”“不得塞池井”“不得便溺生草上及人所食之水”“不得惊鸟兽”“人为己杀鸟兽鱼等皆不得食”。[②] 道教的“道”本身有生命不息的意义。“道生一，一生二，二生三，三生万物”，更是道出了道教

---

① 段玉裁：《说文解字注》，中华书局，第 93 页。
②《老君说一百八十戒》，《道藏》第 18 册，“三家本”，1988 年版，第 219 页。

"生生不已"的哲学理念。

《洲国品》中的"洞真三元品诫仪"和"玉清下元戒品"：杀生阴贼罪；杀害众生罪；屠割六畜杀生罪；射刺野兽飞鸟罪；烧山捕猎罪；捕鱼张筌罪；烧败见物成功罪；饮食投水中罪；贪浊滋味肥荤罪；火烧田野山林罪；斫伐树木采草华罪；不放生度死罪；五岳三河无简名罪；污秽五岳三河罪；惊怛鸟兽促著穷地罪；笼飞鸟走兽罪；呵骂风雨罪。[①] 以上对违背"戒杀""护生"原则的行为，态度更加严厉，把他们上升到"罪"的高度，如果有道士触犯这样的戒律，就等同于犯罪。我们也不难发现，其中诸如"捕鱼张筌""射刺野兽飞鸟"等内容对我们今天的生态伦理很有借鉴意义。

与之相类的戒律还有很多，《玉清下元戒品》中有规定：不得煞（杀）生蠕动之虫；不得教人煞生蠕动之虫；不得烧败世间寸土之物；不得教人以世间堪食之物投水火中；不得贪世滋味；不得教人贪世滋味；不得以火烧田野山林；不得教人无故摘众草之华；不得教人无故伐树木；不得以毒药投渊池江海中；不得教人竭陂池；不得教人惊怛鸟兽促以穷地；不得笼飞鸟走兽；不得教人笼飞鸟走兽；不得塞井及沟池。[②]

《中极戒》，可谓集大成者：不得杀害一切众生物命；不得啖食众生血肉；不得鞭打六畜；不得有心践蹋虫蚁；不得上树探巢破卵；不得用金银器食饮；不得营谋身后厚葬体骨；不得以食物投水火中；不得烧败成功现物；不得贪著滋味；不得便溺虫蚁上；不得便溺生草上；不得便溺人所食水中；不得笼罩鸟兽；不得惊散棲伏；不得无故采摘花草；不得无故砍伐树木；不得以火烧田野山林；不得冬

① 《洲国品》卷 44 之"洞真三元品诫仪"，《道藏》第 25 册，第 149—151 页。
② 同上书，第 152 页。

月发掘地中蛰藏；不得择美食；不得误以毒药投诸水中；不得塞井及沟池；不得竭陂池水泽；不得以秽物投井中；不得热水泼地，致伤虫蚁；不得衣物盈余不散穷人；与人同食，当其粗；当念居山林幽静，精思至道；当念万物为先，不但祝祷己身；当念无求、无欲，清白守贞；当念天地日月风雨雪霜以时；当念天真，其对淡然无为。①

有了“罪”，就要有“罚”，道教教义专门规定了违反“戒杀互生”的原则时具体的惩罚措施。《太极真人说二十四门戒经》和《太上太玄女青三元品诫拔罪妙经》中均有类似记载，如“割断他命，或煎煮美味，或教别人杀，或随喜啗食众生”，死后就要受镬汤地狱罪；如果“探巢破卵，伤胎堕子，非理枉横，截断生路”，死后则受大石压身地狱罪。②《太上太玄女青三元品诫拔罪妙经》也说，生前“持火烧山损诸含识，或枯渴（竭）溪涧，杀戮虫鱼，或断绝泉源，不令通润，……或布散毒药，杀害有情，或剥削众生，自求丰足，……一切众生者，至其考校之时，即当改易身形，重受苦楚，或作贱畜，或为下鬼，死历九幽，无由解脱”。③

“戒杀”是强制性的、被动的，力行“戒杀”也即保护了生命；“护生”是倡导性的，主动的，力行“护生”即避免了对环境的伤害。可见，道教的戒律有着丰富而深厚的生态伦理意蕴。

第三，抑恶扬善。道教是止恶扬善的宗教。先秦道家就提出“天道无亲、常与善人”。道教继承了这一思想，在《太平经》中多次提到“天道无亲，唯善是与”。④ 老君的五戒，即是一切戒律的基

①《中极戒》，《藏外道书》，第12册，第31—38页。
②《太极真人说二十四门戒经》，《道藏》，第3册，第413页。
③《道藏》第1册，第838、841—842页。
④ 王明：《太平经合校》，中华书局1990年版，第4页。

础和根本。因为一切恶中杀、盗、妄、酒、淫者，在社会里都会受到严惩。《度人经》中规定了“不杀不害、不嫉不妒、不淫不盗、不贪不欲、不憎不疑”等善行。抑恶扬善包含多重意涵：一是行善；二是戒恶；三是界定善恶的标准。正如《太微仙君功过格序》说：“远恶近善，诚为真诚，去仙不远。”“行善”是为了道教的终极目标，长生久视，得道成仙。《太上感应篇》说：“欲求天仙者，当立一千三百善；欲求地仙者，当立三百善。”[①]“天地有司过之神，依人所犯轻重，以夺人算，算减则贫耗，……算尽则死。”关于善恶的标准问题，道教与儒教的伦理道德思想有异曲同工之妙：“欲求仙者，要当以忠孝和顺仁信为本。若德行不修，而但务方术，皆不得长生也。”[②]

第四，自律与他律。道教对“律”有多重的理解，其对“律”的重要性认识十分深刻，在一定程度上可以说达到了“以律为师”的地步。“律”的含义非常丰富，有自律也有他律，同时也有律他。他律指道德规范的外在约束力。在宗教伦理学的视域中，道德规范的最终根据既不是道德本身，又不是道德主体，而是至高无上的神。自律指的是自我约束，道德自律是指社会的道德规范内化为个人的内在信念。在这个转化过程中，重要的动力源就是价值目标的实现。道教徒在修行的过程当中经常把外在的他律，包括外在的道德规范转化为内在的自律，由此道德主体不再把外在的道德规范视为消极的负担枷锁，而是把它奉为积极的神圣信仰。经过这样的转化，道德主体从内心深处开始敬畏这些道德规范，道德主体自身也会积极的对自身的行动进行约束。

道教的戒律在道教徒修行的过程当中表现出了相统一的特点。

① 《道藏》，第6册，第206页。

② 王明：《抱朴子内篇校释》，中华书局1985年版，第53页。

在道教徒看来，道教的神仙不仅为道教徒制定了道德规范，同时还担负起道德规范执行过程中的“监督员”，如果道教徒没有严格的按照道教的戒律来修行，那么就会受到相应的惩戒，反之就会得到褒奖。同样以道教善书的功过格为例，它不仅设定记录人之善恶的“司命”，同时还有一种自己记录自己功过是非的簿子。在这个意义上讲，道教的戒律并没有把道德规范的所有最终决定权托付给神灵，而是为修行者保留了“主动性”的权利。由此倡导人们在实践的修行过程当中，充分发挥自己的主观能动性，真正做到“弃恶扬善”“戒杀护生”等律条，从而获得神灵的嘉许，进而为“得道成仙”的终极目标提供条件和可能。在这个意义上讲，神和人都有一定的“决定权”。甚至在某些时候人的主观能动性更强一些，比如说在强调“德”的重要性这个方面，就有这样的记载：“天无私情亲有德，神圣岂保无德人。有德不祈神自佑，无德求神神不庇。圣贤若是眼见小，那还是个什么神。”① 在道教的视域中，一个信徒只要按照“德”的标准来进行修行、修炼，神是可以看到的，并且可以庇护这样的人。

道教中除了戒律以外，还有禁忌。道教禁忌对于道教徒来讲“绝对不可侵犯的”，“触犯禁忌必然会受到神明的严酷惩罚”。② 道教的禁忌中也包涵了许多伦理道德的要求。《云笈七签》卷四十五“避忌第四”：“夫学道者，第一欲得广行阴功，慈心万物，救人危难，度人苦厄，轻财重道，施恩布德，最为上善。”③ “学道六忌”为忌杀害、嫉妒、淫、盗、贪欲、憎娼。《上清灵宝大法》卷八“七禁”称：“一禁口，夫口不骂詈作秽言，则咒法通灵也。二曰禁目，夫目

---

①《除欲究本》，《藏外道书》，第 28 册，第 126 页。

② 朱越利主编：《当代中国宗教禁忌》，民族出版社 2001 年版，第 81 页。

③《云笈七签》卷四十五，齐鲁出版社 1988 年版。

不觑秽污，则目可视真灵。三曰禁耳，夫耳不听淫声，则耳能听八聪。四曰禁手，夫手不亲秽物，则诀目可通神。五曰禁足，夫足不履秽恶，则蹑罡可飞升。六约禁意，夫意不起秽识，则可以招致真灵。七曰禁思，夫思不起杂乱，则存思致神明。”从这些禁忌的功能来看，他们同戒律一样具备规约道教徒效果，同样也有伦理价值的意蕴。我们可以说这是以道教禁忌形式表现的社会伦理规范。道教禁忌是道门中人坚信不疑的信条，世世代代的道教徒都以此为戒，自觉遵守。从教内来看，道士的修行带有明显的个人色彩，但是当这些道士以组织的形式出现在世俗社会时，他们本身对教义的信仰以及对禁忌的遵守就是对世俗社会的行为示范，会对信众及普通群众产生强大的感召力。退一步讲，正如我们文中所讲，禁忌中的不少内容比如“禁盗”“禁贪”，再如教人“慈心万物”“救人危难”等内容本身就是我们的社会提倡和信奉的伦理价值。

三、道教戒律伦理思想的主要特征

第一，突出强调戒律的重要性。“学道不持戒，无缘登真箓”，道教将戒律修持作为成仙得道的基本条件。道经以不同的形式和说法强调持规守戒和实践信仰之间的内在联系。持戒是得道的根本，只有依规持戒，才有可能实现道教信仰的终极目标。

王常月在《龙门心法·戒行精严》中用浅显易懂的语言把这个道理讲得非常清楚：“这个戒字，是降魔之杵，能镇压妖邪；是护命之符，能增延福寿；是升天之梯，能朝礼三清，而超凡入圣；是引路之灯，能消除六欲，而破暗除昏；是仙舟宝筏，能渡众生离苦海；是慈航津梁，能济众生出爱河。诚修行人之保障，为进道之提纲。仙圣无门，皆从戒入；圣贤有路，皆自戒行。实系仙真之要路通衢，贤哲之中门正道。”[1]

在王常月看来，道教的一个“戒”字可以起到“镇压妖邪”“增延福寿”“朝礼三清”“超凡入圣”“消除六欲”“渡众生离苦海”“济众生出爱河”等作用，无论是修仙修佛，皆可以从“戒”入门，即便是儒家讲的“圣贤”理想，也要从“戒”入行。因此戒律也可说是“圣贤”之要。《云笈七签》卷三十八《说戒》中指出：“夫学道不受大智慧道行本愿上品大戒，无缘上仙也。”[2] 这就是说，能否遵守戒律，关系到修道之士能否得道成仙的大本大根的问题，如有违背，不仅不能得道成仙，反而会获罪，可见戒律在道教中占有的重要地位。

第二，理论的完整性与圆融性。道教戒律的理论体系是非常完整和圆融的。正如前文所述，道教肯定人的生命存在，其建立的初衷和终极目标是为了长生久视、得道成仙。为了达到这个目的，同时也是为了化解它的最高目标和现实生活中人的自然本性之间存在的张力，道教以戒律的形式来规范道教徒的生活和修行。比如，道教提倡奖善罚恶和“戒杀护生”，这背后的理论就是重生与承负思想。一方面如果人们做了善事，就会得到相应的奖赏，反之则会受到惩罚，“与物为善”，“与人为善”，则可以为达到“长生久视”的目标积累功德；相反如果作恶多端，则会为“长生久视”减损功德，甚至根本无法得道成仙。在这个意义上，道教的戒律就如同在宗教信仰领域里的“法”，具有强烈的原则性，是“刚性”的纪律和约束。如果没有严格的道教戒律，就不会有良好的道风，更谈不上道教的信仰。祖师言“欲做天仙，要做一千三百善”的功德，而戒律

① 王常月:《碧苑坛经》,《藏外道书》,第 10 册，巴蜀书社 1992 年版，第 168 页。
②《云笈七签 · 说戒》,《道藏》,第 22 册，第 264 页。

则是实现“一千三百善”的功德之先决条件和重要保证，也是生静、开慧、与时俱进、修道成仙的首要条件。

第三，具有普适性与现实性。道教戒律自成体系，有很强的针对性，针对不同世俗群体，有不同的处理方式。正所谓“遇上等人说性理，逢下等人谈因果”。道教戒律中的不少内容在中国历史发展过程中已经普及到社会的各个层面，提出如“劝善抑恶”等伦理规范也带有强烈的普世性，几乎是人人可以做到的、具体的、日常的事宜，而不是远离现实生活的空洞目标。再如，道教“五戒”在很大程度上涵盖了所有的道德戒律。道教在制定戒律时，不只是在做消极的、负面的防范，而更注重于积极的、正面的引导。如“十善十恶”“中极三百大戒”“天仙大戒”等，其中“中极三百大戒”是老君明示的道德大戒，包括了世俗社会中道德生活中的各个方面。无论是道教徒，还是世俗社会中的芸芸众生，都可以视其为公共道德守则。

第四，道教戒律的实践性。道教戒律中的道理通俗易懂，方法简单易行。比如“行善获福，作恶遭殃”，每一个人都能明白，在日常生活中也可以做到。以道教善书为例，其在中国社会存在几千年，“诸恶莫作，诸善奉行”是其内涵的精要。善书的形式活泼，有讲道理的、有说故事的，还有绘图作画的，也有讲评说唱的，而且这些内容在发展过程中不断地与民俗和生活习惯相结合，更加便于实践。比如，在逢年过节、婚丧嫁娶时经常有讲评说唱善书出现，通过这种形式，人们将道教提倡的“奖善罚恶”的思想宣传给世俗社会中的芸芸众生。道教戒律中的不少内容被编成故事流传下来，不仅指导道教徒，而且指导世俗社会中的人们在遭遇不同的境遇时要避恶向善。这种传播方式灵活多变，经常采用人们喜闻乐见的方式，用一些出其不意的方法增强了道德规范被接受的效果，具有相当强的吸引力。通过这样的方式道教戒律增强了自己的实践性，同时也把道教提倡的价值落实到人们的心理文化认同和行为实践上面。

四、道教戒律对当代社会伦理的启迪

许地山认为：“支配中国一般人理想的生活乃是道教的思想，儒不过是占伦理的一小部分而已。”① 在这个意义上讲，道教对中国人的影响非常深刻，道教对当代社会有重要意义，道教戒律中不少内容对社会伦理建设也有积极意义，乃至对于国家和社会的稳定和发展起到助推作用。当我们谈到道教戒律与当代社会伦理建设的时候，必须注意“道教中国化”的问题。“道教中国化”不仅是一个方向，更是一种目标，一种价值。具体来讲，就是要搞清楚当今中国的时代特征、基本国情及社会制度，要积极引导道教中的戒律及其相关理论与当代社会主义中国相适应。丁常云指出：“道教戒律是道教思想内容的一部分，也必须随着社会的发展而不断发展，要适应社会进步的要求。”② 道教也要加强自身建设，以适应时代要求，以社会主义核心价值观为引领，积极推动中国优秀传统文化创造性转化和创新性发展。

总体来说，宗教和社会伦理之间的关系是相互影响、相互渗透的。一方面世俗道德宗教化，另一方面是宗教信仰伦理化。就前者而言宗教把道德抬高为宗教的教义、信仰、戒律，同时把恪守宗教关于道德的戒律作为取得神灵庇护，从而到达彼岸的先决条件，对

① 许地山：《道家思想与道教》，《燕京学报》第 2 期，第 249 页；亦见于许地山：《道家思想与道教》，上海书店，1991 年版。

② 丁常云：《试论现代道教戒律建设的基本构想》，《中国道教》2008 年第 1 期。

道教来讲也就是长生久视、修真成仙的条件。就后者而言，宗教的信仰、教义、信念，又被以天命或道德戒律的形式加之于世俗社会。就道教来讲，神灵不仅是宇宙和人类世界的创造者和统治者，也是真善美的最高典范，同时也是衡量世间行为善恶的标准，在这个意义上就是将宗教道德伦理化的。具体而言，道教戒律对当代社会伦理的启示如下：

第一，个人及家庭伦理。就个人修身来讲，道教提倡人们谦虚、诚实、好学、慎独，严禁淫乱、赌博、吸毒、贪婪、嫉妒、欺世盗名。此外，道教提倡家庭和睦、朋友真诚、遵守职业道德，救民族国家与危难之中。道教的戒律可以帮助人们修养身性。道教有一种修行的方法，是向内而求，即通过内修体内之神，达到内外相通。用修心的方法完成修性，用修性保证无心，从而心与性达到一致："学仙之法，欲得恬愉淡泊，涤除嗜欲，内视反听，尸居无心。"① 这里的"恬愉淡泊""涤除嗜欲"正是同道教戒律当中提倡宁静淡泊，反对贪婪嫉妒等律条吻合。当今社会物欲横流，贫富差距扩大，人们的需求不断的提高。一方面在新的时代，我们要通过个人、社会和国家的努力，解决好发展不平衡不充分的问题，真正实现人们对美好生活的向往。另一方面，我们也要从道教戒律中汲取智慧，反对人们过多的无节制的欲望，提倡节俭，反对浪费。这对我们今天的身心健康都是大有裨益的。

第二，国家及社会伦理。道教的戒律从目的上来说是为了得"道"，为了这个目的道教提倡讲道德，做有道德的人。在现实生活中，道德是一种巨大的人格力量和社会力量。人们对社会上有道德之人总给予尊重、爱戴、颂扬，甚至为他们树碑立传、修祠建庙，

① 王明：《抱朴子内篇校释》，中华书局 1985 年版，第 17 页。

使他们成为世俗社会中人们学习的楷模。反之，对不讲道德之人，人们总是给以批判、谴责，从而让他们臭名昭著，警示人们引以为戒。从内容上讲，道家的戒律不少内容是抑恶扬善的，这些内容有利于净化人们的心灵，提升人们的道德境界，有利于维护社会的稳定，也有利于国家的长治久安。此外，道教大力宣扬勤劳俭朴、反对奢侈浪费；主张为官清正廉洁，反对贪污腐败；主张买卖公平，禁止行业欺骗；主张修炼身心，反对任意纵情；提倡仗义疏财、周穷救急，反对见死不救、袖手旁观。这些都是符合社会主义核心价值观的重要内容，对社会伦理的发展大有裨益，也是我们今天要大力提倡的。

传统道教戒律中丰富的伦理思想，可以为当今处理复杂的社会关系提供伦理思考。正所谓国有国法、家有家规。在社会层面中，我们要守诚信、讲规矩，这既可以作为一种社会风俗来约束，也可以作为组织或集体的一种规则或者制度。从实践的角度来讲，处于社会各个阶层、扮演各种社会角色的人要遵循法度、讲规矩、守纪律；对于一个组织来讲，亦是如此，比如一家企业、一个单位，首先就要有规章制度，规定清楚什么是能做的、提倡做的，什么是禁止的，绝对不能做的。从思维层面来看，在一定意义上可以说道教有关戒律的思想为社会伦理提供了底线思维。

我们在前文中提到，面对陌生人社会对当代社会伦理提出的巨大挑战，如何在陌生人社会中建立起基本的信任伦理是我们必须面对和思考的问题。我们认为一个可能的解决途径就是树立起法律的权威，一个健康有序的社会必定离不开法律。我们应该在现实社会的运转中突显出“法治”，真正做到依法治理，让人民对法律“惩恶扬善”的功能有信心，进而自觉按照规则与公共精神办事，实现规范社会成员行为的作用。道教戒律所规定的“惩恶扬善”正是对此有补充功能。道教教义规定当中的惩恶扬善，虽然是对道教信众以及道教徒所言，但对世俗社会，普通百姓的生活有不小的影响。惩恶扬善的伦理观应了“因果报应”的学说。在中华优秀传统文化各个层面，各个教派都有比较清晰的规定，在道教当中尤其明显，而这些文化基因是镌刻在中国人的血液里的。如果我们能够发挥其中的有益价值，真正在当代社会当中主动发挥其功能与效用，一定会对我们今天的社会伦理发展有重要帮助。

道教善书里有专门针对善恶的行为进行估算的评价，就是道教的功过格。人们所有的念头、言语、行为都可以折算成相应的功过数量。通过积累到一定的程度，个人就会得到相应的命运，而这个命运有的时候是正面的、积极的，有的时候是负面的、消极的，我们也可以把它世俗化的理解为“善有善报，恶有恶报”。这种功过格的做法，在世界宗教当中颇具特色。当然我们并不是鼓励冲着道教戒律的伦理价值，而过分的去追求现实的功利和个人的命运好坏，而是希望通过发挥道教戒律的积极作用，为人类做出更理性的行为提供借鉴意义，同时也为人类的道德提供一定的约束。

第三，生态伦理。道教戒律中主张“爱众亲仁”的“仁民精神”，以及爱惜物命、戒杀放生的爱物观念，对于21世纪的今天正确地处理人际关系、处理国家和国家之间的关系、处理各种不同社会团体之间的关系，包括我们今天构建人类命运共同体，以及保持生态平衡都是极有意义的。今天我们讲的生态环境的保护，实际在一定程度上也是受中华优秀传统文化基因的影响，尤其是道教的一些思想，我们讲道教的“生生”哲学理念、“护生戒杀”的伦理趋向，实际上都是在讲对生态环境的保护。习近平总书记指出，绿水青山就是金山银山。我们今天建设社会主义生态文明，挖掘绿水青山的价值和功能，需要从道教文化当中汲取经验。道教戒律中的生态思想对今天的环境保护仍然有十分重要的意义，比如我们今天所设定的长江的禁捕期对于野生动物的保护，实际上都是与道教的戒律相统一的。

附录：道教戒律类经典提要

太上洞真智慧上品大诫：“古灵宝经”之一。约成书于东晋末南朝初，原书一卷。另有《正统道藏》本，误题《太上洞真智慧上品大诫》，收入洞真部戒律类。

三洞众戒文：唐张万福编辑。原书二卷，《正统道藏》本合为一卷。书中所录戒文有：始起心入道三归戒文、灵宝初盟闭塞六情戒文、三戒文、五戒文、三诀文、八败文、三要文、十三禁文、七百二十门要戒律诀文等。收入洞真部戒律类。

太微灵书紫文仙忌真记上经：早期上清派经典之一，约出于东晋南朝。原为《太微灵书紫文上经》中一篇。后分出单行。《紫阳真人周君内传》著录“龚仲阳《仙忌真记》”，当即此书。今本一卷，收入《正统道藏》洞真部戒律类。

虚皇天尊初真十戒文：撰人不详。约出于唐初，唐张万福《三洞众戒文》已提及此戒。一卷，收入《正统道藏》洞真部戒律类。

太上九真妙戒金箓度命拔罪妙经：撰人不详。从内容文字看，当系南北朝道士所编撰。另有敦煌唐抄本一件（S957号）。收入洞真部戒律类。

太上十二上品飞天法轮劝戒妙经：原题“太极真人传左仙翁”。

从内容文字看，当系南北朝末或隋唐道士摘录《太上洞玄灵宝真一劝诫法轮妙经》改编而成。一卷，收入《正统道藏》洞真部戒律类。

太极真人说二十四门戒经： 撰人不详。从内容文字看，应为南北朝或隋唐道士所编。一卷，收入《正统道藏》洞真部戒律类。经文乃太极真人讲述。

太真玉帝四极明科经： 简称《四极明科》。早期上清派经典，约成书于东晋南朝。陆修静《太上洞玄灵宝授度仪》已引用此书。五卷，收入《正统道藏》洞真部戒律类。

赤松子中诫经： 撰人不详。约出于魏晋。葛洪《抱朴子·微旨篇》所引《赤松子经》当即此书。原经一卷，收入《正统道藏》洞真部戒律类。

太清五十八愿文： 撰人不详。从内容文字看，当系南北朝或隋唐道士摘录灵宝经戒改编而成。一卷，收入《正统道藏》洞真部戒律类。

玄都律文： 早期天师道戒律之一，约出于南北朝后期。北周武帝时京师玄都馆道士编集。原书卷数不详，今《正统道藏》本仅存一卷，收入洞真部戒律类。

太微仙君功过格： 金朝道士又玄子撰。卷首有作者自序，内称作者于大定辛卯年（1171 年）梦游紫府，朝礼太微仙君，得受功过之格，梦醒后写成此书。收入《正统道藏》洞真部戒律类。

太上洞玄灵宝上品戒经： “古灵宝经”之一，约成书于南北朝。今本收入《正统道藏》洞玄部戒律类。全经主旨在劝戒世人行善去恶。

太上玄一真人说三涂五苦劝戒经： “古灵宝经”之一，约出于东晋末南朝初。原书一卷，包括序文一篇，经文三篇。今《正统道藏》本分作四种经书，收入洞玄部本文类及戒律类。

太上洞玄灵宝三元品戒功德轻重经： “古灵宝经”之一，约出于东晋南朝。《无上秘要》已引此经。据考本书原为《太上洞玄灵宝三元品戒经》中一篇，后单出为一卷，收入《正统道藏》洞玄部戒律类。

太上洞玄灵宝智慧罪根上品大戒经： “古灵宝经”之一，约成书于东晋末南朝初。原书一卷，今《正统道藏》本分作两卷，收入洞玄部戒律类。

上清众真教戒德行经： 撰人不详。从内容文字看，似为南北朝上清派道士编撰。原书有三卷，今《正统道藏》本合为二卷，收入洞玄部戒律类。

洞玄灵宝天尊说十戒经： 撰人不详，约成书于南北朝后期。现存敦煌唐抄本八件，题作《十戒经》。收入洞玄部戒律类。经文乃元始天尊讲说十戒、十四持身之品。盖系南北朝末道士节录古灵宝经中有关戒律而成。

太上洞玄灵宝宣戒首悔众罪保护经： 撰人不详，约出于南北朝。三卷（上卷原缺），收入《正统道藏》洞玄部戒律类。原当为《升玄内教经》之一部分。

上清骨髓灵文鬼律： 原题饶洞天定正，邓有功重编。原书三卷，收入《正统道藏》洞玄部戒律类。全书收载上天“驱邪院”法律科仪一百二十余条。

太上洞玄灵宝法身制论： 撰人不详。从内容文辞看似出唐人之手。一卷，收入《正统道藏》洞玄部戒律类。内载为灵宝箓生学士所订禁戒八条。

要修科仪戒律钞： 原题“三洞道士朱法满撰”，出于唐前期。全书十六卷，收入《正统道藏》洞玄部戒律类。书中分类抄录道教各种科仪戒律，所引道书皆为六朝至唐初之三洞经戒科仪。

斋戒箓： 不署撰人。从内容文字看，约成书于唐中期。一卷，收入《正统道藏》洞玄部戒律类，此书摘录六朝隋唐道书，概括解说道教斋戒仪法。

太上老君戒经： 原不题撰人，约成书于南北朝。唐王悬河《三洞珠囊》卷九引《老子戒文》，当即此书。原书一卷，收入《正统道藏》洞神部戒律类。

老君音诵诫经： 又名《太上老君乐音诵诫》或《乐章诵诫新法》。原不题撰人。一卷，收入《正统道藏》洞神部戒律类。

太上老君经律： 原不题撰人，约成书于南北朝。一卷，收入《正统道藏》洞神部戒律类。本书为早期天师道戒律汇编。

太上经戒： 撰人不详，约出于南北朝。一卷，收入《正统道藏》洞神部戒律类。本书从早期道教经典中摘录六种戒律汇集成编。

三洞法服科戒文： 唐道士张万福编录。一卷，收入《正统道藏》洞神部戒律类。本篇乃抄录道经《天师请问法服品》而成。

正一法文天师教戒科经： 撰人不详，约出于南北朝。一卷，收入《正统道藏》洞神部戒律类。本书原为早期天师道经典《正一法文》残卷之一。

女青鬼律： 原不著撰人。从内容看，应为魏晋南北朝时天师道戒律。原本八卷，今《正统道藏》本六卷，收入洞神部戒律类。

洞玄灵宝长夜之府九幽玉匮明真科： 简称《明真科》。"古灵宝经"之一，约成书于东晋末南朝初。陆修静《灵宝经目》已着录。一卷，收入《正统道藏》正一部。另有敦煌残抄本八件，详见大渊忍尔《敦煌道经目录编》。据《无上秘要》等书引文，本书《正统道藏》本文字有缺佚。

陆先生道门科略： 南朝刘宋道士陆修静撰。一卷，收入《正统道藏》太平部。

上清洞真智慧观身大戒文： 早期上清派经典之一，约出于东晋南朝。《上清大洞真经目》着录“洞真智慧观身三百大戒文一卷”，即此书。今本收入《正统道藏》正一部。

太上大道玉清经： 撰人不详。约出于南北朝。《上清三真旨要玉诀》《无上秘要》等书已引述此经。今《正统道藏》本十卷，收入正一部。

太上洞玄灵宝升玄内教经： 撰人不详。约出于南北朝。《三洞奉道科戒》着录此经十卷。现《正统道藏》本仅残存此经第七卷《中和品》之注疏本。

太上九真明科： 又名《玄都九真明科》。早期上清派经典，约出于南北朝。一卷，收入《正统道藏》正一部。经文包括两篇，其一为《太上九真明科》，其二为赞颂四章。

玉清上宫科太真文： 撰人不详。从内容文字看，当系南北朝道士所作。一卷，收入《正统道藏》正一部。

洞玄灵宝千真科： 撰人不详。约成书于南北朝或隋唐之际。今本一卷，收入《正统道藏》正一部。

传授经戒仪注诀： 撰人不详。约出于南北朝末或隋唐初。今《正统道藏》本一卷，收入正一部。

洞玄灵宝三洞奉道科戒营始： 又名《三洞奉道科戒》。原题“金明七真撰”。约出于南北朝末或隋唐之际，最晚在唐玄宗之前已问世。原书三卷，今《正统道藏》本六卷，收入太平部。

洞玄灵宝道学科仪： 原题“太极太虚真人”，共上、下二卷，收录于《正统道藏》太平部。全书分三十五品，详述道士出家修行及日常生活所应遵奉之科戒仪轨。

洞玄灵宝玄门大义： 又名《玄门大论》或《道门大论》。撰人不详。约出于隋唐之际。原书有二十卷，今《正统道藏》本仅残存一卷，收入太平部。

道教义枢： 原题“清溪道士孟安排”，撰于唐高宗初年。原书十卷，收入《正统道藏》太平部。

传授三洞经戒法箓略说： 唐道士张万福撰，二卷，收入《正统道藏》正一部。末尾题记说：“大唐先天元年（712年）十二月十二日太清观道士张万福谨记”，则此书成于唐玄宗初。

洞玄灵宝道士受三洞经诫法箓择日历： 唐太清观道士张万福撰，一卷，收入《正统道藏》正一部。卷首有作者自序，谓道士出家受经戒法箓，须选择吉日，三洞经法传授，各有不同时日，不可混漫。故撰此一篇，以示门人。

道门科范大全集： 原书或题“广成先生杜光庭删定”，或题“三洞经箓弟子仲励编修”。仲励为南宋或元代道士。全书凡八十七卷，收入《正统道藏》正一部。

太上出家传度仪： 北宋道士贾善翔编集。一卷，收入《正统道藏》正一部。

三洞修道仪： 北宋初道士孙夷中编撰。一卷，收入《正统道藏》正一部。

上清灵宝大法： 南宋金允中编撰。四十五卷（包括目录一卷），收入《正统道藏》正一部。

无上玄元三天玉堂大法： 原不题撰人。约成书于宣和庚子年（1120）至绍兴戊寅年（1158）之间。原书三十卷，收入《正统道藏》洞真部方法类。

太上灵宝首入净明四规明鉴经： 此篇盖为宋元净明道诸经之一，收入《正统道藏》太平部。全书语句辞旨，多与元初净明道祖师刘玉之语录相同，盖为刘玉或弟子所作。

重阳立教十五论： 金朝王嘉撰。一卷，收入《正统道藏》正一部。

全真清规： 元朝全真道通玄子陆道和编集。一卷，收入《正统道藏》正一部。

道门十规： 明代道教四十三代天师张宇初撰。一卷，成书于永乐四年至八年，现收录于《道藏》正一部。

天皇至道太清玉册： 明朝南极遐龄老人臞仙（朱权）撰。原书二卷，今本分作八卷，收入《万历续道藏》。

碧苑坛经： 又称《龙门心法》。清王常月传，其徒孙詹太林校。清道光年间，又增入卷末王常月所说的《参悟元机》，并改书名为《碧苑坛经》。此书原只有抄本存于北京白云观，同治十年（1871）始有刻本。现收入《藏外道书》教义教理类。

初真戒律： 清朝道士王常月撰，一卷。顺治十三年（1656）三月常月于白云观立坛所传。收入《重刊道藏辑要》张集七及《藏外道书》第12册。

中极上清洞真智慧观身大戒经： 所列三百条戒规，亦名中极戒，凡三百条。受过初真十戒者，方能进修此戒。收入《重刊道藏辑要》张集七及《藏外道书》第12册。

三坛圆满天仙大戒略说： 清朝道士柳守元撰，一卷。此书言登坛受戒仪及诸戒，收入《重刊道藏辑要》张集七及《藏外道书》第12册。

（沈岚整理）

图书在版编目（CIP）数据

道教戒律的调适与发展/丁常云主编. —上海：上海三联书店，2022.1
（当代道教研究）
ISBN 978-7-5426-7528-6

Ⅰ. ①道… Ⅱ. ①丁… Ⅲ. ①道教—戒律—研究 Ⅳ. ①B953

中国版本图书馆 CIP 数据核字（2021）第 228153 号

道教戒律的调适与发展

主　　编 / 丁常云

责任编辑 / 吴　慧
装帧设计 / 徐　徐
监　　制 / 姚　军
责任校对 / 张大伟　王凌霄

出版发行 / 上海三联书店
（200030）中国上海市漕溪北路 331 号 A 座 6 楼
邮购电话 / 021-22895540
印　　刷 / 上海展强印刷有限公司

版　　次 / 2022 年 1 月第 1 版
印　　次 / 2022 年 1 月第 1 次印刷
开　　本 / 890mm×1240mm　1/32
字　　数 / 323 千字
印　　张 / 14
书　　号 / ISBN 978-7-5426-7528-6/B·757
定　　价 / 76.00 元